U0107131

近思录

全本全注全译

〔宋〕朱熹　吕祖谦／编

邵逝夫／译注

上海古籍出版社

图书在版编目（CIP）数据

近思录/（南宋）朱熹,（南宋）吕祖谦编；邵逝夫
译注.—上海：上海古籍出版社,2023.5
ISBN 978-7-5732-0685-5

Ⅰ.①近… Ⅱ.①朱…②吕…③邵… Ⅲ.①理学-
中国-南宋 Ⅳ.①B244.71

中国国家版本馆CIP数据核字（2023）第082838号

近思录

（宋）朱　熹　吕祖谦　编

邵逝夫　译注

上海古籍出版社出版发行

（上海市闵行区号景路159弄1-5号A座5F　邮政编码201101）

（1）网址：www. guji. com. cn
（2）E-mail：guji1@ guji. com. cn
（3）易文网网址：www. ewen. co

印刷　常熟市人民印刷有限公司
开本　635×965　1/16
印张　39.75　插页3　字数493,000
版次　2023年5月第1版
　　　2023年5月第1次印刷
印数　1—3,100
ISBN 978-7-5732-0685-5/B·1320
定价：92.00元

目录

前　言

一

　　乾道五年（1169）九月，朱子母亲祝氏亡故。次年正月，朱子将母亲葬于建阳崇泰里后山天湖之阳的寒泉坞。为了方便守墓，朱子于寒泉坞建造了十余间房舍，这就是后来闻名天下的寒泉精舍。自此，他开始了一生中重要的寒泉著述时期。据王懋竑《朱子年谱》，自朱子常居寒泉精舍起，“乾道八年，春正月，《论孟精义》成；夏四月，《资治通鉴纲目》成，《八朝名臣言行录》成；冬十月，《西铭解义》成；乾道九年，夏四月，《太极图说解》《通书解》成；六月，《程氏外书》成，《伊洛渊源录》成；淳熙元年，夏五月，编次《古今家祭礼》；淳熙二年，夏四月，东莱吕公伯恭来访，《近思录》成。偕东莱吕公至鹅湖，复斋陆子寿、象山陆子静来会”。看这一系列的书目，我们会发现一个特征：朱子在这六年左右的时间内，大部精力都用在了北宋之学上，尤其是濂溪（周敦颐）、明道（程颢）、伊川（程颐）和横渠（张载）四先生之学上。而在此前的乾道四年夏四月，朱子便已编订了《程氏遗书》。这样罗列一下，我们就可以看出一点端倪，那就是于朱子而言，编辑《近思录》似乎是一件水到渠成且不得不为的事。当然，另一位编辑者东莱先生（吕祖谦）也有同样的意愿，据朱轼《史传三编》，“（吕祖谦）尝就访朱子，及归，朱子送之于道，祖谦欲编《近思录》，因与朱子同止寒泉精舍，分类抉微，一月而成”。正因为此，两人一拍即合，加之又皆已熟悉濂溪、明道、伊川、横渠四先生的著述，所以，方才能够在较短的时间内编就《近思录》。

　　据朱子《序》，可知他二人之所以编辑《近思录》，是因为觉得濂溪、明道、伊川、横渠四先生之学“广大闳博，若无津涯”，所以想要为初学者确立一个门径。主要的读者对象，则是"穷乡晚进有志于学，而无明师良友以先后之者"。但是，《近思录》也只是一个门径而已，还是需要学者在研读之后，"求四君子之全书，沉潜反复，优柔厌饫，以致其博而反诸约焉"。"若惮烦劳，安简便，以为取足于此而可"，也就违背了他们编辑这本书的初心了。

编辑的过程应当很顺利，先是确定纲目和卷数，然后，在阅读四先生的文字时，将能够启发学者的内容分类布置即可。然而，尽管如此，朱子、东莱也还是非常严肃的，无论是对于纲目的次序，还是对于具体的条目，二人都曾进行过细密的商量。例如，关于首卷道体的确定，东莱在《序》中说：

"祖谦窃尝与闻次缉之意，后出晚进，于义理之本原虽未容骤语，苟茫然不识其梗概，则亦何所底止？列之篇端，特使之知其名义，有所向望而已。"

而关于首卷道体的条目，二人更是进行了多轮商讨。最初似乎并没有选取濂溪先生的《太极图说》及明道先生的《定性书》，鹅湖之会后，朱子返归建阳，又让人重新誊抄《近思录》，并向东莱提出了增补意见，并提及其他诸卷的修订：

"昨专人反，附府中一书，想比日秋凉，伏惟尊候万福。《近思录》近令抄作册子，亦自可观。但向时嫌其太高，去却数段，如太极及明道论性之类者。今看得似不可无。如以《颜子论》为首章，却非专论道体，自合入第二卷。作第二段。又事亲居家事直在第九卷，亦似太缓，今欲别作一卷，令在出处之前，乃得其序。卷中添却数段，草卷附呈，不知于尊意如何？第五伦事，《阃范》中亦不载，不记曾讲及否？不知去取之意如何？因来告谕及也。此书若欲行之，须更得老兄数字附于目录之后，致丁宁之意为佳。千万勿吝也。"（《答吕伯恭》）

朱子对于《近思录》颇为用心，直到淳熙三年九月，《近思录》即将刻印之前，还略有增补：

"《近思》数段，已补入逐篇之末，今以上呈。恐有未安，却望见教。所欲移入第六卷者，可否？亦望早垂喻也。"（《答吕伯恭》）

淳熙四年（1177）春，朱子收到了由潘景宪刻印的初版《近思录》，然而，"尚有误字"，又重新校订。此后，朱子又数度谋划重刻《近思录》。如淳熙五年（1178），交由南轩先生（张栻）刻于长沙；绍熙元年（1190），在知漳州任上，亦有意重刻《近思录》，并又作许些增补："《近思录》比旧本增多数条，如'买椟还珠'之论，尤可以警今日学者用心之缪。"（《答宋泽之》）于《近思录》，朱子亦可谓尽心矣。无怪乎后世有人竟直接去掉东莱之名，而命之曰《朱子近思录》。

尽管如此，对于《近思录》，朱子也还是有些遗憾的，有一些想收入的内容仍未曾收入。如与四先生并列为北宋五子的康节先生（邵雍）的文字，"康节煞有好说话，《近思录》不曾取入"；又如"《东见录》中明道曰'学者须先识仁。仁者，浑然与物同体。义、礼、智、信，皆仁也'云云，极好，当添入《近思录》中"（皆见《朱子语类》）。如此者尚有不少。

然而，就是这样一本略带有缺憾的选编类型的书，原本只是想为初学者学习四先生之书提供一个门径，却为后世学者所珍爱，成为最受欢迎的朱子著述。《近思录》的传刻之多、流布之广，即使是朱子倾尽毕生之力的《四书章句集注》也难以与之相提并论。在后世，尤其是有清一代，甚至形成了"《近思录》现象"，释读本、续补本层出不穷。其中优秀的读本便有许多，如叶采《近思录集解》、江永《近思录集注》、张伯行《近思录集解》、茅星来《近思录集注》、黄叔璥《近思录集朱》等。关乎《近思录》的后世影响，严佐之先生有《一部书串起七百年理学史：〈近思录〉后续著述及其思想学术史意义》（收《〈近思录〉文献丛考》）一文，作了翔实陈述，有兴趣者或可一读。于笔者之见，则《近思录》之所以会在后世产生深远的影响，原因有二：

其一，《近思录》中所蕴含着的道统意识。朱子虽然没有明说，然而，编辑《近思录》时，他当是存有传续道统这份用心的。自从韩愈在《原道》中指出："尧以是传之舜，舜以是传之禹，禹以是传之汤，汤以是传之文、武、周公，文、武、周公传之孔子，孔子传之孟轲，轲之死，不得其传焉。"儒家的道统意识便逐渐兴起，濂溪、明道、伊川、横渠四先生，乃至在他们之前的范文正公（仲淹）等人便已自觉以道自任，认为学必至于圣人而后已，并皆以上承孟子相望。如明道赞横渠，有云："横渠道尽高，言尽醇。自孟子后，儒者都无他见识。"（《二程集》）而伊川赞明道，则曰："周公没，圣人之道不行；孟轲死，圣人之学不传。道不行，百世无善治；学不传，千载无真儒。……先生生乎千四百年之后，得不传之学于遗经，以兴起斯文为己任。辨异端，辟邪说，使圣人之道焕然复明于世。盖自孟子之后，一人而已。"（熊赐履《学统》）朱子同样以道自任，自然有意于上续道统，承接圣脉，这份用心在他编撰《伊洛渊源录》便可见一斑。而《近思录》适好可以与《渊源录》形成互补，一者述行，一者述学，道统就此得以确立。朱子的这份用心，后世学者如叶采、张伯行等全都心领神会。如叶采有云："天相斯文，是生濂溪周子，抽关发蒙，启千载无传之学。既而洛二程子、关中张子，缵承羽翼，阐而大之。圣学淹而复明，道统绝而复续，猗欤盛哉！"（《近思录集解序》）

其二，《近思录》构造了一套新的儒学体系。这套儒学体系既能够与先秦儒学融为一炉、浑然一贯，又有着其独特的时代特质，后世将之命名为理学抑或新儒学。也许朱子当初并没有这份用心，纵然是有，也是很沉潜的。他只是觉得四先生之学有着一定的贯通之处，又与先秦儒学一以贯之，故而，与东莱二人略加筛选，并加以条理化、结构化，使得初学者有一入学门径。所以，他才会说："四子，六经之阶梯；《近思录》，四子之阶梯。"然而，《近思录》有体有用，自修己到安人，构成了一个浑然整体，使得它完全可以独立存在，并成为儒家学说的一个纲领。于是，得到后世追奉也就是顺理成章的事了。

二

对于《近思录》，朱子有着一个较为系统的思考，他曾对《近思录》的纲目逐篇作过交代：一、道体；二、为学大要；三、格物穷理；四、存养；五、改过迁善，克己复礼；六、齐家之道；七、出处进退辞受之义；八、治国平天下之道；九、制度；十、君子处事之方；十一、教学之道；十二、改过及人心疵病；十三、异端之学；十四、圣贤气象。后世学者往往以此作为每卷卷目，本书也是如此。由此可见，读《近思录》，切不可分而割之，而是应当将之视作为一个循序渐进的整体。这一点，东莱在《序》中也作了交代："至于余卷所载讲学之方、日用躬行之实，具有科级，循是而进，自卑升高，自近及远，庶几不失纂集之指。"其后，叶采也称《近思录》"规模之大而进修有序，纲领之要而节目详明，体用兼备，本末殚举"（《近思录集解》）。叶采还为各卷作了小序，陈述了各卷之间的关系，甚为严密，笔者已逐次节录进各卷题记。此不赘言。

朱子、东莱编辑《近思录》时，所依据的纲领当为《大学》。此点则以清人茅星来看得最为透彻："子朱子纂辑周、程、张四先生之书，以为《近思录》。盖古圣贤穷理正心、修己治人之要实具于此，而与《大学》一书相发明者也。故其书篇目要不外三纲领、八条目之间，而子朱子亦往往以《小学》并称，意可见矣。"（《近思录集注序》）于卷八小序中，茅氏又曰："盖此书所以发明《大学》，先论纲领，次详条目，固《大学》之书然也。"

笔者深以为然，故而于题解中，将第三卷至第十卷，全然与《大学》八条目对应而述。然而，以上诸人尽管强调了《近思录》的整体性，却并没有明确指示出《近思录》的一贯之旨。笔者研读《近思录》十数年，近年来，方才于其中的一贯之旨有了一些切实的体悟。关于《近思录》的主旨，实可以一言以蔽之，曰："只是一个天理。"

从卷一直到卷十四，《近思录》卷卷离不得"天理"二字，确切地说，离开了"天理"，《近思录》便失去了灵魂，就会沦为一堆无用的文辞。细言之，则卷一道体，只是为了阐明天理；卷二为学大要，学只是要学个天理。这两卷乃是总述。卷三格物穷理，只是要究明个天理；卷四存养，只要存养个天理；卷五改过迁善，克己复礼，只是要回归个天理；卷六齐家之道、卷七出处进退辞受之义、卷八治国平天下之道、卷九制度、卷十处事之方，说来说去，只是一个遵循天理而为；卷十一教学之道，教人也只是教个天理；卷十二改过及人心疵病，只是拿个天理来约束自我，凡是不合于天理的，则不是过，便是病；卷十三异端之学，不合天理的学问便是异端之学，没有似是而非的迂回地带；卷十四圣贤气象，言行合于天理的，便是圣，便是贤，圣贤标准，除却天理，别无二者。

然则，天理究竟为何？要回答这一个问题，首先要明了宇宙及宇宙万物的由来，亦即究明宇宙的本体。濂溪先生《太极图说》（1.1）正是为了解决这一个问题。笔者于此，仅作一个简要的陈述：

宇宙本体，我们将之称作为道体，道体乃是即理即气、理气不二的。有气，理方有载体；有理，气方是活气。究其实，则理是气之理，气是理之气，理气二者浑然不二，这就是宇宙的本体。理是生生之理，气即是生生之气。既为生生之气，则必定会有所运动，动则生阳，动到极致就会转变方向，于是生阴，生生之气就此有了两种状态：阳气和阴气。阳气与阴气在此消彼长的过程之中又会产生四种形态：太阳、少阳、太阴、少阴，再加上一个中枢，也就成了五种状态，这就是五行之气的由来。有了五行之气，便有了构成宇宙万物的基础元素。五行之气在时空中随机化生万物。这就是由生生之气而化生万物的过程：生生之气→阴阳二气→五行之气→化生万物。在这个过程之中，生生之理会依次转化为阴阳二气之理、五行之气之理以及万物之理。这一个本于道体所涵有的生生之理，落实到万物上来，就被称作为万物的性。也即是说，万物的性全都是生生之性。

宇宙本体——道体，在传统文化中，通常又被称作为"天"，如《中庸》有云："天命之谓性。"而道体所涵有的生生之理，又会被称作为天理。万物的性，即是天理在万物之上的体现。就此可知，万物倘若做到了率性而为，便是在履行天理。遗憾的是，宇宙间的万物，惟有人是由五行的秀气所化生，而能够去思量、去推求，进而明了自身的性而率性而为。也即是说，惟有人才可以履行天理。然而，于人而言，仅仅自身做到率性而为还远远不够，还要让宇宙的万事万物全都合乎天理，也就是让普天之下的每一个事物都能够按照其本然之性而存在，这就是儒家物各归物的志愿。在《中庸》中，这一志愿又被称作为"赞天地之化育"。而要做到物各归物，就必须要透彻了解天下万事万物的性——天理在万事万物上的体现。所以，儒者必须要格物穷理，唯有如此，才有可能做到物各归物。

天理，即生生之理，宇宙万物全都是天理的呈现，与此同时，宇宙万物也全都是天理的载体。而当我们做到率性而为时，便是承担了自身的责任——承载天理。反之，如果我们沉湎于一己的私欲，而不去率性而为，那便丧失了天理。儒家学说的根本正在于此，故而，伊川先生说："人只有一个天理，却不能存得，更做甚人也！"（4.26）而人之于天理，自然会有一个明天理、证天理、循天理、合天理的过程，这个过程便是由凡入圣的过程。整部《近思录》所讲无非就是这一个过程。

果真抓住了"天理"二字，再去读《近思录》，便犹如一纲在手，统御全局。

需要指明的一点是：由生生之气而化生万物，中间似乎存有一个过程：生生之气先分为阴阳二气，阴阳二气再分为五行之气，而后再由五行之气随机聚合而化生万物。其实不然。因为生生之气是时刻都在运转的，所以时刻都在生阴生阳；阴阳二气又时刻都在此消彼长，所以时刻都有五行之气，我们甚至可以说宇宙间弥漫着的正是五行之气。五行之气又随机化生万物。也即是说，自生生之气而化生万物，这其中乃是当下的，即时的。由此可知，道体与宇宙间万物的关系乃是双重的，那就是创生与呈现并在。

三

接下来，谈一谈《近思录》的读法。《近思录》之所以取名为"近思"，自是本于孔门弟子子夏的一番话："博学而笃志，切问而近思，仁在其中矣。"（《论语·子张第十九》）而子夏的话又是本于孔子的话："夫仁者，己欲立而立人，己欲达而达人。能近取譬，可谓仁之方也已。"（《论语·雍也第六》）简单而言，"近思"，即从近处展开思考，最近的地方自然是自身。"近思"便是要我们反求诸己，在自己身上去思考、去探究。伊川先生有云："'近取诸身'，百理皆具。"（1.33）故知整部《近思录》，最终都需要切实落实到自身上来，若是没有切实落实到自身上来，《近思录》是《近思录》，自身是自身，那就是不曾真正读过《近思录》。既然读《近思录》要落实到自身上来，那么，读法自然就会与读普通的书不太一样。在此，笔者拟将自身十数年来研习《近思录》的经验作一个分享，笔者不敢自是，更不敢好为人师。若诸位有更好的读法，我们完全可以交流。

笔者读《近思录》，概而言之，共分为四步，依次如下：

其一，细而究之。这是第一步，也是基础。伊川先生有云："凡看文字，先须晓其文义，然后可求其意。未有文义不晓而见意者也。"（3.23）又云："得于辞，不达其意者有矣，未有不得于辞而能通其意者也。"（3.49）而要把握《近思录》的文义，着实不易。毕竟其中所涉内容极为广泛，四书、五经、诸子之学，几乎无不涉及。若不能一一查阅，细而究之，要理解文义，几无可能。这项工作，不但需要细心，还需要耐心和恒心，然而，果真能够沉下心来，下个一年半载的工夫，也就可以略通文义了。

其二，思而得之。儒家之学，重在自得。孟子有云："君子深造之以道，欲其自得之也。自得之，则居之安；居之安，则资之深；资之深，则取之左右逢其源。故君子欲其自得之也。"（《孟子·离娄下》）所谓自得，即亲身体贴所得。一个人果真有所得时，再去读书，宛若自家胸中流淌出来一般，别无二样。反之，若非自得，则终究是听人道、看人说，自己纵然能说会道，也只是鹦鹉学舌、人云亦云。而欲自得，根本在于思，"学原于思"（3.6），"'思曰睿'，思虑久后，睿自然生"（3.10）。然而，思也需要条件，一则需要平心易气，不带旧有知见；二则需要熟悉文本，所谓"不记则思不起"（3.75）；三则应当落实到自身上来探究，常常扪心自问："若在我，又当如何？"思之难，在于起初，甚或不知从何思起。然而，坚持下来，慢慢地思得多了，也就会渐渐通达，到了某日便自有豁然贯通之感。诚如朱子所说："今猝乍看这文字也是难。有时前面恁地说，后面又不是恁地。这里说得如此，那里又却不如此。子细看来看去，却自中间有个路陌。推寻通得四五十条后，又却只是一个道理。"（《朱子语类》卷一百五）真到得这一步，再去思量也就容易了。

其三，遵而行之。朱子有云："《近思录》一书，无不切人身、救人病者。"又云："《近思录》是近来人说话，便较切。"故而，细究、思得之后，则当遵而行之。当然，若是真的思而有得，自然就会去笃行的。阳明先生有云："未有知而不行者，知而不行，只是未知。"（《传习录》）笔者研习《近思录》，尝在三个方面笃行之：

一、立志。儒门无二志，志必成圣贤。这在濂溪、明道、伊川、横渠四先生的教导中时有体现，如濂溪有云："志伊尹之所志，学颜子之所学，过则圣，及则贤，不及则亦不失于令名。"（2.1）横渠先生则说："学者大不宜志小气轻。志小则易足，易足则无由进；气轻则以未知为已知，未学为已学。"（2.111）而对笔者触动至深者，则莫过于伊川先生的这一段话："莫说道将第一等让与别人，且做第二等。才如此说，便是自弃。虽与'不能居仁由义'者差等不同，其自小一也。言学便以道为志，言人便以圣为志。"（2.59）记得当年读到这段文字时，不觉悲从中来，深感自身就是在荒废生命，自此放弃世间功利得失，而确定了成圣成贤之志，不复动摇。

二、读书。卷三中，伊川先生为我们指示了一个明确的读书次序：先读《大学》，继之以《论语》《孟子》《诗经》《尚书》《中庸》，终则读《周易》《春秋》。笔者读书，几乎全然遵照这一个次序，惟《中庸》略略提前。《近思录》又为我们提供了一些读书之方，极实用，如"读《论语》者，但将诸弟子问处便作己问，将圣人答处便作今日耳闻，自然有得"，仅此一法，笔者当年依之而行，便曾颇有受益。

三、持敬。在编辑《近思录》之前的数年里，朱子于"持敬"工夫有了切身的体验，时常提及伊川先生"涵养须用敬，进学则在致知"语。如《答吕伯恭书》云："熹旧读程子之书有年矣，而不得其要，比因讲究《中庸》首章之指，乃知所谓'涵养须用敬，进学则在致知'者，两言虽约，其实入德之门，无逾于此。"又如《答刘子澄书》云："程夫子曰：'涵养须用敬，进学则在致知。'此二言者，体用本末，无不该备，试用一日（疑作月）之功，当得其趣。"故而，在编辑《近思录》时，朱子将"持敬"作为一大纲要："程先生说'涵养须是敬，进学则在致知'，若只于此用力，自然此心常存，众理自著，日用应接各有条理矣。《近思录》前三四卷专说此事。"（《答李子能》）而横渠先生所提倡的"知礼成性"，并"以礼教学者"，其要也在于持敬。笔者早年修习《孟子》，由察端扩充入手，缺少前面一段持敬工夫，常不能自持。研读《近思录》之后，时时自警，不敢轻慢，渐觉有功。

其四，涵而养之。涵养之方，有三：一则隔段时日，便去翻阅《近思录》，就四先生之言来检验自身的心气。但有不足处，即自反省。二则于阅读中去检验自身是否有增进，凡有增进，必当常读而常有新意。孔子有云：

"温故而知新，可以为师矣。"（《论语·为政第二》）为不为师倒在其次，然温故知新，却是一个极佳的检验自身是否有长进的方法。三则每隔段时日便择取数句极具意味者，放在心中体味，时时玩味，日夕体贴，久而久之，不知不觉中便将融入生命，气质自然也就会产生变化。

细而究之、思而得之、遵而行之、涵而养之，四步层层递进，环环相扣，笔者由此而得以究明《近思录》，自然也希望有更多的朋友能够由此而究明《近思录》。愿与诸位共勉之！

四

日前，回想为学十数年来，蓦然发现对我影响最大的两本书，皆与朱子密切相关。一为《四书章句集注》。此书是我研读四书的基础参考书，自当初研读之后，这十数年来，几乎每隔一段时间，都会重新阅览一番，或通读，或选读。虽然我对于四书的体味与朱子不尽相同，然而，究其根本，则又全都本自朱子四书学的启发。二即为《近思录》。遥记当年，想要研究宋明理学，却不知从何入手，偶然在书店中觅得《近思录》一册，欣喜若狂，一连数月沉浸在这册薄薄的书中。濂溪先生的《太极图说》、明道先生的《定性书》、伊川先生的《颜子所好何学论》、横渠先生的《西铭》，以及《明道先生行状》《横渠先生行状》等文深深地激发了我、启悟了我。然后，就像朱子所说，又"求诸四君子之全书，沉潜反复"，直到近年来，方才于何谓理学、何谓理学家，有了些真切的体味。

可以说，《四书章句集注》是我研读四书探究五经的基础，而《近思录》则是我打开宋明理学大门的钥匙。当然，我从这两本书中所获得的远不止于知识，更多的则是对自身性命的启悟和生命的提升。钱穆先生曾经为中国人开过一个必读书单，涉及儒、释、道三家，一共七部典籍，其中儒家占了四部，分别为《论语》《孟子》《近思录》和《传习录》。《论语》《孟子》自不必讲，自传统文化复兴之后，便阅者无数，供今人学习、研读的各种版本至今仍层出不穷。而这些年随着阳明学的蓬勃发展，《传习录》也已经家喻户晓，"阳明学者"也是随处可见，各种今人注解版本也纷纷问世，仅笔者书架上所有者便不下于十种。相较而言，作为北宋理学乃至儒学纲要的《近思录》，却似乎落寞许多。尽管这几年随着朱子学缓慢复兴，不温不火地出版了一系列的注疏版本，其中以《近思录专辑》（华东师大版）最为出色，收集了宋、明、清《近思录》集注、集解、续、广等著述二十一部，分为十一册。然而，一者，此套书是作为朱子学研究的附属品诞生的，并没有予《近思录》以正确的位置。二者，此套书注重学术成果的价值和意义，以繁体竖排形式出版，难免会曲高和寡，读者寥落。至于今人译注本，目前常见的有四个版本，其中还有两个为节选本，笔者曾逐次对此诸版本作了研读，皆不甚满意。故而，心中早已有为大众读者撰一部《近思录》译注或释义的想法。因缘诚有不可思议处。戊戌年（2018）夏，我与何言赴沪拜会海滨、秉元二兄时，海滨兄便嘱以《近思录》译注工作。其后的两三年里，尽心竭力，三易其稿，其中艰辛自不足与外人道也。日前读到清人刘源渌编纂《近思续录》，"呕心沥血二十余年，于《朱子文集》《或问》《语类》三书，沉潜反复，撮辑纂序，晨昏灯火，席不暇暖，风雨几砚，手不停笔，以至衣敝褟穿，体寒手冻，皆弗自恤也，务求先圣之道彰明较著而后已，凡三创草、三脱稿而始成矣"（马恒谦《近思续录序》）。方知古人治学，真不可及也！我之所为，何值一提！而今交稿在即，其中必定有着诸多不足和缺憾，尚祈大方之家不吝指教。当然，心下也甚盼有人能与我一般，通过阅读《近思录》，而能打开宋明理学的大门，走上心性修身之学。又本书在撰写过程之中，得到了英杰贤弟的悉心教正，于此谢过。

辛丑仲秋之月，邵逝夫于江苏射阳浮海草堂毋不敬斋

《近思录》节选书目举要

周敦颐（1017—1073），道州营道人。字茂叔，学者尊称濂溪先生，谥号元公，又称周元公。北宋五子之一。本书尊称濂溪先生。

《太极图说》

《通书》

程颢（1032—1085），河南洛阳人。字伯淳，学者尊称明道先生，谥号纯公。北宋五子之一。本书尊称明道先生。

程颐（1033—1107），河南洛阳人。明道先生弟。字正叔，学者尊称伊川先生，谥号正公。与明道先生并称为二程子，或二程先生。北宋五子之一。本书尊称伊川先生。

《河南程氏文集》

《河南程氏遗书》

《河南程氏外书》

《河南程氏经说》

《周易程氏传》

张载（1020—1077），字子厚。祖籍开封，生于西安，后侨寓凤翔眉县横渠镇，学者尊称横渠先生，谥号明公。北宋五子之一。本书尊称横渠先生。

《正蒙》

《横渠文集》

《横渠易说》

《论语说》

《孟子说》

《经学理窟》

《横渠语录》

附辑者简介：

朱子（1130—1200），名熹，字元晦，又字仲晦，号晦庵，晚称晦翁。祖籍江西婺源，生于福建尤溪。谥号文公，又称朱文公。与南轩先生（张栻）、东莱先生（吕祖谦）并称东南三贤。本书尊称朱子。

吕祖谦（1137—1181），字伯恭。祖籍安徽凤台，后世居浙江金华。郡望东莱，学者尊称东莱先生。谥号成公，又称吕成公。与朱子、南轩并称东南三贤。本书尊称东莱先生。

朱子

序

朱子序

淳熙乙未〔1〕之夏，东莱吕伯恭来自东阳，过予寒泉精舍，留止旬日。相与读周子、程子、张子之书，叹其广大闳博，若无津涯〔2〕，而惧夫初学者不知所入也，因共掇取其关于大体而切于日用者，以为此编。总六百二十二条，分十四卷。盖凡学者所以求端用力、处己治人之要，与夫所以辨异端、观圣贤之大略，皆粗见其梗概。以为穷乡晚进有志于学，而无明师良友以先后之者，诚得此而玩心焉，亦足以得其门而入矣。如此，然后求诸四君子之全书，沉潜反复，优柔厌饫〔3〕，以致其博而反诸约〔4〕焉，则其宗庙之美、百官之富〔5〕，庶乎其有以尽得之。若惮烦劳，安简便，以为取足于此而可，则非今日所以纂集此书之意也。五月五日新安朱熹谨识。

【注释】

〔1〕"淳熙乙未"，即淳熙二年（1175）。"淳熙"，宋孝宗赵昚年号，1174 年—1189 年。

〔2〕"津涯"，边际，范围。

〔3〕"优柔厌饫"，比喻为学从容求索，深入体味。"厌饫"，满足。

〔4〕"致其博而反诸约"，先是致力于广博的学习，而后把握要领、返归简约。语自《孟子·离娄下》："博学而详说之，将以反说约也。"

〔5〕"宗庙之美、百官之富"，喻思想的美好、学问的丰富。语自《论语·子张第十九》："夫子之墙数仞，不得其门而入，不见宗庙之美、百官之富。"

【译文】

　　淳熙二年（1175）的夏天，东莱吕伯恭从东阳来，过访我的寒泉精舍，停留了十多天。我们一起研读了周子、二程子、张子四人的著述，感叹其中的思想广大弘博，就像没有边际一样，而担心初学的人不知道从何处入手，因此共同选取其中关于根本主旨而又切近于日常应用的内容，编成了这部书。总共六百二十二条，分为十四卷。举凡学者寻求起点笃实用功、对待自己治理他人的概要，以及辨别异端邪说、观察圣贤气象的大概，全都可以粗略地看到一个梗概。我私下认为处于穷乡僻壤而有志于为学的年轻学者，又没有良师益友在身边指导辅助他们，真的能够得到这部书而去悉心玩味，也是足以进入为学之门的。如此之后，再去访求四位前贤的全书，潜心探究，反复研读，从容求索，深入体味，先是致力于广博的学习，而后把握要领、返归简约，就此则其中美好的思想、丰富的学问，也就差不多全都能够领会到了。如果害怕烦劳，贪图简便，认为充分理解这部书就可以了，那就不是我们今天之所以要编辑这部书的本意了。五月五日新安朱熹谨识。

东莱先生

序

● ● ● ● ● ●

东莱先生序

《近思录》既成，或疑首卷阴阳变化性命之说，大抵非始学者之事。祖谦窃尝与闻次缉[1]之意，后出晚进，于义理之本原，虽未容骤语，苟茫然不识其梗概，则亦何所底止[2]？列之篇首，特使之知其名义，有所向望而已。至于余卷所载讲学之方、日用躬行之实，具有科级，循是而进，自卑升高，自近及远，庶几不失纂集之指。若乃厌卑近而骛高远，躐等陵节[3]，流于空虚，迄无所依据，则岂所谓"近思"者耶？览者宜详之。淳熙三年四月四日东莱吕祖谦谨识。

【注释】

〔1〕"次缉"，编辑次序。

〔2〕"底止"，即"厎止"，终止。

〔3〕"躐等陵节"，超过等级，逾越节次。

【译文】

《近思录》编成之后，有人疑惑首卷讨论阴阳变化性命的内容，大多不是初学者所当学的。我曾听闻过关于这部书编辑次序的想法，年轻的学者，对于义理的本源，固然不应急于讨论，可是如果茫茫然而不知道义理的梗概，那又如何知道学问的终点所在呢？将这些内容放在全书的首卷，是特意要让他们知道这些名目和义理，进而有所向往而已。至于其余各卷所选载的关于讲学的方法、日常躬行的实践，都有等级次序，遵循着这个次序前进，由低升高，从近到远，差不多就不会违背我们编选这部书的目的了。如果厌恶浅近而好高骛远，超过等级，逾越节次，流于空疏虚妄，为学始终都没有任何依据，那还是所谓的"近思"吗？读者应该审慎地体会这一点。淳熙三年（1176）四月四日东莱吕祖谦谨识。

卷一

道体

卷一　道体

（凡五十一条）

【题解】

　　朱子论本卷纲目曰："道体。""道体"，即道的本体。为学的根本在于明道、体道而后履道，此中又以明道为先，因为道不明，就无从体道，更遑论履道？而明道的根本，又在于究明道的本体。道，有体有用有象。道之用，即为创生；道之象，则即宇宙万象，宇宙间的万物无一不是道的发用呈现；道之体，却很难洞晓，若非体贴入微，探赜索隐，便无从体认道的本体。纵然如此，如果没有往圣前贤的确然指示，想要凭借一己的摸索去体认道的本体，也几乎是不可能的。而本卷正是为了指示道的本体。如叶采有云："此卷论性之本原、道之体统，盖学问之纲领也。"（《近思录集解》）茅星来也说："此篇就理之本然者而言，必于此精察明辨，而后于道知所从入，可以用力以求至焉。……此卷乃一一发明之，盖道之体既明，而所以体道者自愈以详审而精密矣。"（《近思录集注》）可见本卷乃是全书的纲要。倘若读者能够读通本卷，究明"道体"，那就犹如有了一纲在手，而可统驭全局。对于其余诸卷，纵然不能够一览即明，却也可以默识心通。

　　当然，因为道体难明，初读时恐难于理会，故而，两位编选者——朱子与东莱先生建议我们：倘若对本卷一时无从理会，或可从第二卷读起，待到其他诸卷读通时，再回过头来读本卷，也就能够轻松体会了。如朱子说："看《近思录》，若于第一卷未晓得，且从第二卷第三卷看起，久久后看第一卷，则渐晓得。"而当有人指出"首卷阴阳变化性命之说，大抵非始学者之事"时，东莱先生解释说："后出晚进，于义理之本原，虽未容骤语，苟茫然不识其梗概，则亦何所底止？列之篇首，特使之知其名义，有所向望而已。至于余卷所载讲学之方、日用躬行之实，具有科级，循是而进，自卑升高，自近及远，庶几不失纂集之指。"概言之，对于道体的体认，切不可急于求成，故而，对于本卷亦不必强行理会，而是从容体味，以求自得之。当然，倘若有人愿意于本卷潜心研读，反复涵泳，终而究明道体，自然更好。

概而言之，"道体"乃是即理即气、理气不二的，理是生生之理，气是生生之气。旧论论宇宙本源，或以理为本，或以气为本，其实都不甚妥当：没有气，理就成了悬空的理，无法落实；没有理，气便成了死气，无从化生。单纯的理与单纯的气，都不足以担负起宇宙的本源。究其实，则理与气乃是一个浑然整体，理是气具之理，气是载理之气，有理必有气，有气也必有理。理是生生之理，气是生生之气，理气浑然为一，自然就会创生，这就是道之用。生生之理无始无终，生生之气无穷无尽，创生自然永无止息，创生所呈现出来的便是宇宙万象：每一个时空下所呈现出来的宇宙万象，都是创生的即时呈现。宇宙万象即是道之象——道的发用（创生）所呈现出来的象。

于是，形成了道之体→道之用→道之象，一个由体而用、由用而呈象的宇宙生成模式，而贯穿这一模式的则是道。所谓道，其实即是由体而用、由用而呈象的永恒规律。一言以蔽之，曰：生生。《周易·系辞上》有云："生生之谓易。"说的正是这一个意思。道，即是生生之道。生生之道贯穿着体、用、象，体是生生之体，用是生生之用，象是生生之象。所谓生生，便是生而又生、生生不息的意思。由此可知，古往今来，上下四方，宇宙时时刻刻、处处在在，都处于由体而用、由用而呈象的生生不已的状态之下。所以，我们也可以说宇宙便是一团生意。进而可知，宇宙永生不灭，不但不灭，而且还会时时刻刻都呈现为勃勃生机。

　　究明"道体"，是为了体道。"道体"即理即气，理气不二，理是生生之理，气是生生之气；道则即是生生之道。生生之道，又被称作为"天"，如"天命之谓性"（《中庸》）；也会被称作为"天道"，如"开则达于天道，与圣人一"（1.51）。为了方便陈述，本书中，举凡是生生之道，悉皆写为"天道"。天道落实到世间，便是生生之理，这一个理通常被称作为天理，宋明理学家们所反复陈述和强调的正是这一个天理，所谓"灭人欲，存天理"，所存的就是这一个天理。天理体现在天、地、人、事、物上，就成了天、地、人、事、物的理。性即理也，则天、地、人、事、物的理，即为天、地、人、事、物的性。究其实，则所有的性悉皆本于天理，源于天道，乃是生生之性。人能纯然率性——遵循于生生之性而为，便称作为"诚"。"诚"即真实无妄。惟有纯然率性，才算是完全履行人之为人之理，才算是真实无妄的人。生生之性发用出来便是德，所以德通常又被称作为性德。关于德，马一浮先生有一段精彩的论述："从来说性德者，举一全该则曰仁，开而为二则为仁知、为仁义，开而为三则为智、仁、勇，开而为四则为仁、义、礼、知，开而为五则加信而为五常，开而为六则并知、仁、圣、义、中、和为六德。"（《马一浮全集》第一册）而这一切的德，皆为生生之性的发用，皆为生生之德。且以五常为例：仁为好生之德，义为利生之德，礼为尊生之德，智为护生之德，信为守生之德。天理、性、德等，所在的层面或许并不一样，却全都源于天道，而以生生为本。故而，当我们体认到道，明晓道的本体，自然也就可以彻上彻下而一以贯之了。

1.1

　　濂溪先生曰："无极而太极[1]。太极动而生阳，动极而静，静而生阴，静极复动[2]。一动一静，互为其根；分阴分阳，两仪立焉。阳变阴合，而生水、火、木、金、土[3]。五气顺布，四时行焉。五行，一阴阳也；阴阳，一太极也；太极，本无极也[4]。五行之生也，各一其性[5]。无极之真，二五之精，妙合而凝[6]。'乾道成男，坤道成女'[7]，二气交感，化生万物[8]。万物生生，而变化无穷焉[9]。惟人也，得其秀而最灵[10]。形既生矣，神发知矣[11]。五性[12]感动，而善恶分、万事出矣。圣人定之以中正仁义（本注：圣人之道，仁义中正而已矣。）而主静[13]（本注：无欲故静。），立人极[14]焉。故圣人'与天地合其德、日月合其明、四时合其序、鬼神合其吉凶'[15]。君子修之吉，小人悖之凶。故曰：'立天之道，曰阴与阳；立地之道，曰柔与刚；立人之道，曰仁与义。'[16]又曰：'原始反终，故知死生之说。'[17]大哉《易》也，斯其至矣！"（《太极图说》）

【注释】

〔1〕"无极而太极"，"无极"和"太极"，讲的都是道体，乃是同体而异名。"无极"和"太极"，虽然是同体异名，是一不是二，却也各有侧重："无极"偏重于道体所涵有的生生之理而言，理，无形象，无声气，无方所，不可以见闻觉知，所以称之为"无极"。"无极"的"无"，并不是空无的无。——理并不是不存在，只不过是隐微地存在着，看不见，也摸不着，无从觉知罢了，看似为无，其实却是有。"太极"则偏重于道体所涵有的生生之气而言，气，遍布宇宙，弥漫古今，可谓至大至广，且恒且久，所以称之为"太极"。"太极"的"太"，即是大而无以复加的意思。无论是"无"，还是"太"，所讲的都是"极"。"极"，终极。道体就是宇宙间一切的终极归宗，就其所涵有的生生之理而言，为"无

极"；就其所涵有的生生之气而言，为"太极"。所以，濂溪先生说"无极而太极"。

〔2〕"太极动而生阳，动极而静，静而生阴，静极复动"，"太极"即道体，偏重于生生之气而言，因为有着生生之理，生生之气是必定要动的。——理为生生之理，与气又是不二的，自然就会主导着气动而不息，生生不已。气动就会发扬，发扬就会上升，气升即为阳，所以说"太极动而生阳"。气上升到了极致，无法再升，就会转动为静，所以说"动极而静"。气静就会凝聚，凝聚就会下降，气降即为阴，所以说"静而生阴"，气下降到了极致，无法再降，便又会转静为动，所以说"静极复动"。"动极而静""静极复动"，动与静就这样转换着，阳与阴也就跟随着变换。这里所说的动和静，其实并不是运动和静止，而是指两种状态：上升和下降。而动与静之间的转换，也不是"始动—动极—始静—静极—复动"这样一个单线条的发展。事实上，动与静，乃是动而有静、静而有动的；阴与阳，也是阴而有阳、阳而有阴的。唯有如此，阴阳二气才能够相激相荡而生五行之气。亦即是说，动之始，是在至静的状态下发生的；静之始，则是在至动的状态下发生的。——阳生发时，是阴的天下；阴生发时，是阳的天下。正因为此，在阳生和阴生之后的发展过程中，阴阳二者之间产生了多重激荡和碰撞，甚至还进行了你死我活的斗争，亦因为此，宇宙间才会呈现为勃勃生机。"动极"和"静极"的"极"，其实是一个转折点。"动极"是指阳经过与阴的激荡和斗争，占据了所有空间，然而，阴不能绝，阴一旦绝，宇宙间便将丧失生机，此所谓"独阳不生，孤阴不长"，于是，在阳极而阴将绝的刹那，阴又将复生，这就是

"动极而静，静而生阴"。"静极"则是指阴经过与阳的激荡和斗争，占据了所有空间，同样，阳也不能绝，于是，在阴极而阳将绝的刹那，阳又将复生，这就是"静极复动，动而生阳"。用二十四节气来表达，"动极"便是夏至，"静极"便是冬至。还有一点，应当指明：道体即理即气，理气不二，生生之理遍布宇宙，无始无终，从未曾断绝过；生生之气充塞天地，弥漫古今，也从未曾缺失过。既然如此，宇宙自始至终就全都是运转不息的。而宇宙间的动静转换、阴阳变换，也从来未曾停息过。也就是说，从来就没有过太极的动之始，未来也绝不会有太极的动之终。这就是"动静无端，阴阳无始"。"动而生阳""静而生阴"，只是为了说明动与静之间有转换、阴与阳之间也有变换，而不是说太极有着一个动之始。如果说太极有着一个动之始，那就意味着有了两个太极：一个是始动之前的死的太极，一个是始动之后的活的太极。当然不会如此，太极只有一个，活泼泼的，生生不已。

〔3〕"阳变阴合，而生水、火、木、金、土"，讲的是五行之质的生成。五行是一个独特的概念，横跨于气与质两个范畴。讲气时，主要指运化层面，五行之气聚而成形而化生万物，五行之气散而万物复归于生生之气，五行之气乃是化生万物的基本元素。讲质时，主要指生成层面，万物生成之后，各有各的五行构成，五行之质就是万物的基础构成元素。总之，五行就是一个临界点，是由气而象的转捩点。而就五行自身的气运和质生来看，次序也是不一样的。五行之气，其实就是阴阳二气运转而此消彼长所呈现出来的五种状态：少阳、太阳、少阴、太阴四象，再加上一个中枢。少阳为木、太阳为火、中枢为土、少阴为金、太阴为水，乃

是木、火、土、金、水依次而运。五行之质，则是在"阳变阴合"下依次生成的，次序便是水、火、木、金、土："阳一变生水，而阴以六合成之；阴二合生火，而阳以七变成之；阳三变生木，而阴以八合成之；阴四合生金，而阳以九变成之；阳五变生土，而阴以十合成之。是生水、火、木、金、土，而生成自然之序可见。"（张伯行《近思录集解》）

〔4〕"太极，本无极也"，明示了"无极"和"太极"是一不是二，"非太极之外，复有无极也"（朱熹《太极图说解》）。

〔5〕"五行之生也，各一其性"，"五行"，即五行之质。"性"，禀性。任何一个事物，在生成之后都会具有其自身的特性，这个特性就是禀性。水、火、木、金、土五行之质，在生成之后，也是各有各的禀性。至于五行之质的禀性，《尚书·洪范》篇中曾作过交代："水曰润下，火曰炎上，木曰曲直，金曰从革，土爰稼穑。"不但五行，即便是阴阳二气，也是各有禀性的，轻清而上浮就是阳气的禀性，沉浊而下降则是阴气的禀性。

〔6〕"无极之真，二五之精，妙合而凝"，"无极"，即道体，偏重于生生之理而言。"真"，是说生生之理真实不妄，永恒不灭。"二"，阴阳二气；"五"，五行之气。"精"，是说阴阳二气、五行之气各有其分，纯一不杂。"妙合而凝"，是说"无极之真"与"二五之精"的奇妙凝合。"无极之真"，说的是生生之理；"二五之精"，讲的是阴阳二气、五行之气。道体即理即气，理气不二，生生之理即为生生之气所具之理。生生之气分而为阴阳二气，阴阳转换又生成五行之气，生生之理自然就会随之转化为阴阳二气、五行之气所具之理。所以为"妙合"。生生之理与阴阳二气、五行之气"妙合而凝"之后，便成了它们的理，也就成了它们的性。

"性即理也。所谓理，性是也。"（《河南程氏遗书》）这一个性乃是本性，是生生之理的体现：生生之理在阴阳二气，即为阴阳二气的本性；在五行之气，即为五行之气的本性。本性悉皆本于生生之理，皆为生生之性。也就是说，无论是阴阳二气，还是五行之气，它们的本性是一致的，都是生生之性。

〔7〕"乾道成男，坤道成女"，语出《周易·系辞上》。"乾"，阳而刚健；"坤"，阴而柔顺。阳而刚健者，"成男"；阴而柔顺者，"成女"。此处的"男"和"女"，并不是男性和女性，而是万物化生的两大根源：父道和母道。"成男"则父道立，"成女"则母道立，父母之道立，万物便有了生生不息的本源。

〔8〕"二气交感，化生万物"，"二气"，即五行之气。五行之气虽有五种，在化生万物时，却分为阴阳两大类，所以，此处说"二气交感"。"化生万物"，乃是道的功用。万物化生的过程，依据濂溪先生的陈述，则为：太极（生生之气）→阴阳二气→五行之气→万物。由太极而万物，贯穿始终的则是本于生生之理的天道。太极先是"分阴分阳"，而后阴阳二气运转而生水、火、木、金、土五行之气，进而"二气交感，化生万物"。在这其中，看似有先有后，其实不然。因为有着无极（生生之理），太极（生生之气）始终都在运行不息，"动而生阳，动极而静，静而生阴，静极复动"，如此循环往复，生生不已，由此可知，阴阳二气、五行之气也是始终都存在着的，而五行之气化生万物也是时刻都在进行着的。——五行之气在运转的过程之中，相互碰撞而凝合化生万物。由此可见，太极（生生之气）→阴阳二气→五行之气→万物，这一个过程既含有创生性，又富有呈现性。也就是说，每一个当下的宇宙万象都是道的发用的即时呈现。这就是即体即用

即象，体是道之体，用是道之用，象是道之象，体、用、象三者乃是一贯的。另外，需要指明的一点是：在太极（生生之气）分阴分阳，阴阳二气生成五行之气的过程中，"无极之真"——道体所涵有的生生之理，与"二五之精""妙合而凝"而转化为阴阳二气、五行之气的性。同样，在五行之气化生万物的过程中，"无极之真"也会与万物"妙合而凝"而转化为万物的性。这个性，就是万物的本性，宇宙间的万物都是一致的，都是生生之性。性即理也。这一个性，也是万物之所以为万物的理。

〔9〕"万物生生，而变化无穷焉"，万物始生，皆由气化，所谓"二气交感，化生万物"。然而，一旦万物各具形质，自此便会转为形生。"万物之始，皆气化；既形，然后以形相禅，有形化。形化长，则气化渐消。"（《河南程氏遗书》）"变化无穷"，便是针对形生而言的："人物之始，以气化而生者也，气聚成形，则形交气感，遂以形化，而人物生生，变化无穷矣。"（朱熹《太极图说解》）

〔10〕"惟人也，得其秀而最灵"，"秀"，指五行之气中的秀气。万物之中，只有人是由五行之气中的秀气所聚合化生而成的，所以，最为灵秀。这样的说法，早有先声，如："惟人，万物之灵。"（《尚书·泰誓》）又如："人者，天地之德，阴阳之会，鬼神之交，五行之秀气也。"（《礼记·礼运》）

〔11〕"形既生矣，神发知矣"，"形"，身形。"神"，此处指觉知的本体，就人而言，在目能视，在耳能闻，在鼻能嗅，在舌能尝，在身能触，在大脑则能思量。之所以称之为"神"，是因为它既不生不灭——不会因为时空的推移而改变，又清净无染——不会被外在的事物所牵引、所污染。

〔12〕"五性"，即刚善、刚恶、柔善、柔恶、中。这五者，乃是禀性，五行之气化生万物时，会分为阴阳两大类，阳气偏重者，禀性为刚；阴气偏重者，禀性为柔。无论是刚，还是柔，都是有所偏颇的。惟有中，阴阳平衡，不偏不倚。刚、柔二者既有所偏颇，自然就会有善、恶之别："性者，刚、柔、善、恶、中而已矣。……刚善，为义，为直，为断，为严毅，为干固；恶，为猛，为隘，为强梁。柔善，为慈，为顺，为巽；恶，为懦弱，为无断，为邪佞。"（周敦颐《通书》）世人论性，所讨论的往往就是禀性，所以才会有性恶、性有善有恶、性时善时恶等种种不同的说法。如果讨论的是本性，则宇宙间万物的本性都本源于生生之理，都是生生之性。顺应生生之性而为，自然悉皆为善，所以孟子才会说人性为善，不但是善，而且是至善（或纯善）。——生生之性中，没有丝毫的不善。

〔13〕"主静"，濂溪先生自注："无欲故静。""主静"即保持无欲的状态。无欲，则便是贤圣了："孟子曰：'养心莫善于寡欲。其为人也寡欲，虽有不存焉者，寡矣；其为人也多欲，虽有存焉者，寡矣。'予谓养心不止于寡焉而存耳，盖寡焉以至于无。无则诚立、明通。诚立，贤也；明通，圣也。"（《养心亭说》）无欲则"诚立、明通"。依据《中庸》而言，则"诚立"即"致中"，也就是成己；"明通"则为"致和"，也就是成物。成己为贤，成己而后成物则为圣。而无论是成己，还是成物，根本又在于"率性"——既率己之性，又率物之性。故知，无欲便是"率性"。由此可知，濂溪先生所谓的"主静"，其实就是保持在"率性"的境地。"率性"的境地，其实就是天人合一的境地。"率性"所率的自然是生生之性。生生之性由"无

极之真"——道体所涵有的生生之理转化而来，道体，通常又被称作"天"。当我们"率性"——遵循于生生之性而为时，也就是与"天"所涵有的生生之理保持一贯，这便是先儒所说的天人合一的境地。人人皆具生生之性，人人都可以做到"率性"而为，也就是说，人人都有抵达天人合一境地的可能性。

〔14〕"人极"，即人之为人的准则。人之为人的准则，亦即遵循于人之为人的理而为。性即理也，则知"人极"就是率性而为。《中庸》："天命之谓性，率性之谓道。"则知"道"即"人极"。

〔15〕"与天地合其德、日月合其明、四时合其序、鬼神合其吉凶"，语自《周易·乾·文言》。意为：圣人的德性与天地一样覆载无私，光明与日月一样普照世间，施政与四时一样井然有序，赏善惩恶与鬼神所降的吉凶相合。由此可见，圣人乃是抵达了天人合一境地的人。

〔16〕"立天之道，曰阴与阳；立地之道，曰柔与刚；立人之道，曰仁与义"，语自《周易·说卦》。意为：确立了天之为天的准则，是阴和阳；确立了地之为地的准则，是柔和刚；确立了人之为人的准则，是仁和义。

〔17〕"原始反终，故知死生之说"，语自《周易·系辞上》。意为：探原事物的初始，反求事物的终结，所以知道死与生的道理。

【译文】

濂溪先生说："无极而为太极。太极动而显现为阳，动到极致之后则转变为静，静而显现为阴，静到极致之后复又再动。这一动和一静，两者相互为基础；有动有静分出了阴阳，两仪就此确立。阳气变化，阴气配合，而生成水、火、木、金、土五行。水、火、木、金、土五行之气顺应流布，春、夏、秋、冬四季就此运行。水、火、木、金、土五行，本于阴阳二气；阴阳二气，本于太极；太极，本即是无极。水、火、木、金、土五行生成之后，各有各的禀性。道体（无极）所涵有的真实不妄的生生之理，与精纯不杂的阴阳二气、五行之气，奇妙地凝合在一起。'乾道成男，坤道成女'，五行之气分为阴阳二大类交相感应，化生出宇宙间的万物。万物生生不息，宇宙间的变化就此无穷无尽。万物之中，只有人得到了五行之气中的秀气，而成为最为灵秀的生物。身形既已生成，神就会发动为觉知。刚、柔、善、恶、中五种禀性感知外物而动，就此分出善恶、引发了种种事务。圣人将自己定止于中正仁义（本注：圣人之道，即是仁义中正而已。）而保持无欲的状态（本注：没有私欲，所以能静。），就此确定了人之为人的准则。所以，圣人'与天地合其德，与日月合其明，与四时合其序，与鬼神合其吉凶'。君子修养人之为人的准则而获得了吉，小人违背人之为人的准则而遭遇了凶。所以说：'立天之道，曰阴与阳；立地之道，曰柔与刚；立人之道，曰仁与义。'又说：'原始反终，故知死生之说。'《易经》真是博大啊！《太极图》真是易道的极致啊！"

1.2

诚，无为[1]；几，善恶[2]；德：爱曰仁，宜曰义，理曰礼，通曰智，守曰信。性焉、安焉[3]之谓圣，复焉、执焉[4]之谓贤，发微不可见、充周不可穷[5]之谓神[6]。(《通书·诚几德第三》)

【注释】

〔1〕"诚，无为"，在儒学体系中，"诚"是一个极其重要的概念。一部

《中庸》，翻来覆去，只是讲述了一个诚字。简而言之，诚即是率性，率性分为两个部分：一、率己之性；二、率物之性。率己之性为成己，率物之性则为成物。"诚者，非自成己而已也，所以成物也。成己，仁也；成物，知也。性之德也，合外内之道也。"（《中庸》）诚即率性，性者，生生之性，本于天道。当一个人做到了诚，也就合乎天道，也就成了天人合一的圣贤。朱子将"诚"注解为："至实而无妄之谓。"（《通书解》）天地之间，惟有天道至真无妄，永恒不灭，率性——遵循本于天道的生生之性而为，自然便是"至实而无妄"的。"无为"，处于诚——纯然率性而为的状态下，对于主体而言，无思无虑，没有刻意，更没有勉强，《中庸》所谓"诚者，不勉而中，不思而得，从容中道，圣人也"，所以说"诚，无为"。"无为"不是无所作为，而是纯然率性而为。究其实，则"无为"即是"无妄为"。

〔2〕"几，善恶"，"几"，濂溪先生释曰："动而未形、有无之间者，几也。"（《通书》）"几"，就是事物发展隐微的先兆，处于未发和已发之间。人在应对外事外物之时，心甫一动，此间便是几。心甫一动，其中便会有善恶之分，合乎天理的为善，悖乎天理的则为恶。所以说"几，善恶"。

〔3〕"性焉、安焉"，"性焉"，本于生生之性而诚；"安焉"，从容安处于诚。

〔4〕"复焉、执焉"，"复焉"，返归于诚。由复可知，人人生来都是诚的，只是因为蒙蔽于一己的私欲而违背了诚，所以才需要复。"执焉"，返归于诚之后，还需要保任，所以要执。"执"，守持。颜子就是执的典型："择乎中庸，得一善则拳拳服膺而弗失之矣。"（《中庸》）又：依照《论语》，则"性焉、安焉"，即"生而知之者"；"复焉、执焉"，即"学而知之者"。依照《中庸》，则"性焉、安焉"，即"诚者"；

"复焉、执焉",即"诚之者":"诚者,天之道也;诚之者,人之道也。诚者,不勉而中,不思而得,从容中道,圣人也。诚之者,择善而固执之者也。"依照《孟子》,则尧、舜为"性焉、安焉"者,汤、武为"复焉、执焉"者:"尧、舜,性者也;汤、武,反之也。"

〔5〕"发微不可见、充周不可穷",张伯行解云:"圣人之妙用,更有可想而像之者。一念方萌,至理已具,其发之微妙而不可见,可谓'不疾而速'也;随其所寓,理无不到,其充之周遍而不可穷,可谓'不行而至'也。"(《近思录集解》)

〔6〕"神",《周易·系辞上》:"阴阳不测之谓神。"

【译文】

纯然率性,便无所妄为;人心甫一发动之时,便已有了善恶;德有五种:慈爱为仁,适宜为义,合理为礼,通达为智,守正为信。本于生生之性而安处于"诚"的,称作为圣人;返归于"诚"而固执不失的,称作为贤人;诚意发动于幽微之处而不可察觉、充满周遍而又无有穷尽,就称作为神。

1.3

伊川先生曰:"'喜怒哀乐之未发,谓之中','中'也者,言'寂然不动'者也,故曰'天下之大本';'发而皆中节,谓之和','和'也者,言'感而遂通'者也,故曰'天下之达道'。"〔1〕(《河南程氏遗书》卷二十五)

【注释】

〔1〕本条互释了《中庸》首章与《周易·系辞上》中的两段文字。要

理解本条，就必须要理解这两段文字：

一、"喜怒哀乐之未发，谓之中；发而皆中节，谓之和。中也者，天下之大本也；和也者，天下之达道也。"

"喜怒哀乐"为情，情在未发之时，称作为"中"，而"中"在发出来之后，自然即是情。由此可见，中与情乃是体和用的关系，中是情的本体，情是中的发用。情的本体乃是性，横渠先生有云："性者，理也。性是体，情是用，性情皆出于心，故心能统之。"（《张载集》）朱子也明确指出："喜怒哀乐，情也。其未发，则性也。"（《中庸章句》）故知，"中"即是性。性本于生生之道，乃是宇宙万事万物的根本，所以说"中也者，天下之大本也"。"中"发出来便是情，情发出来都是"中节"——不偏不倚、无过无不及的，就称作为"和"。应事应物时，情之所发悉皆中节，就此便可以成就一切事物，所以说"和也者，天下之达道也"。

二、"易，无思也，无为也。寂然不动，感而遂通天下之故。"

"生生之谓易"，易道即天道。天道创生万物，无思无为，一切自然。人要合于天道，则当率性——遵循于生生之性而为。但能率性而为，既率己之性，又率物之性，便能"发而皆中节"，便能"感而遂通天下之故"。"故"即事。就此则知，"寂然不动"者就是所率的性，也就是"中"；"感而遂通天下之故"，则是率性而为的自然结果，也就是"和"。

【译文】

伊川先生说："'喜怒哀乐之未发，谓之中'，这一个'中'，说的是'寂然不动'的本性，所以说是'天下之大本'；'发而皆中节，谓之和'，这一个'和'，说的是'感而遂通天下之故'的状态，所以说是'天下之达道'。"

1.4

心，一也，有指体而言者（本注："寂然不动"者也。），有指用而言者（本注："感而遂通天下之故"是也。），惟观其所见何如耳。（《河南程氏文集》卷九）

【译文】

心，只是一个，有的是就心的本体而言的（本注："寂然不动"所说的就是心的本体。），有的是就心的发用而言的（本注："感而遂通天下之故"所说的就是心的发用。），只是看一个人所见到的是本体，还是发用了。

1.5

乾，天也。天者，乾之形体；乾者，天之性情。乾，健也，健而无息之谓乾。夫天，专言之，则道也，"天且弗违"[1]是也。分而言之，则以形体谓之天，以主宰谓之帝，以功用谓之鬼神[2]，以妙用谓之神，以性情谓之乾。（《周易程氏传·乾》）

【注释】

[1]"天且弗违"，意为：天尚且不会违背。语自《周易·乾·文言》。

[2]"鬼神"，鬼主惩恶，神主赏善。此"神"，与"以妙用谓之神"之"神"不同，后者乃是"阴阳不测"之意。

【译文】

乾，就是天。天，是乾的形体；乾，是天的性情。乾，是强健的意思，强健而不息，就称作为乾。关于天，单纯的说一个天字，则即是道，"天且弗违"的"天"便是道。分开来说，则以形体而言，就称之为天；以主宰而言，就称之为帝；以功用而言，就称之为鬼神；以微妙之用而言，就称之为神；以性情而言，就称之为乾。

1.6

四德[1]之元，犹五常[2]之仁，偏言则一事，专言则包四者[3]。（同上条）

【注释】

[1]"四德"，《周易》："乾，元、亨、利、贞。"《周易程氏传》："元、亨、利、贞，谓之四德。元者，万物之始；亨者，万物之长；利者，万物之遂；贞者，万物之成。惟乾、坤有此四德。"

[2]"五常"，即仁、义、礼、智、信。

[3]"偏言则一事，专言则包四者"，张伯行释曰："人得天地之理以生，故在天为元、亨、利、贞之四德，在人即为仁、义、礼、智、信之五常。而'元'者，天地之生理也，犹'仁'者，人心之生理也。生理不息，循环无端。是以偏而言之，则'元'者，四德之一；'仁'者，五常之一。若专言之，则'亨'只是生理之通，'利'只是生理之遂，'贞'只是生理之藏，一'元'可以包之。礼者，仁之节文；义者，仁之裁制；智者，仁之明辨；信者，仁之真实，一仁可以包之。《易》曰：'大

哉乾元，万物资始，乃统天。'谓统乎天，则终始周流，都是一'元'。孟子'四端'之说，亦以'恻隐'一端贯通乎'辞让''羞恶''是非'之端而为之统焉。"（《近思录集解》）此言可谓详尽。然而，关于五常之仁包乎义、礼、智、信，则略有补充：五常皆本于生生之道，都为生生之德的表现，仁为好生之德，义为利生之德，礼为尊生之德，智为护生之德，信为守生之德。五者之中，又以好生之德为根本，说一个好生，则利生、尊生、护生、守生的意思已经具足。真可谓一仁可以包五常。

【译文】

元、亨、利、贞四德中的元，就像仁、义、礼、智、信五常中的仁一样，分而言之，则仅指于万物之始一件事；单纯只说一个元时，则包涵着元、亨、利、贞四德。

1.7

天[1]所赋为命，物所受为性。[2]（同上条）

【注释】

〔1〕"天"，即天道。

〔2〕"天所赋为命，物所受为性"，"物所受"的，正是"天所赋"的；天如果不"赋"，则物便无所"受"。故知，"性"与"命"其实是一回事，只不过所表述的角度不同。这一个"性"，并非禀性，而是本性；这一个"命"，也并非命运，而是性命。当我们做到

了"诚"——纯然率性而为之时，便是成就了性命。本条可与《中庸》首句"天命之谓性"互参。

【译文】

天道所赋给万物的是命，万物所受于天道的是性。

1.8

鬼神者，造化[1]之迹也。（同上条）

【注释】

〔1〕"造化"，天道的创生化育。

【译文】

鬼和神，乃是天道创生化育所显现出来的迹象。

1.9

《剥》之为卦，诸阳消剥已尽，独有上九一爻尚存，如硕大之果不见食，将有复生之理。上九亦变，则纯阴矣。然阳无可尽之理，变于上则生于下，无间可容息也。圣人发明此理，以见阳与君子之道不可亡也。或曰："剥尽则为纯《坤》，岂复有阳乎？"曰："以卦配月[1]，则《坤》当十月；以气消息[2]言，则阳剥为《坤》，阳来为《复》，阳未尝尽也。《剥》尽于上，则《复》生于下矣。故十月谓之阳月，恐疑其无阳也。阴亦然，圣人不言耳。"（《周易程氏传·剥》）

【注释】

〔1〕"以卦配月"，以十二消息卦与十二月相对应。即：复卦对应十一月，临卦对应十二月，泰卦对应正月，大壮卦对应二月，夬卦对应三月，乾卦对应四月，姤卦对应五月，遁卦对应六月，否卦对应七月，观卦对应八月，剥卦对应九月，坤卦对应十月。

〔2〕"消息"，即消长。

【译文】

《剥》卦，作为一个卦，意味着诸阳已经消剥殆尽，只有上九一个阳爻还存在，就好像一个硕大的果子没有被食用，预示着将有阳气复生的道理。如果上九也变为阴爻，那就成了纯阴之卦了。然而，阳气没有消亡殆尽的道理，一旦上九在上面变为阴爻，就一定会有阳气在下面生发，没有任何间隙可以容许停息。圣人揭示出这一道理，用以表明阳气和君子之道是不可以消亡的。有人说："阳气消剥殆尽，则为纯阴的《坤》卦，难道还会有阳气吗？"答道："以十二消息卦与十二月的对应而言，则《坤》卦对应着十月；以阴阳二气的此消彼长而言，则阳气消剥殆尽为《坤》卦，而阳气由下面再次生发则为《复》卦，阳气从未尝消亡殆尽。《剥》卦的阳气在上面消亡殆尽，则《复》卦的阳气已经从下面生发了。所以，十月被称作为阳月，就是担心人们怀疑十月没有阳气啊。同样，阴气也没有完全消亡殆尽的道理，只是圣人不曾说明罢了。"

1.10

一阳复于下，乃见天地生物之心[1]也。先儒皆以静为见天地之心^[2]，盖不知动之端^[3]乃天地之心也。非知道者，孰能识之？（《周易程氏传·复》）

【注释】

〔1〕"一阳复于下，乃见天地生物之心"，这一个"天地"，不是通常所说的上覆下载的自然天地，而是道体。"天"近似于"无极"，偏重于生生之理言；"地"近似于"太极"，偏重于生生之气言。生生之气在生生之理的主导下，运行不息，分阴分阳，阴阳运转，又生水、火、木、金、土五行，五行之气随缘聚合，化生万物。这就是"天地生物"。当然，"天地生物"有始、长、遂、成的周期，体现在四时，便是春生、夏长、秋遂、冬成。而"一阳复于下"，正是"天地生物"新一轮的开始，万物生长已显端倪，此时最易感受到宇宙间的生生之机，所以说"一阳复于下，乃见天地生物之心"。

〔2〕"先儒皆以静为见天地之心"，"先儒"当指王弼等。王弼注"复，其见天地之心乎"，有云："复者，反本之谓也，天地以本为心者也。凡动息则静，静非对动者也；语息则默，默非对语者也。然则天地虽大，富有万物，雷动风行，运化万变，寂然至无是其本矣。故动息地中，乃天地之心见也。若其以有为心，则异类未获具存矣。"（《周易注》）依伊川先生之见，则静之时，"寂然至无"，无从感知"天地之心"。"天地之心"，只有在发动时才能够感受得到，而且最好是在甫一发动之时。

〔3〕"动之端"，即天地化生万物的几微。

【译文】

一阳复生于下，就此可以见到天地化生万物的心。先儒们全都以为在寂静之时可以见到天地之心，却不知道化生万物的几微才是天地之心的显现。不是已经通晓天道的人，又怎么能够认识到这一点呢？

1.11

仁者，天下之公，善之本也。（同上条）

【译文】

仁，是天下的公德，是众善的根本。

1.12

有感必有应。凡有动皆有感，感则必有应。所应复为感，所感复有应，所以不已也。感通之理，知道者默而观之可也。（《周易程氏传·咸》）

【译文】

有所感必定有所应。举凡有所动，都会有所感，有所感则必定有所应。所应的动又成为感，这一个感又必定会有所应，所以感应不绝，无有终止。感而遂通的道理，通晓天道的人静静地去观察它就可以了。

1.13

天下之理，终而复始，所以恒而不穷。恒，非一定[1]之谓也，一

定则不能恒矣。惟随时变易，乃常道也。天地常久之道，天下常久之理，非知道者，孰能识之？（《周易程氏传·恒》）

【注释】

〔1〕"一定"，固定不变。

【译文】

　　天下的道理，结束之后又会开始，所以恒久而无有穷尽。恒，不是固定不变的意思，固定不变则不能够恒久。惟有随顺时势不断变化，才是恒常之道。天地常久运行的道理，天下常久不灭的道理，不是已经通晓天道的人，又怎么能够认识到这一点呢？

1.14

　　"人性本善〔1〕，有不可革者，何也？"曰："语其性，则皆善也；语其才，则有下愚之不移〔2〕。所谓下愚，有二焉：自暴也，自弃也〔3〕。人苟以善自治，则无不可移者。虽昏愚之至，皆可以渐磨而进。惟自暴者拒之以不信，自弃者绝之以不为，虽圣人与居，不能化而入也。仲尼之所谓'下愚'也。然天下自暴、自弃者，非必皆昏愚也，往往强戾而才力有过人者，商辛〔4〕是也。圣人以其自绝于善，谓之下愚。然考其归，则诚愚也。""既曰下愚，其能革面，何也？"曰："心虽绝于善道，其畏威而寡罪，则与人同也。惟其有与人同，所以知其非性之罪也。"（《周易程氏传·革》）

【注释】

〔1〕"人性本善"，"人性"，指人的本性。人的本性本于生生之道，是

生生之道在人身上的体现，乃是生生之性。生生之性，纯然好生，无有一丝不善，所以说"人性本善"。

〔2〕"下愚之不移"，语自《论语·阳货第十七》：子曰："惟上知与下愚不移。""不移"，即不可改变。

〔3〕"自暴也，自弃也"，孟子有云："自暴者，不可与有言也；自弃者，不可与有为也。言非礼义，谓之自暴也；吾身不能居仁由义，谓之自弃也。"（《孟子·离娄上》）

〔4〕"商辛"，即商纣王帝辛。

【译文】

"人性是本善的，但也有一些不善的人是无法改变的，这是为什么呢？"答："就本性而言，则人人都是善的；就才质而言，则有不可改变的下愚之人。所谓的下愚之人，有两种：自暴的人和自弃的人。人如果能够以善进行自我修正，那就没有不可以改变的。即便是昏昧、愚蠢到了极点的人，也都可以通过渐渐的磨砺而取得进步。惟有自暴的人不相信人性本善而拒绝行善，自弃的人不去行善而与善断绝，即使是圣人和他们居住在一起，也不能够教化他们，让他们入于善啊。这就是孔子所说的'下愚'啊。然而，天下那些自暴、自弃的人，也不一定全都是昏昧、愚蠢的，往往是那些强横乖戾而有着过人才力的人，比如商辛就是如此。圣人因为他们自行与善断绝，所以称他们为下愚。然而考察他们的结局，则又确确实实是愚蠢的啊。""既然称作为下愚，他们却也能够改变表面的行为，又是为什么呢？"答："虽然他们的心已经与善道断绝，可是畏惧威力而少犯罪过，则是与他人相同的。正是因为他们有着与他人相同的地方，所以知道他们自绝于善并不是本性的罪过啊。"

1.15

在物为理，处物为义。(《周易程氏传·艮》)

【译文】

天道体现在事物上便是理，按照事物之理去处理事物便是义。

1.16

动静无端，阴阳无始，非知道者，孰能识之？(《河南程氏经说》卷一)

【译文】

动和静没有开端，阴和阳没有开始，不是已经通晓天道的人，又怎么能够认识到这一点呢？

1.17

仁者，天下之正理。失正理，则无序而不和。(《河南程氏经说》卷六)

【译文】

仁，是天下的正理。违背了正理，天下就会混乱而不和谐。

1.18

明道先生曰："天地生物，各无不足之理。常思天下君臣、父子、兄

弟、夫妇，有多少不尽分处。"（《河南程氏遗书》卷一）

【译文】

　　明道先生说："天地化生万物，个个都具有充足的道理。时常思量天下的君臣、父子、兄弟、夫妇之间，有多少没有尽到本分的地方。"

1.19

　　"忠信，所以进德"〔1〕，"终日乾乾"〔2〕，君子当终日"对越在天"〔3〕也。盖"上天之载，无声无臭"〔4〕，其体则谓之易，其理则谓之道，其用则谓之神，其命于人则谓之性，率性则谓之道，修道则谓之教〔5〕。孟子去其中又发挥出浩然之气〔6〕，可谓尽矣！故说神"如在其上，如在其左右"〔7〕，大小大事，而只曰"诚之不可揜如此夫"〔8〕。彻上彻下〔9〕，不过如此。形而上为道，形而下为器〔10〕，须着如此说，器亦道，道亦器。但得道在，不系今与后、己与人〔11〕。（同上条）

【注释】

〔1〕"忠信，所以进德"，意为：忠诚信实，就可以增进德行。语自《周易·乾·文言》："君子进德修业。忠信，所以进德也；修辞立其诚，所以居业也。"

〔2〕"终日乾乾"，意为：整日强健不息。语自《周易·乾》九三爻辞："君子终日乾乾，夕惕若，厉无咎。"

〔3〕"对越在天"，本意为：配得上文王的在天之灵。此处则引申为：与天理相应。语自《诗经·周颂·清庙》："济济多士，秉文之

德，对越在天。"郑玄笺："对，配。越，于也。济济之众士，皆执行文王之德。文王精神，已在天矣，犹配顺其素如生存。"（《毛诗注疏》）

〔4〕"上天之载，无声无臭"，"上天"，即天理。意为：上天所行的事，没有声息，也没有气味，无从觉知。语自《诗经·大雅·文王》："上天之载，无声无臭。仪刑文王，万邦作孚。"郑玄笺："天之道难知也，耳不闻声音，鼻不闻香臭，仪法文王之事，则天下咸信而顺之。"（《毛诗注疏》）

〔5〕"其命于人则谓之性"三句，语本《中庸》首章："天命之谓性，率性之谓道，修道之谓教。"

〔6〕"浩然之气"，《孟子·公孙丑上》："敢问何谓浩然之气？"曰："难言也。其为气也，至大至刚，以直养而无害，则塞于天地之间。其为气也，配义与道，无是，馁也。是集义所生者，非义袭而取之也。行有不慊于心，则馁矣。"故知"浩然之气"，乃是笃行道义所生发出来的至大至刚的正气。

〔7〕"如在其上，如在其左右"，语自《中庸》。意为：就像在他的头顶上，就像在他的左右。

〔8〕"诚之不可揜如此夫"，语自《中庸》。意为：真的是像这样不可以掩盖的啊。

〔9〕"彻上彻下"，贯彻上下。

〔10〕"形而上为道，形而下为器"，意为：超越于事物形体之上的是道，居于形体之下的具体事物是器。语本《周易·系辞上》："形而上者谓之道，形而下者谓之器。""形"，事物的形体。"道"，生生之道。"器"，具体的器物。孔颖达《周易正义》："道在形之上，形在道之下，故自形外已上者谓之道也，自形内

而下者谓之器也。形虽处道器两畔之际，形在器不在道也。既有形质，可谓器用，故云'形而下者谓之器'也。"

〔11〕"但得道在，不系今与后、己与人"，无论是"今与后"，还是"己与人"，一切都是道的发用呈现。体证得道后，自然明晓"今与后""己与人"乃是同等不二的。

【译文】

《周易》中说："忠信，所以进德。"又说："终日乾乾。"是说君子应当整日都能够"对越在天"。"上天之载，无声无臭"，就其本体而言，称作为易；就其理路而言，称作为道；就其发用而言，称作为神；就其赋予人之后，就称作为性；遵循于性而为，就称作为道；通过修养而成就道，就称作为教。孟子在这其中又发挥出浩然之气，可以说是彻底了。所以说神"如在其上，如在其左右"，多少大事，也只是说"诚之不可揜如此夫"。贯彻上下，也不过如此。形而上为道，形而下为器，关于道和器，必须要这样说：器即是道，道即是器，道和器是不二的。只要体证得道在，就不会再执着于现在和未来、自己和他人的分别对立。

1.20

医书言手足痿痹[1]为不仁，此言最善名状[2]。仁者，以天地万物为一体，莫非己也。认得为己，何所不至？若不有诸己，自不与己相干。如手足不仁，气已不贯，皆不属己。故博施济众，乃圣之功用。仁至难言，故止曰："己欲立而立人，己欲达而达人。能近取譬，可谓仁之方也已。"[3]欲令如是观仁，可以得仁之体。（《河南程氏遗

书》卷二上）

【注释】

〔1〕"痿"，萎缩。"痹"，麻木。

〔2〕"名状"，形容，描述。

〔3〕"故博施济众，乃圣之功用"云云，语本《论语·雍也第六》：子
贡曰："如有博施于民而能济众，何如？可谓仁乎？"子曰："何
事于仁，必也圣乎！尧、舜其犹病诸。夫仁者，己欲立而立人，
己欲达而达人。能近取譬，可谓仁之方也已。"意为：子贡问：
"如果有人广泛地施恩于百姓，而能救助大众，怎么样？可以称
得上是仁了吧？"孔子说："何止是仁，必定是圣了！尧、舜也
还没有能够做到呢。仁，就是自己想要立身，也帮助别人立身；
自己想要通达，也帮助别人通达。能够从切己之处推及到他人身
上，可以说是行仁的方法了。"

【译文】

　　医书中称手脚萎缩麻木不能动作为不仁，这句话最善于形容
了。有仁德的人，将天地万物视作为一个整体，没有一物不属于
自己。体认得天地万物全都是自己，还有什么会做不到的呢？如
果不是自己所拥有的，自然就与自己毫不相干。就像手脚麻木不
仁，气息已经不能贯通了，那就不再是属于自己的了。所以，广
泛施恩、救助大众，乃是圣人的功用。仁是最难表述的，所以，
孔子也只是说："己欲立而立人，己欲达而达人，能近取譬，可
谓仁之方也已。"想让人这样去体会仁德，就可以体会到仁德的
本体。

1.21

　　"生之谓性"[1]，性即气，气即性，生之谓也。人生气禀，理有善恶，然不是性中元有此两物相对而生也。有自幼而善，有自幼而恶（本注：后稷之克岐克嶷[2]；子越椒始生，人知其必灭若敖氏之类[3]。），是气禀有然也。善，固性也，然恶亦不可不谓之性也。盖"生之谓性""人生而静"[4]以上不容说，才说性时，便已不是性也。凡人说性，只是说"继之者，善也"[5]，孟子言"性善"是也。夫所谓"继之者，善也"者，犹水流而就下。皆水也，有流而至海终无所污，此何烦人力之为也？有流而未远固已渐浊，有出而甚远方有所浊。有浊之多者，有浊之少者。清浊虽不同，然不可以浊者不为水也。如此，则人不可以不加澄治之功。故用力敏勇则疾清，用力缓怠则迟清。及其清也，则却只是元初水也。不是将清来换却浊，亦不是取出浊来置在一隅也。水之清，则"性善"之谓也。故不是善与恶在性中为两物相对，各自出来。此理，天命也；顺而循之，则道也；循此而修之，各得其分，则教也[6]。自天命以至于教，我无加损焉，此"舜有天下而不与焉"[7]者也！（《河南程氏遗书》卷一）

【注释】

〔1〕"生之谓性"，语自《孟子·告子上》：告子曰："生之谓性。"

〔2〕"后稷之克岐克嶷"，意为：后稷年幼时就聪明知礼。语本《诗经·大雅·生民》："诞实匍匐，克岐克嶷，以就口食。"郑玄笺："能匍匐则岐岐然意有所知，其貌嶷嶷然有所识别也，以此至于能就众人口自食。谓六七岁时。"（《毛诗注疏》）

〔3〕"子越椒"云云，事见《春秋·左传》宣公四年：初，楚司马子

良生子越椒。子文曰："必杀之。是子也，熊虎之状，而豺狼之声，弗杀，必灭若敖氏矣。谚曰：'狼子野心。'是乃狼也，其可畜乎？"子良不听。后子越椒果然叛乱，以致若敖氏被灭。

〔4〕"人生而静"，意为：人生来乃是无欲而静的。语自《礼记·乐记》："人生而静，天之性也。"朱子有云："盖人受天地之中以生，其未感也，纯粹至善，万理具焉，所谓性也。"（孙希旦《礼记集解》）

〔5〕"继之者，善也"，语自《周易·系辞上》："一阴一阳之谓道。继之者，善也；成之者，性也。"意为：一阴一阳的转换体现了天道。继承于天道的，是善；继承于天道而成就的，是性。

〔6〕"此理"云云，语本《中庸》首章："天命之谓性，率性之谓道，修道之谓教。"

〔7〕"舜有天下而不与焉"，意为：舜拥有天下而不掺杂一点私心杂念。语自《论语·泰伯第八》：子曰："巍巍乎，舜、禹之有天下而不与焉。"

【译文】

告子说"生之谓性"，性即是气禀，气禀即是性，这就是告子所说的"生"。人生来有气禀，理亦随之有善有恶，然而却不是本性之中原本就有善和恶两者相互对待而生的。有人从小就善良，有人从小就凶恶（本注：后稷之克岐克嶷；子越椒始生，人知其必灭若敖氏之类。），这是天生的气禀所使然的。善固然是性，然而恶也不可以不称之为性（指禀性）。在"生之谓性""人生而静"以上是无法用语言来表述的，刚一说到性时，就已经不再是性了。举凡人说到性，所说的只是"继之者，善也"，孟子说人性本善就是如此。所谓的"继之者，善也"，就像水都是向下流的一样。然而，全都是水，有的一直流到大海，始终都没有任何污染，这又何必劳烦人力去澄清呢？有的流出不远，就已经渐渐浑浊；有的流出很远，方才有所浑浊。有的浑浊较为严重，有的浑浊比较轻微。清澈和浑浊虽然有所不同，然而，不可以认为浑浊的就不是水。如此一来，人就不可以不投入澄清治理的工夫。所以，用力勤敏勇猛，水就会快速清澈；用力缓慢怠惰，水就迟迟不得清澈。等到水清澈之后，则也只是最初的水罢了。也不是用清澈的水来换取了浑浊的水，也不是把浑浊的水取出来放在一边。水本来是清澈的，这就是人性本善的意思。所以，不是善和恶在本性之中呈现为两者相互对立，而后各自出来。这一个理，是天所赋予的；顺从而遵循于理而为，就是道；遵循于道去修身，各自获得各自的本分，就是教化。从"天命"一直到"教"，在这其中，我没有丝毫的增加和减少啊，这就像"舜有天下而不与焉"一样。

1.22

观天地生物气象（本注：周茂叔看。）。(《河南程氏遗书》卷六）

【译文】

观察天地化生万物的气象（本注：周敦颐观看。）。

1.23

万物之生意最可观，此"元者，善之长也"[1]，斯所谓仁也。(《河南程氏遗书》卷十一）

【注释】

〔1〕"元者，善之长也"，意为：四德中的元，乃是众善的统领。语自
　　《周易·乾·文言》："元者，善之长也；亨者，嘉之会也；利者，
　　义之和也；贞者，事之干也。"

【译文】

　　万物的生生之意最值得观察，这就是"元者，善之长也"，这就
　　是所谓的仁啊。

1.24

满腔子〔1〕是恻隐之心〔2〕。(《河南程氏遗书》卷三)

【注释】

〔1〕"满腔子"，从头到脚，浑身上下。《朱子语类》卷五十三：或问
　　"满腔子是恻隐之心"，曰："此身躯壳谓之腔子。"
〔2〕"恻隐之心"，"恻隐"，怜悯，同情。"恻隐之心"即仁心。《孟
　　子·告子上》："恻隐之心，仁也。"

【译文】

　　浑身上下全都是仁心的体现。

1.25

天地万物之理，无独必有对，皆自然而然，非有安排也。每中夜以

思，"不知手之舞之、足之蹈之也"[1]。(《河南程氏遗书》卷十一)

【注释】

〔1〕"不知手之舞之、足之蹈之也"，形容高兴到了极点。语自《毛诗序》："情动于中而形于言。言之不足，故嗟叹之。嗟叹之不足，故咏歌之。咏歌之不足，不知手之舞之、足之蹈之也。"

【译文】

天地间万物的道理，没有孤立的，必定是有所对待的，全都是自然而然，没有刻意的安排。每当在半夜思考到这里，就情不自禁地手舞足蹈了起来。

1.26

中[1]者，天下之大本。天地之间，亭亭当当[2]，直上直下之正理。出则不是，惟敬而无失，最尽。(同上条)

【注释】

〔1〕"中"，即性，亦即万事万物之理。
〔2〕"亭亭当当"，稳稳当当，不偏不倚之意。

【译文】

中，是天下万事万物的根本。也是天地之间，稳稳当当，不偏不倚，上下一贯的正理。偏离了中就不对了，惟有时时持敬而不违背于中，最为完善。

1.27

伊川先生曰："公则一，私则万殊。人心不同如面，只是私心。"（《河南程氏遗书》卷十五）

【译文】

伊川先生说："公心是一样的，私心则千差万别。人的心之所以像面孔一样千差万别，只是因为私心。"

1.28

凡物有本末，不可分本末为两段事。洒扫应对是其然，必有所以然。（同上条）

【译文】

凡是事物，都有本有末，不可以将本和末分成两回事。就像洒扫庭院、应对宾客之类是行为表现，背后一定会有之所以这样做的缘由。

1.29

杨子拔一毛不为，墨子又摩顶放踵为之，此皆是不得中。至如子莫执中，欲执此二者之中，不知怎么执得？识得则事事物物上皆天然有个中在那上，不待人安排也。安排着，则不中矣。[1]（《河南程氏遗书》卷十七）

【注释】

〔1〕本条释《孟子·尽心下》第 26 章：孟子曰："杨子取为我，拔一毛而利天下，不为也；墨子兼爱，摩顶放踵利天下，为之。子莫执中，执中为近之。执中无权，犹执一也。所恶执一者，为其贼道也，举一而废百也。"此章大意为：孟子说："杨朱主张为我，拔一根毛发而有利于天下也不肯去做；墨翟主张兼爱，凡是有利于天下的事，即使是磨秃头顶、走破脚跟也要去做。子莫则执着于中道，执着于中道近乎是了。然而，执着于中道而不懂得权变，就如同执着于一点了。之所以讨厌执着于一点，是因为它损害了中道，抓住了一点而废弃了其余。"

【译文】

杨朱主张为我，拔一根毛发而有利于天下也不肯去做；墨翟主张兼爱，凡是有利于天下的事，即便是磨秃头顶、走破脚跟也要去做，这两者全都是没有把握中道。至于子莫，执着于中，要在杨朱和墨翟之间执持一个中，不知道他怎么执持得到？真的体认到中道，那么在事事物物之上全都本然有着一个中在那里，不需要人去刻意安排。如果是刻意安排的，那就不是中了。

1.30

问："时中〔1〕如何？"曰："中字最难识，须是默识心通〔2〕。且试言：一厅，则中央为中；一家，则厅中非中，而堂为中；言一国，则堂非中，而国之中为中。推此类可见矣。如'三过其门不入'〔3〕，在禹、稷之世为中，若'居陋巷'〔4〕，则非中也。'居陋巷'，在颜子〔5〕之时为中，若'三过其门不入'，则非中也。"（《河南程氏遗书》卷十八）

【注释】

〔1〕"时中"，时时中节。见于《中庸》："君子之中庸也，君子而时中。"

〔2〕"默识心通"，"默识"，默默体会。见于《论语·述而第七》：子曰："默而识之，学而不厌，诲人不倦，何有于我哉？""心通"，心中通达明晓。

〔3〕"三过其门不入"，语自《孟子·滕文公上》："当是时也，禹八年于外，三过其门而不入，虽欲耕，得乎？"

〔4〕"居陋巷"，语自《论语·雍也》：子曰："贤哉，回也！一箪食，一瓢饮，在陋巷，人不堪其忧，回也不改其乐。贤哉，回也！"

〔5〕颜子，即颜回，字子渊，又称颜渊。孔门德行科的弟子，位于十哲之首，可惜早逝。其言其行，多见于《论语》。后世奉为复圣。

【译文】

有人问："如何才是'时中'？"答："'中'字最难理解，必须是自己默默体会而后心中通达明晓。暂且试着说一下：一个厅，则厅的中央就是中；一个家，则厅的中央就不是中了，而以中堂为中；就一个国家而言，则中堂也不是中了，而是以国家的中心为中。由此类推，便可以认识'中'字了。又如'三过其门不入'，在禹、稷所处的时代是中，如果'居陋巷'，那就不是中了。'居陋巷'，在颜子所处的时代是中，如果'三过其门不入'，那就不是中了。"

1.31

无妄之谓诚；不欺，其次矣。（本注：李邦直[1]云："不欺之谓诚。"便以不欺为诚。徐仲车[2]云："不息之谓诚。"《中庸》言"至诚无息"，非以"无息"解诚也。或以问先生，先生曰云云。）（《河南程氏遗书》卷六）

―――――――――――――――――――――――

【注释】

〔1〕李邦直，李清臣（1032—1102），字邦直，安阳人。宋哲宗时任
　　　中书侍郎。

〔2〕徐仲车，徐积（1028—1103），字仲车，楚州山阳（今江苏淮安）
　　　人，曾从胡安定（瑗）学，以孝行闻名于世。著有《节孝集》。
　　　《宋史》卷四百五十九有传。

【译文】

真实无妄，便称作为诚；不欺诈，则是次一等的了。（本注：李
邦直说："不欺诈，便称作为诚。"便是以不欺诈为诚。徐仲车说：
"不停息，便称作为诚。"《中庸》说"至诚无息"，不是以"无息"解
释诚。有人以此来请问伊川先生，先生作了如上答复。）

1.32

冲漠无朕，万象森然已具[1]。未应不是先，已应不是后[2]。如百尺
之木，自根本至枝叶，皆是一贯。不可道上面一段事，无形无兆，却待
人旋安排引入来教入涂辙[3]。既是涂辙，却只是一个涂辙[4]。（《河南程
氏遗书》卷十五《入关语录》）

【注释】

〔1〕"冲漠无朕，万象森然已具"，"冲漠"，虚寂的样子。"朕"，迹象。"冲漠无朕"，即虚寂而没有任何形迹。"森然"，茂盛的样子。"冲漠无朕"，讲的是道体，亦即"无极而太极"，无论是生生之理，还是生生之气，都是虚寂而没有形迹的。"万象森然已具"，讲的是宇宙万象，也就是道的发用呈现，亦即"万物生生，而变化无穷焉"。体、用、象三者一贯，有体必有用，有用必有象，所以，"冲漠无朕，万象森然已具"。

〔2〕"未应不是先，已应不是后"，讲的是事理。事理本于天道，天道只是一个生生，事理却是分殊的：有一件事就有一件事的理，理与事乃是同在的，合一的，事不存在，理就失去了载体，也就随之不存在了。伊川先生担心学者误解为理在事先或是事在理先，所以，作了如此解说。

〔3〕"涂辙"，路中车行的痕迹。喻路径。

〔4〕"既是涂辙，却只是一个涂辙"，生生之道是鲜活的，在每件事上的体现都不一样，不可以固化。而"旋安排引入来教入涂辙"，则将生生之道固化成一个模式，这就是"执一"了。"执一"，则"贼道"，则"举一而废百"（孟子语）。

【译文】

　　在虚寂而没有任何形迹之中，天地间万象茂盛的状况已经具备了。在应事之前，不是有一个事理先存在着；在应事之后，也不是有一个事理还存在着。就像百尺高的树木，从它的根本到枝枝叶叶，全都是贯通的。不可以说万事万物产生之前的那一段事，没有形象没有征兆，却等着有人临时安排将它引进来导入一个路径。既然是路径，就只是一个路径罢了。

1.33

"近取诸身"[1]，百理皆具。屈伸往来之义，只于鼻息之间见之。屈伸往来只是理，不必将既屈之气，复为方伸之气。生生之理，自然不息。如《复》卦言"七日来复"[2]，其间元不断续，阳已复生。物极必返，其理须如此。有生便有死，有始便有终。(同上条)

【注释】

[1]"近取诸身"，意为：就近则取法于自身。语自《周易·系辞下》："古者包牺氏之王天下也，仰则观象于天，俯则观法于地，观鸟兽之文，与地之宜，近取诸身，远取诸物，于是始作八卦，以通神明之德，以类万物之情。"

[2]"七日来复"，意为：阳气开始消剥，到了七天之后，就会复生。语自《周易·复》："反复其道，七日来复，利有攸往。"

【译文】

"近取诸身"，就会发现所有的道理在我们身上全都具足。如阴阳二气屈伸往来的道理，只在鼻端的一呼一吸之间就可以体会。屈伸往来只是屈伸往来的理，不必将已经屈的气，看作为正要伸的气。生生之理，自然从不停息。如《复》卦中说"七日来复"，其间原本就没有断续过，阳气已经再次生发。事物发展到了极致一定会返复，道理必须如此。凡是有生的，就必定有死；凡是有始的，就必定有终。

1.34

明道先生曰："天地之间，只有一个感与应而已，更有甚事？"[1]（同上条）

【注释】

〔1〕本条可与本卷第 12 条互看。

【译文】

明道先生说："天地之间，只是有着一个感和应而已，还有什么事？"

1.35

问仁，伊川先生曰："此在诸公自思之，将圣贤所言仁处类聚观之，体认出来。孟子曰：'恻隐之心，仁也。'后人遂以爱为仁。爱自是情，仁自是性，岂可专以爱为仁？孟子言：'恻隐之心，仁之端也。'[1]既曰'仁之端'，则不可便谓之仁。退之[2]言：'博爱之谓仁。'[3]非也。仁者固博爱，然便以博爱为仁则不可。"（《河南程氏遗书》卷十八）

【注释】

〔1〕"恻隐之心，仁之端也"，"端"，端倪。语自《孟子·公孙丑上》。

〔2〕退之，韩愈（768—824），字退之。河阳（今河南孟州）人，世称昌黎先生，唐代古文运动的倡导者，唐宋八大家之首，与柳宗元并称"韩柳"，有"文章巨公""百代文宗"之名，今有《韩昌黎集》传世。

〔3〕"博爱之谓仁"，语自韩愈《原道》。

【译文】

　　有人问什么是仁，伊川先生答道："这个需要诸位自己去思考，把圣贤谈论仁的言语分类集中起来去研读，就此体认出来。孟子说：'恻隐之心，仁也。'后人便把爱当作仁。爱属于情，仁属于性，又怎么可以专把爱当作仁呢？孟子又说：'恻隐之心，仁之端也。'既然说'恻隐之心'是'仁之端'，那就不可以就将'恻隐之心'称作为仁。韩愈说：'博爱之谓仁。'是不对的。有仁德的人固然博爱，然而，就此把博爱当作仁则是不可以的。"

1.36

　　问："仁与心何异？"曰："心譬如谷种，生之性便是仁，阳气发处，乃情也。"（同上条）

【译文】

　　有人问："仁和心有什么差别？"答："心就像是谷种，它所拥有的生长之性就是仁，遇到阳气而生发的状态，就是情。"

1.37

　　义训[1]宜，礼训别，智训知，仁当何训？说者谓训觉、训人，皆非也。当合孔孟言仁处，大概研穷之，二三岁得之，未晚也。（《河南程氏遗书》卷二十四）

【注释】

〔1〕"训"，解释。

【译文】

义解释为适宜，礼解释为区别，智解释为见识，仁又应当如何解释呢？讲解的人，有的说解释为觉，有的说解释为人，全都不对。应当把孔子、孟子谈论仁的言语集中起来，从大体上研究透彻，两三年之后体认到正确的仁，也不算迟。

1.38

性即理也〔1〕。天下之理，原其所自，未有不善〔2〕。"喜怒哀乐未发"〔3〕，何尝不善？"发而中节"〔4〕，则无往而不善。凡言善恶，皆先善而后恶；言吉凶，皆先吉而后凶；言是非，皆先是而后非。（本注：《易传》曰："成而后有败，败非先成者也；得而后有失，非得何以有失也？"）（《河南程氏遗书》卷二十二上《伊川杂录》）

【注释】

〔1〕"性即理也"，所谓性，就是万物之所以为万物的理。也就是说，万物要成为真实的万物，就必须合乎万物的理，违背了理，万物就丧失了真实。同样，一个人如果违背了人之为人的理，那就成了一个虚妄的人，一个伪人。所以，人要"率性"——遵循于性（人之为人的理）而为。

〔2〕"天下之理，原其所自，未有不善"，天下万事万物的理，推原本源，全都本于生生之道，纯然只是生生，体现为好生（仁）、利生（义）、尊生（礼）、护生（智）、守生（信），没有任何不善。

〔3〕"喜怒哀乐未发"，语自《中庸》："喜怒哀乐之未发，谓之中。"

〔4〕"发而中节"，语自《中庸》："发而皆中节，谓之和。"

　　性即是理。天下万事万物的理，探究其本源，没有不善的。"喜怒哀乐未发"，又何尝会不善？"发而中节"，那就没有什么应对是不善的了。凡是说到善恶，全都是先善而后恶；说到吉凶，全都是先吉而后凶；说到是非，全都是先是而后非。（本注：《周易程氏传》中说："成功而后才会有失败，不是失败在成功之前；获得而后才会有失去，未曾获得又如何会有失去呢？"）

1.39

　　问："心有善恶否？"曰："在天为命，在义为理，在人为性，主于身为心，其实一也。心本善，发于思虑，则有善有不善。若既发，则可谓之情，不可谓之心。譬如水，只可谓之水。至如流而为派[1]，或行于东，或行于西，却谓之流也。"（《河南程氏遗书》卷十八）

【注释】

〔1〕"派"，水的支流。

【译文】

　　有人问："心有善恶吗？"答："依据天所赋而言，为命；依据处理事物而言，为理；依据人所受而言，为性；依据主宰人身而言，则为心，究其实，则命、理、性、心四者讲的是同一个事物。心本来是善的，发动为思虑，就会有善有不善。如果是已经发出来的，则可以称之为情，而不可以称之为心。就像水，只可以称它为水。至于流动而形成支流，或是向东流，或是向西流，却称之为水流了。"

1.40

性出于天，才出于气[1]。气清则才清，气浊则才浊。才则有善有不善，性则无不善。（《河南程氏遗书》卷十九）

【注释】

〔1〕"性出于天，才出于气"，此"天"，即生生之道；此"气"，即五行之气。

【译文】

性本于生生之道，才质本于五行之气。五行之气清澈，凝合而成的才质便清澈；五行之气浑浊，凝合而成的才质便浑浊。才质有善也有不善，性则无有不善。

1.41

性者自然完具，信只是有此者也，故四端不言信[1]。（《河南程氏遗书》卷九）

【注释】

〔1〕"四端不言信"，"四端"，见于《孟子·公孙丑上》："恻隐之心，仁之端也；羞恶之心，义之端也；辞让之心，礼之端也；是非之心，智之端也。人之有此四端也，犹其有四体也。""四端"只讲了五常中仁、义、礼、智四者，未曾讲到信。

【译文】

性者，仁、义、礼、智、信五常自然具足，信只是实有这一切，所以，孟子谈四端时没有说到信。

1.42

心，生道[1]也。有是心，斯具是形以生。恻隐之心，人之生道也[2]。（《河南程氏遗书》卷二十一下）

【注释】

〔1〕"生道"，即生生之道。

〔2〕"恻隐之心，人之生道也"，"恻隐之心"，即不忍之心。"人之生道"，即人的生生之道，本于生生之道。人的生生之道，会体现为好生、尊生、利生、护生等，"恻隐之心"便是好生的体现。

【译文】

心，体现了生生之道。有了这个天地生物之心，万物才具备了形体而生成。恻隐之心，则体现了人的生生之道。

1.43

横渠先生曰："气[1]块然[2]太虚[3]，升降飞扬，未尝止息。此虚实、动静之机，阴阳、刚柔之始。浮而上者阳之清，降而下者阴之浊[4]。其感遇聚结，为风雨，为霜雪，万品之流形，山川之融结，糟粕

煨烬^[5]，无非教也^[6]。"(《正蒙·太和》)

【注释】

〔1〕"气"，即五行之气。

〔2〕"块然"，无边无际的样子。

〔3〕"太虚，"横渠先生有云："太虚无形，气之本体，其聚其散，变化之客形尔；至静无感，性之渊源，有识有知，物交之客感尔。"又云："太虚不能无气，气不能不聚而为万物，万物不能不散而为太虚"。(《正蒙》)由此可见，"太虚"乃是气之本体，即宇宙万象的本体，亦即濂溪先生所谓"无极而太极"。

〔4〕"浮而上者阳之清，降而下者阴之浊"，此处按"浮而上"和"降而下"将五行之气划分为阳、阴二大类，与本卷第1条"二气交感，化生万物"中的"二气"一般，并不是指阴阳二气，而是说五行之气分为阴阳二大类。

〔5〕"煨烬"，燃烧后残余的灰烬。

〔6〕"无非教也"，指"为风雨，为霜雪，万品之流形，山川之融结，糟粕煨烬"，无一不是天理（生生之理）的体现。

【译文】

横渠先生说："五行之气无边无际，乃是太虚所涵有的生生之气的显现，五行之气升降飞扬，从不曾停息过。这就是虚实、动静的机由，也是阴阳、刚柔的开始。浮而上升的是清明的阳气，降而下沉的是浑浊的阴气。阴阳两类气相互感应、交会、聚合、凝结，成为风雨，成为霜雪，万物的流布成形，凝结为山丘，融化为河流，以至于世间的糟粕和灰烬，无一不在显示着生生之道。"

1.44

游气[1]纷扰，合而成质，生人、物之万殊；其阴阳两端，循环不已者，立天地之大义[2]。（同上条）

【注释】

〔1〕"游气"，流行不息的五行之气。

〔2〕"天地之大义"，即天地间的大道理，这一个大道理便是物极必反，周而复始。

【译文】

流行不止的五行之气纷纷扰扰，相遇凝合而成为才质，就此化生出千差万别的人和物；而阴阳两端循环不止，就此确立了天地之间的大义。

1.45

天体物不遗[1]，犹仁体事而无不在也。"礼仪三百，威仪三千"[2]，无一物而非仁也。"昊天曰明，及尔出王；昊天曰旦，及尔出游"[3]，无一物之不体也。（《正蒙·天道》）

【注释】

〔1〕"天体物不遗"，"天"，天道。宇宙间的万物都本于天道而生，所以说天道为万物之体而不遗弃任何一物。

〔2〕"礼仪三百，威仪三千"，语自《中庸》。"礼仪"，即礼的仪式。《周礼》六官（天官、地官、春官、夏官、秋官、冬官）记载了

三百六十官的种种礼仪，三百是取其整数而言。"威仪"，指礼仪的具体细节，《仪礼》中记载了种种礼制。

〔3〕"昊天"四句，语自《诗经·大雅·板》。"昊天"，上天。"曰"，语气助词。"明"，光明。"及"，与。"王"，往的假借。"出王"，即来往之意。"且"，也是光明之意。意为：上天是光明的，与你一起出入来往；上天是光明的，与你一起外出游走。指天理自始至终都在伴随着我们。

【译文】

天道为万物之体而不遗弃任何一物，就像仁为万事之体而无处不在。"礼仪三百，威仪三千"，没有任何一点不是仁的体现。"昊天曰明，及尔出王；昊天曰旦，及尔出游"，没有任何一物不是以天道为体。

1.46

鬼神者，二气之良能也。〔1〕（《正蒙·太和》）

【注释】

〔1〕"鬼神者，二气之良能也"，"良能"，《孟子·尽心上》："人之所不学而能者，其良能也。"可知"良能"乃是本来具足的能力。阴阳二气此消彼长，屈伸往复，屈则为鬼，伸则为神，所以说："鬼神者，二气之良能也。"

【译文】

鬼神二者，乃是阴阳二气本来具足的能力。

1.47

物之初生，气日至而滋息；物生既盛，气日反而游散。至之谓神，以其伸也；反之谓鬼，以其归也。(《正蒙·动物》)

【译文】

事物在初生之时，气一天天来汇聚而不断增长；事物生长到了强盛之时，气就会一天天地返归而游离散失。气汇聚称作为神，因为气得到了伸展；气返归称作为鬼，因为气返归于太虚。

1.48

性者，万物之一源[1]，非有我之得私也。惟大人[2]为能尽其道。是故，立必俱立，知必周知，爱必兼爱，成不独成。彼自蔽塞而不知顺吾性者，则亦未如之何矣！(《正蒙·诚明》)

【注释】

[1]"一源"，即同源。

[2]"大人"，即抵达天人合一境地的圣人。《周易·乾·文言》有云："夫大人者，与天地合其德，与日月合其明，与四时合其序，与鬼神合其吉凶。先天而天弗违，后天而奉天时。天且弗违，而况于人乎？况于鬼神乎？"

【译文】

性，是万物的同一本源，不是我所能够私自享有的。只有圣人能够充分履行率性之道。所以，圣人立身就一定会让所有的人都立身，知就一定周知一切，爱就一定兼爱万物，成就一定会让所有的事物都有所成，而不会独成。当然，对于那些自己蔽塞了心而不知道随顺本性的人，那也是拿他们没有办法的！

1.49

一[1]故神。譬之人身，四体皆一物，故触之而无不觉，不待心至此而后觉也。此所谓"感而遂通""不行而至，不疾而速"[2]也。（《横渠易说·系辞上》）

【注释】

[1]"一"，合一。指理气不二、体用合一而言。

[2]"不行而至，不疾而速"，意为：不行走便能抵达，不急切而能迅速。语自《周易·系辞上》："唯神也，故不疾而速，不行而至。"

【译文】

体用合一，故而神妙莫测。就像人身，虽然有四肢，却是一个整体，所以，无论触碰到哪一个部分，都能够有所感觉，不需要等到心想到某个部分，然后才能够感觉得到。这就是"感而遂通""不行而至，不疾而速"啊。

1.50

心统性情[1]者也。（张载《拾遗·性理拾遗》）

【注释】

〔1〕"心统性情"，张伯行释曰："盖心具仁、义、礼、智之性，发而为恻隐、羞恶、辞让、是非之情。性、情皆出于心，故心能统之。统，犹兼也，亦有主宰之意，言兼之而为之主也。自其寂然不动之体言之，仁、义、礼、智自然完具，是心统性；自其感而遂通之用言之，恻隐、羞恶、辞让、是非端见于外，是心统情。故朱子曰：'性者，心之理；情者，心之用；心者，性情之主。'学者欲于心上用功，最须涵养性情也。"（《近思录集解》）

【译文】

心，统摄着性和情。

1.51

凡物莫不有是性，由通、蔽、开、塞，所以有人、物之别。由蔽有薄厚，故有知、愚之别。塞者，牢不可开；厚者，可以开，而开之也难；薄者，开之也易，开则达于天道，与圣人一。（同上条）

【译文】

举凡是物，无不具有生生之性，由于对于生生之性，或通达、或遮蔽、或开发、或堵塞，所以有了人和物的分别。由于对于生生之性的遮蔽有薄有厚，所以有了聪明和愚痴的分别。堵塞了生生之性的，牢固而不可开化；遮蔽得厚的，可以开化，然而开化起来比较困难；遮蔽得薄的，开化起来则比较容易，一旦得以开化，就可以通达于天道，而与圣人一般。

卷二

为学大要

卷二　为学大要

（凡一百一十一条）

【题解】

　　朱子论本卷纲目曰："为学大要。"则知本卷所选载的四先生言论，讨论的都是为学的要领。确实如此，本卷自始至终，统共一百一十一条，所论所述悉皆不离"为学"二字。事实上，如果有人愿意细加绅绎，或可就此撰成一篇篇幅不小的论学文章。此处则仅对全卷作一个简要的勾勒，提供一个纲要，以便读者研读。

　　濂溪、明道、伊川、横渠四先生论学有同有异，当然，常常是同多于异，且所同之处，往往皆是为学的根本处，如圣人可以通过学习而成就、学习要以成圣为志向、修身应当内外夹持（敬以直内，义以方外）、学习务必要为己而切不可为人、学者惟有安重方能进学、学不可躐等，等等。而为学的根本宗旨，则在于克除一己的私欲，而返归于天理。至于差异之处，则由于各人天资和为学经历的不同，故而关注点和切入点或会略有不同。如濂溪、明道二先生才质卓绝，天赋极高，所述往往直达天德。而伊川、横渠二先生则较为注重下学上达，所论皆为切己之学，后学读之，当会有一个确切的为学入手处。

　　笔者研读本卷，于以下几点颇受震动，今略述之，愿与诸位共勉：

　　其一，志必以成圣为志。这一个意思在四先生的言论中都有涉及，如濂溪先生有云："志伊尹之所志，学颜渊之所学，过则圣，及则贤。"横渠先生则强调："学者大不宜志小气轻。志小则易足，易足则无由进。"而伊川先生的这一番话更是令人震撼：

　　"莫说道将第一等让与别人，且做第二等。才如此说，便是自弃。

虽与'不能居仁由义'者差等不同，其自小一也。言学便以道为志，言人便以圣为志。"（第59条）

"言学便以道为志，言人便以圣为志"，如此之志，今日尚有几人有之？亦因为此，四先生悉皆以为"圣可学而至"。

其二，明道、伊川二先生以记诵博识和作文为玩物丧志。为学之人，不追求博闻强识者或有之，不作文的，恐怕几近乎无。然而，伊川先生之言又极为有理："凡为文，不专意则不工；若专意，则志局于此，又安能与天地同其大也？"（第57条）幸好二位先生为我们指出了作文的准则：一则文当载道，而不为"无用之赘言"；二则修辞立诚，不为不诚之言。

其三，"戏言，出于思也；戏动，作于谋也"。这两句话出自《东铭》（本卷第89条后部分），乃是横渠先生对"戏言""戏动"的陈述，以往读之，并无深切感受，此番读之，则深感羞愧。回顾以往，在生活中与人交往，常有"戏言""戏动"，却自以为是，认为这样可以化解尴尬，活跃气氛。而今想来，诚如横渠先生所言："出于思""出于谋"，而这本就已是一己的私心在发动。由此看来，若不能"厚重以自持"，就想要学有所成、身有所修，绝无可能！

至于其他处，如"涵养须用敬""务实""厚重以自持""忠信进德"等，也是学者所当措心之处，则留待诸位自行去探究，不复赘言。

本卷规模极大，结构亦算严谨。其中含有诸多理学名篇，如伊川先生的《颜子所好何学论》、明道先生的《定性书》、横渠先生的《西铭》《东铭》。而著名的横渠四句教——"为天地立心，为生民立道，为去圣继绝学，为万世开太平"，也选载在本卷之中。然而，毕竟选载了四先生的论学言论（濂溪先生的甚少，仅两条），不免会有意思相近而重复的条目，略显冗长。可是，一旦我们平心易气，细细体味，又会发现那些意思相近的条目，适好可以帮助我们从不同的角度去理会。总之，对于本卷，切毋草草读过，而是应当反复阅读、反复玩味，并遵循其中所指示的为学方法，切实地去治学、去修身。果真如此，则成贤入圣也并非绝无可能。

至于本卷为何要放置在"道体"卷之后，叶采作了明确的交代："此卷总论为学之要。盖'尊德性'矣，必'道问学'，明乎道体，知所指归，斯可究为学之大体。"（《近思录集解》）

2.1

濂溪先生曰："圣希天，贤希圣，士希贤。伊尹[1]、颜渊，大贤也。伊尹耻其君不为尧、舜，一夫不得其所，若挞于市[2]；颜渊'不迁怒，不贰过''三月不违仁'[3]。志伊尹之所志，学颜子之所学，过则圣，及则贤，不及则亦不失于令名[4]。"（《通书·志学第十》）

【注释】

〔1〕伊尹，商初贤臣，曾辅佐商汤灭夏。

〔2〕"伊尹耻其君"云云，语本《孟子·万章上》：汤三使往聘之，（伊尹）既而幡然改曰："与我处畎亩之中，由是以乐尧、舜之道，吾岂若使是君为尧、舜之君哉？吾岂若使民为尧、舜之民哉？吾岂若于吾身亲见之哉？天之生此民也，使先知觉后知，使先觉觉后觉也。予，天民之先觉者也，予将以斯道觉斯民也。非予觉之，而谁也？"思天下之民匹夫匹妇有不被尧、舜之泽者，若己推而内之沟中。其自任以天下之重如此，故就汤而说之以伐夏救民。

〔3〕"不迁怒，不贰过"，意为：不把怒气迁移到别人身上，不会犯相似的错误。语自《论语·雍也第六》：哀公问："弟子孰为好学？"孔子对曰："有颜回者好学，不迁怒，不贰过。不幸短命死矣。今也则亡，未闻好学者也。""三月不违仁"，意为：可以长时间的不违背于仁。语亦自《论语·雍也第六》：子曰："回也，其心三月不违仁，其余则日月至焉而已矣。"

〔4〕"令名"，美名。

【译文】

濂溪先生说："圣人仰慕并效仿天，贤人仰慕并效仿圣人，士子仰慕并效仿贤人。伊尹和颜回，是大贤之人。伊尹以自己的君王不能像尧、舜一样为耻，有一个人得不到适当的安排，就会觉得像在闹市区被人抽打一样耻辱；颜子则'不迁怒，不贰过''三月不违仁'。以伊尹的志向为志向，学颜子所学的内容，超过他们就成为圣人，赶上他们就成为贤人，即使赶不上他们也会得到美名。"

2.2

圣人之道〔1〕入乎耳，存乎心，蕴之为德行，行之为事业。彼以文辞而已者，陋矣！（《通书·陋第三十四》）

【注释】

〔1〕"圣人之道"，指成就圣人的学问。

【译文】

　　圣人之道，听闻了之后，记存在心中，蕴含于身心而发用为德行，实行于世间而呈现为事业。那些仅仅注重文辞的人，真是太浅陋了！

2.3

　　或问："圣人之门，其徒三千，独称颜子为好学。夫《诗》、《书》、六艺[1]，三千子非不习而通也，然则颜子所独好者，何学也？"伊川先生曰："学以至圣人之道也。""圣人可学而至欤？"曰："然。""学之道，如何？"曰："天地储精[2]，得五行之秀者为人。其本也真而静，其未发也五性具焉，曰：仁、义、礼、智、信。形既生矣，外物触其形而动其中矣。其中动而七情出焉，曰：喜、怒、哀、惧、爱、恶、欲。情既炽而益荡，其性凿[3]矣。是故觉者约其情，使合于中，正其心，养其性；愚者则不知制之，纵其情而至于邪僻，梏[4]其性而亡之。然学之道，必先明诸心，知所养，然后力行以求至，所谓'自明而诚'[5]也。诚之之道，在乎信道笃，信道笃则行之果，行之果则守之固。仁、义、忠、信，不离乎心，造次必于是，颠沛必于是[6]，出处语默必于是。久而弗失，则居之安，动容周旋中礼[7]，而邪僻之心无自生矣。故颜子所事，则曰：'非礼勿视，非礼勿听，非礼勿言，非礼勿动。'[8]仲尼称之，则曰：'得一善，则拳拳服膺而弗失之矣。'[9]又曰：'不迁怒，不贰过。''有不善未尝不知，知之未尝复行也。'[10]此其好之、笃学之道也。然圣人则'不思而得、不勉而中'[11]，颜子则必思而后得、必勉而后中，其与圣人相去一息。所未至者，守之也，非化之[12]也。以其好学之心，假之以年，则不日而化矣。后人不达，以谓圣本生知，非学可至，而为学之道遂失。不求诸己而求诸外，以博闻强记、巧文丽辞为工，荣华其言，

鲜有至于道者。则今之学，与颜子所好异矣。"(《河南程氏文集》卷八《颜子所好何学论》)

【注释】

〔1〕"六艺"，即礼、乐、射、御、书、数。

〔2〕"天地储精"，朱子曰："储，储蓄。天地储蓄得二气之精聚，故能生出万物。"(《朱子语类》)

〔3〕"凿"，指伤害。

〔4〕"梏"，木制刑具，引申为束缚。

〔5〕"自明而诚"，意为：先究明天道而后笃实践行抵达于诚。语自《中庸》："自诚明，谓之性；自明诚，谓之教。诚则明矣，明则诚矣。"

〔6〕"造次必于是，颠沛必于是"，意为：匆忙仓促时必定这样，颠沛流离时也必定这样。语自《论语·里仁第四》："君子去仁，恶乎成名？君子无终食之间违仁，造次必于是，颠沛必于是。"

〔7〕"动容周旋中礼"，意为：举止容貌、应对进退全都合乎礼仪。语自《孟子·尽心下》："动容周旋中礼，盛德之至也。"

〔8〕"非礼勿视"四句，意为：不合乎礼的不去看，不合乎礼的不去听，不合乎礼的不去说，不合乎礼的不去做。语自《论语·颜渊第十二》：颜渊问仁，子曰："克己复礼为仁。一日克己复礼，天下归仁焉。为仁由己，而由人乎哉？"颜渊曰："请问其目？"子曰："非礼勿视，非礼勿听，非礼勿言，非礼勿动。"颜渊曰："回虽不敏，请事斯语矣。"

〔9〕"得一善"句，意为：体会到一善，就会牢牢地放在心间而不会失去。语自《中庸》：子曰："回之为人也，择乎中庸，得一善，

则拳拳服膺而弗失之矣。"

〔10〕"有不善未尝不知，知之未尝复行也"，意为：有了过错从没有不知道的，知道了之后从没有再犯的。语自《周易·系辞下》：子曰："颜氏之子，其殆庶几乎？有不善未尝不知，知之未尝复行也。"

〔11〕"不思而得、不勉而中"，不需要思虑就能够得到，不需要勉力就能够适中。语自《中庸》："诚者，不勉而中，不思而得，从容中道，圣人也。诚之者，择善而固执之者也。"

〔12〕"化之"，指完全融化、泯然无迹的境界。《孟子·尽心下》有云："可欲之谓善，有诸己之谓信，充实之谓美，充实而有光辉之谓大，大而化之之谓圣，圣而不可知之之谓神。"

【译文】

有人问："孔子的门下，有三千弟子，孔子惟独称许颜子好学。《诗经》《尚书》以及六艺，三千弟子也不是没有学习而通晓，那么，颜子所惟独好学的，又是什么呢？"伊川先生答道："颜子所好学的，乃是成就圣人的学问。""圣人可以通过学习而成就吗？"答："是的。""学习的方法是什么？"答："天地间储存着阴阳、五行的精气，得到五行的秀气而生的成为人。人的本性都是真实而寂静的，在情没有发动时都具备五种性德，五种性德，就是仁、义、礼、智、信。形体既已生成，外物触动了形体而心就开始动荡。心动荡之后，七情就发了出来，七情，便是喜、怒、哀、惧、爱、恶、欲。七情炽盛，心就更加动荡，本性便受到了伤害。所以，觉悟的人约束自己的情，使得情发出来全都是中节的，他们规正自己的心，涵养自己的本性；愚蠢的人则不知道对情加以约制，放纵七情以至于走向了邪僻，桎梏乃至丧失了自己的本性。而学习的方法，必须先明白自己的心，知道所当涵养的本性，然后努力笃行以求抵达率性而为，这就是《中庸》所说的'自明而诚'。达到诚的方法，在于笃信圣人之道，笃信圣人之道，便会行动果决；行动果决，便会守持牢固。如此一来，仁、义、忠、信，时刻都不离自心，仓促匆忙时是这样，颠沛流离时是这样，出处语默时也是这样。长久守持而不失去，就会安然履行仁、义、忠、信，举止容貌、应对进退全都合乎礼仪，邪僻之心也就无从生发了。所以对于颜子所要做的，孔子说：'非礼勿视，非礼勿听，非礼勿言，非礼勿动。'孔子称赞颜子，则说：'得一善，则拳拳服膺而弗失之矣。'又说：'不迁怒，不贰过。''有不善未尝不知，知之未尝复行也。'这就是颜子所好学的和笃实学习的方法啊。然而，圣人乃是'不思而得，不勉而中'的，颜子则必定要思考之后才会有所得，必定要勉力之后才能够做到适中，颜子与圣人之间还有着一息之差。颜子之所以还没有达到圣人之境，是因为他还是在守持，而没有进入融化之境。凭借他的好学之心，如果假以时日，很快就会抵达化境的。后世的人不明白，认为圣人本是生而知之的，不是通过学习所可以抵达的，为学之道就此便丧失了。不反过来在自己身上去探求，而是向外面去探求，以博闻强记、巧文丽辞为特长，追求言辞的华丽，是很少能够抵达于圣人之道的。如此看来，今人所学与颜子所好是有差异的。"

2.4

横渠先生问于明道先生曰："定性[1]未能不动，犹累于外物，何如？"明道先生曰："所谓定者，动亦定，静亦定，无将迎[2]，无内外。苟以外物为外，牵己而从之，是以己性为有内外也。且以性为随物于外，则当其在外时，何者为在内？是有意于绝外诱，而不知性之无内外也。既以内外为二本，则又乌可遽语定哉？夫天地之常，以其心普万物而无心；圣人之常，以其情顺万事而无情。故君子之学，莫若扩然[3]而大公，物来而顺应。《易》曰：'贞吉，悔亡。憧憧往来，朋从尔思。'[4]苟规规[5]于外诱之除，将见灭于东而生于西也。非惟日之不足，顾其端无穷，不可得而除也。人之情各有所蔽，故不能适道[6]，大率患在于自私而用智。自私则不能以有为为应迹，用智则不能以明觉为自然。今以恶外物之心，而求照无物之地，是反鉴而索照也。《易》曰：'艮其背，不获其身；行其庭，不见其人。'[7]孟子亦曰：'所恶于智者，为其凿也。'[8]与其非外而是内，不若内外之两忘也。两忘则澄然无事[9]矣，无事则定，定则明，明则尚何应物之为累哉？圣人之喜，以物之当喜；圣人之怒，以物之当怒。是圣人之喜怒，不系于心而系于物也。是则圣人岂不应于物哉？乌得以从外者为非，而更求在内者为是也？今以自私用智之喜怒，而视圣人喜怒之正为何如哉？夫人之情，易发而难制者，惟怒为甚，第能于怒时遽忘其怒，而观理之是非，亦可见外诱之不足恶，而于道亦思过半矣[10]。"（《河南程氏文集》卷二《书记·答横渠张子厚先生书》）

【注释】

〔1〕"定性"，定止于本性。定止于本性，即是纯然率性而为，惟有时时遵循于性，方是定止于本性。

〔2〕"无将迎"，"将"，送；没有送往和迎来。语本《庄子·应帝王》："至人之用心若镜，不将不迎，应而不藏，故能胜物而不伤。"

〔3〕"扩然"，即廓然，开阔的样子。

〔4〕《易》曰"云云，即《周易·咸》九四爻辞。意为：守持正固可以获得吉祥，悔恨消亡。心意不定而频繁往来，友朋们会顺从你

的思量。

〔5〕“规规”，浅陋拘泥的样子。

〔6〕“适道”，归于圣人之道。

〔7〕“《易》曰”云云，即《周易·艮》卦辞。意为：止于当止的地方，所以不能够见到他的身影；行走于他的庭院，因为他止于当止的地方，所以也不能够见到他。

〔8〕“孟子亦曰”云云，语自《孟子·离娄下》。意为：之所以厌恶聪明人，是因为他们常常穿凿附会。

〔9〕“澄然无事”，内心清澈，无所挂碍。

〔10〕“思过半矣”，指领悟了大半。

【译文】

横渠先生向明道先生问道：“我想要定止于本性却无法做到内心不动，还是会受到外物的牵累，怎么办？”明道先生答道：“所谓定止于本性，是动时也定止于本性，静时也定止于本性，没有送往，也没有迎来；没有内，也没有外。如果认为外物是在外的，牵引着自己而随从它们，那就是认为自己的本性是有内有外的了。况且认为本性随着外物而在外，那么，当它在外时，在内的又是什么？你这是刻意地想断绝外物的诱惑，而不知道本性是没有内外之分的。既然认为内和外是两个根本，那又怎么可以急于说定止于本性呢？天地之所以恒常不变，是因为天地的心普及万物而没有私心；圣人之所以无所不适，是因为圣人的情顺应万事而没有私情。所以，君子所应当学习的，没有比开阔胸怀而大公无私、事物来了而顺应事物之理去应对更好的了。《易经》中说：‘贞吉，悔亡。憧憧往来，朋从尔思。’如果拘泥于除去外物的诱惑，必将是东边的被除去，西边的又会生起。不单单是时间不够，而且外物的诱惑多得无穷无尽，是不可能完全除尽的。人的情感各有各的遮蔽，所以不能够归于圣人之道，大多坏在自私而好用小智。自私就不能够以应事应物时的有所作为为自然的应对，好用小智就不能够以清明的觉知为自然的状态。如今，你用厌恶外物的心，而想去照出一个空无一物的世界，这就像是把镜子反过来而要去映照一般。《易经》中说：'艮其背，不获其身；行其庭，不见其人。'孟子也说：'所恶于智者，为其凿也。'与其否定外在而肯定内在，不如将内和外两者都忘掉。两者都忘掉，内心就会澄清而没有挂碍；没有挂碍就会定止，定止就能明察，明察又如何会认为应对外物是牵累呢？圣人的喜，是因为外物当喜；圣人的怒，是因为外物当怒。圣人的喜怒不是出于自己的私心，而是由于外在的事物。那么圣人怎么会不应对外在的事物呢？又怎么会认为随从于外物是不对的，而另外寻求安止于内的是正确的呢？现在拿你那出于自私和好行小智的喜怒，而与圣人正当的喜怒相比，又会如何呢？人的七情，容易发出来并难以遏制的，以愤怒为最，如果能够在愤怒时迅速忘记愤怒，而去分析按理是对还是错，也就可以发现外物的诱惑是不值得厌恶的，而对于圣人之道，也可以说是领悟了大半。"

2.5

伊川先生《答朱长文[1]书》曰："圣贤之言，不得已也。盖有是言，则是理明；无是言，则天下之理有阙焉。如彼耒耜陶冶[2]之器，一不制则生人之道[3]有不足矣。圣贤之言，虽欲已，得乎？然其包涵尽天下之理，亦甚约也。后之人始执卷，则以文章为先，平生所为，动多于圣人。然有之无所补，无之靡所阙，乃无用之赘言也。不止赘而已，既不得其要，则离真失正，反害于道必矣！来书所谓欲使后人见其不忘乎善，此乃世人之私心也。夫子'疾没世而名不称焉'[4]者，疾没身无善可称云尔，非谓疾无名也。名者，可以厉[5]中人。君子所存，非所汲汲。"（《河南程氏文集》卷九《事启·答朱长文书》）

【注释】

〔1〕朱长文（1039—1098），字伯原，号乐圃，吴县（今江苏苏州）人，著有《吴郡图经续记》《琴史》等。

〔2〕"耒耜"，农具。"陶"，制陶。"冶"，炼铁。

〔3〕"生人之道"，生养百姓的方法。

〔4〕"疾没世而名不称焉"，意为：担心终其一生也没有什么值得称道。语自《论语·卫灵公第十五》：子曰："君子疾没世而名不称焉。"

〔5〕"厉"，同"励"，激励。

【译文】

　　伊川先生在《答朱长文书》中说："圣贤的言论，都是迫不得已才说的。有了他们的言论，天理就明白畅晓；没有他们的言论，天下的道理就会有所缺失。就像那耒耜、陶器、铁器之类，有一种不制造出来，生养百姓的方法就会有所不足。圣贤的言论，即使想不说，可以吗？然而，他们的言论包涵了天下的一切道理，也是很简约了。后世的人刚刚开始读书，就把写文章当作首要的事，平生所作的文字，动不动比圣贤还多。然而，对于世间而言，有了这些文字无所补益，没有这些文字也无所缺失，只是无用的累赘之言罢了。不单单是累赘而已，既然抓不住要领，就会背离真实违背正理，反而一定会有害于圣人之道！你在来信中说，希望让后世的人读到自己的文章能够不忘记善，这是世俗之人的私心。孔子'疾没世而名不称焉'，说的是担心终其一生也没有任何善举值得他人称道，不是说担心没有名声。名声，可以激励中等才质的人。君子的用心，是不会汲汲于名声的。"

2.6

内积忠信，"所以进德也"；择言笃志，"所以居业也"。"知至至之"，致知[1]也。求知所至而后至之，知之在先，故"可与几"，所谓"始条理者，知之事也"。"知终终之"，力行也。既知所终，则力进而终之，守之在后，故"可与存义"，所谓"终条理者，圣之事也"。此学之始终也。[2]（《周易程氏传·乾》）

【注释】

〔1〕"致知"，朱子《四书章句集注》："致，推极也。知，犹识也。推极吾之知识，欲其所知无不尽也。"

〔2〕本条是对《周易·乾·文言》中一段文字的解说：

子曰："君子进德修业。忠信，所以进德也；修辞立其诚，所以居业也。知至至之，可与言几也；知终终之，可与存义也。"

"进德"，增进德行。"居业"，积聚功业。"言几"，讨论事物发展的预兆。"存义"，保存道义。

其中所引"始条理者""终条理者"二句，意为：有条理的开始，是智层面的事；有条理的终止，是圣层面的事。语自《孟子·万章下》："孔子之谓集大成。集大成也者，金声而玉振之也。金声也者，始条理也；玉振之也者，终条理也。始条理者，智之事也；终条理者，圣之事也。"

【译文】

　　内心不断积聚忠信，"所以进德也"；选择言辞笃行志向，"所以居业也"。"知至至之"，就是致知。先去知道所当抵达的目标而后抵达它，知在行的前面，所以"可与几"，这就是所谓的"始条理者，知之事也"。"知终终之"，就是力行。既已知道所当抵达的终点，就努力前进而抵达它，守在知的后面，所以"可与存义"，这就是所谓的"终条理者，圣之事也"。这就是为学的起点和终点。

2.7

　　君子主敬以直其内，守义以方其外。敬立而内直，义形而外方。义形于外，非在外也。敬义既立，其德盛矣，不期大而大[1]矣，"德不孤"也。无所用而不周，无所施而不利，孰为疑乎？[2]（《周易程氏传·坤》）

【注释】

〔1〕"不期大而大"，意指工夫到了，自然而然就会盛大，内心并不需要有所期待。

〔2〕本条是对《周易·坤·文言》中以下一段文字的解说：

　　　　"'直'，其正也；'方'，其义也。君子敬以直内，义以方外。敬义立而德不孤。'直、方、大，不习无不利'，则不疑其所行也。"

【译文】

　　　　君子保持恭敬使得内心正直，恪守道义使得言行端方。恭敬确立，内心就会正直；道义体现出来，言行就会端方。道义体现在外面，不是说道义是在外面的。恭敬、道义既已确立，德行就会盛大，德行是不需要有所期待而自行盛大的，德行是不会孤立的。德行无论运用到哪里都是适用的，无论施行到哪里都是有益的，还有什么好怀疑的呢？

2.8

动以天[1]为无妄，动以人欲[2]则妄矣。《无妄》之义大矣哉！虽无邪心，苟不合正理[3]，则妄也，乃邪心也。既已无妄，不宜有往，往则妄也。故《无妄》之《象》曰："其匪正有眚，不利有攸往。"[4]（《周易程氏传·无妄》）

【注释】

〔1〕"天"，天理，本于生生之道。

〔2〕"人欲"，一己的私欲。

〔3〕"正理"，即天理，天理无有不正，故又名正理。

〔4〕"其匪正有眚，不利有攸往"，"眚"，过失；意为：违背正理的人必有过失，不利于有所前往。语自《周易·无妄·象传》："'其匪正有眚，不利有攸往'，无妄之往，何之矣？"

【译文】

言行举动出于天理就是无妄，言行举动出于人欲就是邪妄。《无妄》卦的意义真是重大啊！即使没有邪僻之心，如果言行举动不合乎天理，也就是邪妄了，便是邪僻之心了。既然已经无妄，就不适宜再有所前往，有所前往就是邪妄了。所以，《无妄》卦的《象传》中说：

"其匪正有眚，不利有攸往。"

2.9

人之蕴畜，由学而大，在多闻前古圣贤之言与行。考迹以观其用，察言以求其心。识而得之，以畜成其德。(《周易程氏传·大畜》)

【译文】

人的德行的积蓄，经由学习而逐渐盛大，学习在于多多了解往圣前贤的言辞和行为。考察他们的行迹，以理解他们的作为；考察他们的言辞，以探求他们的用心。体会之后转化为自己的，就此逐渐积蓄而成就德行。

2.10

《咸》之《象》曰："君子以虚受人。"[1]《传》[2]曰："中无私主，则无感不通。以量而容之，择合而受之，非圣人有感必通之道也。"其九四曰："贞吉，悔亡。憧憧往来，朋从尔思。"[3]《传》曰："感者，人之动也。故《咸》皆就人身取象。四当心位，而不言'咸其心'[4]，感乃心也。感之道无所不通，有所私系则害于感通，所谓悔也。圣人感天下之心，如寒暑雨旸[5]，无不通、无不应者，亦贞而已矣。贞者，虚中无我之谓也。若往来憧憧然，用其私心以感物，则思之所及者，有能感而动；所不及者，不能感也。以有系之私心，既主于一隅一事，岂能廓然无所不通乎？"(《周易程氏传·咸》)

【注释】

〔1〕"君子以虚受人"，意为：君子虚心容人。

〔2〕"《传》"，即《周易程氏传》，程颐撰，是《周易》义理学的集大成著述，既是易学史上的一部不可或缺的著作，也是一部理学奠基之作，集中体现了程颐的理学思想。译文中简称《程氏传》。

〔3〕"贞吉，悔亡。憧憧往来，朋从尔思"，意为：守持正固可以获得吉祥，悔恨消亡。心意不定而频繁往来，友朋们会顺从你的思量。

〔4〕"咸其心"，《咸》卦诸爻除九四外，爻辞皆以"咸其"为言，如初六"咸其拇"、六二"咸其腓"。"咸"即感应；"咸其心"，即感应于心。

〔5〕"旸"，日出。

【译文】

　　《咸》卦的《大象传》中说："君子以虚受人。"《程氏传》说："心中没有私欲在主导，就没有感而不通的。根据自身的心量去容纳他人，选择与自己契合的人再去接受他，这就不是圣人有感必通的道理了。"《咸》卦九四爻辞说："贞吉，悔亡。憧憧往来，朋从尔思。"《程氏传》说："感应，是人的行动。所以《咸》卦全都就人的身体来选取意象。九四位于相当于人心的位置，而不说'咸其心'，因为感应本来就是出于心的。感应之道本是无所不通的，有私欲牵绊着就会妨害感应交通，这就是所谓的悔恨。圣人感应天下的心，就像寒暑和阴晴一样自然，无不通达、无不相应，也就是做到了贞而已。贞，就是保持虚心没有自我的意思。如果是频繁往来而心意不定，用自己的私心去感应外物，那么，在他思量所及的范围内，会有能够感应而行动的人；在他思量所不及的地方，就不能够有所感应了。因为有所牵绊的私心，既然被某一方面某一事物所主导，又如何能心怀开阔而无所不通呢？"

2.11

君子之遇艰阻，必自省于身，有失而致之乎？有所未善则改之，无歉于心则加勉，乃自修其德也。(《周易程氏传·蹇》)

【译文】

君子遇到艰难险阻的时候，必定会自我反省，是不是因为自己有什么过失所导致的？一旦发现自己有做得不好的地方就会及时改正，如果问心无愧就会更加努力，这就是自己修养德行。

2.12

非明则动无所之，非动则明无所用。[1](《周易程氏传·丰》)

【注释】

[1] 关于本条，叶采解曰："知行相需，不可偏废。非知之明，则动将安之？如目盲之人，动则不知所之也。非行之力，则明亦无所用。如足痿之人，虽有见焉，亦不能行矣。"(《近思录集解》)

【译文】

不明理，则行动就没有方向；不行动，则明理也没有用处。

2.13

"习"，重习也。时复思绎[1]，浃洽[2]于中，则说[3]也。以善及人，而信从者众，可乐也。虽乐于及人，不见是而无闷[4]，乃所谓君子。（《河南程氏经说》卷六《论语解》）

【注释】

〔1〕"绎"，推究，探求。

〔2〕"浃"，通达。"洽"，协和。

〔3〕"说"，同悦，喜悦。

〔4〕"不见是而无闷"，意为：不为世人所肯定也不感到苦闷。语自《周易·乾·文言》：子曰："龙德而隐者也。不易乎世，不成乎名；遁世无闷，不见是而无闷。乐则行之，忧则违之，确乎其不可拔，潜龙也。"

【译文】

"习"，就是重复学习。时时反复思考探究，心中通达圆融，就会感到愉悦。用善行去影响他人，而信从的人众多，是值得快乐的。虽然以影响他人为快乐，然而，不为世人所肯定也不感到苦闷，这就是君子。

2.14

"古之学者为己"，欲得之于己也；"今之学者为人"，欲见知于人也。[1]（同上条）

【注释】

〔1〕“古之学者为己，今之学者为人”，语自《论语·宪问第十四》。

【译文】

　　“古之学者为己”，是希望自身有所收获；“今之学者为人”，是想要让别人知道自己。

2.15

　　伊川先生谓方道辅[1]曰：“圣人之道，坦如大路，学者病不得其门耳，得其门，无远之不到也。求入其门，不由于经乎？今之治经者亦众矣，然而买椟还珠[2]之蔽，人人皆是。经所以载道也。诵其言辞，解其训诂，而不及道，乃无用之糟粕耳。觊[3]足下由经以求道，勉之又勉，异日见卓尔有立于前[4]，然后不知手之舞足之蹈，不加勉而不能自止矣。”（《河南程氏文集·遗文·与方元寀手帖》）

【注释】

〔1〕方道辅，名元寀，字道辅，莆田人。年少时曾从程颐游，与程颐多有书信往来。

〔2〕“买椟还珠”，喻舍本逐末。典出《韩非子·外储说左上》。

〔3〕“觊”，希望。

〔4〕“卓尔有立于前”，意为：卓然耸立在眼前。语自《论语·子罕第九》：“夫子循循然善诱人，博我以文，约我以礼。欲罢不能，既竭吾才，如有所立卓尔。虽欲从之，末由也已。”

【译文】

伊川先生对方道辅说："成就圣人的途径，平坦得就像大路一样，学者的问题在于找不到进入的门径，找得到门径，无论多远都是可以达到的。想要找到进入的门径，难道不是通过经书吗？如今研读经书的人也很多，然而舍本逐末的毛病，几乎人人都有。经书是用来承载圣人之道的。只是诵读经书的文辞，解释经书的字句含义，而不理解其中所蕴含的圣人之道，那经书就成了无用的糟粕了。我希望你能够通过经书去寻求圣人之道，努力而又努力，他日一定会见到圣人之道卓然耸立在眼前，然后就会高兴得不知道自己在手舞足蹈，即使是不刻意努力也不会自己停下来了。"

2.16

明道先生曰："'修辞立其诚'〔1〕，不可不子细理会。言能修省言辞，便是要立诚。若只是修饰言辞为心，只是为伪也。若修其言辞，正为立己之诚意，乃是体当自家'敬以直内，义以方外'〔2〕之实事。道之浩浩，何处下手？惟立诚才有可居之处，有可居之处，则可以修业也。'终日乾乾'，大小大事，却只是'忠信所以进德'为实下手处，'修辞立其诚'为实修业处。"（《河南程氏遗书》卷一）

【注释】

〔1〕"修辞立其诚"，意为：修饰言辞以确立自己的诚意。语自《周易·乾·文言》。

〔2〕"敬以直内，义以方外"，意为：保持恭敬使得内心正直，恪守道义使得言行端方。语自《周易·坤·文言》。

【译文】

明道先生说："'修辞立其诚'，这句话不可以不仔细体会。说的是能够修饰省察自己的言辞，就是要确立诚意。如果只是一心想着去修饰言辞，就只是在伪装了。如果修饰自己的言辞，正是为了确立自身的诚意，就是体会到自家'敬以直内，义以方外'的实事了。圣人之道浩浩无穷，又该从何处入手呢？惟有先确立诚意才会有可以居处的地方，有了可以居处的地方，就可以去成就功业了。'终日乾乾'，多大的事，却也只是以'忠信所以进德'为真实入手之处，以'修辞立其诚'为真实成就功业之处。"

2.17

伊川先生曰："志道恳切，固是诚意。若迫切不中理，则反为不诚。盖实理中自有缓急，不容如是之迫。观天地之化乃可知。"（《河南程氏遗书》卷二上）

【译文】

伊川先生说："有志于学习圣人之道，态度诚恳真切，固然是诚意。如果心愿过于迫切而违背了常理，就反而是不诚的意了。实理之中自然有缓有急，是不容许这样过于迫切的。观察一下天地化育万物的节奏，也就可以知道了。"

2.18

"孟子才高，学之无可依据。学者当学颜子，入圣人为近，有用力

处。"又曰："学者要学得不错，须是学颜子。"（本注：有准的。）(《河南程氏遗书》卷二上、卷三）

【译文】

"孟子才气甚高，向他学习没有什么可以作为依据。学者应当学习颜子，进入圣人之道比较近，有可以用力的地方。"又说："学者要学得不出差错，需要去学颜子。"（本注：有标准。）

2.19

明道先生曰："且省外事，但明乎善，惟进诚心，其文章虽不中，不远矣[1]。所守不约，泛滥无功。"(《河南程氏遗书》卷二上）

【注释】

[1]"虽不中，不远矣"，意为：即使不能适中，也相差不远了。语自《大学》：《康诰》曰：'如保赤子。'心诚求之，虽不中，不远矣。"

【译文】

明道先生说："暂且省去外在的事务，只是去究明什么是善，一心增进诚意，写文章即使是不能够写得恰到好处，也是不会差太远的。所守持的不简约，就会四处泛滥而没有成效。"

2.20

学者识得仁体[1]实有诸己，只要义理栽培。如求经义，皆栽培之

意。（同上条）

【注释】

〔1〕"仁体"，即生生之性。

【译文】

当学者认识到仁体是自己所真实拥有的，只需要用义理来栽培。比如探求经文的义理，全都是栽培的意思。

2.21

昔受学于周茂叔，每令寻颜子、仲尼乐处[1]，所乐何事？（同上条）

【注释】

〔1〕"寻颜子、仲尼乐处"，《论语》中记载了孔子、颜子诸多"乐处"，如开篇的"学而时习之，不亦说（悦）乎？有朋自远方来，不亦乐乎？人不知而不愠，不亦君子乎？"又如"贤哉，回也！一箪食，一瓢饮，在陋巷，人不堪其忧，回也不改其乐"，又如"其为人也，发愤忘食，乐以忘忧，不知老之将至云尔"，等等。然而，孔子、颜子所乐的究竟是什么呢？这一问题经由濂溪先生提出之后，便成了后世每一位儒者都需要去体究的重要课题。月川先生（曹端）有着一段论述，极其精彩，或可有助于我们理解这一问题：

"天地间至贵、至富、可爱、可求者，仁而已。仁者，天地生物之心，而人所受以生者，为一心之全德、万善之总名。体即天地之体，用即天地之用，存之则道充，居之则身安，故孟子既以'天之尊爵'目之，复以'人之安宅'名之，所以为天地间至贵、至富、可爱、可求者也，岂轩冕之贵、金玉之富可同日而语哉？朱子曰：'所谓至贵、至富、可爱、可求，即周子之教程子，每令寻仲尼、颜子乐处所乐何事者也。然学者当深思而实体之，不可但以言语解会而已。'今端窃谓孔、颜之乐者，仁也，非是乐这仁，仁中自有其乐耳。且孔子安仁而乐在其中，颜子不违仁而不改其乐。安仁者，天然自有之仁；而乐在其中者，天然自有之乐也。不违仁者，守之之仁；而不改其乐者，守之之乐也。《语》曰'仁者不忧'，'不忧'，非乐而何？周、程、朱子不直说破，欲学者自得之。愚见学者鲜自得之，故为来学说破。"（《通书述解》）

【译文】

从前，我跟随周茂叔学习的时候，他经常让我去寻求颜子和孔子所乐的到底是什么事？

2.22

所见所期，不可不远大，然行之亦须量力而有渐。志大心劳，力小任重，恐终败事。（同上条）

【译文】

一个人的见地和对自己的期许，不能不远大，然而，实行之时也须要量力而行、循序渐进。志向远大以致心力交瘁，力量弱小而责任重大，最终恐怕也会坏事。

2.23

朋友讲习，更莫如"相观而善"〔1〕工夫多。（同上条）

【注释】

〔1〕"相观而善"，意为：相互观看而得到改善。语自《礼记·学记》：
"大学之法，禁于未发之谓豫，当其可之谓时，不陵节而施之谓
孙，相观而善之谓摩。此四者，教之所由兴也。"孔子有云："三
人行，必有我师焉。择其善者而从之，其不善者而改之。"（《论
语·述而第七》）便是"相观而善之谓摩"。

【译文】

朋友之间相与论学，还不如"相观而善"的功效多。

2.24

须是大其心使开阔。譬如为九层之台，须大做脚须得。（同上条）

【译文】

学者需要放大心量，使得心胸开阔。就像要建九层高的楼台，必
须先建好一个大根基才可以。

2.25

明道先生曰："自'舜发于畎亩之中'至'百里奚举于市'〔1〕，若要

熟，也须从这里过。"(《河南程氏遗书》卷三）

【注释】

〔1〕"舜发于畎亩"云云，语自《孟子·告子下》：孟子曰："舜发于
　　畎亩之中，傅说举于版筑之间，胶鬲举于鱼盐之中，管夷吾举于
　　士，孙叔敖举于海，百里奚举于市。故天将降大任于是人也，必
　　先苦其心志，劳其筋骨，饿其体肤，空乏其身，行拂乱其所为。
　　所以动心忍性，增益其所不能。人恒过，然后能改；困于心，衡
　　（横）于虑，而后作；征于色，发于声，而后喻。"

【译文】

　　明道先生说："从'舜发于畎亩之中'到'百里奚举于市'，如果
想要性德纯熟，也须要从这磨炼中走过来。"

2.26

参〔1〕也竟以鲁〔2〕得之。（同上条）

【注释】

〔1〕参，曾子（前505—前435），名参，字子舆，孔子晚年最得意的
　　弟子，传为《大学》《孝经》的作者，后世奉为宗圣，事迹散见
　　于《礼记》《论语》，今有人编《曾子辑校》，较为全面地收集了
　　曾子的言行事迹。

〔2〕"鲁"，迟钝，木讷。《论语·先进第十一》："柴也愚，参也鲁，
　　师也辟，由也喭。"

【译文】

曾子竟然因为迟钝体会了圣人之道。

2.27

明道先生以记诵博识为玩物丧志[1]。（本注：时以经语录作一册。郑毅[2]云："尝见显道先生[3]云：'某从洛中学时，录古人善行，别作一册，洛中见之，云是玩物丧志。'盖言心中不宜容丝发事。"胡安国[4]云："谢先生初以记问为学，自负该博，对明道举史书，成篇不遗一字。明道曰：'贤却记得许多，可谓玩物丧志。'谢闻此语，汗流浃背，面发赤。及看明道读史，又却逐行看过，不蹉一字，谢甚不服。后来省悟，却将此事做话头，接引博学之士。"）（同上条）

【注释】

[1]"玩物丧志"，意为：沉湎于喜爱的事物，会丧失心志。语自《尚书·旅獒》。

[2]郑毅，字致远，号九思，建州建安人，上蔡先生（谢良佐）弟子。

[3]显道先生，谢良佐（1050—1103），字显道，上蔡人，学者称上蔡先生，二程著名弟子，与游酢、杨时、吕大临并称程门四先生。今有《上蔡语录》传于世。

[4]胡安国（1074—1138），字康侯，谥号文定，建宁崇安（今福建武夷山）人，学者称武夷先生，后世尊称安定先生。著有《胡氏春秋传》，乃《春秋》学史中一部划时代的著述。

【译文】

明道先生将致力于记诵博识看作是玩物丧志。（本注：当时，上蔡先生把经书中的一些言辞抄录成一册。郑毅说："我曾经听显道先生说：'我跟随明道先生学习的时候，曾经抄录古人的善行，另成一册，明道先生见了，说这是玩物丧志。'大概是说心中不应当留有发丝般细微的事。"胡安国说："谢先生最初以博闻强记为学问，自负于学识渊博，朝着明道先生背诵史书，整篇下来不遗漏一个字。明道先生说：'你倒是记得很多，可以说是玩物丧志。'谢先生听了之后，汗流浃背，面红耳赤。后来看到明道先生自己读史书，也是一行一行地阅读，不放过一个字，谢先生心里很不服气。后来他省悟了，却拿这件事当作话头，用来指引那些博学的人。"）

2.28

礼、乐只在进反之间^{〔1〕}，便得性情之正。（同上条）

【注释】

〔1〕"礼、乐只在进、反之间"，"进"，勉力而进；"反"，抑止而退。语本《礼记·乐记》："乐也者，动于内者也；礼也者，动于外者也。故礼主其减，乐主其盈。礼减而进，以进为文；乐盈而反，以反为文。礼减而不进则销，乐盈而不反则放。"郑玄曰："进，谓自勉强也；反，谓自抑止也。"孙希旦释云："愚谓礼，动于外而接于人者，以撙节退让为敬，故主其减；乐，动于内而发于己者，以欣喜欢爱为和，故主其盈。减则恐其烦苦而易倦，故以进为美，严而用之以和也；盈则恐其流宕而不止，故以反为美，和而济之以节也。礼减而不进，则有见于严，无见于和，必至于倦

略，故销；乐盈而不反，则有见于和，无见于节，必至于流宕，故放。"

【译文】

礼、乐只在于一进一反之间，就使得性情端正。

2.29

父子君臣，天下之定理，无所逃于天地之间[1]。安得天分[2]，不有私心，则行一不义，杀一不辜，有所不为[3]。有分毫私，便不是王者[4]事。（《河南程氏遗书》卷五）

【注释】

〔1〕"无所逃于天地之间"，语自《庄子·人间世》：仲尼曰："天下有大戒二，其一命也，其一义也。子之爱亲，命也，不可解于心；臣之事君，义也，无适而非君也。无所逃于天地之间，是之谓大戒。"

〔2〕"天分"，天理所赋予的职分。

〔3〕"行一不义"云云，意为：做一件不义的事，杀一个无辜的人，即便是获得天下，也是不会去做的。语自《孟子·公孙丑上》："得百里之地而君之，皆能以朝诸侯；行一不义，杀一不辜而得天下，皆不为也。"

〔4〕"王者"，孟子论君王，有王霸之别："以力假仁者，霸，霸必有大国；以德行仁者，王，王不待大。"（《孟子·公孙丑上》）由此可知，王者以仁德服人，霸者则以势力制民。

【译文】

　　父父子子，君君臣臣，乃是天下的定理，只要身处于天地之间，就无所逃避。安然履行天理所赋予的职分，而没有私心，那么，做一件不义的事，杀一个无辜的人，即便是获得天下，也是不会去做的。有一分一毫的私心，就不是王者所做的事。

2.30

　　论性不论气，不备；论气不论性，不明[1]。二之则不是。(《河南程氏遗书》卷六）

【注释】

　　[1]"论性不论气"云云，"性"即本性，本于生生之理；"气"即气禀，本于五行之气。性是气具的理，气是性的载体。"论性不论气"，则性失去了载体，所以为"不备"；"论气不论性"，则气失去了根本，所以为"不明"。所以，性和气绝不能分开来论说。

【译文】

　　谈本性而不谈气禀，是不完备的；谈气禀而不谈本性，是不明理的。把本性和气禀分开来是不对的。

2.31

　　论学便要明理[1]，论治便须识体[2]。(《河南程氏遗书》卷五）

【注释】

〔1〕"理"，天理。

〔2〕"体"，指道体，也就是宇宙间一切的本源。

【译文】

谈论学问就要究明天理，讨论政治就要认识道体。

2.32

曾点、漆雕开，已见大意，故圣人与之。[1]（《河南程氏遗书》卷六）

【注释】

〔1〕曾点、漆雕开事，皆见《论语》。曾点事见于《先进篇》：子路、曾点、冉有、公西华侍坐，孔子让他们各言其志，子路、冉有、公西华一一作答，而曾点则一直在弹瑟，等到孔子让他说时，他"舍瑟而作"，对曰："异乎三子者之撰。"子曰："何伤乎？亦各言其志也。"曰："莫（暮）春者，春服既成，冠者五六人，童子六七人，浴乎沂，风乎舞雩，咏而归。"夫子喟然叹曰："吾与点也！"漆雕开事则见于《公冶长篇》：子使漆雕开仕，对曰："吾斯之未能信。"子说（悦）。

【译文】

曾点和漆雕开已经见到了圣人之道的大体，所以，孔子肯定他们。

2.33

根本须是先培壅[1]，然后可立趋向也。趋向既正，所造浅深则由勉与不勉也。(同上条)

【注释】

[1]"培壅"，培育。

【译文】

学者首先需要培育根本，然后就可以确定前进的方向了。方向既已正确，所达境界的深浅，就取决于努力不努力了。

2.34

敬义夹持[1]，直上达天德[2]自此。(《河南程氏遗书》卷五)

【注释】

[1]"敬义夹持"，即"敬以直内，义以方外"，"夹持"，即内外相互辅助。

[2]"天德"，即天所赋予的德性，也就是生生之德，乃是生生之理在人身上的体现。

【译文】

恭敬和道义，两者相互辅助，就此可以直接向上抵达天德。

2.35

懈意一生，便是自弃自暴。(《河南程氏遗书》卷六)

【译文】

懈怠之心一生起，就是自暴自弃了。

2.36

不学便老而衰。(《河南程氏遗书》卷七)

【译文】

人如果不学习，就会显得苍老而气衰。

2.37

人之学不进，只是不勇。(《河南程氏遗书》卷十四)

【译文】

一个人学习没有进步，只是因为不够勇猛。

2.38

学者为气所胜、习所夺，只可责志[1]。(《河南程氏遗书》卷十五)

【注释】

〔1〕"责志"，以志自责。阳明先生有云："凡一毫私欲之萌，只责此志不立，即私欲便退；听一毫客气之动，只责此志不立，即客气便消除。或怠心生，责此志，即不怠；忽心生，责此志，即不忽；懆心生，责此志，即不懆；妒心生，责此志，即不妒；忿心生，责此志，即不忿；贪心生，责此志，即不贪；傲心生，责此志，即不傲；吝心生，责此志，即不吝。盖无一息而非立志责志之时，无一事而非立志责志之地，故责志之功，其于去人欲，有如烈火之燎毛，太阳一出，则魑魅潜消也。"（《示弟立志说》）"责志"之功，可谓大矣！"责志"之所以会有如此功效，是因为在不善之心生起时，用志去自责，就会陡然生发出一股羞耻之心，进而及时改正。

【译文】

学者被意气所战胜、被世习所改变，只能够责志。

2.39

内重则可以胜外之轻[1]，得深则可以见诱之小。（《河南程氏遗书》卷六）

【注释】

〔1〕"内""外"，茅星来曰："内指道义而言，外指富贵利达而言。"

【译文】

道义涵养得厚重，就可以战胜外物的轻微；道义体味得深刻，就可以认识到外物的诱惑是微不足道的。

2.40

董仲舒[1]谓:"正其义,不谋其利;明其道,不计其功。"[2]孙思邈[3]曰:"胆欲大而心欲小,智欲圆而行欲方。"[4]可以为法矣。(《河南程氏遗书》卷九)

【注释】

[1] 董仲舒(前179—前104),西汉儒家学者,广川人,学者称广川先生。曾建议汉武帝"罢黜百家,独尊儒术",为《春秋》学一代大师,有《春秋繁露》传于世。

[2] "正其义,不谋其利"二句,意为:只是合乎道义,而不去谋取利益;只是阐明正道,而不去计较功绩。语自《汉书·董仲舒传》:"夫仁人者,正其谊,不谋其利;明其道,不计其功。是以仲尼之门,五尺童子羞称五伯,为其先诈力而后仁谊也。"

[3] 孙思邈,唐代著名道士、医药学家,后世尊为药王。著有《千金要方》,至今为医学要籍。

[4] "胆欲大而心欲小"二句,意为:胆识要大但心思却要细,智慧要圆融但言行却要正直。语自《旧唐书·方伎·孙思邈列传》。

【译文】

董仲舒说:"正其义,不谋其利;明其道,不计其功。"孙思邈说:"胆欲大而心欲小,智欲圆而行欲方。"可以作为法度。

2.41

大抵学不言而自得[1]者，乃自得也。有安排布置者，皆非自得也。（《河南程氏遗书》卷十一）

【注释】

〔1〕"自得"，亲身体会而得。《孟子·离娄下》："君子深造之以道，欲其自得之也。自得之，则居之安；居之安，则资之深；资之深，则取之左右逢其原，故君子欲其自得之也。"

【译文】

大抵而言，学习不说出来而亲身有所体会的，确实是亲身体会所得。凡是有刻意安排、布置的，都不是亲身体会所得。

2.42

视听、思虑、动作，皆天也，人但于其中要识得真与妄[1]尔。（同上条）

【注释】

〔1〕"真""妄"，朱子曰："皆天也，言视听、思虑、动作皆是天理。其顺发出来，无非当然之理，即所谓真；其妄者，却是反乎天理者也。虽是妄，亦无非天理，只是发得不当地头。"（《朱子语类》）

【译文】

一切视听、思虑、动作，全都是本于天理的，人只要在其中分辨出真实和虚妄罢了。

2.43

明道先生曰："学只要鞭辟近里[1]，着己而已。故'切问而近思'，则'仁在其中矣'[2]。'言忠信，行笃敬，虽蛮貊之邦，行矣；言不忠信，行不笃敬，虽州里，行乎哉？立，则见其参于前也；在舆，则见其倚于衡也。夫然后行。'[3]只此是学。质美者明得尽，查滓便浑化，却与天地同体[4]。其次，惟庄敬持养，及其至，则一也。"（同上条）

【注释】

〔1〕"鞭辟近里"，本意指把鞭子抽打到肉里去；引申为探求透彻，深入精微之处。

〔2〕"切问而近思，仁在其中矣"，意为：就切近处提问，从浅近处思考，仁德就在其中。语自《论语·子张第十九》：子夏曰："博学而笃志，切问而近思，仁在其中矣。"

〔3〕"言忠信"云云，意为：言语忠诚信实，行为笃实恭敬，即使到了蛮荒之地，也能够行得通；言语不忠诚信实，行为不笃实恭敬，即使在自己的家乡，又如何能够行得通呢？站立时，就看见忠信笃敬四个字悬在眼前；在车上，就看见忠信笃敬四个字靠在车前的横木上。然后再去行动。语自《论语·卫灵公第十五》。

〔4〕"查滓便浑化，却与天地同体"，"查滓"，即渣滓，指私欲、习气等。朱子曰："查滓是私意、人欲。天地同体处，如义理之精英。查滓是私意、人欲之未消者。人与天地本一体，只缘查滓未去，

所以有间隔。若无查滓，便与天地同体。"(《朱子语类》)

【译文】

明道先生说："学习只是要探求透彻，切中要点，从自身上用力就可以了。所以说'切问而近思'，则'仁在其中矣'。'言忠信，行笃敬，虽蛮貊之邦，行矣；言不忠信，行不笃敬，虽州里，行乎哉? 立，则见其参于前也；在舆，则见其倚于衡也。夫然后行。'这个就是学习。才质出众的人看得很透彻，私欲、习气就完全消化掉了，从此与天地浑然一体。次一等的人，只有保持庄敬涵养深造不已，等到私欲、习气完全消化掉的时候，也就一样了。"

2.44

"忠信，所以进德""修辞立其诚，所以居业"者，乾道也；"敬以直内，义以方外"者，坤道也。[1](同上条)

【注释】

〔1〕"乾道""坤道"，叶采解曰："乾主健主动，故'进德''居业'，皆进为不息之道；坤主顺主静，故'敬直''义方'，皆收敛裁节之道。"(《近思录集解》)又：本条当与本卷第6、7、16诸条互参。

【译文】

"忠信，所以进德""修辞立其诚，所以居业"，说的是乾的准则；"敬以直内，义以方外"，说的是坤的准则。

2.45

凡人才学，便须知着力处；既学，便须知得力处[1]。(《河南程氏遗书》卷十二）

【注释】

〔1〕"着力处""得力处"，张伯行注："着力者，身心切要工夫；得力者，所以进德之由也。"(《近思录集解》）

【译文】

凡是学者，刚开始学习，就必须知道着力之处；既已学习，就必须知道得力之处。

2.46

有人治园圃，役知力甚劳。先生曰："《蛊》之《象》：'君子以振民育德。'[1]君子之事，惟有此二者，余无他焉。二者，为己、为人之道也[2]。"(《河南程氏遗书》卷十四）

【注释】

〔1〕"君子以振民育德"，意为：君子应当振济百姓、培养德性。

〔2〕"二者，为己、为人之道也"，"育德"是为己的方法，"振民"是为人的方法。

【译文】

有一个人从事园艺种植，耗费了心智和体力，很是劳累。明道先生说："《蛊》卦的《大象传》中说'君子振民育德'，君子该做的事，只有这两件，其余就没有了。这两件事，就是为己和为人的方式。"

2.47

"博学而笃志[1]，切问而近思"，何以言"仁在其中矣"？学者要思得之，了此便是彻上彻下之道。[2]（同上条）

【注释】

〔1〕"博学而笃志"，意为：广博学习，笃实志向。

〔2〕本条当与本卷第43条互参。

【译文】

"博学而笃志，切问而近思"，为什么说"仁在其中矣"？学者要自行去思索体会，明白了这一点也就把握了贯彻上下的道理。

2.48

弘而不毅[1]，则难立；毅而不弘，则无以居之。（本注：《西铭》言弘之道。）（同上条）

【注释】

〔1〕"弘而不毅"，"弘"，弘大；"毅"，刚毅。《论语·泰伯第八》载：曾子曰："士不可以不弘毅，任重而道远。仁以为己任，不亦重乎？死而后已，不亦远乎？"

【译文】

格局弘大而缺乏坚毅，就难以成就；意志坚毅而缺乏弘大的格局，就没有立足的地方。（本注：这就是《西铭》所说的弘大之道。）

2.49

伊川先生曰："古之学者，优柔厌饫[1]，有先后次序。今之学者，却只做一场话说，务高而已。常爱杜元凯[2]语：'若江海之浸，膏泽之润，涣然冰释，怡然理顺，然后为得也。'[3]今之学者，往往以游、夏[4]为小，不足学。然游、夏一言一事，却总是实。后之学者好高，如人游心于千里之外，然自身却只在此。"（《河南程氏遗书》卷十五）

【注释】

〔1〕"优柔厌饫"，"优柔"，从容自得；"厌饫"，饱足。喻为学从容求索，深入体味。语本杜预《春秋左氏经传集解序》："优而柔之，使自求之；厌而饫之，使自趋之。"

〔2〕杜元凯（222—285），名预，字元凯，京兆杜陵（今陕西西安）人，西晋学者，特别喜欢读《左传》，自称有《左传》癖，有《春秋左氏经传集解》传于世。

〔3〕"若江海之浸"云云，意为：就像江海之水的浸润，雨水的滋养，寒冰焕然融化，理顺了义理而怡然自乐，然后才算是学有所得。语自杜预《春秋左氏经传集解序》。

〔4〕游，即言偃，字子游。夏，即卜商，字子夏。二人皆为孔门文学科高弟，位于孔门十哲之列。

【译文】

伊川先生说："古时候的学者，从容求索，深入体味，为学有着一定的先后次序。现今的学者，却只是把学问当作一场话说，务求高远罢了。我一直很喜欢杜元凯的这番话：'若江海之浸，膏泽之润，涣然冰释，怡然理顺，然后为得也。'现今的学者，往往认为子游、子夏的规模狭小，不值得学习。然而，子游、子夏的一言一行，却都是笃实的。后世的学者好高骛远，就像一个人心在千里之外游走，可他的人却只是在这里。"

2.50

修养之所以引年[1]，国祚[2]之所以祈天永命[3]，常人之至于圣贤，皆工夫到这里，则有此应。（同上条）

【注释】

〔1〕"引年"，延年益寿。

〔2〕"国祚"，国运。

〔3〕"祈天永命"，意为：乞求上天能够永久的赐予天命。语自《尚书·召诰》："我非敢勤，惟恭奉币，用供王能祈天永命。"

【译文】

修养身心之所以能够延年益寿，国运之所以能够通过祈求上天护佑而长久，普通人之所以能够抵达圣贤之境，都是因为工夫到了这一步，自然就会有这样的回应。

2.51

忠恕，所以公平[1]。造德则自忠恕，其致则公平。（同上条）

【注释】

[1]"忠恕，所以公平"，张伯行解曰："尽己谓忠，推己谓恕。人能尽己之心，则此所尽者，乃合乎天理，而为天下之公心。自此推之，使人各如己心，而分愿各得，何平如之？故忠恕乃所以公平之道也。"（《近思录集解》）

【译文】

忠和恕，是做到公平的途径。修养德行从忠恕开始，到了极致就会公平。

2.52

仁之道，要之只消道一公字。公只是仁之理，不可将公便唤做仁。[1]公而以人体之，故为仁。只为公则物我兼照，故仁，所以能恕，所以能爱。恕则仁之施，爱则仁之用也。（同上条）

【注释】

[1]关乎"公"与"仁"的关系，朱子有云："仁是爱底道理，公是仁底道理。故公则仁，仁则爱。公却是仁发处，无公，则仁行不得。"（《朱子语类》）

【译文】

　　关于仁的道理，概要言之，只需要说一个公字就好。然而，公只是仁的道理，不可以将公就称作为仁。公的道理由人体现出来，所以称作为仁。只是公，对于物我就可以兼顾关照，所以仁，能够宽恕，能够慈爱。宽恕就是仁的实施，慈爱就是仁的发用。

2.53

　　今之为学者，如登山麓，方其迤逦[1]，莫不阔步，及到峻处便止。须是要刚决果敢以进。（《河南程氏遗书》卷十七）

【注释】

〔1〕"迤逦"，曲折连绵。

【译文】

　　如今的为学之人，就像登山一样，在山路曲折连绵的时候，无不阔步向前，但到了险峻之处就会停下脚步。这时须要刚决果敢的向前迈进。

2.54

　　人谓要力行，亦只是浅近语。人既能知见一切事皆所当为，不必待着意。才着意，便是有个私心。这一点意气，能得几时子？[1]（同上条）

【注释】

〔1〕"人既能知见"云云，叶采解曰："真知事之当然，则不待着意，

自不容已，着意为之，已是私心。所谓私者，非安乎天理之自
然，而出乎人力之使然也。徒以其意气之使然，则亦必不能久，
故君子莫急于致知。"(《近思录集解》)

【译文】

　　人说要努力践行，也只是肤浅的话。人既然能够认识到一切事
都是所应当做的，不必等待刻意安排。才有一点刻意，就是有个私心
在。就凭这一点意气，又能够坚持多久呢?

2.55

　　知之必好之[1]，好之必求之，求之必得之。古人此个学是终身事。
果能颠沛、造次必于是[2]，岂有不得道理? （同上条）

【注释】

〔1〕"知之必好之"，意为：明白了之后就必定会喜好。语本《论
　　语·雍也第六》：子曰："知之者不如好之者，好之者不如乐
　　之者。"

〔2〕"颠沛、造次必于是"，意为：颠沛流离、仓促匆忙都是如此。语
　　自《论语·里仁第四》："君子去仁，恶乎成名? 君子无终食之间
　　违仁，造次必于是，颠沛必于是。"

【译文】

　　明白了圣人之道之后就必定会喜好，喜好就必定会去探求，探
求就必定会有所收获。古人把这一个学当作一辈子的事。果真能够

在颠沛流离、仓促匆忙之间都做到这样，怎么会有不能收获的道理呢？

2.56

古之学者一，今之学者三，异端[1]不与焉。一曰文章之学，二曰训诂之学，三曰儒者之学[2]。欲趋道，舍儒者之学不可。(《河南程氏遗书》卷十八)

【注释】

〔1〕"异端"，指佛老之学。

〔2〕"文章之学"，指致力于写作文章；"训诂之学"，指致力于注释文词；"儒者之学"，指致力于修身立德。

【译文】

古时候的学问只有一种，现今的学问却有三种，异端之学还不算在内。一是文章之学，二是训诂之学，三是儒者之学。想要走上圣人之道，舍弃儒者之学是不可能的。

2.57

问："作文害道否？"曰："害也。凡为文，不专意则不工；若专意，则志局于此，又安能与天地同其大也？《书》曰：'玩物丧志。'为文亦玩物也。吕与叔[1]有诗云：'学如元凯方成癖，文似相如始类俳[2]。独立孔门无一事，只输颜氏得心斋[3]。'古之学者，惟务养情性，其他则不学。今为文者，专务章句悦人耳目，既务悦人，非俳优而何？"曰："古者学为文否？"曰："人见六经〔4〕，便以谓圣人亦作文，不知圣人亦摅发〔5〕胸中所蕴，自成文耳。所谓'有德者必有言'〔6〕也。"曰："游、夏称文学，何也？"曰："游、夏亦何尝秉笔学为词章也？且如'观乎天文以察时变，观乎人文以化成天下'〔7〕，此岂词章之文也？"（同上条）

【注释】

〔1〕吕与叔，吕大临（1042—1090），字与叔，京兆蓝田（今陕西蓝田）人，早年从学于横渠先生，横渠逝后，转学程门，与游酢、杨时、谢良佐并称程门四先生。

〔2〕"学如元凯方成癖，文似相如始类俳"，意为：学习像杜预一样就成了癖好，文章像司马相如一般就类似于俳优了。"元凯"，即杜预（222—285），杜预一生喜好《左传》，然"称博洽矣，而义理不充，物而不化，方结成癖之病"。"相如"，司马相如（约前179—前118），字长卿，蜀郡成都（今四川成都）人，西汉词赋大家，代表作有《子虚赋》《上林赋》等。"俳"，俳优，古代以乐舞谐戏取悦于人的戏子。

〔3〕"独立孔门无一事，只输颜氏得心斋"，意为：独立于孔门心中更无一事，只是输给了颜子一截心斋的工夫。"心斋"，语自《庄子·人间世》："若一志，无听之以耳而听之以心，无听之以心而听之以气，听止于耳，心止于符。气也者，虚而待物者也，唯道集虚，虚者，心斋也。"

〔4〕"六经"，指《诗》《书》《礼》《乐》《易》《春秋》。

〔5〕"摅发"，即抒发。

〔6〕"有德者必有言"，意为：有德行的人一定会有好的言辞。语自《论语·宪问第十四》：子曰："有德者必有言，有言者不必有德。"

〔7〕"观乎天文"云云，意为：观察天的运行以明察四时的变化，观察人的性情以教化天下。语自《周易·贲·彖传》。

【译文】

有人问："写文章妨害学习圣人之道吗？"伊川先生答道："妨害。举凡写文章，不专心致志就写不好；如果专心致志，心志就会局限在其中，又怎么能够与天地一样博大呢？《尚书·旅獒》篇中说：'玩物丧志。'写文章也是玩物的一种。吕大临有一首诗，说：'学如元凯方成癖，文似相如始类俳。独立孔门无一事，只输颜氏得心斋。'古时候的学者只是致力于修养性情，其他的则不去学。如今写文章的人，一味致力于章句华丽去取悦别人的耳目，既然致力于取悦别人，不是俳优又是什么呢？"又问："古时候的人学习写文章吗？"答："人们看到六经，就认为圣人也写文章，不知道圣人也只是把胸中所蕴含的道理抒发出来，自然就成了文章。这就是所谓的'有德者必有言'。"又问："子游、子夏以文学著称，又是为何呢？"答："子游、子夏又何尝拿起笔来学习写文章呢？况且像'观乎天文以察时变，观乎人文以化成天下'，这难道也是词章之文吗？"

2.58

涵养须用敬，进学则在致知。(同上条)

【译文】

涵养德性必须要保持恭敬，进修学业则在于推求知识。

2.59

莫说道将第一等让与别人，且做第二等。才如此说，便是自弃。虽与"不能居仁由义"[1]者差等不同，其自小一也。言学便以道为志，言人便以圣为志。（同上条）

【注释】

[1]"不能居仁由义"，意为：做不到安居于仁、行事由义。语自《孟子·离娄上》：孟子曰："自暴者，不可与有言也；自弃者，不可与有为也。言非礼义，谓之自暴也；吾身不能居仁由义，谓之自弃也。"

【译文】

不要说把第一等人让给别人去做，自己姑且做第二等人。才这样说，就已经是自我放弃。虽然与"不能居仁由义"的人程度不同，自卑却是一样的。说到学问就要以成就圣人之道为志向，说到做人就要以成为圣人为志向。

2.60

问："'必有事焉'[1]，当用敬否？"曰："敬是涵养一事。'必有事焉'，须用'集义'〔2〕；只知用敬，不知'集义'，却是都无事也。"又问："义莫是中理否？"曰："中理在事，义在心。"（同上条）

【注释】

〔1〕"必有事焉"，意为：心中必定要时时存有这件事。语自《孟子·公孙丑上》："必有事焉，而勿正，心勿忘，勿助长也。"

〔2〕"集义"，聚集道义。语自《孟子·公孙丑上》："是集义所生者，非义袭而取之也。行有不慊于心，则馁矣。"

【译文】

有人问："'必有事焉'，应当用持敬的工夫吗？"伊川先生答道："持敬是涵养德性方面的事。'必有事焉'，必须要用'集义'；只知道保持恭敬，而不知道去'集义'，那就是什么事都没有做了。"又问："义是不是合乎理？"答："合乎理是就事而言的，义却是就心而言的。"

2.61

问："敬、义何别？"曰："敬只是持己之道，义便知有是有非。顺理而行，是为义也。若只守一个敬，不知'集义'，却是都无事也。且如欲为孝，不成只守着一个孝字？须是知所以孝之道，所以侍奉当如何，温清〔1〕当如何，然后能尽孝道也。"（同上条）

【注释】

〔1〕"温清"，即冬温夏清，指冬天使父母温暖，夏天使父母凉爽。

【译文】

有人问："敬和义有什么分别？"伊川先生答道："敬只是约束自身的方法，义就知道有是有非。顺应天理而为，就是行义。如果只是守着一个敬字，而不知道去'集义'，那就是什么事都没有做了。比如说想要行孝，难不成只是守着一个孝字？必须要知道行孝的方法，侍奉父母应当如何，冬温夏清应当如何，然后才能够履行孝道。"

2.62

学者须是务实，不要近名[1]方是。有意近名，则是伪也。大本已失，更学何事？为名与为利，清浊虽不同，然其利心则一也。（同上条）

【注释】

[1]"近名"，追求名声。

【译文】

学者必须要务实，不要去追求名声，才是对的。有心想要去追求名声，那就是虚伪。为学的根本已经丢失，还学什么呢？追求名声和追求利益，虽然有清高和污浊的分别，然而其中的私心则是一样的。

2.63

"回也，其心三月不违仁"[1]，只是无纤毫私意，有少私意，便是不仁。（《河南程氏遗书》卷二十二上）

【注释】

〔1〕"回也"云云，意为：颜回，他的心可以长久的不违背于仁。语
　　自《论语·雍也第六》：子曰："回也，其心三月不违仁，其余则
　　日月至焉而已矣。"

【译文】

"回也，其心三月不违仁"，只是因为颜子没有丝毫的私意，有一
点点的私意，就是不仁。

2.64

"仁者，先难而后获"〔1〕，有为而作，皆先获也。古人惟知为仁而
已，今人皆先获也。（同上条）

【注释】

〔1〕"仁者"云云，意为：有仁德的人，先付出劳动而后自然有收获。语
　　自《论语·雍也第六》：问仁，曰："仁者，先难而后获，可谓仁矣。"

【译文】

"仁者，先难而后获"，有目的地去行动，都是先考虑收获。古时
的人只知道履行仁德而已，现在的人全都是先考虑收获。

2.65

有求为圣人之志，然后可与共学；学而善思，然后可与适道；思而

有所得，则可与立；立而化之，则可与权。[1]（《河南程氏遗书》卷二十五）

【注释】

〔1〕本条当是对《论语》中这段文字的解释：

> 子曰："可与共学，未可与适道；可与适道，未可与立；可
> 与立，未可与权。"（《论语·子罕第九》）

【译文】

有了追求成为圣人的志向，然后就可以和他一起学习；学习时善
于思考，然后就可以和他一起探求圣人之道；思考而能够有所收获，
那就可以和他一起立定于圣人之道；立定于圣人之道而能够融会贯
通，那就可以和他一起通权达变了。

2.66

古之学者为己，其终至于成物[1]；今之学者为物，其终至于丧
己[2]。（同上条）

【注释】

〔1〕"古之学者"云云，《中庸》："诚者，非自成己而已也，所以成物
    也。成己，仁也；成物，知也。性之德也，合外内之道也，故时
    措之宜也。"

〔2〕"今之学者"云云，《礼记·乐记》："人生而静，天之性也。感于物
    而动，性之欲也。物至知知，然后好恶形焉。好恶无节于内，知诱
    于外，不能反躬，天理灭矣。夫物之感人无穷，而人之好恶无节，

则是物至而人化物也。人化物也者，灭天理而穷人欲者也。"

【译文】

古时候的学者为学是为了完善自身，最终导致成就外物；现今的学者为学是为了追求外物，最终导致丧失自我。

2.67

君子之学必日新^[1]。日新者，日进也。不日新者，必日退，未有不进而不退者。惟圣人之道无所进退，以其所造极也。（同上条）

【注释】

〔1〕"日新"，语自《大学》：汤之盘铭曰："苟日新，日日新，又日新。"

【译文】

君子为学一定要天天更新。天天更新，就是天天在进步。不能够天天更新的人，一定会天天退步，从没有不进步而能够不退步的。只有圣人的学问，没有进步也没有后退，因为他已经抵达了极致。

2.68

明道先生曰："性静者，可以为学^[1]。"（《河南程氏外书》卷一）

【注释】

〔1〕"性静者，可以为学"，胡居仁《居业录》："人心要深沉静密，方能

体察道理，故程子以性静者可以为学。若躁动浅露，则失之矣。"

【译文】

明道先生说："性情沉静的人，可以学习圣人之道。"

2.69

弘而不毅，则无规矩；毅而不弘，则隘陋。[1]（《河南程氏外书》卷二）

【注释】

〔1〕本条当与本卷第 48 条互参。

【译文】

弘大而缺乏坚毅，就会没有规矩；坚毅而缺乏弘大，就会狭隘鄙陋。

2.70

知性善，以忠信为本，此"先立其大者"[1]。（同上条）

【注释】

〔1〕"先立其大者"，先确定大本。语自《孟子·告子上》："耳目之官不思，而蔽于物。物交物，则引之而已矣。心之官则思，思则得之，不思则不得也。此天之所与我者，先立乎其大者，则其小者

弗能夺也，此为大人而已矣。"

【译文】

知道人性本善，以忠诚信实为本，这就是"先立其大者"。

2.71

伊川先生曰："人安重，则学坚固。"（《河南程氏外书》卷六）

【译文】

伊川先生说："一个人安静稳重，学习就会扎实牢固。"

2.72

"博学之，审问之，慎思之，明辨之，笃行之"[1]，五者废其一，非学也。（同上条）

【注释】

[1] "博学之，审问之，慎思之，明辨之，笃行之"，意为：广博地学习，详细地询问，谨慎地思考，明晰地分辨，笃实地行动。语自《中庸》。

【译文】

"博学之，审问之，慎思之，明辨之，笃行之"，这五者缺少任何一个，都不是真正为学。

2.73

张思叔〔1〕请问，其论或太高，伊川不答，良久曰："累高必自下〔2〕。"（《河南程氏外书》卷十一）

【注释】

〔1〕张思叔，张绎（1071—1108），字思叔，寿安（今河南宜阳）人，伊川先生晚年弟子。伊川先生曾说："吾晚得二士。"所说的"二士"，即指张绎和尹焞。

〔2〕"累高必自下"，《中庸》："君子之道，辟如行远必自迩，辟如登高必自卑。"

【译文】

张绎向伊川先生请教，他的议论有时候会太高，先生不立即回答，过了很久，对他说："要堆积得高必须要从下面开始。"

2.74

明道先生曰："人之为学，忌先立标准。若循循不已，自有所至矣。"（《河南程氏外书》卷十二）

【译文】

明道先生说："一个人为学，忌讳先确定个标准。如果能够循序渐进，永不停止，自然就会达到一定的地步。"

2.75

尹彦明[1]见伊川后半年，方得《大学》《西铭》看。（同上条）

【注释】

〔1〕尹彦明，尹焞（1071—1142），字彦明，号和靖处士，洛阳人，伊川先生晚年弟子，著有《论语解》《孟子解》等。

【译文】

尹焞从学于伊川先生半年之后，才得到《大学》《西铭》让他看。

2.76

有人说无心[1]，伊川曰："无心便不是，只当云无私心。"（同上条）

【注释】

〔1〕"无心"，有二意：一、无所用心；二、不生念想。道释二家皆提倡无心。如郭象注《庄子·大宗师》有云："圣人无心，有感斯应。"黄檗希运禅师《宛陵录》："如今但学无心，顿息诸缘，莫生妄想分别。"儒学则不提倡无心，而是提倡一心一念全都顺应天理，亦即伊川先生所说的"无私心"。

【译文】

有人谈论无心，伊川先生说："无心就不对了，只应当说没有私心。"

2.77

谢显道[1]见伊川，伊川曰："近日事何如？"对曰："天下何思何虑[2]？"伊川曰："是则是有此理，贤却发得太早。"在伊川直是会锻炼得人，说了，又道："恰好着工夫也。"（同上条）

【注释】

〔1〕谢显道，见本卷第 27 条注。

〔2〕"天下何思何虑"，意为：天下的事有什么好思虑的呢？语自《周易·系辞下》："天下何思何虑？天下同归而殊途，一致而百虑。天下何思何虑？"

【译文】

谢良佐去拜见伊川先生，先生问道："近来做什么事？"良佐答道："天下何思何虑？"先生说："是倒也是有这个道理，你却说得太早了。"在伊川先生这里真是会锻炼人，说了前面的话之后，又说道："你现在恰好在这上面下工夫。"

2.78

谢显道云："昔伯淳教诲，只管着他言语。伯淳曰：'与贤说话，却似扶醉汉，救得一边，倒了一边。只怕人执着一边。'"（同上条）

【译文】

谢良佐说："过去听明道先生的教诲，我只管执着于他的言语。

明道先生对我说：'跟你说话，就像扶一个醉汉，从这边扶起来，又倒到那边去了。人就怕执着于一边。'"

2.79

横渠先生曰："'精义入神'〔1〕，事豫〔2〕吾内，求利吾外也；'利用安身'，素利吾外，致养吾内也〔3〕；'穷神知化'，乃养盛自致，非思勉之能强。故'崇德'而外，君子'未或致知也'〔4〕。"(《正蒙·神化》)

【注释】

〔1〕"精义入神"，及"利用安身""穷神知化""崇德""未或致知也"，皆本《周易·系辞下》："精义入神，以致用也；利用安身，以崇德也；过此以往，未之或知也。穷神知化，德之盛也。"意为：精于义理到了神妙之境，是为了付诸实用；利用各种施为来安顿自身，是为了尊崇德性；超过这些再向前发展，也就没有办法知晓了。穷极神妙，通晓变化，这是德性盛大的表现。

〔2〕"豫"，预先。

〔3〕"精义入神"云云，叶采释曰："研精义理，妙以入神，知之功也。然事素定于内，则施于外者无不顺。顺以致用，以安其身，行之功也。然所用既顺于外，则养于内者益以厚。此明内外之交养，而知行之相资也。"(《近思录集解》)

〔4〕"穷神知化"云云，叶采释曰："神者，妙万物而无方；化者，著万物而有迹。穷神知化，盖穷理尽性，以至于命，是则知行交养，德盛所致，非思之所能得、勉之所能至者。故君子惟尽力于精义以致其用，利用以崇其德，自崇德之外，则有所不能致其力

者。故曰'过此以往，未之或知也'。"

【译文】

横渠先生说："'精义入神'，是说事先在心中做好准备，以求有利于外在的行动；'利用安身'，一向有利于外在的行动，就会反过来滋养我的内心；'穷神知化'，乃是德性涵养到盛大时自然而然所达到的，不是通过思虑、努力所能强行达到的。所以，在'崇德'之外，君子也没有办法知晓了。"

2.80

形而后有气质之性[1]，善反之，则天地之性存焉。故气质之性[2]，君子有弗性者焉。(《正蒙·诚明》)

【注释】

[1]"气质之性"，五行之气聚合而化生万物，在万物生成而具形的过程之中，聚合成万物的五行之气的禀性就会随之转化为万物的气质之性。因为宇宙间没有任何两个事物的五行构成是完全一样的，所以，万物的气质之性各各有别。可参首卷第 1 条注 5、12。

[2]"天地之性"，此"天地"，指道体而言；"天地之性"，即本于生生之理的生生之性。可参首卷"题解"及第 1 条注 8。

【译文】

形体生成之后便有了气质之性，善于反求，天地之性就能得以保存。所以，对于气质之性，君子并不把它当作本性。

2.81

德不胜气，性命于气；德胜其气，性命于德。穷理尽性，则性天
德，命天理。气之不可变者，独死生修夭而已。（同上条）

【译文】

德性不能战胜气禀，性和命就受制于气禀；德性能够战胜气禀，
性和命则顺从于德性。穷尽义理纯然率性，那就是以天德为性，以天
理为命。气禀之中所不可改变的，只有死生寿夭而已。

2.82

莫非天也[1]，阳明胜，则德性用；阴浊胜，则物欲行。"领恶而全
好者"[2]，其必由学乎！（同上条）

【注释】

[1]"莫非天也"，是说无论是德性，还是物欲，都是生来具备的。只要
有身体，就要谋生存，就会有物欲。正如老子在《道德经》中所
说："吾所以有大患者，为吾有身，及吾无身，吾有何患？"身体
的本能需求，本也是生生之性的体现。可是，因为自我意识，人们
有了诸多远远超出本能需求的私欲，就此导致了生生之性被遮蔽。

[2]"领恶而全好者"，意为：治除邪恶的私欲而保全良善的德性。语
自《礼记·仲尼燕居》：言游进，曰："敢问礼也者，领恶而全好

者与？"子曰："然。"

【译文】

　　人的德性和物欲全都是生而具备的，清明的阳气胜出，德性就会发用；浑浊的阴气胜出，物欲便会肆行。"领恶而全好者"，必定要经过学习啊！

2.83

　　大其心〔1〕，则能体〔2〕天下之物，物有未体，则心为有外。世人之心，止于见闻之狭；圣人尽性，不以见闻梏其心，其视天下，无一物非我〔3〕。孟子谓"尽心则知性、知天"〔4〕以此。天大无外，故有外之心，不足以合天心〔5〕。(《正蒙·大心》)

【注释】

〔1〕"大其心"，心乃天理的载体，其大本与天地同；只因被私欲所遮蔽，所以才会狭小，如果能够去尽私欲，自然廓然大公，而与天地同大。

〔2〕"体"，为……之体。

〔3〕"无一物非我"，意为：天地之间，无一物不是自身的一部分。语本《孟子·尽心上》：孟子曰："万物皆备于我矣。反身而诚，乐莫大焉；强恕而行，求仁莫近焉。"

〔4〕"尽心则知性、知天"，意为：完全穷尽了自己的心，就知道了本性、知道了天道。语本《孟子·尽心下》：孟子曰："尽其心者，知其性也；知其性，则知天矣。存其心，养其性，所以事天也；

夭寿不贰，修身以俟之，所以立命也。"

〔5〕"天心"，即本心。本心乃天理的载体，故而称之为天心。

【译文】

去尽私欲，返归于本心之大，心便能成为天下万物的本体，有一个事物不在心中体现，就是心之外还有外物。世人的心，局限于见闻觉知的狭隘；圣人纯然率性，不以见闻觉知束缚自己的心，他们看待天下，无有一物不是自身的一部分。孟子说"尽心则知性、知天"，正因为此。天广大无外，所以还有外物的心，是不足以应合天心的。

2.84

仲尼绝四〔1〕，自始学至成德，竭两端〔2〕之教也。"意"，有思也；"必"，有待也；"固"，不化也；"我"，有方也〔3〕。四者有一焉，则与天地为不相似矣。（《正蒙·中正》）

【注释】

〔1〕"仲尼绝四"，见于《论语·子罕第九》："子绝四：毋意，毋必，毋固，毋我。"

〔2〕"竭两端"，"竭"，穷尽；竭尽两端而求其中。语本《论语·子罕第九》：子曰："吾有知乎哉？无知也。有鄙夫问于我，空空如也。我叩其两端而竭焉。"

〔3〕"'意'，有思也"云云，为横渠先生对意、必、固、我四者的解释。朱子亦曾对意、必、固、我四者作过一个解释，言明四者之间的关系："意，私意也；必，期必也；固，执滞也；我，私己

也。四者相为始终，起于意，遂于必，留于固，而成于我也。盖意、必常在事前，固、我常在事后，至于我又生意，则物欲牵引，循环不穷矣。"(《四书章句集注》)

【译文】

　　孔子杜绝了意、必、固、我四种弊病，从始学直到成德，所用的都是竭尽两端而求其中的教学方法。"意"，是有所思量；"必"，是有所期待；"固"，是固执不变；"我"，是有一定的指向。这四者，只要有一个，就与天地不相似了。

2.85

上达反天理，下达[1]徇人欲者欤！(《正蒙·诚明》)

【注释】

　　[1] "上达""下达"，《论语·宪问第十四》载：子曰："不怨天，不尤人，下学而上达。知我者其天乎！"又载：子曰："君子上达，小人下达。"

【译文】

　　君子上达返归于天理，小人下达顺从于人欲啊！

2.86

知[1]崇，天也，形而上也。通昼夜而知，其知崇也。知及之，而

不以礼性之[2]，非己有也。故知礼成性而道义出，如天地位而《易》
行。[3]（《正蒙·至当》）

【注释】

〔1〕"知"，同"智"。

〔2〕"知及之，而不以礼性之"，横渠先生有云："礼所以持性，盖本
　　出于性。持性，反本也，凡未成性，须礼以持之。"（《经学理
　　窟》）可知，这句话的意思为：智慧到了，而没有依礼而行以
　　合乎本性。语本《论语·卫灵公第十五》：子曰："知及之，仁
　　不能守之，虽得之，必失之；知及之，仁能守之，不庄以莅
　　之，则民不敬；知及之，仁能守之，庄以莅之，动之不以礼，未
　　善也。"

〔3〕本条互释了《周易·系辞上》中的两段文字：
　　　　"夫《易》，圣人所以崇德而广业也。知崇礼卑，崇效天，卑
　　法地。天地设位，而《易》行乎其中矣。成性存存，道义之门。"
　　　　"范围天地之化而不过，曲成万物而不遗，通乎昼夜之道而
　　知，故神无方而《易》无体。"

【译文】

　　智慧是崇高的，它本于天道，是超越于形体之上的。通达昼
夜变化的道理而无所不知，这样的智慧是崇高的。智慧到了，而
没有依礼而行以合乎本性，这样的智慧就还不算是自己所有的。
所以，智慧必须落实为礼仪而合乎本性，而后道义才能显现出来，
就像天地设定了上下尊卑的位置，《周易》的道理就可以在其间通
行了。

2.87

困之进人也，为德辨，为感速。[1]孟子谓"人有德慧术智者，常存乎疢疾"[2]以此。(《正蒙·三十》)

【注释】

〔1〕"困之进人也"云云，《周易·系辞下》："《困》，德之辨也。"茅星来释曰："德辨，谓以处困之亨与否，辨其德之至不至也；感速，谓吾之感发速也。"

〔2〕"人有德慧术智者"句，"疢"，热病，引申为灾祸、患难。意为：一个人之所以会有道德、智慧、技能和知识，经常是由于他有灾患。语本《孟子·尽心上》：孟子曰："人之有德慧术知者，恒存乎疢疾。独孤臣孽子，其操心也危，其虑患也深，故达。"

【译文】

困境之所以能促使人进取，是因为在困境中可以辨别人的德行，又因为人在困境中感应比较迅速。孟子说"人有德慧术智者，常存乎疢疾"，正因为此。

2.88

言有教，动有法；昼有为，宵有得；息有养，瞬有存。[1](《正蒙·有德》)

【注释】

〔1〕关于本条，张伯行释曰："此示人以无息之学也。言君子自一身

以至于一日一刻，皆当操存省察，无少间断，然后能进进不已，以几于圣贤之学。故就一身而论，不能无言也，言则必系世道人心而后为有教；不能不动也，动则必中乎规矩准绳而后为有法。自一日而论，必有事于昼也，昼则勤其功而有为，'终日乾乾'是也；不可废于夜也，夜必澄其虑以验有得，'夕惕若'是也。至于密之又密，如一息之间，道义不使去心；一瞬之顷，天理自觉常存，而'终食不违''参前倚衡'，不是过也。学者用功，不当如是乎？"（《近思录集解》）

【译文】

言语有教化之功，行为有谨严法度；白天有所作为，夜晚有所体会；呼吸之间涵养德性，瞬目之间存养心性。

2.89

横渠先生作《订顽》[1]曰："乾称父，坤称母[2]。予兹藐焉，乃混然中处[3]。故天地之塞，吾其体[4]；天地之帅，吾其性[5]。民吾同胞，物吾与也[6]。大君者，吾父母宗子；其大臣，宗子之家相也。尊高年，所以长其长；慈孤弱，所以幼其幼。圣，其合德；贤，其秀也[7]。凡天下疲癃残疾、惸独鳏寡[8]，皆吾兄弟之颠连而无告者也[9]。'于时保之'，子之翼也[10]；'乐且不忧'[11]，纯乎孝者也。违曰悖德，害仁曰贼；济恶者，不才；其践形[12]，惟肖者也。知化则善述其事，穷神则善继其志[13]。'不愧屋漏'为无忝[14]，'存心养性'为匪懈[15]。恶旨酒，崇伯子之顾养[16]；育英材，颍封人之锡类[17]。不弛劳而底豫，舜其功也[18]；无所逃而待烹，申生其恭也[19]。体其受而归全者，参乎[20]！

勇于从而顺令者，伯奇也[21]。富贵福泽，将厚吾之生也；贫贱忧戚，庸玉汝于成[22]也。存，吾顺事；没，吾宁也[23]。"（本注：明道先生曰："《订顽》之言，极醇无杂，秦汉以来学者所未到。"又曰："《订顽》一篇，意极完备，乃仁之体也。学者其体此意，令有诸己，其地位已高，到此地位，自别有见处，不可穷高极远，恐于道无补也。"又曰："《订顽》立心，便达得天德。"又曰："游酢[24]得《西铭》读之，即涣然不逆于心，曰：'此《中庸》之理也。'能求于言语之外者也。"杨中立[25]问曰："《西铭》言体而不及用，恐其流遂至于兼爱[26]，何如？"伊川先生曰："横渠立言，诚有过者，乃在《正蒙》。《西铭》之书，推理以存义，扩前圣之未发，与孟子性善、养气[27]之论同功，岂墨氏之比哉！《西铭》明理一而分殊[28]，墨氏则二本而无分[29]。分殊之蔽，私胜而失仁；无分之罪，兼爱而无义。分立而推理一，以止私胜之流，仁之方也；无别而迷兼爱，以至于无父[30]之极，义之贼也。子比而同之，过矣！且彼欲使人推而行之，本为用也，反谓不及，不亦异乎！"）

（《正蒙·乾称》）

【注释】

〔1〕《订顽》，即《正蒙·乾称》首段。横渠先生曾将《正蒙·乾称》的首段和末段分别抄录，题为《订顽》和《砭愚》，贴在学堂东西两边的窗上。横渠先生的题名，意思非常明确：订，改正之意。顽，顽劣之人。订顽，即改正顽劣之人。砭，救治之意。愚，愚昧之人。砭愚，即救治愚昧之人。伊川先生极其欣赏这两篇文字，可是认为这样的题目会引起争端，于是，将《订顽》改为《西铭》，《砭愚》改为《东铭》。《西铭》乃是理学名篇，为后世所推崇，也是横渠学问的集中体现。

〔2〕"乾称父，坤称母"，《周易·说卦》："乾，天也，故称乎父；坤，地也，故称乎母。"《周易·乾·象传》："大哉乾元！万物资始，

乃统天。"《周易·坤·彖传》："至哉坤元！万物资生，乃顺承天。"由此可见，"乾"，为天，为父；"坤"，为地，为母。两者的分工非常明确：一个"资始"，一个"资生"。一"始"一"生"，于是，万物化生。很显然，"乾坤"其实就是道体。"乾"偏重于道体所涵有的生生之理而言，"坤"则偏重于道体所涵有的生生之气而言。"乾坤"本是一体，即理即气，理气不二。生生之理是主导的一方，它主导着生生之气分阴阳而生五行，又主导着五行之气化生万物。可以说没有生生之理，万物就没有化生的可能性，所以说"大哉乾元！万物资始，乃统天"。生生之气则是配合的一方，它顺承着生生之理，生生不已，分阴阳，生五行，而化生万物，所以说"至哉坤元！万物资生，乃顺承天"。有了"乾"——生生之理，有了"坤"——生生之气，万物便得以化生，所以说"乾称父，坤称母"。

〔3〕"予兹藐焉，乃混然中处"，"藐"，藐小。"混然"，浑然一体。宇宙间的万物，无论人、物，皆由乾父坤母所化生，万物遍布宇宙，构成了一个浩瀚而浑然的宇宙之象。作为宇宙之象的一个部分，我这个藐小的形体，与天地万物浑然一体，处于宇宙之中。

〔4〕"故天地之塞，吾其体"，"天地之塞"，即五行之气。生生之气分阴分阳而生五行之气，五行之气遍布于宇宙之间，故为"天地之塞"。五行之气随缘聚合而化生万物，作为万物的一员，五行之气构成了我的形体，所以为"吾其体"。对应首卷第1条来看，则"天地之塞"即"二五之精"。

〔5〕"天地之帅，吾其性"，"帅"，统领；"天地之帅"，即生生之理。生生之理既是生生之气的主导，也是五行之气以及整个宇宙的主导，故为"天地之帅"。在五行之气化生万物的过程中，生生之

理会随之转化为万物的性：生生之理，在物便是物的性，在人便是人的性。这一个性，乃是本性，本于生生之理，故为生生之性。对应首卷第1条来看，则"天地之帅"即"无极之真"。

〔6〕"民吾同胞，物吾与也"，天地间的百姓，无一不是乾父坤母的孩子，所以都是我的同胞。天地间的万物，无一不是由五行之气化生而成，无一不具备生生之理所转化而来的生生之性，所以都与我一样。"民吾同胞，物吾与也"，乃是横渠先生体证到宇宙本源，明了万物化生之理，而后所获得的真切体验，绝非后世所谓的观念、主张和理论。

〔7〕"宗子"，嫡长子。

〔8〕"圣，其合德；贤，其秀也"，本句讲圣贤。朱子曰："圣人与天地合其德，是兄弟之合德乎父母者也；贤者才德过于常人，是兄弟之秀出乎等夷者也。"（转引自叶采《近思录集解》）

〔9〕"疲癃"，衰老多病。"疲癃残疾"，指老弱病残的人。"惸"，无有兄弟；"独"，老而无子；"鳏"，老而无妻；"寡"，老而无夫。"惸独鳏寡"，指孤苦无依的人。

〔10〕"'于时保之'，子之翼也"，"于时保之"，语自《诗经·周颂·我将》："我其夙夜，畏天之威，于时保之。""时"，是。"于时"，于是，即这样。"保"，安。意谓我从早到晚勤于祭祀，敬畏上天的威灵，这样它就会护佑我们了。"翼"，严肃谨慎的样子。

〔11〕"乐且不忧"，语本《周易·系辞上》："乐天知命，故不忧。"意谓安乐的履行天职并知晓自己的天命，所以不感到忧心。

〔12〕"践形"，《孟子·尽心上》：孟子曰："形色，天性（生）也；惟圣人然后可以践形。""形色"，即"形"，由五行之气化生而成，

乃是天生的。"践形"就是要充分发挥这一天生的形体的价值。而宇宙间的每一个事物都是生生之道的体现，都是天理的载体。故知，"践形"就是纯然履行天理，而让形体成为天理的载体。惟有如此，形体的价值才是得到了完全充分的实现。

〔13〕"知化则善述其事，穷神则善继其志"，"穷神"，穷极神妙；"知化"，通晓变化。意为：通晓变化就是善于表述乾父坤母的事业，穷极神妙就是善于继承乾父坤母的志向。语本《周易·系辞下》："穷神知化，德之盛也。"及《中庸》："夫孝者，善继人之志，善述人之事者也。"

〔14〕"'不愧屋漏'为无忝"，"不愧屋漏"，语本《诗经·大雅·抑》："相在尔室，尚不愧于屋漏。""相"，视。"屋漏"，指室内西北角安放神主而他人所不见的地方。意谓看看你在室内，独自处于西北角时，是不是也没有任何一丝愧意。"无忝"，语本《诗经·小雅·小宛》："夙兴夜寐，毋忝尔所生。""忝"，辱没。"尔所生"，指父母。意谓早起晚睡，勤勉不止，不要辱及父母。

〔15〕"'存心养性'为匪懈"，"存心养性"，语本《孟子·尽心上》：孟子曰："尽其心者，知其性也；知其性，则知天矣。存其心，养其性，所以事天也；夭寿不贰，修身以俟之，所以立命也。""存心"所存的乃是本心，亦即生生之心；"养性"所养的乃是本性，亦即生生之性。"存心养性"，就是"事天"——事奉乾父坤母。"匪懈"，不懈怠。

〔16〕"恶旨酒，崇伯子之顾养"，"崇伯子"，即禹，禹父鲧曾被封为崇伯；"顾养"，赡养父母。意为：厌恶美酒，禹善于赡养父母。"恶旨酒"，语本《孟子·离娄下》："禹恶旨酒而好善言。"又《战国策·魏策二》：梁王魏婴觞诸侯于范台，酒酣，请鲁君举

觞，鲁君兴，避席择言曰："昔者帝女令仪狄作酒而美，进之禹，禹饮而甘之，遂疏仪狄，绝旨酒，曰：'后世必有以酒亡其国者。'"

〔17〕"育英材，颍封人之锡类"，"颍封人"，指颍考叔；"锡类"，语本《诗经·大雅·既醉》："孝子不匮，永锡尔类。""锡"，同赐。"类"，善。意谓孝子勤勉不荒废，祖先就会长久赐善给他。颍考叔事，见《春秋左传》：郑庄公因为母亲包庇弟弟共叔段叛乱，一气之下，与母亲断绝关系，将母亲安置在颍城，并发誓说："不及黄泉，无相见也。"不久之后，就心生悔意。可是，因为有誓言在先，不知道如何处置才好。颍考叔为颍谷封人，闻之，有献于公。公赐之食，食舍肉。公问之，对曰："小人有母，皆尝小人之食矣，未尝君之羹，请以遗之。"公曰："尔有母遗，繄我独无！"颍考叔曰："敢问何谓也？"公语之故，且告之悔。对曰："君何患焉！若阙地及泉，隧而相见，其谁曰不然？"公从之。公入而赋："大隧之中，其乐也融融！"姜（庄公母）出而赋："大隧之外，其乐也泄泄！"遂为母子如初。君子曰："颍考叔，纯孝也，爱其母，施及庄公。《诗》曰：'孝子不匮，永锡尔类。'其是之谓乎！"

〔18〕"不弛劳而底豫，舜其功也"，"不弛劳"，不松懈的劳累；"底豫"，即厎豫，最终变得快乐。《孟子·离娄上》："舜尽事亲之道而瞽瞍厎豫，瞽瞍厎豫而天下化，瞽瞍厎豫而天下之为父子者定，此之谓大孝。"舜父瞽瞍，乃冥顽之人，几度受后妻蛊惑，想要害舜（事散见于《孟子》），舜仍恪守孝道，最终终于使他变得快乐起来。

〔19〕"无所逃而待烹，申生其恭也"，"待烹"，指等待杀戮；"恭"，

奉从；申生，晋献公世子。献公宠爱骊姬，骊姬生奚齐，希望
献公立奚齐为继承人，于是唆使献公杀掉申生，申生不逃而自
杀。事见《礼记·檀弓上》：晋献公将杀其世子申生。公子重耳
谓之曰："子盖言子之志于公乎？"世子曰："不可。君安骊姬，
是我伤公之心也。"曰："然则盖行乎？"世子曰："不可。君谓
我欲弑君也，天下岂有无父之国哉！吾何行如之？"使人辞于
狐突曰："申生有罪，不念伯氏之言也，以至于死。申生不敢
爱其死。虽然，吾君老矣，子少，国家多难，伯氏不出而图吾
君？伯氏苟出而图吾君，申生受赐而死。"再拜稽首，乃卒。是
以为恭世子也。

〔20〕"体其受而归全者，参乎"，"体其受"，身体受之于父母；"归
全"，完整的归还。"体其受而归全"，乃是孝的基础。如《孝
经》有云："身体发肤，受之父母，不敢毁伤，孝之始也。"《礼
记·祭义》载："曾子闻诸夫子曰：'天之所生，地之所养，无
人为大。'父母全而生之，子全而归之，可谓孝矣；不亏其体，
不辱其身，可谓全矣。故君子顷步而弗敢忘孝也。"曾子乃大
孝之人，为世人做出了"全而归之"的榜样。《论语·泰伯第
八》载：曾子有疾，召门弟子曰："启予足！启予手！《诗》
云：'战战兢兢，如临深渊，如履薄冰。'而今而后，吾知免夫。
小子！"

〔21〕"勇于从而顺令者，伯奇也"，伯奇，周宣王时贤臣尹吉甫的长
子。伯奇事，见于《颜氏家训》："吉甫，贤父也；伯奇，孝子
也。以贤父御孝子，合得终于天性，而后妻间之，伯奇遂放。"

〔22〕"庸玉汝于成"，"庸"，常；"玉汝于成"，意为：爱护你而希望
你成功。语本《诗经·大雅·民劳》："王欲玉女，是用大谏。"

阮元训"玉"为畜,爱护之意。

〔23〕"存,吾顺事;没,吾宁也",朱子曰:"孝子之身存,则其事亲
也不违其志而已,没则安而无所愧于亲也;仁人之身存,则其
事天也不逆其理而已,没则安而无所愧于天也。"(转引自叶采
《近思录集解》)

〔24〕游酢(1053—1123),字定夫,建州建阳人,师从二程先生,与
谢良佐、杨时、吕大临并称程门四先生,与杨时并为程门立雪
的主人翁。

〔25〕杨中立,杨时(1053—1135),字中立,号龟山,南剑将乐人,
师从二程先生,他学成南归时,明道先生目送他,说:"吾道南
矣!"有《龟山集》传于世。

〔26〕"兼爱",战国时墨家的主张,即爱无等差。

〔27〕"性善",《孟子·滕文公上》载:"孟子道性善,言必称尧、
舜。"孟子所说的"性",乃是本性,即本于生生之理的生生
之性,无有一丝不善,故为"性善"。"养气",《孟子·公孙丑
上》:"敢问夫子恶乎长?"曰:"我知言,我善养吾浩然之气。"
孟子所说的"浩然之气",乃是"配义与道"的,乃是"集义所
生"的。简而言之,便是当我们遵循于天理而为,工夫到时,
身上自然就会体现出一股浩然正气。

〔28〕"理一而分殊","理一",指天理,天理只有一个;"分殊",指
人、事、物之理。天理虽然只有一个,可是反映在人、事、物
上,却各有各的不同,所以为"分殊"。就像月映千川一般,月
亮只有一个,可每一条河川都会显一个月亮。《西铭》之所以
"明理一而分殊",是因为横渠先生指明了乾父坤母化生万物之
理(即生生之理),只有一个,然而,体现在人、事、物上却又

各各不同。且如人，便有"高年""孤弱"等分别，自然不能同等对待，所以"尊高年"而"慈孤弱"，而"尊""慈"，又都是生生之理的体现。

〔29〕"二本而无分"，《孟子·滕文公下》载：墨家学者夷之提倡"爱无等差，施由亲始"，即对自己父母和别人父母的爱没有差别，只不过是施行时从自己的父母开始，被孟子指责为"二本"。所谓"二本"，即视自己的父母与别人的父母是同等的，没有差别。孟子则指出"天之生物也，使之一本"，对于宇宙万物而言，"一本"乃是即理即气、理气不二的道体，也就是乾父坤母；对于人而言，"一本"便是生身父母，更无他者。有人认为"老吾老以及人之老，幼吾幼以及人之幼"与墨家的"施由亲始"并无差别，其实不然。"老吾老以及人之老，幼吾幼以及人之幼"，乃是由此及彼，推而及人的，根本在于"老吾老""幼吾幼"。若无"老吾老""幼吾幼"，便无由"以及人之老""以及人之幼"。"施由亲始"的前提则是"兼爱"，是"爱无等差"，所以，不是由此及彼，推而及人，而是因为时空的限制，不得已方才"施由亲始"的。

〔30〕"无父"，《孟子·滕文公下》："杨氏为我，是无君也；墨氏兼爱，是无父也。无君无父，是禽兽也。"墨家提倡"兼爱"，爱自己的父母与天下人的父母是一样的，既然如此，与父母之间的亲情也就被取消了，所以，孟子称之为"无父"。

【译文】

横渠先生作有《订顽》一文，说："乾象征着天，为万物之父；坤象征着地，为万物之母。我这个藐小的形体，与万物浑然一体，处于天地之间。充塞在天地之间的五行之气，凝聚成我的身体；统领着天地间一切的生生之理，赋予了我本性。天地间的百姓都是我的同胞，天地间的万物都与我同类。国君，是我们天地父母的嫡长子；国君的大臣，是嫡长子的管家。尊重年长的人，是因为尊重自己的长辈；慈爱孤弱的人，是因为慈爱自己的孩子。圣人，是与天地父母合德的孩子；贤人，是天地父母优秀的孩子。凡是天下老弱病残、孤苦无依的人，全都是我颠沛流连而又求告无门的兄弟啊。'于时保之'，是严肃谨慎的孩子；'乐且无忧'，是纯粹的孝子。违背天命的就是悖德的人，戕害仁德的就是贼子，助长恶行的是不才之子，能够充分发挥形体价值的，只有最像天地父母的人。通晓变化就是善于表述天地父母的事业；穷极神妙就是善于继承天地父母的志向。'不愧屋漏'是没有让父母蒙羞，'存心养性'是不懈怠于事天。厌恶美酒，禹善于赡养父母；培育英才，颍考叔把孝心赐予别人。不懈怠的勤苦事亲而使得冥顽的父亲变得快乐，这就是舜的功绩；不逃走而等着父亲赐死，这就是申生的恭顺。受之于父母的身体还完整归还的，那就是曾子啊！勇于顺从父亲的命令的，是伯奇啊。富贵与福泽，用以丰厚我们的生活；贫贱与忧愁，是爱护你而希望你取得成功。我活着，就顺应天理事奉父母；我死去，无愧于天地而内心安宁。"（本注：明道先生说："《订顽》中的话，极其醇厚，纯一不杂，秦汉以来的学者都没有到达这个高度。"又说："《订顽》一文，意思极为完备，讲的是仁德的本体。学者体会到这一层意思，让仁德成为自身所有，所抵达的地步就已经很高了，到了这个地步，自然会有其他的体会。但是，不可以穷高极远，恐怕对于学习圣人之道没有什么帮助。"又说："《订顽》立心，就能上达于天德。"又说："游酢得到《西铭》，一读之下，就涣然明白，心中没有一点点的不契合，说：'这里面讲的是《中庸》的道理啊。'游酢是个能在言语之外体会的人。"杨时问道："《西铭》讲到本体却没有讲到发用，恐怕会流为墨家的兼爱，先生认为如何？"伊川先生答道："横渠的言论，确实有过失之处，但那是在《正蒙》中。《西铭》一文，推究天理以保存道义，阐发了往圣们所没有说明的地方，与孟子的性善论、养气说有着同样的功绩，岂是墨氏兼爱所可比拟的！《西铭》讲明了天理本一而分为万殊的道理，墨氏则有两个根本而没有分别。只强调分殊的弊端，在于私心胜出而失去仁德；没有分别的罪过，则在于爱无等差而没有道义。确立分殊而又推归于一个天理，用以制止私心胜出的流弊，这就是为仁的方法；没有分别而迷惑于爱无等差，以至于走到无父的极端，这就是对道义的残害。你将《西铭》与墨氏兼爱放在一起比较，并认为是相同的，这就错了！况且横渠想要让人推广施行，本就是为了发用，你反而说没有讲到发用，不也是很奇怪吗！"）

又作《砭愚》[1]，曰："戏言，出于思也；戏动，作于谋也。发于声，见乎四支，谓非己心，不明也。欲人无己疑，不能也。过言，非心也；过动，非诚也[2]。失于声，谬迷其四体，谓己当然，自诬也；欲他人己从，诬人也。或者谓出于心者，归咎为己戏；失于思者，自诬为己诚。不知戒其出汝者，归咎其不出汝者。长傲且遂非，不智孰甚焉！"（本注：横渠学堂双牖，右书《订顽》，左书《砭愚》，伊川曰："是起争端。"改《订顽》曰《西铭》，《砭愚》曰《东铭》。）（《正蒙·乾称》）

【注释】

〔1〕《砭愚》，即《东铭》。蕺山先生（刘宗周）特别喜欢《东铭》，曾

说："千古之下，埋没却《东铭》，今特为表而出之，缘儒者止善讲大话也。余尝谓《东铭》远胜《西铭》，闻者愕然。"(《宋元学案补遗》) 戴山此言，或有过甚之嫌，然亦可见《东铭》确实也是一篇出色的文字。

〔2〕"过言，非心也；过动，非诚也"，船山先生（王夫之）《张子正蒙注》："'非心'者，非其初心；'非诚'者，非心之实得。"

【译文】

横渠先生又作有《砭愚》一文，说："开玩笑的话语，出于内心的思考；开玩笑的动作，发自内心的谋划。发出声来，展现在四体上，却说不是出于自己的内心，是说不明白的。想要让人不怀疑自己，是不可能的。过失的话语，不是出于自己的内心；过失的行为，不是出于自己的本意。因为失误发出声来，因为失误迷乱了四肢而有了不当的行为，却说自己就应当这样，这就是自我诬赖。想要让别人认同自己，就是在诬赖他人。或是将出于内心的言行，归咎为自己是在开玩笑；将缺乏思考的失误，诬赖为自己的本意。不知道去警戒出于你内心的过失，而将它们归咎为不是出于你的内心。这样只会增长傲慢并且促成过错，没有比这样更不明智的了！"（本注：横渠学堂的两个窗子，右边的写着《订顽》，左边的写着《砭愚》，伊川先生说："这样的题目容易引起争端。"于是，把《订顽》改为《西铭》，把《砭愚》改为《东铭》。)

2.90

将修己，必先厚重以自持。厚重知学，德乃进而不固矣。忠信进德，惟尚友〔1〕而急贤。欲胜己者亲，无如改过之不吝。（同上条）

【注释】

〔1〕"尚友"，与古人为友。《孟子·万章下》："以友天下之善士为未足，又尚论古之人。颂其诗，读其书，不知其人，可乎？是以论其世也，是尚友也。"

【译文】

想要修养自己的德行，必须先用厚重约束自己。厚重而知道学习，德行就会日益增进而不停滞。积累忠信，增进德行，惟有与古人为友，并急切亲近贤人。想要让德行超过自己的人与自己亲近，没有什么比不吝改过更好的了。

2.91

横渠先生谓范巽之〔1〕曰："吾辈不及古人，病源何在？"巽之请问，先生曰："此非难悟。设此语者，盖欲学者存意而不忘，庶游心〔2〕浸熟，有一日脱然如大寐之得醒耳。"（《横渠文集》）

【注释】

〔1〕范巽之，范育，字巽之，邠州三水人，横渠先生门人。
〔2〕"游心"，潜心。

【译文】

横渠先生对范育说："我们这些人不如古人，病根在哪里？"范育请问，先生说："这个不难体悟。我提出这个问题，是希望学者能够时时将它放在心里而不忘却，庶几潜心思考日益成熟，有朝一日脱然体悟，就像从大梦中醒来一样。"

2.92

未知立心[1]，恶思多之致疑；既知所立，恶讲治之不精。讲治之思，莫非术内，虽勤而何厌[2]？所以急于可欲[3]者，求立吾心于不疑之地，然后若决江河[4]以利吾往。"逊此志，务时敏，厥修乃来"[5]，故虽仲尼之才之美，然且敏以求之[6]。今持不逮之资，而欲徐徐以听其自适，非所闻也。（同上条）

【注释】

〔1〕"立心"，立定心志。

〔2〕"厌"，满足。

〔3〕"可欲"，值得向往。语自《孟子·尽心下》："可欲之谓善，有诸己之谓信，充实之谓美，充实而有光辉之谓大，大而化之之谓圣，圣而不可知之之谓神。"

〔4〕"若决江河"，就像江河决堤一样势不可挡。语自《孟子·尽心上》：孟子曰："舜之居深山之中，与木石居，与鹿豕游，其所以异于深山之野人者几希，及其闻一善言，见一善行，若决江河，沛然莫之能御也。"

〔5〕"逊此志，务时敏，厥修乃来"，"逊"，谦逊；"务"，专力；"时敏"，时时勤敏；"厥"，其。意为：心意谦逊，专心且时时勤敏，所要修养的德性才会前来。语本《尚书·说命下》："惟学逊志，务时敏，厥修乃来。"

〔6〕"虽仲尼之才之美"云云，语本《论语·述而第七》：子曰："我
非生而知之者，好古，敏以求之者也。"

【译文】

还不知道立定心志时，讨厌的是思虑过多而导致疑惑；既已知道
所立的心志之后，讨厌的则是讲习研究不够精深。关于讲习研究的思
考，无一不在圣贤学术的范围内，即使是勤苦思考又怎么会满足呢？
所以急于成就向往的人，先去立定自己的心志，处于无所疑惑的地
步，然后就会像江河决堤一样有利于学业的进步。"逊此志，务时敏，
厥修乃来"，所以，即使像孔子那样有才智，那样出色，尚且需要勤
敏探求。今天的人凭借远远不如孔子的资质，却想慢慢的去学习而任
由道德自我完善，我没有听说过（这样的道理）。

2.93

明善为本。固执之乃立，扩充之则大，易视之则小，在人能弘之而
已。(张载《拾遗·性理拾遗》)

【译文】

明白什么是善，是修身的根本。固执着善就可以立身，将善扩充开
去就会规模弘大，轻视忽略善就会心胸狭小，关键在于人能否弘扬而已。

2.94

今且只将"尊德性而道问学"〔1〕为心，日自求于问学者有所背否？

于德性有所懈否？此义亦是博文约礼[2]，下学上达[3]。以此警策一年，安得不长？每日须求多少为益，知所亡[4]，改得少不善，此德性上之益。读书求义理，编书须理会有所归着，勿徒写过，又多识前言往行[5]，此问学上益也。勿使有俄顷闲度，逐日似此，三年庶几有进。（《论语说》）

【注释】

〔1〕"尊德性而道问学"，语自《中庸》："故君子尊德性而道问学，致广大而尽精微，极高明而道中庸，温故而知新，敦厚以崇礼。""德性"即本性。本性是一切德的本源，所以称之为德性。"道"，由。要"尊德性"，必须经由"问学"。也就是说，"尊德性"离不得"道问学"。不"道问学"，则尚不知"德性"为何物，又何以"尊德性"？同样，"道问学"也离不得"尊德性"，"道问学"务必以"尊德性"为归宗，否则所问所学就成了悬空的学问，落不到实处。诚如象山先生（陆九渊）所说："既不知'尊德性'，焉有所谓'道问学'？"（《陆九渊集》）"尊德性而道问学"，这七个字乃是彻上彻下、本末一贯的。用孔子的话来讲，便是"下学而上达"："道问学"是下学，"尊德性"是上达。后世学者动辄将"尊德性"与"道问学"截然二分，甚或呈现出水火不容的态势，实在是不应当的。

〔2〕"博文约礼"，用文献来丰富我的知识，用礼仪来约束我的行为。语本《论语·子罕第九》："夫子循循然善诱人，博我以文，约我以礼，欲罢不能。"

〔3〕"下学上达"，学习文献知识，是为了向上通达天理。《论语·宪问第十四》：子曰："不怨天，不尤人，下学而上达。知我者，其天乎！"

〔4〕"知所亡"，"亡"，无；知道自己所不知道的。语本《论语·子张
　　第十九》：子夏曰："日知其所亡，月无忘其所能，可谓好学也
　　已矣。"

〔5〕"多识前言往行"，广泛学习往圣前贤的言论和行为。语自《周
　　易·大畜·大象传》："天在山中，大畜；君子以多识前言往行，
　　以畜其德。"

【译文】

　　如今且只把"尊德性而道问学"作为自己的用心，每天自我反
省：对于问学是否有所背弃？对于德性是否有所懈怠？这个道理也就
是博文约礼、下学上达了。像这样警醒鞭策自己一年，又怎么会没有
长进？每天必须要求自己多少有点进步，知道自己以前所不知道的，
改正一些不好的毛病，这是在德性方面的收益。读书探究义理，编书
必须要理解编书的目的，不要白白的写过，又广泛学习往圣先贤的言
行，这是在问学方面的收益。不要让自己有片刻的时光是虚度的，天
天如此，三年之后差不多就会有所进步。

2.95

　　为天地立心〔1〕，为生民立道〔2〕，为去圣继绝学〔3〕，为万世开太
平〔4〕。〔5〕(《横渠语录》卷中)

【注释】

〔1〕"为天地立心"，所立者，天地之心，何为天地之心？《礼记·礼
　　运》有云："人也，天地之心也，五行之端也。"就此则知，所谓

天地之心，正是吾人。"为天地立心"，正是立人。也就是说我们自己立身，便是在"为天地立心"。确切地说，"为天地立心"，便是成己。

〔2〕"为生民立道"，"生民"，即黎民百姓；所立者，生民之道，何为生民之道？《中庸》有云："天命之谓性，率性之谓道。"生民之道，即率性之道。"为生民立道"，即指引生民去立道——率性而为。确切地说，"为生民立道"，便是成人。

〔3〕"为去圣继绝学"，"去圣"，即往圣；"绝学"，即道学。往圣之学，无非论道述道之学。"为去圣继绝学"，即传承并弘扬往圣前贤的学问。

〔4〕"为万世开太平"，要得天下太平，惟有天下大同；要得万世太平，惟有万世大同。天下何以大同？万世何以大同？人的气禀各各不同，人的本性则各各相同，故知，欲得天下大同、万世大同，惟有普天之下，世世代代，人人皆能率性而为。这就是圣贤的事业。古往今来，儒者继往开来，所孜孜以求的，正是这一个万世太平！那么，如何才能"为万世开太平"呢？眼下我们固然成就不了万世太平的宏大事业，然而，我们可以"开"——指明成就万世太平的准则，这就是在"为万世开太平"。

〔5〕本条经朱子调换了两个字，更加朗朗上口，进而成为举世皆知的横渠四句教："为天地立心，为生民立命，为往圣继绝学，为万世开太平。"

【译文】

为天地确立起心，为黎民百姓确立起道，继承弘扬往圣先贤的学问，为万世指明太平的准则。

2.96

载所以使学者先学礼者，只为学礼，则便除去了世俗一副当习熟缠绕。譬之延蔓之物，解缠绕即上去。苟能除去了一副当世习，便自然脱洒也。又学礼，则可以守得定。(《横渠语录》卷下)

【译文】

我之所以让学者先学礼，便是因为学了礼，也就除去了世俗中那一套习俗的缠绕。就像蔓延生长的植物，解开缠绕就会一直向上生长。假如能够除去了那一套习俗的缠绕，自然也就超然洒脱了。另外，学了礼，就可以守持得坚定。

2.97

须放心宽快，公平以求之，乃可见道。况德性自广大，《易》曰："穷神知化，德之盛也。"[1]岂浅心可得？(《横渠易说·系辞下》)

【注释】

〔1〕"穷神知化，德之盛也"，意为：穷极神妙，通晓变化，这是德性盛大的体现。语自《周易·系辞下》。

【译文】

必须把心放得宽大畅快，公平地去探求，才可以认识到圣人之道。况且德性本自广大，《周易·系辞下》篇中说："穷神知化，德之盛也。"哪里是狭隘之心所能够体会到的？

2.98

人多以老成则不肯下问[1]，故终身不知。又为人以道义先觉处之，不可复谓有所不知，故亦不肯下问。从不肯问，遂生百端欺妄人我，宁终身不知。(《论语说》)

【注释】

〔1〕"下问"，凡是以贵问于贱，以上位问于下位，以能问于不能，以智问于愚，以多问于寡，等等，全都称作"下问"。语自《论语·公冶长第五》：子曰："敏而好学，不耻下问，是以谓之'文'也。"

【译文】

人大多因为自恃老成而不肯下问，所以一辈子也不懂得圣人之道。又因为人常常会以先觉悟道义的人自居，不可以再承认自己还有不知道的地方，所以也不肯下问。从不肯下问开始，就此生出百般虚妄，自欺欺人，宁愿自己一辈子不懂。

2.99

多闻不足以尽天下之故，苟以多闻而待天下之变，则道足以酬其所尝知。若劫[1]之不测，则遂穷[2]矣。(《孟子说》)

【注释】

〔1〕"劫"，威胁，逼迫。

〔2〕"穷"，无能为力。

【译文】

广博多闻是不能够穷尽天下的变化的，如果一个人想用广博多闻来应付天下的种种变化，那就只能够应付已经知道的事。如果逼迫他去应付不可预测的事，那就无能为力了。

2.100

为学大益，在自求变化气质[1]。不尔，皆为人之弊，卒无所发明，不得见圣人之奥。（《横渠语录》卷中）

【注释】

[1] "为学大益，在自求变化气质"，关于此言，历来解析大多有误，众人皆释之为：为学的大益处，在于使得学者的气质得以变化。然而，略略体味横渠先生的意思，便可知道这样的解释不甚妥当。学习圣人之道，探究义理，笃实涵养，工夫到了，人的气质自然就会有所变化。气质之所以会变化，是因为性德的自然体现，孟子曾描述过这一点："君子所性，仁、义、礼、智根于心，其生色也，睟然见于面，盎于背，施于四体，四体不言而喻。"（《孟子·尽心上》）所以，当学者自行去寻求气质的变化时，必定会对他的治学产生很大的促进作用。简而言之，横渠的意思是真切的为己而学，才会真正有助于学习。

【译文】

对于为学来说，最大的帮助，便在于学者自行去寻求气质的变化。如果不是这样，就都是为人而学的毛病，最终对于圣人之学无所体悟，不能够见到圣人之道的微妙之处。

2.101

文理密察[1]，心要洪放。(《经学理窟·礼乐》)

【注释】

[1]"文理密察"，对于事物的文理详细明察。语自《中庸》："文理密察，足以有别也。"此处的"文"，则与下文中的"心"相对应，当为外在的礼节表现。

【译文】

外在的礼节表现要详细明察，内心要洪迈豪放。

2.102

不知疑者，只是不便实作；既实作，则须有疑。有不行处，是疑也。(《经学理窟·气质》)

【译文】

没有疑问的人，只是因为没有真的去实践；既然真的实践过，就必定会有疑问。有行不通的地方，就是疑问。

2.103

心大则百物皆通，心小则百物皆病[1]。(同上条)

【注释】

〔1〕"心"，乃是生生之理的载体，本自博大，与天地同在。象山先
　　生有云："宇宙即是吾心，吾心即是宇宙。"(《陆九渊集》)故
　　知，"心大"，是恢复心本来的大，不是将原本很狭小的心扩充
　　开去，而变得大起来。"心小"，是因为私欲的遮蔽，使得心的
　　关注有了局限，故而狭小了；并不是心真的狭小了，只要去尽
　　私欲，心就还是与天地一般大。

【译文】

　　心量弘大，应事应物便无不通达；心量狭小，则事事物物全都是
障碍。

2.104

　　人虽有功，不及于学，心亦不宜忘。心苟不忘，则虽接人事，即
是实行，莫非道也。心若忘之，则终身由之〔1〕，只是俗事。(《经学理
窟·义理》)

【注释】

〔1〕"终身由之"，一辈子都遵循着。语自《孟子·尽心上》：孟子曰：
　　"行之而不著焉，习矣而不察焉，终身由之而不知其道者，众也。"

【译文】

　　一个人即使是有事业要干，来不及学习，心中也不应该忘记学

习。心中如果没有忘记学习，那么，即使是待人接物，也是学习的实践，无处不是为学之道啊。心中若是忘记了学习，那么，一辈子顺应着去做事，所做的也只是世俗的事。

2.105

合内外，平物我，此见道之大端。（同上条）

【译文】

内外合一，物我平等，这是见到了圣人之道的大体。

2.106

既学而先有以功业为意者，于学便相害。既有意，必穿凿创意作起事端也。德未成而先以功业为事，是代大匠斲，希不伤手也[1]。（《经学理窟·学大原上》）

【注释】

[1]"代大匠斲，希不伤手也"，代替大匠砍斫木材，很少有不伤手的。语本《道德经》："代司杀者，是代大匠斲。代大匠斲，希有不伤手者也。"

【译文】

刚刚开始学习，就先有意于成就功业，对于学习就是有害的。既然有意向，必定会穿凿附会、创造新意，以兴起事情的开端。德行还没有养成，而先去追求功业，这就是代替大匠砍斫木材，很少有不伤手的。

2.107

窃尝病孔孟既没，诸儒嚣然[1]，不知反约穷源[2]，勇于苟作，持不逮之资，而急知后世。明者一览，如见肺肝然[3]，多见其不知量也。方且创艾[4]其弊，默养吾诚，顾所患日力不足，而未果他为也。(《文集佚存》)

【注释】

[1]"嚣然"，扰攘不宁的样子。

[2]"反约穷源"，返归要领，穷究根源。

[3]"如见肺肝然"，意为：就像看见自己的肺肝一样清楚。语本《大学》："小人闲居为不善，无所不至，见君子而后厌然，掩其不善而著其善。人之视己，如见其肺肝然，则何益矣。"

[4]"创艾"，"创"，惩；"艾"，治。

【译文】

我曾经不满意孔子、孟子去世之后，儒者们议论纷纷，而不知道返归要领，穷究根源，反而勇于草率作文，凭借远远不及的资质，而急于想要闻名后世。明白人看一眼，就像看见自己的肺肝一样清楚，恰好见到他们的不自量力。我正要惩治这一个毛病，默默涵养我的诚意，只是担心时间和才力不足，而来不及做成这件事啊。

2.108

学未至而好语变[1]者，必知终有患。盖变不可轻议，若骤然语变，则知操术已不正。[2]（《经学理窟·义理》）

【注释】

〔1〕"变"，权变。《论语·子罕第九》：子曰："可与共学，未可与适道；可与适道，未可与立；可与立，未可与权。"就此可知，权变是为学到了极致之后，才可以做得到的，不可轻言。

〔2〕关于本条，张伯行释曰："此见权之未可轻言也。天下事行权不离乎经，而未能守经，又安可语权？学未至则论其常，且未必能守经，而即好语达变之事，此必知其后之终有弊矣。盖变以权通，乃义精仁熟者能之，岂可轻议？若骤然语此，则知其必有依回迁就之心，而操术已先不正，又安能权乎事理之中，而轻重各得其宜乎？故君子之学，虽不自限其所至，亦未尝躐等以为高也。"（《近思录集解》）

【译文】

学习没有达到义精仁熟，就喜好谈论权变的人，可以确定他终究会有祸患。权变是不可以轻易谈论的，如果一个人突然谈论权变，就可以知道此人的操守是不正的。

2.109

凡事蔽盖不见底，只是不求益。有人不肯言其道义所得所至，不得

见底，又非"于吾言无所不说"[1]。(同上条)

【注释】

[1]"于吾言无所不说"，"说"，悦。意为：对我所说的话没有不喜欢的。语自《论语·先进第十一》：子曰："回也非助我者也，于吾言无所不说。"

【译文】

凡事都遮盖着不让人看到自己深浅的人，只是不求进取。有人不肯说出他在道义上所得到的收获，所达到的地步，让人不知道他的深浅，又不是"于吾言无所不说"的状态。

2.110

耳目役于外，揽外事者，其实是自惰，不肯自治。只言短长，不能反躬者也。(同上条)

【译文】

人的耳目为外物所役使，兜揽外事，其实就是自我懈怠，不肯修养自身。只是去议论别人的长短，是不能够反求诸己的人。

2.111

学者大不宜志小气轻，志小则易足，易足则无由进；气轻则以未知为已知、未学为已学。(《经学理窟·学大原下》)

【译文】

　　学者极不宜志向狭小、心气浮躁，志向狭小就会容易满足，容易满足就无从取得进步；心气浮躁就会把自己不知道的当作已经知道的、没有学过的当作已经学过的。

卷三

格物穷理

卷三　格物穷理

（凡七十八条）

【题解】

朱子论本卷纲目曰："格物穷理。"《大学》有云："致知在格物"，"物格而后知至"。故知，格物是为了致知。所以，叶采论述本卷的纲领时，则直指曰："此卷论致知。知之至，而后有以行之。"（《近思录集解》）其实，只要略加注意，就会发现：从本卷起，直到第十卷，恰好与《大学》八目若合符节。本卷所对应者即为八目中的起初二目：格物和致知。（之于其他各卷与八目的对应关系，将于各卷的题记中作出提示，此不赘言。）

为了方便读者阅读，叶采曾将本卷分为四个部分："自首段至二十二段，总论致知之方。然致知莫大于读书，二十三段至三十三段，总论读书之法。三十四段以后，乃分论读书之法，而以书之先后为序。始于《大学》，使知为学之规模次序，而后继之以《论》《孟》《诗》《书》。义理充足于中，则可探大本一原之妙，故继之以《中庸》。达乎本原，则可以'穷神知化'，故继之以《易》。理之明，义之精，而达乎造化之蕴，则可以识圣人之大用，故继之以《春秋》。明乎《春秋》之用，则可推以观史，而辨其是非得失之致矣。《横渠易说》以下，则仍语录之序，而《周官》之义，因以具焉。"（《近思录集解》）

叶采之言，清晰明了，读者依之，于本卷便有了一个纲领在手。此处则就几个具体问题略作提示：

其一，格物、致知最终所要知的乃是"道"，故而本卷首条上来便论"道"："心通乎道，然后能辨是非，如持权衡以较轻重，孟子所谓

'知言'是也。"

其二,"学原于思"。"'思曰睿',思虑久后,睿自然生"(3.10),"思"之于学的重要性,乃是不言而喻的。然而,究竟应该如何去思呢?这才是关键。本卷提供了多条建议:一、思考不可过于勉强。横渠先生好学深思,然颇有几分"苦心极力之象",伊川先生便在信中指出他"无宽裕温厚之气","非明睿所照,而考索至此,故意屡偏而言多窒,小出入时有之"(3.3)。伊川先生甚至认为强行思虑的所得,"实未得也":"思虑有得,心劳气耗者,实未得也,强揣度耳。"(3.4)二、思考要持久。"致思如掘井,初有浑水,久后稍引动得清者出来。人思虑始皆溷浊,久自明快。"(3.13)三、思考不可执着于某一事。"若于一事上思未得,且别换一事思之,不可专守着这一事。盖人之知识于这里蔽着,虽强思亦不通也。"(3.10)四、思考当除去旧见。"义理有疑,则濯去旧见,以来新意。"(3.21)另外,横渠先生还指出"精思多在夜中,或静坐得之",所以"书须成诵",因为"不记则思不起"(3.75)。

其三,格物必须要积累,才会有脱然贯通之时。"若只格一物便通众理,虽颜子亦不敢如此道。须是今日格一件,明日又格一件,积习既多,然后脱然有贯通处。"(3.9)

其四,读书之法。这是本卷的重点,所涉方法甚多。一、先通晓文字,再探求文字背后的深意(3.23)。二、读经要先确立一个门庭(3.24)。三、读书当"易其心","易其心,自见理"(3.25)。四、读书不可拘泥于文义(3.26、3.27)。五、读书要能致用,读书要让自身有所变化,否则,"便是不曾读也"(3.30)。六、读书不在多,而在于"知其约"(3.33)。七、读书的次第,当以《大学》为先,《论》《孟》其次,《诗》《书》《中庸》又次之,终则读《易》《春秋》;而后有余力,则可读史(3.34—3.69)。其中论及明道先生善言《诗》,往往只是"吟哦上下",或是"只转却一两字,点拨地念过",就能让人有所省悟（3.44）,直是令人向往。而伊川先生读史书,"每读史到一半,便掩卷思量,料其成败,然后却看。有不合处,又更精思",真是读史的绝妙方法。八、六经须循环研读,因为"自家长得一格,则又见得别"（3.76）,可谓常读常新,等等。

除此之外,本卷还选取了伊川先生两篇颇为重要的文字:《易传序》和《春秋传序》。《易传序》开篇便直指根本:"易,变易也,随时变易以从道也。其为书也,广大悉备,将以顺性命之理,通幽明之故,尽事物之情,而示开物成务之道也。"《春秋传序》则指出孔子作《春秋》,乃是"为百王不易之大法",研读《春秋》,不但要能看到《春秋》显而易见的大义,还要能够究明其中的"微辞隐义,时措从宜者"。而无论是学习《周易》,还是研究《春秋》,都应当从圣人所遗留下来的文辞入手:"得于辞不达其意者有矣,未有不得于辞而能通其意者也。""故学《春秋》者,必优游涵泳,默识心通,然后能造其微也。……俾后之人通其文而求其义,得其意而法其用。"另外,伊川先生对于《易经》和《春秋》的相关陈述也颇有价值,可以作为我们研读这两部经典的纲要,如读《周易》,要"知时识势"（3.51、3.52、3.55）。而他对《春秋》的评述,更是一语中的:"《诗》《书》,载道之文;《春秋》,圣人之用。《诗》《书》如药方,《春秋》如用药治病。圣人之用,全在此书。"（3.62）"五经之有《春秋》,犹法律之有断例也。"（3.63）"《春秋》,传为按,经为断。"（3.65）

3.1

伊川先生《答朱长文书》曰:"心通乎道,然后能辨是非[1],如持权衡〔2〕以较轻重，孟子所谓'知言'〔3〕是也。心不通于道，而较古人之是非，犹不持权衡而酌轻重，竭其目力，劳其心智，虽使时中〔4〕，亦古人所谓'亿则屡中'〔5〕，君子不贵也。"（《河南程氏文集》卷九）

【注释】

〔1〕"心通乎道，然后能辨是非"，"道"，天道，亦即生生之道；心与天道相同之后，看待人、事、物，则皆以天理为准则，天理即天道在世间的体现；符合天理的为是，背离天理的为非，一目了然。

〔2〕"权衡"，"权"，秤锤；"衡"，秤杆。称量物体轻重的器具。

〔3〕"知言"，了解别人的言辞。语自《孟子·公孙丑上》："我知言，我善养吾浩然之气。"

〔4〕"时中"，偶尔猜中。不是《中庸》中所谓"君子之中庸也，君子而时中"，"君子而时中"的"时中"，乃是时时中节。

〔5〕"亿则屡中"，猜度而屡屡猜中。语自《论语·先进第十一》：子曰："回也其庶乎，屡空；赐不受命，而货殖焉，亿则屡中。"

【译文】

　　伊川先生在《答朱长文书》中说："心通达于道之后，就能够辨别是非，就像拿着秤来测量物体的轻重一般，这就是孟子所说的'知言'。心不能够通达于道，却要去评价古人的是非，就像不拿着秤而去测量物体的轻重一般，费尽你的眼力，劳苦你的心智，即便是偶尔猜中了，也只是古人所说的'亿则屡中'，君子不以此为贵。"

3.2

伊川先生答门人曰：“孔孟之门，岂皆贤哲？固多众人。以众人观圣贤，弗识者多矣。惟其不敢信己而信其师，是故求而后得。今诸君于颐言才不合，则置不复思，所以终异也。不可便放下，更且思之，致知之方也。”（同上条）

【译文】

伊川先生在回复门人的信中说：“孔子孟子的门下，怎么会全都是贤哲呢？固然多数是常人。以常人的眼光去看待圣贤，不能理解的地方自然很多。只是他们不敢相信自己而相信他们的老师，所以不断探求而后有所收获。如今诸位对于我的话才有一点不相吻合，就放到一边不再思考，所以终究还是不同。不能就这样放下，且再去思考，这就是致知的方法。”

3.3

伊川先生答横渠先生曰：“所论大概，有苦心极力之象〔1〕，而无宽裕温厚之气，非明睿〔2〕所照，而考索至此，故意屡偏而言多窒〔3〕，小出入时有之。（本注：明所照者，如目所睹，纤微尽识之矣；考索至者，如揣料于物，约见仿佛尔，能无差乎？）更愿完养思虑，涵泳义理，他日自当条畅〔4〕。”（同上条）

【注释】

〔1〕横渠治学，诚有“苦心极力之象”。吕大临《横渠先生行状》载：

"（横渠先生）终日危坐一室，左右简编，俯而读，仰而思，有得则识之。或中夜起坐，取烛以书。"

〔2〕"明睿"，聪明睿智。

〔3〕"窒"，堵塞。

〔4〕"条畅"，通畅。

【译文】

伊川先生在回复横渠先生的信中说："来信所论，大略而言，有苦心极力的求索气象，而没有宽裕温厚的从容气息，不是聪明睿智的体察所得，而是考究探索到的这一步，所以文意常常有所偏失，言辞也多有滞塞之处，小的差错时常会有。（本注：聪明睿智的体察所得，就像亲眼所见，细微的地方全都看得很清楚；考究探索所得到的，就像揣测某个事物，隐约见个仿佛模样，能没有差错吗？）希望能够进一步完善培养思虑，涵泳于义理之中，日后自然就会条理通畅。"

3.4

欲知得与不得，于心气上验之。思虑有得，中心悦豫，沛然〔1〕有裕者，实得也。思虑有得，心气劳耗者，实未得也，强揣度耳。尝有人言："比因学道，思虑心虚。"曰："人之血气，固有虚实，疾病之来，圣贤所不免，然未闻自古圣贤因学而致心疾者。"（《河南程氏遗书》卷二上）

【注释】

〔1〕"沛然"，充盛的样子。

【译文】

想要知道自己为学是有所得还是无所得，可以从心气上去检验。如果思虑有所收获，心中愉悦快乐，心气沛然充裕的，那就是真的有收获。如果思虑有所收获，心气却劳累消耗的，那其实是没有收获，只是勉强揣度而已。曾经有人说："近来由于学习圣人之道，思虑劳累以致心气虚弱。"我说："人的血气，固然是有虚有实，疾病的生发，圣贤也不能够避免，可是，没有听说过自古以来有哪一位圣贤是因为学习而导致心病的。"

3.5

今日杂信鬼怪异说者，只是不先烛理[1]。若于事上一一理会，则有甚尽期？须只于学上理会。(《河南程氏遗书》卷二下)

【注释】

〔1〕"烛理"，考察事理。

【译文】

今天那些相信鬼怪异说的人，只是因为没有先去究明义理。如果对每一件事都一一的去体会，那哪里有什么尽头？必须只在学问上去体会。

3.6

学原于思。(《河南程氏遗书》卷六)

【译文】

学问根源于思考。

3.7

所谓"日月至焉"〔1〕与"久而不息"〔2〕者,所见规模虽略相似,其意味气象迥别。须心潜默识,玩索久之,庶几自得〔3〕。学者,不学圣人则已,欲学之,须熟玩味圣人之气象,不可只于名上理会,如此只是讲论文字。(《河南程氏遗书》卷十五)

【注释】

〔1〕"日月至焉",或一天,或一月,偶尔会做到仁。语自《论语·雍也第七》:子曰:"回也三月不违仁,其余则日月至焉而已矣。"

〔2〕"久而不息",长久的不停息。语本《中庸》:"故至诚无息,不息则久。"

〔3〕"自得",亲身体会。语自《孟子·离娄下》:孟子曰:"君子深造之以道,欲其自得之也。自得之则居之安,居之安则资之深,资之深则取之左右逢其原,故君子欲其自得之也。"

【译文】

所谓"日月至焉"与"久而不息"的人,所见到的规模虽然大体相似,可是意味和气象却迥然有别。必须要潜心体贴,长久求索,差不多才能亲身体会。学者,不学圣人也就罢了,想要学圣人,必须要反复体味圣人的气象,不能只在名目上去理会,这样就只是在讲论文字而已。

3.8

问："忠信进德之事，固可勉强，然致知甚难。"伊川先生曰："学者固当勉强，然须是知了方行得。若不知，只是觑却〔1〕尧，学他行事，无尧许多聪明睿智，怎生得如他'动容周旋中礼'〔2〕？如子所言，是笃信而固守之，非固有之也。未致知，便欲诚意，是躐等也〔3〕。勉强行者，安能持久？除非烛理明，自然乐循理。性本善，循理而行，是顺理事，本亦不难，但为人不知，旋安排着，便道难也。知有多少般数，煞有深浅，学者须是真知。才知得是，便泰然行将去也。某年二十时，解释经义与今无异，然思今日，觉得意味与少时自别。"（《河南程氏遗书》卷十八）

【注释】

〔1〕"觑却"，窥伺，偷看。

〔2〕"动容周旋中礼"，动作容貌、应对进退全都合乎礼仪。语自《孟子·尽心下》："动容周旋中礼者，盛德之至也。"

〔3〕"未致知，便欲诚意，是躐等也"，"致知"，朱子注："致，推极也。知，犹知识也。推极吾之知识，欲其所知无不尽也。""诚意"，朱子注："诚，实也。意者，心之所发也。实其心之所发，欲其一于善而无自欺也。"（皆见《四书章句集注》）"躐等"，超越等级，不按次序。《大学》有云："古之欲明明德于天下者，先治其国；欲治其国者，先齐其家；欲齐其家者，先修其身；欲修其身者，先正其心；欲正其心者，先诚其意；欲诚其意者，先致其知；致知在格物。物格而后知至，知至而后意诚，意诚而后心正，心正而后身修，身修而后家齐，家齐而后国治，国治而后天

下平。"格物、致知、诚意、正心、修身、齐家、治国、平天下八目，层层递进，环环相扣，而今未曾致知，便想要去诚意，自然是躐等了。

【译文】

有人问："内积忠信增进德行的事，固然可以勉力去做，但是致知却很难。"伊川先生答道："学者固然应当勉力去做，然而必须是先知了而后才能行得。如果不知，只是看着尧，学着他那样去行事，没有尧那么多的聪明睿智，怎么能够像他那样'动容周旋中礼'呢？像你所说的，是笃信了之后固守不放，不是你本来所固有的。未曾致知，便想要去诚意，这就是越级。勉力去做的，怎么能够持久呢？除非是对义理考察得很明白，自然也就乐于遵循义理。人性本善，遵循义理而行，是很合理的事，本来也不难，只是因为人不知，而刻意安排着去行，就说很难。知有许多种类，很是有深浅的分别，学者必须是真知。才知得真，就会泰然自若的笃行下去。我二十岁的时候，解释经义，跟现在没有什么不同，可是想想今天，觉得其中的意味与年少时自有差别。"

3.9

凡一物上有一理，须是穷致其理。穷理亦多端，或读书讲明义理，或论古今人物别其是非，或应接事物而处其当，皆穷理也。或问："格物[1]须物物格之，还只格一物而万理皆知？"曰："怎得便会贯通？若只格一物便通众理，虽颜子亦不敢如此道。须是今日格一件，明日又格一件，积习既多，然后脱然自有贯通处。[2]"（本注：又曰："所务于穷

理者，非道尽穷了天下万物之理，又不道是穷得一理便到。只要积累多后，自然见去。"）（同上条）

【注释】

〔1〕"格物"，朱子注："格，至也。物，犹事也。穷至事物之理，欲其极处无不到也。"简而言之，则为"即物而穷其理"（《四书章句集注》）。

〔2〕"须是今日格一件"云云，朱子有云："盖人心之灵莫不有知，而天下之物莫不有理，惟于理有未穷，故其知有不尽也。是以《大学》始教，必使学者即凡天下之物，莫不因其已知之理而益穷之，以求至乎其极。至于用力之久，而一旦豁然贯通焉，则众物之表里精粗无不到，而吾心之全体大用无不明矣。此谓物格，此谓知之至也。"（《四书章句集注》）

【译文】

凡是一个事物上就会有一个事物的理，需要穷究其中的理。穷究事物的理也有多种方法，或是通过读书来讲明义理；或是通过评论古今人物，辨别他们的是非；或是在应事接物时处理得当，这些都是在穷究事物的理。有人问："格物是需要一个物一个物的格，还是只要格一个物，就可以贯通万物的理？"答："怎么就会贯通了呢？如果只需要格一个物，就可以贯通万物的理，即使是颜子也不敢这样说。必须是今天格得一件，明天又格得一件，学习积累得多了，然后豁然自有一个贯通之处。"（本注：又说："致力于穷究事物的理，不是说完全穷尽天下万物的理，也不是说穷究得一个物的理就成功了。只要积累得多了之后，自然就可以明白了。"）

3.10

"思曰睿"[1]，思虑久后，睿自然生。若于一事上思未得，且别换一事思之，不可专守着这一事。盖人之知识，于这里蔽着，虽强思亦不通也。（同上条）

【注释】

〔1〕"思曰睿"，"睿"，通乎幽微；思考要通乎幽微。语自《尚书·洪范》："貌曰恭，言曰从，视曰明，听曰聪，思曰睿。恭作肃，从作乂，明作哲，聪作谋，睿作圣。"

【译文】

"思曰睿"，思虑久了之后，睿智自然就会生发。如果在一件事上思考不能够有所体会，那就暂且另外换一件事去思考，不可以专守着这件事。因为人的知识，一旦在这里被遮蔽，即便勉强思考也是想不通的。

3.11

问："人有志于学，然知识蔽固，力量不至，则如之何？"曰："只是致知。若智识明，则力量自进。"（同上条）

【译文】

有人问："一个人有志于为学，但是知识蔽塞固陋，力量不足，那该怎么办？"答："只是去致知。如果见识明了，力量自然就会有所进步。"

3.12

问："观物察己，还因见物反求诸身否？"曰："不必如此说。物我一理[1]，才明彼，即晓此，此合内外之道也[2]。"又问："致知先求之四端[3]，如何？"曰："求之性情，固是切于身。然一草一木皆有理，须是察。"（本注：又曰："自一身之中，以至万物之理，但理会得多，相次自然豁然有觉处。"）（同上条）

【注释】

〔1〕"物我一理"，天地间的一切人、物，都是本源于道体所涵有的生生之理与生生之气而生，物理与人理全都是生生之理的体现，所以说"物我一理"。

〔2〕"合内外之道也"，合内外为一的道理。宇宙万象全都是道的发用呈现，本是一个浑然整体，只不过随着形体的生成，人生发了独立的个体意识，进而有了一己的私欲，从而将自己与天地万物隔离开来，于是有了物我、内外的分别。一旦我们能够克除一己的私欲，率性而为，自然也就可以重新回到物我一体、内外不二的本来状态。语本《中庸》："诚者，非自成而已也，所以成物也。成己，仁也；成物，知也。性之德也，合外内之道也，故时措之宜也。"

〔3〕"四端"，语出《孟子·公孙丑上》："恻隐之心，仁之端也；羞恶之心，义之端也；辞让之心，礼之端也；是非之心，智之端也。"

【译文】

有人问："观察外物体察自身，还需要依照所见的外物之理反过来在自身上探求吗？"答："不需要这样说。外物和我所有的是同一个理，才明白了外物，就明白了自身，这就是合内与外为一体的道理。"又问："致知先从四端开始探求，怎么样？"答："从性情上去探求，固然是切身的。但是，一草一木全都有理，都需要去观察。"（本注：又说："从一身之中所有的理，以至于万物的理，只要理会得多了，依次理会自然就会有豁然觉悟的地方。"）

3.13

"思曰睿"，"睿作圣"[1]。致思如掘井，初有浑水，久后稍引动得清者出来。人思虑始皆溷浊，久自明快。（同上条）

【注释】

〔1〕"思曰睿"，"睿作圣"，思考要通乎幽微，通乎幽微便称作为圣。语自《尚书·洪范》。

【译文】

"思曰睿"，"睿作圣"。致力于思考就像挖井，起初都会有浑水，时间一久就稍稍引导得清水出来。人的思虑刚开始都是浑浊不清的，时间一久自然就会明白畅快。

3.14

或问："如何是近思？"曰："以类而推。"（《河南程氏遗书》卷二十二上）

【译文】

有人问:"如何才是近思?"答:"以一个事物的理,推断出类似事物的理。"

3.15

学者先要会疑[1]。(《河南程氏外书》卷十一)

【注释】

〔1〕"学者先要会疑",白沙先生(陈献章)有云:"学贵知疑。小疑则小进,大疑则大进。"(《陈献章全集》)

【译文】

学者首先要学会生疑。

3.16

横渠先生答范巽之曰:"所访物怪神奸[1],此非难语,顾语未必信耳。孟子所谓'知性''知天'[2],学至于'知天',则物所从出当源源自见。知所从出,则物之当有当无,莫不心谕[3],亦不待语而后知。诸公所论,但守之不失,不为异端所劫,进进不已,则物怪不须辨,异端不必攻,不逾期年[4],吾道胜矣。若欲委之无穷,付之以不可知,则学为疑挠,智为物昏,交来无间,卒无以自存[5],而溺于怪妄必矣。"(《横渠文集》)

【注释】

〔1〕"物怪神奸"，"物怪"，即怪异之物；"神奸"，神奇、邪恶之物。《春秋左传》："昔夏之方有德也，远方图物，贡金九牧，铸鼎象物，百物而为之备，使民知神奸。"

〔2〕"知性"，"知天"，语自《孟子·尽心上》：孟子曰："尽其心者，知其性也；知其性，则知天矣。存其心，养其性，所以事天也；夭寿不贰，修身以俟之，所以立命也。"

〔3〕"心谕"，心里明白。

〔4〕"期年"，一年。

〔5〕"无以自存"，为疑惑和外物所牵引而丧失了自己，如《礼记·乐记》中所说的"人化物"，人化为物的奴隶，自然是"无以自存"了。

【译文】

　　横渠先生在回复范育的信中说："来信所询问的物怪神奸之类，并不难说清楚，只是说了也未必有人会相信。孟子说'知性''知天'，学习到了'知天'的地步，对于万物是如何产生的，就会源源不断地自然认识到。知道万物是如何产生的，那么，对于某个事物是该有还是该无，心中没有不明白的，也不需要等别人说明之后才会知道。诸位所讨论的，只要守住本心而不放失，不被异端之学所劫持，不断上进，那么，物怪之类不需要去辨别，异端之学也不需要去攻击，不超过一年，儒家的学说就会胜出。如果想把物怪神奸之类推诿给无从穷究，付之于不可知晓，那么学业就会被疑惑所干扰，智慧就会被外物所迷惑，疑惑和外物不断交替而来，最终无法自存，而必定会陷溺于怪诞虚妄之说了。"

3.17

子贡[1]谓"夫子之言性与天道，不可得而闻"[2]，既言"夫子之言"，则是居常语之矣。圣门学者以仁为己任，不以苟知为得，必以了悟为闻，因有是说。(《横渠语录》卷上)

【注释】

〔1〕子贡，复姓端木，名赐，字子贡，为孔门言语科高弟，擅长经商，事迹见《史记·货殖列传》。

〔2〕"夫子之言性与天道"云云，按横渠先生所解，意为：老师所讲的性和天道，不是只通过听听老师所讲的话就可以体会得到的。语自《论语·公冶长第五》：子贡曰："夫子之文章，可得而闻也；夫子之言性与天道，不可得而闻也。"

【译文】

子贡说"夫子之言性与天道，不可得而闻"，既然说"夫子之言"，那就是平常所说的话了。圣人门下的学者，将行仁视作为自己的责任，不以姑且知道为有所得，而必定以透彻领悟为"闻"，所以才有这个说法。

3.18

义理之学，亦须深沉方有造，非浅易轻浮之可得也。(《经学理窟·义理》)

【译文】

　　义理之学，也必须深入沉潜才会有所成就，不是浅易轻浮所能够体会得到的。

3.19

　　学不能推究事理，只是心粗，至如颜子未至于圣人处，犹是心粗。（同上条）

【译文】

　　学习不能够推究事理，只是由于心粗。至于颜子没有抵达圣人的地方，也还是由于心粗。

3.20

　　博学于文者，只要得"习坎，心亨"〔1〕。盖人经历险阻艰难，然后其心亨通。（《经学理窟·学大原下》）

【注释】

　　〔1〕"习坎，心亨"，"习"，重叠；"坎"，危险；"习坎"，即重重危险；"亨"，通达。语本《周易·坎》卦辞："习坎，有孚，维心亨，行有尚。"

【译文】

　　博学于文的人，只要领会个"习坎，心亨"。因为一个人在经历过艰难险阻之后，他的心才能够通达。

3.21

义理有疑，则濯[1]去旧见，以来新意。心中有所开，即便札记，不思则还塞之矣。更须得朋友之助，一日间朋友论着，则一日间意思差别。须日日如此讲论，久则自觉进也。（同上条）

【注释】

〔1〕"濯"，洗涤。

【译文】

对于义理有疑惑时，就应该清洗掉旧有的知见，以接纳新意。一旦心中有所启悟，随即记下，如果不去继续思考就又会堵塞了。还需要得到朋友的帮助，一天里与朋友相互讨论，这一天里的意思就会有所不同。必须天天都这样相互讨论，时间一久自然就会觉得有所进步。

3.22

凡致思到说不得处，始复审思明辨，乃为善学也。若告子，则到说不得处遂已，更不复求[1]。（《孟子说》）

【注释】

〔1〕"若告子"云云，《孟子·公孙丑上》："告子曰：'不得于言，勿

求于心；不得于心，勿求于气。’‘不得于心，勿求于气’，可；‘不得于言，勿求于心’，不可。”“不得于心”，在心上找不到契合点，可知是违背于义理的，所以，“勿求于气，可”。可是，“不得于言”，在言辞上找不到契合点，便“勿求于心”，那就是执着于言辞而忽略了心，所以“不可”。“不得于言”之时，正应当去“求于心”而究明义理，告子却放弃了进一步的探究。所以，横渠先生称他“到说不得处遂已，更不复求”。

【译文】

凡是致力思考到了说不通的地方，就开始重新审慎思考、明晰辨别，这才是善于学习。像告子，则到了说不通的地方就放弃了，不再去探求了。

3.23

伊川先生曰：“凡看文字，先须晓其文义，然后可求其意。未有文义不晓而见意者也。”（《河南程氏遗书》卷二十二上）

【译文】

伊川先生说：“凡是阅读文字，先要明白文字的字面含义，然后才可以探求其中的深意。从没有不明白字面含义而能够体会文字深意的人。”

3.24

学者要自得。六经浩渺[1]，乍来难尽晓，且见得路径后，各自

立得一个门庭[2]，归而求之可矣。（同上条）

【注释】

〔1〕"浩渺"，水面辽阔，无边无际的样子。

〔2〕"门庭"，门户。

【译文】

　　学者要有亲身体会。六经的文字浩瀚无边，刚开始学习很难全部理解，且去了解一个学习的路径，然后各自确定一个门户，回去探求就可以了。

3.25

　　凡解文字，但易其心[1]，自见理。理只是人理，甚分明，如一条平坦底道路。《诗》曰："周道如砥，其直如矢。"[2]此之谓也。或曰："圣人之言，恐不可以浅近看他。"曰："圣人之言，自有近处，自有深远处。如近处，怎生强要凿教深远得？扬子[3]曰：'圣人之言远如天，贤人之言近如地。'[4]颐与改之，曰：'圣人之言，其远如天，其近如地。'"（《河南程氏遗书》卷十八）

【注释】

〔1〕"易其心"，"易"，平和；把心放平和。

〔2〕"周道如砥"云云，"周道"，大道；"砥"，磨刀石；"矢"，箭。大道像磨刀石一样平坦，像箭一样直。语自《诗经·小雅·大东》："周道如砥，其直如矢。君子所履，小人所视。"

〔3〕扬子，扬雄（前53—18），字子云，蜀郡成都人，著有《法言》
　　《太玄》。

〔4〕"圣人之言远如天"二句，意为：圣人的话像天一般深远，贤人
　　的话像地一般浅近。语自《法言·五百》。

【译文】

　　凡是解读文字，只要把心放平，自然能领悟其中的道理。理，只
是人之为人的理，很是分明，就像是一条平坦的道路。《诗经·小
雅·大东》中说："周道如砥，其直如矢。"正是这个意思。有人说：
"圣人的话，恐怕不可以这样浅近的来看待。"说："圣人的话，自有
浅近的地方，也自有深远的地方。如果是浅近的地方，怎么能够强
加穿凿让它深远起来呢？扬子说：'圣人之言远如天，贤人之言近如
地。'我对它作了修改，说：'圣人之言，其远如天，其近如地。'"

3.26

　　学者不泥文义者，又全背却远去；理会文义者，又滞泥不通。如子
濯孺子为将之事〔1〕，孟子只取其不背师之意，人须就上面理会事君之道
如何也。又如万章问舜完廪、浚井事〔2〕，孟子只答他大意，人须要理会
浚井如何出得来？完廪又怎生下得来？若此之学，徒费心力。（同上条）

【注释】

〔1〕"子濯孺子为将之事"，见《孟子·离娄下》："郑人使子濯孺子侵
　　卫，卫使庚公之斯追之，子濯孺子曰：'今日我疾作，不可以执
　　弓，吾死矣夫！'问其仆曰：'追我者，谁也？'其仆曰：'庚公

之斯也。'曰:'吾生矣。'其仆曰:'庾公之斯,卫之善射者也。夫子曰"吾生",何谓也?'曰:'庾公之斯学射于尹公之他,尹公之他学射于我。夫尹公之他,端人也,其取友必端矣。'庾公之斯至,曰:'夫子何为不执弓?'曰:'今日我疾作,不可以执弓。'曰:'小人学射于尹公之他,尹公之他学射于夫子。我不忍以夫子之道反害夫子。虽然,今日之事,君事也,我不敢废。'抽矢,扣轮,去其金,发乘矢而后反。"

〔2〕"舜完廪、浚井事",见《孟子·万章上》:"父母使舜完廪,捐阶,瞽瞍焚廪。使浚井,出,从而掩之。"

【译文】

学者不拘泥于文义的,又完全背离了文义。那些理会文义的人,又拘泥于文义而不通达。例如子濯孺子为将的事,孟子只是选取庾公之斯不违背师训的意思,有人却要在这上面去理会事奉君主的方法应该如何。又例如万章询问舜修仓库、淘井的事,孟子只是回答了大意,有人却要去理会舜在淘井时是怎么出得来的?舜在修仓库时又是怎么下得来的?像这样的学习,只是白白的浪费心力。

3.27

凡观书,不可以相类泥其义,不尔,则字字相梗[1]。当观其文势上下之意。如"充实之谓美"[2],与《诗》之"美"[3]不同。(同上条)

【注释】

〔1〕"梗",阻塞。

〔2〕"充实之谓美"，善在身上充盈实在就称作为美。语自《孟子·尽心下》："可欲之谓善，有诸己之谓信，充实之谓美，充实而有光辉之谓大，大而化之之谓圣，圣而不可知之之谓神。"

〔3〕《诗》之'美'"，《毛诗》有"美刺"之说，认为《诗经》中的作品，有美有刺。美就是赞美，刺就是讽刺。

【译文】

凡是读书，不可以因为文辞相类似而拘泥于文义，不然的话，就会发现字字都相互妨碍。应当观察上下文的文势来确定文义。例如"充实之谓美"的"美"，与《诗经》的"美"文义就不同。

3.28

问："莹中〔1〕尝爱《文中子》〔2〕：'或问学《易》，子曰："终日乾乾可也。"'〔3〕此语最尽。文王所以圣，亦只是个不已。"先生曰："凡说经义，如只管节节推上去，可知是尽。夫'终日乾乾'，未尽得《易》。据此一句，只做得九三使。若谓'乾乾'是不已，不已又是道，渐渐推去，则自然是尽。只是理不如此。"（《河南程氏遗书》卷十九）

【注释】

〔1〕莹中，陈瓘（1057—1124），字莹中，南剑沙县人，伊川先生弟子，著有《了斋易说》。

〔2〕《文中子》，王通的著作。王通（584—617），字仲淹，号文中子，隋代名儒，著有《中说》（即《文中子》）。

〔3〕"或问学《易》"云云，语自《中说·周公》。"终日乾乾"，整日
保持强健不息。语自《周易·乾》九三爻辞："君子终日乾乾，
夕惕若，厉无咎。"

【译文】

陈瓘问道："我过去喜欢《文中子》中的一句话：'有人问如何学
习《周易》，文中子答道："终日乾乾可也。"'这句话最透彻。文王之
所以成圣人，也只是因为永不止息。"伊川先生答道："凡是解说经义，
如果只管一节一节的推究上去，可知是能够穷尽的。那一句'终日乾
乾'，不能够穷尽《周易》的道理。根据这一句，只能够当作乾卦的九
三来对待。如果说'乾乾'是永不止息，永不止息又就是道，这样渐
渐的推究下去，自然是可以穷尽《周易》的道理。只是理并不如此。"

3.29

"子在川上曰：'逝者如斯夫！'"〔1〕言道之体如此，这里须是自见得。
张绎曰："此便是无穷。"先生曰："固是道无穷，然怎生一个'无穷'便
道了得他？"（同上条）

【注释】

〔1〕"子在川上曰"云云，语自《论语·子罕第九》。

【译文】

"子在川上曰：'逝者如斯夫！'"是说道的本体就是这样，这里
必须是自己去体会领悟。张绎说："这就是无穷。"伊川先生说："道固

然是无穷的，然而，又怎么是一个'无穷'就能够把它说得清楚？"

3.30

今人不会读书，如"诵《诗》三百，授之以政，不达；使于四方，不能专对，虽多，亦奚以为"〔1〕，须是未读《诗》时，不达于政，不能专对；既读《诗》后，便达于政，能专对四方，始是读《诗》。"人而不为《周南》《召南》，其犹正墙面"〔2〕，须是未读《诗》时，如面墙；到读了后，便不面墙，方是有验。大抵读书只此便是法。如读《论语》，旧时未读是这个人，及读了后来，又只是这个人，便是不曾读也。（同上条）

【注释】

〔1〕"诵《诗》三百"云云，意为：诵读《诗经》三百篇，让他处理政事，不能够通达；派他出使四方，不能够独自应对，即使读得多，又有什么用呢？语自《论语·子路第十三》。

〔2〕"人而不为《周南》"云云，意为：人如果不学习《周南》《召南》，就好像正对着墙壁站立。语自《论语·阳货第十七》：子谓伯鱼曰："女为《周南》《召南》矣乎？人而不为《周南》《召南》，其犹正墙面而立也与！""正墙面而立"，朱子注："言即其至近之地，而一物无所见，一步不可行。"（《四书章句集注》）

【译文】

现在的人不会读书，如"诵《诗》三百，授之以政，不达；使于四方，不能专对，虽多，亦奚以为"，须是未曾读《诗经》时，不能够通达政事，不能够独自应对；而在读了《诗经》之后，便可以通达政事，便能够独自应对四方，这样才是读《诗经》。又如"人而不为《周南》《召南》，其犹正墙面"，须是未曾读《诗经》时，就像面对着墙壁；到读了《诗经》之后，就不再像面对着墙壁，这样才是读书有成效。大体说来，这样就是读书的方法。比如读《论语》，过去没有读的时候是这样的一个人，等到读了之后，还只是这样的一个人，那就是不曾真正读过。

3.31

凡看文字，如"七年""一世""百年"之事[1]，皆当思其如何作为，乃有益。(《河南程氏遗书》卷二十二上)

【注释】

[1]"七年""一世""百年"，皆见于《论语·子路第十三》：

子曰："善人教民七年，亦可以即戎矣。"

子曰："如有王者，必世而后仁。"

子曰："'善人为邦百年，亦可以胜残去杀矣。'诚哉是言也！"

【译文】

凡是阅读文字，例如"七年""一世""百年"等相关的事，全都应当思考他们会如何作为，这样才有益。

3.32

凡解经，不同无害，但紧要处不可不同尔。(《河南程氏外书》)

【译文】

　　凡是解说经义，解释不同没有什么妨害，只是关键之处不可以不同。

3.33

　　焞初到，问为学之方。先生曰："公要知为学，须是读书。书不必多看，要知其约；多看而不知其约，书肆耳。颐缘少时读书贪多，如今多忘了。须是将圣人言语玩味，入心记着，然后力去行之，自有所得。"（同上条）

【译文】

　　尹焞刚到伊川先生门下学习时，请教为学的方法。先生答道："你要知道为学的方法，必须要读书。书不必多读，要知道其中的要领；书读得多而不知道其中的要领，就是个书铺子罢了。我因为少年时读书贪多，到如今大多忘记了。必须要将圣人的言语反复玩味，牢牢地记在心里，然后努力地去践行，自然就会有所收获。"

3.34

　　初学入德之门，无如《大学》，其他莫如《语》《孟》。（《河南程氏遗书》卷二十二上）

【译文】

　　初学者入德的门径，没有比得上《大学》的，其他则没有比得上

《论语》《孟子》的。

3.35

学者先须读《论》《孟》，穷得《论》《孟》，自有要约处，以此观他经，甚省力。《语》《孟》如丈尺、权衡相似，以此去量度事物，自然见得长短、轻重。（《河南程氏遗书》卷十八）

【译文】

学者先必须去读《论语》《孟子》，读透了《论语》《孟子》，自然会有一个要领，以此要领去读其他的经典，就会很省力。《论语》《孟子》就像丈尺和权衡一般，用它们去度量事物，自然就知道事物的长短和轻重。

3.36

读《论语》者，但将诸弟子问处便作己问，将圣人答处便作今日耳闻，自然有得。若能于《语》《孟》中深求玩味，将来涵养成甚生气质！（《河南程氏遗书》卷二十二上）

【译文】

读《论语》的人，只要将孔门众弟子所问的问题都当作自己在问，将圣人的回答都当作今天亲耳所闻，自然会有收获。如果能够在《论语》《孟子》中深究体味，将来会涵养成什么样的气质啊！

3.37

凡看《语》《孟》，且须熟玩味，将圣人之言语切己[1]，不可只作一场话说。人只看得此二书切己，终身尽多也。（同上条）

【注释】

〔1〕"切己"，切身。

【译文】

凡是读《论语》《孟子》，首先需要反复玩味，将圣人的话切身体会，不可以只当作一场话说。一个人只要把这两本书看得切身，终身受益良多。

3.38

《论语》有读了后全无事者，有读了后其中得一两句喜者，有读了后知好之者，有读了后不知手之舞之、足之蹈之者。（《河南程氏遗书》卷十九）

【译文】

读《论语》，有读了之后什么事也没有的人，有读了之后在其中得到一两句喜欢的人，有读了之后知道爱好《论语》的人，有读了之后不知不觉手舞足蹈的人。

3.39

学者当以《论语》《孟子》为本，《论语》《孟子》既治，则六经可不治而明矣。读书者当观圣人所以作经之意，与圣人所以用心，与圣人所以至圣人，而吾之所以未至者，所以未得者。句句而求之，昼诵而味之，中夜而思之，平其心，易其气，阙其疑，则圣人之意见矣。(《河南程氏遗书》卷二十五)

【译文】

学者应当以《论语》《孟子》为根本，《论语》《孟子》研究清楚之后，六经就可以不用研究而明白了。读书的人应当去体贴圣人之所以作经的用意，以及圣人寄托在经文中的用心，以及圣人之所以能够成就圣人，而我之所以没有成为圣人，之所以没有收获的原因。一句一句的去探求，白天诵读品味，夜里静静思考，平心静气，有疑问的地方暂且保留，那么，圣人的意思就会显现出来了。

3.40

读《论语》《孟子》而不知道，所谓"虽多，亦奚以为"[1]。(《河南程氏遗书》卷六)

【注释】

[1]"虽多，亦奚以为"，即使读得多，又有什么用呢? 语自《论语·子路第十三》：子曰："诵《诗》三百，授之以政，不达；使之四方，不能专对，虽多，亦奚以为?"

【译文】

读了《论语》《孟子》，还不知道圣贤之道，这就是所谓的"虽多，亦奚以为"。

3.41

《论语》《孟子》，只剩读着，便自意足，学者须是玩味。若以语言解着，意便不足。某始作此二书文字，既而思之，又似剩。只有些先儒错会处，却待与整理过。（《河南程氏外书》卷五）

【译文】

《论语》《孟子》这两本书，只是去诵读原文，就会觉得意味充足，学者需要在其中玩味。如果用语言去解说，意味就会不足。我最初作这两本书的解说文字，后来想了想，又觉得是多余的。只是有一些前代儒者理解错误的地方，却要等着去整理一下。

3.42

问："且将《语》《孟》紧要处看，如何？"伊川曰："固是好。然若有得，终不浃洽[1]。盖吾道非如释氏，一见了便从空寂去。"（《河南程氏遗书》卷十二）

【注释】

〔1〕"浃洽"，融会贯通。

【译文】

有人问："且将《论语》《孟子》中关键的地方拿来读，怎么样？"伊川先生答道："这样固然是好。然而，如果有所收获，终究不能够融会贯通。因为我们儒学不像佛家，一旦证悟到了就走向空寂去了。"

3.43

"兴于《诗》"〔1〕者，吟咏性情，涵畅〔2〕道德之中而歆动〔3〕之，有"吾与点也"〔4〕之气象。（本注：又曰："'兴于《诗》'是兴起人善意，汪洋浩大，皆是此意。"）（《河南程氏遗书》卷三）

【注释】

〔1〕"兴于《诗》"，兴起由于《诗》。语自《论语·泰伯第八》：子曰："兴于《诗》，立于礼，成于乐。"

〔2〕"涵畅"，滋润化育，使之发扬。

〔3〕"歆动"，欣喜动心。

〔4〕"吾与点也"，我认同曾点啊！语自《论语·先进第十一》。参2.32注1。

【译文】

所谓"兴于《诗》"，是指《诗经》可以歌咏性情，在道德之中滋润发扬，而欣喜心动，有"吾与点也"的气象。（本注：又说："'兴于《诗》'是兴发起人的善意，汪洋浩大，都是这个意思。"）

3.44

　　谢显道云：“明道先生善言《诗》，他又浑不曾章解句释，但优游[1]玩味，吟哦上下，便使人有得处。'瞻彼日月，悠悠我思。道之云远，曷云能来？'[2]思之切矣。终曰：'百尔君子，不知德行。不忮不求，何用不臧！'[3]归于正也。”又曰：“伯淳常谈《诗》，并不下一字训诂，有时只转却[4]一两字，点掇地念过[5]，便教人省悟。”又曰：“古人所以贵亲炙[6]之也。”（《河南程氏外书》卷十二）

【注释】

〔1〕“优游”，悠闲自得的样子。

〔2〕“瞻彼日月”云云，语自《诗经·邶风·雄雉》。“瞻”，视。“悠悠”，绵绵不绝的样子。意为：遥望那日月交替，我的思念绵绵不绝，相隔的道路如此遥远，我思念的人何时能够归来？

〔3〕“百尔君子”云云，“百”，凡是，所有；“君子”，指朝中的统治者；“忮”，害人；“求”，追求名利；“臧”，善，好。意为：天下的君子，不知道修养德行；你不害人，也不贪求，还有什么是不善的呢！

〔4〕“转却”，转换。

〔5〕“点掇地念过”，茅星来注：“'点掇地'，宋时方言。'点'，点缀。'掇'，拈取。'地'，俗语助也。”当指诵《诗》时，对其中的一两个字词点缀地念诵过去。

〔6〕“亲炙”，亲身受到熏陶。

【译文】

　　谢良佐说：“明道先生善于讲论《诗经》，但他又全然不曾去进行章句解释，只是悠然自得的玩味，上上下下的吟诵，就能让人有所体会。例如，'瞻彼日月，悠悠我思。道之云远，曷云能来？'说的是思念的迫切。最终说：'百尔君子，不知德行。不忮不求，何用不臧！'说的是归于正道。"又说："明道先生常常讲论《诗经》，并不曾作一个字的训诂，有时候只是转换一两个字，提点出来念诵过去，就能够让人有所省悟。"又说："这就是古人之所以重视亲身受教的原因。"

3.45

明道先生曰："学者不可以不看《诗》，看《诗》便使人长一格价。"（同上条）

【译文】

明道先生说："学者不可以不读《诗经》，读了《诗经》就使人的品格提升一个等级。"

3.46

"不以文害辞"[1]，"文"，文字之文。举一字则是文，成句是辞。《诗》为解一字不行，却迁就他说，如"有周不显"[2]，自是作文当如此。（《河南程氏外书》卷一）

【注释】

〔1〕"不以文害辞"，不因为拘泥于字面含义而影响对辞句的理解。语
    自《孟子·万章上》："故说《诗》者，不以文害辞，不以辞害

志。以意逆志，是为得之。"

〔2〕"有周不显"，周朝的德行很光明。语自《诗经·大雅·文王》："周虽旧邦，其命维新。有周不显，帝命不时。"《毛诗传笺》："'有周'，周也。'不显'，显也。显，光也。'不时'，时也。时，是也。笺云：周之德不光明乎？光明矣。天命之不是乎？又是矣。"叶采指出："《诗·大雅·文王》篇曰：'有周不显。'言周家岂不显乎？盖言其显也。苟直谓之不显，则是'以文害辞'。"（《近思录集解》）

【译文】

"不以文害辞"，"文"，就是文字的文。单举一个字就是文，完整的句子则是辞。《诗经》中如果有一个字在句子中解释不通，就要迁就辞意来说，例如"有周不显"，自然是写文章时理当如此。

3.47

看《书》须要见二帝三王[1]之道。如二典[2]，即求尧所以治民，舜所以事君。（《河南程氏遗书》卷二十四）

【注释】

〔1〕"二帝三王"，即唐尧、虞舜、夏禹、商汤、周文王。

〔2〕"二典"，即《尧典》《舜典》。

【译文】

读《尚书》，必须要体会到二帝三王的经世之道。比如读《尧典》

《舜典》，就去探求尧是如何治理百姓的，舜是如何事奉君长的。

3.48

《中庸》之书，是孔门传授，成于子思、孟子。其书虽是杂记，更不分精粗，一衮[1]说了。今之语道，多说高便遗却卑，说本便遗却末。（《河南程氏遗书》卷十五）

【注释】

〔1〕"一衮"，指混杂在一起。

【译文】

　　《中庸》这本书，是由孔门所传授下来的，成书于子思和孟子。这本书虽然是杂记，也不分精微和粗略，只是一股脑都说了。如今的人谈论圣贤之道，大多谈论高深之处就会遗弃浅近之处，谈论根本就会遗弃末端。

3.49

　　伊川先生《易传序》曰："易，变易也，随时变易以从道也[1]。其为书也，广大悉备，将以顺性命之理[2]，通幽明之故[3]，尽事物之情，而开物成务之道也[4]。圣人之忧患后世，可谓至矣。去古虽远，遗经尚存，然而前儒失意以传言，后学诵言而忘味。自秦而下，盖无传矣。予生千载之后，悼斯文之湮晦[5]，将俾后人沿流而求源，此《传》所以作也。'《易》有圣人之道四焉：以言者，尚其辞；以动者，尚其变；以制器者，尚其象；以卜筮者，尚其占。'[6]吉凶消长之理、进退存亡之道备于辞，推辞考卦，可以知变，象与占在其中矣。'君子居则观其象而玩其辞，动则观其变而玩其占'[7]，得于辞不达其意者有矣，未有不得于辞而能通其意者也。至微者，理也；至著者，象也。体用一源，显微无间[8]。观会通以行其典礼[9]，则辞无所不备。故善学者，求言必自近。易于近者，非知言者也。予所传者，辞也，由辞以得意，则在乎人焉。"（《河南程氏文集》卷八）

【注释】

〔1〕"易，变易也，随时变易以从道也"，据《周易·乾凿度》："'易'一名而含三义：所谓易也，变易也，不易也。"则"易"有三易：简易、变易和不易。三易适好对应道的体、用、象：道之体，乃是恒常的，故为不易；道之象，乃为时时变化的，故为变易；道之用，则"二气交感，化生万物"，可谓至简，故为简易。至于道，则可谓变而不变、不变而变。道者，为何？答曰：生生。就其运行而言，道时刻都在生生不已，乃是变化；就其本质而言，则道虽然运行不息，然而，其生生的本质却始终都未曾更改过，又是不变的。伊川先生的《易传》注重义理的阐述，将易道落实到人事上来，所以更加注重道之用。人世间的事，无一不是生生之道的体现，必然是时时都在变化着的，故而，惟有做到"随时变易"，方能"从道"。这就是伊川先生注重"易"的变易一义的原因。

〔2〕"顺性命之理"，语自《周易·说卦》："昔者圣人之作《易》也，将以顺性命之理。是以立天之道，曰阴与阳；立地之道，曰柔与刚；立人之道，曰仁与义。"

〔3〕"通幽明之故"，语本《周易·系辞上》："《易》与天地准，故能弥纶天地之道。仰以观于天文，俯以察于地理，是故知幽明之故。原始反终，故知死生之说。"

〔4〕"开物成务"，了解事物之理，成就各种事业。语自《周易·系辞上》：子曰："夫《易》，何为者也? 夫《易》，开物成务，冒天下之道，如斯而已者也。"

〔5〕"斯文"，此处指《周易》的本意。"湮晦"，埋没，消失。

〔6〕"《易》有圣人之道四焉"云云，意为：《周易》含有圣人之道的四个方面：用以表述的，崇尚它的言辞；用以行动的，崇尚它的变化；用以制作器具的，崇尚它的卦象；用以卜筮的，崇尚它的占卜原理。语自《周易·系辞上》。

〔7〕"君子居则观其象"云云，意为：君子平时居处就观察其中的卦象而体味卦辞，有所行动就观察其中的变化而玩味占筮。语自《周易·系辞上》。

〔8〕"至微者，理也；至著者，象也。体用一源，显微无间"，此处所讲的"体"与"用"、"显"与"微"，其实即是"理"与"象"：

　　无是"理"便无是"象"，反之，有是"理"则必有是"象"。故知，"理"与"象"不二，"象"是"理"的载体，故为"用"；"理"是"象"的根本，故为"体"。"理"本于道体所涵有的生生之理，"象"本于道体所涵有的生生之气。"理"与"象"有着同一个本源，这个本源就是道体，所以说"体用一源"。

　　"至微者，理也；至著者，象也"，"显"的是"象"，"微"的是"理"，"象"是"理"的载体，"理"是"象"的根本，两者本一，间不容发，所以说"显微无间"。

〔9〕"观会通以行其典礼"，语自《周易·系辞上》："圣人有以见天下
之动，而观其会通，以行其典礼。"

【译文】

伊川先生在《易传序》中说："易，是变易的意思，随着时势
变易，以顺从于道。《周易》作为一部书，广博宏大，无所不备，
是为了顺应性命的道理，通达幽明的事理，穷尽事物的实情，从
而指示开物成务的道理。圣人对后世的忧患，可以说是到了极致。
现在距离古代虽然遥远，但圣人遗留下来的经书还存在着，然而，
先儒们不解经书的本意而仅仅传下了言辞，后学们只是诵读言辞
而忘却了其中的意味。从秦朝以来，大概就没有传承了。我出生
在千年之后，悼惜《周易》的本意湮没无闻，想让后人能够沿着
河流去追溯源头，这就是写作《易传》的原由。'《易》有圣人之
道四焉：以言者，尚其辞；以动者，尚其变；以制器者，尚其象；
以卜筮者，尚其占。'吉凶消长的规律、进退存亡的道理，全都包
含在言辞之中，推究言辞考察卦义，就可以知道变化的规律，意
象和占卜也都在其中。'君子居则观其象而玩其辞，动则观其变而
玩其占'，理解了言辞而不能够通达其中深意的情况是有的，却从
没有不理解言辞而能够通达其中深意的情况。极其幽微的，是理；
极其显著的，是象。体与用出于同一个本源，显著和幽微之间没
有间隔。观察会合、变通之处，从而施行典法礼仪，《易经》的言
辞已经是无所不备了。所以，善于学习的人，考求言辞的深意一
定从浅近的地方开始。轻视浅近的人，就是不知言的人。我所作
传的，只是《周易》的言辞，能否通过言辞而体会其中的深意，
则在于个人了。"

3.50

伊川《答张闳中〔1〕书》曰：“《易传》未传，自量精力未衰，尚觊有少进尔。来书云‘《易》之义本起于数’〔2〕，谓义起于数，则非也。有理而后有象，有象而后有数。《易》因象以明理，由象而知数。得其义，则象数在其中矣。（本注：理，无形也，故因象以明理。理既见乎辞矣，则可由辞以观象。故曰：‘得其义，则象数在其中矣。’）必欲穷象之隐微，尽数之毫忽，乃寻流逐末，术家之所尚，非儒者之所务也。”（《河南程氏文集》卷九）

【注释】

〔1〕张闳中，其人不详。有以为二程弟子者，不知何据。

〔2〕“《易》之义本起于数”，“义”，义理；“数”，指阴阳数、爻数。论《易》者，分为义理、象数两大派，义理派以探究《易》理为本，象数派则以象数预测、占卜等为主。究其本，则无论是象，还是数，全都本于理。张闳中却认为“《易》之义本起于数”，误也。故而，伊川先生回信指出他的错误。

【译文】

伊川先生在《答张闳中书》中说：“我的《易传》还没有传示给他人，是因为我自己觉得精力还没有衰退，还希望能够有少许的进步。你在来信中说‘《易》之义本起于数’，说《周易》的义理产生于数，则是不对的。有理之后才有象，有象之后才有数。《易经》是通过象来表明理，通过象来了解数。明白了其中的义理，那么象数也就在其中了。（本注：理，是无形的，所以需要通过象来明理。理既然体现在言辞上，那就可以通过言辞来观察象了。所以说：'明白了其中的义理，那么象数也就在其中了。'）必定要去探究象的隐微之处，穷尽数的毫厘之差，乃是弃源寻流、舍本逐末，这是术数家们所崇尚的，不是儒者所该做的。"

3.51

知时识势，学《易》之大方也。（《周易程氏传·夬》）

【译文】

认识时势，是学习《易经》的根本方法。

3.52

《大畜》初、二，乾体刚健而不足以进；四、五，阴柔而能止。时之盛衰，势之强弱，学《易》者所宜深识也。（《周易程氏传·大畜》）

【译文】

《大畜》卦的初九、九二二爻，位于下卦乾卦，体性刚健而时势不足以有所上进；上面有六四、六五两个阴爻能够畜止他们。时势的强盛和衰弱，是学习《周易》的人所应当深入思考的。

3.53

诸卦二、五，虽不当位[1]，多以中[2]为美；三、四，虽当位，或以不中为过。中常重于正[3]也。盖中则不违于正，正不必中也。天下之理，莫善于中，于九二、六五可见。(《周易程氏传·震》)

【注释】

〔1〕"当位"，《周易》将六爻的位置，按照单数和双数分为阴阳：一、三、五为阳位，二、四、六是阴位。阳爻位于阳位，阴爻位于阴位，即为当位。反之，则为不当位。"二、五""不当位"，则知是九二和六五，因为二是阴位，而九二却是阳爻；五是阳位，六五却是阴爻。

〔2〕"中"，即上下卦的中位，也就是五位和二位。五是上卦之中，二是下卦之中。

〔3〕"正"，即当位。当位即正，不当位便不正。

【译文】

各卦的二爻、五爻，即使是不当位，也大多会因为处于中位而为善；三爻、四爻，即使是当位，或许会因为不处于中位而为过。中常常比正更重要。因为中就不会违背于正，而正却不一定中。天下的道理，没有比中更好的了，从九二和六五就可以看出来。

3.54

问："胡先生[1]解九四作太子，恐不是卦义。"先生云："亦不妨，只看如何用。当储贰[2]则做储贰使。九四近君，便作储贰亦不害，但不要拘一。若执一事，则三百八十四爻，只作得三百八十四件事便休了。"

(《河南程氏遗书》卷十九)

【注释】

〔1〕胡先生，即胡瑗（993—1059），字翼之，学者称安定先生，与孙
　　复、石介并称宋初三先生，著有《周易口义》《洪范口义》等，
　　伊川先生业师。

〔2〕"储贰"，储副，太子。

【译文】

　　有人问："胡先生将《乾》卦的九四解作为太子，恐怕不是卦
的本义。"伊川先生说："也不妨碍，只是看怎么用。如果从太子的
角度，就当作太子来看。九四靠近象征君王的九五，就看作是太子
也没有妨碍，但是不要拘泥于一件事。如果执着于一件事，那么，
三百八十四爻仅仅作为三百八十四件事来看就罢了。"

3.55

　　看《易》且要知时。凡六爻，人人有用。圣人自有圣人用，贤人自
有贤人用，众人自有众人用，学者自有学者用，君有君用，臣有臣用，
无所不通。因问："《坤》卦是臣之事，人君有用处否？"先生曰："是何无
用？如'厚德载物'〔1〕，人君安可不用？"（同上条）

【注释】

〔1〕"厚德载物"，增厚德行，承载万物。语自《周易·坤·大象传》：
　　"地势坤，君子以厚德载物。"

【译文】

　　读《易经》需要懂得因时而异。凡是六爻，人人都有用。圣人自有圣人的用处，贤人自有贤人的用处，众人自有众人的用处，学者自有学者的用处，君主有君主的用处，臣子有臣子的用处，没有不通达的。于是有人问："《坤》卦讲的是臣子的事，对于人君来说，也有用处吗？"伊川先生说："怎么就没有用了呢？例如'厚德载物'，人君怎么能够不用呢？"

3.56

《易》中只是言反复、往来、上下。(《河南程氏遗书》卷十四)

【译文】

　　《周易》中只是讲论阴阳反复、往来、上下的道理。

3.57

作《易》，自天地幽明，至于昆虫草木微物，无不合。(《河南程氏外书》卷七)

【译文】

　　圣人作《周易》，从天地的幽明变化，以至于昆虫、草木等细微之物，没有不相吻合的。

3.58

今时人看《易》，皆不识得《易》是何物，只就上穿凿。若念得不熟，与就上添一德亦不觉多，就上减一德亦不觉少。譬如不识此兀子[1]，若减一只脚，亦不知是少；若添一只，亦不知是多。若识，则自添减不得也。（《河南程氏外书》卷五）

【注释】

〔1〕"兀子"，杌子，即小矮凳。

【译文】

今天的人读《易经》，都不知道《易经》究竟是什么，只是在上面穿凿附会。如果读得不够纯熟，就上面添加一种意思也不觉得多，就上面减少一种意思也不觉得少。就像不认识这个杌子，如果减去一只脚，也不知道是少了；如果添加一只脚，也不知道是多了。如果认识，就自然添减不得了。

3.59

游定夫问伊川"阴阳不测之谓神"[1]，伊川曰："贤是疑了问，是拣难底问？"（《河南程氏外书》卷十二）

【注释】

〔1〕"阴阳不测之谓神"，阴阳的变化莫测就称作为神。语自《周易·系辞上》："极数知来之谓占，通变之谓事，阴阳不测之

谓神。"

【译文】

游酢问伊川先生何谓"阴阳不测之谓神"，先生反问他："你是有
了疑问来问，还是挑难懂的来问？"

3.60

伊川以《易传》示门人，曰："只说得七分，后人更须自体究。"（《河
南程氏外书》卷十一）

【译文】

伊川先生把自己写的《易传》出示给门人看，说："只说出了
《周易》义理的七分，后人还需要自己去体究。"

3.61

伊川先生《春秋传序》曰："天之生民，必有出类之才起而君长之，
治之而争夺息，导之而生养遂，教之而伦理明，然后人道立，天道成，
地道平[1]。二帝[2]以上，圣贤世出，随时有作，顺乎风气之宜，不先
天以开人，各因时而立政。暨乎三王迭兴，三重既备[3]，子、丑、寅之
建正[4]，忠、质、文之更尚[5]，人道备矣，天运周矣[6]。圣王既不复
作，有天下者，虽欲仿古之迹，亦私意妄为而已。事之谬，秦至以建亥
为正[7]；道之悖，汉专以智力持世[8]。岂复知先王之道也！夫子当周
之末，以圣人不复作也，顺天应时之治不复有也，于是作《春秋》，为

百王不易之大法。所谓'考诸三王而不谬，建诸天地而不悖，质诸鬼神而无疑，百世以俟圣人而不惑'〔9〕者也。先儒之传曰：'游、夏不能赞一辞。'〔10〕辞不待赞也，言不能与于斯耳。斯道也，惟颜子尝闻之矣，'行夏之时，乘殷之辂，服周之冕，乐则《韶》舞'〔11〕，此其准的也。后世以史视《春秋》，谓褒善贬恶而已。至于经世大法，则不知也。《春秋》大义数十，其义虽大，炳如日星，乃易见也；惟其微辞隐义，时措从宜者，为难知也。或抑或纵，或与或夺，或进或退，或微或显，而得乎义理之安、文质之中、宽猛之宜、是非之公，乃制事之权衡、揆道之模范也。〔12〕夫观百物，然后识化工之神；聚众材，然后知作室之用。于一事一义，而欲窥圣人之用心，非上智不能也。故学《春秋》者，必优游涵泳，默识心通〔13〕，然后能造其微也。后王知《春秋》之义，则虽德非禹、汤，尚可以法三代之治。自秦而下，其学不传。予悼夫圣人之志不明于后世也，故作《传》以明之，俾后之人通其文而求其义，得其意而法其用，则三代可复也。是《传》也，虽未能极圣人之蕴奥，庶几学者得其门而入矣。"（《河南程氏文集》卷八）

【注释】

〔1〕"治之而争夺息"至"地道平"云云，张伯行释曰："故为之制节谨度，以息其相争相夺之风，道在有以治之；为之播植佃渔，以遂其相生相养之业，道在有以导之；为之庠序学校，以尽其人伦物理之常，道在有以教之。三者具矣，建极秉彝而人道立，五气顺布而天道成，山川奠位而地道平。三极之道尽焉，非甚盛德，孰克当之！"（《近思录集解》）

〔2〕"二帝"，尧、舜。

〔3〕"三王迭兴，三重既备"，"三王"，夏禹、商汤、周文王；"迭"，

更替;"三重",《中庸》:"王天下有三重焉,其寡过矣乎!"而"三重"便是"非天子,不议礼,不制度,不考文"中的"议礼""制度""考文"。夏禹、商汤、周文三王更替兴起,议礼、制度、考文三重事务已经完备。

〔4〕"子、丑、寅之建正",夏代建寅,即以寅月(农历正月)为一年之始;商代建丑,即以丑月(农历十二月)为一年之始;周代建子,即以子月(农历十一月)为一年之始。天开于子,地辟于丑,人生于寅,夏商周三代,建寅、建丑、建子,分别对应了人、地、天,意味着天、地、人三才全都得正。

〔5〕"忠、质、文之更尚",叶采注:"夏尚忠,商尚质,周尚文,而人道备矣。"(《近思录集解》)

〔6〕"人道备矣,天运周矣",张伯行释曰:"天开于子,而周建子为天正;地辟于丑,而商建丑为地正;人生于寅,而夏建寅为人正。皆本三才为更始,则天运周矣。夏尚忠,商尚质,周尚文,皆本仁义为致用,则人道备矣。"(《近思录集解》)

〔7〕"事之谬,秦至以建亥为正",秦朝建亥,即以亥月(农历十月)为正月,与天、地、人三才皆不合,所以为谬误。

〔8〕"道之悖,汉专以智力持世","智力",即聪明和势力。汉朝崇尚智力,不崇尚忠、质、文,不合乎人道,所以为悖道。

〔9〕"考诸三王而不谬"云云,意为:考查夏、商、周三代圣王的制度而没有差错,立于天地之间而不违背天地之道,受到鬼神的质问也没有任何疑惑,百世之后等到圣人出现也没有迷惑的地方。语自《中庸》。

〔10〕"游、夏不能赞一辞",子游、子夏等不能参与一句话。语本《史记·孔子世家》:"至于为《春秋》,笔则笔,削则削,子夏之徒不能赞一辞。"

〔11〕"行夏之时"云云，意为：推行夏代的历法，乘坐商代的车，戴周代的冕，乐则取法于舜时的《韶》舞。语自《论语·卫灵公第十五》：颜渊问为邦，子曰："行夏之时，乘殷之辂，服周之冕，乐则《韶》舞。放郑声，远佞人。郑声淫，佞人殆。"

〔12〕"《春秋》大义数十"至"揆道之模范也"云云，"揆"，法度。张伯行释曰：《春秋》之大义可炳见者，诛乱臣，讨贼子，尊内攘外，贵王贱霸，扶阳抑阴，如此之类，不过数十，乃易见耳。唯其迹有所嫌，不得不微其辞，辞微而未尝不显；事有所讳，不得不隐其义，义隐而愈所以彰。以时措之，悉合乎宜。此非明晓通贯，不能深知其意也。盖《春秋》史外传心之要典，或有功宜扬而反抑之，或有罪宜诛而反纵之，或功犹未就而先予之，或恶犹未著而先夺之，或本尊也而故退之，或本卑也而故进之，或婉其辞，或章其实。要以酌义理之安，而无偏无陂；参文质之中，而不华不俚；剂宽猛之宜，而无过不及；存是非之公，而无毁无誉。一时轻重之权衡，由此而准；万世轨则之模范，由此而立。乃真经世大法，而仅以史视之，可乎？"（《近思录集解》）

〔13〕"默识心通"，默默体会而得以心中通达。

【译文】

　　伊川先生在《春秋传序》中说："上天生育了万民，必定会有出类拔萃的英才出来领导他们，治理他们而使得争夺平息，引导他们而使得生养顺利，教导他们而使得伦理明白，然后人道得以确立，天道得以成就，地道得以平定。尧、舜二帝以上，圣贤世代都会出现，他们顺应时代有所作为，随顺于当时的风气，从不在时机不成熟的情况下开导众人，各自遵循时代的特征制定政策。到了夏禹、商汤、周文三王更替兴起，礼仪、制度、考文三重事务已经完备，依据子、丑、寅来确定正月，依次崇尚忠诚、质朴、文采，人道就此完备，天运也已周全。从此以后，圣王不再兴起，拥有天下的人，虽然想要模仿古代圣王的事迹，也只是私意妄为罢了。事情的谬误，秦代竟至于以亥月为正月；人道的悖乱，汉代专门以智力把持天下。哪里还懂得先王治世的道理啊！孔子出生于周代末期，考虑到圣人不再兴起，顺应天时的治道不会再有，于是写作了《春秋》，为后代帝王树立不可更改的根本法则，这就是所谓的'考诸三王而不谬，建诸天地而不悖，质诸鬼神而无疑，百世以俟圣人而不惑'。先儒们传言说：'游、夏不能赞一辞。'言辞不需要他们参与，是说他们没有能力参与这件事。《春秋》之道，只有颜子曾经听闻过，'行夏之时，乘殷之辂，服周之冕，乐则《韶》舞'，这就是《春秋》的准则。后世的人把《春秋》视作为历史，说只是讲述褒奖善良惩罚邪恶的书而已，至于其中所蕴含的经世大法，则不知道了。《春秋》大义有十数条，意义虽然重大，可就像日月星辰一般明亮，乃是显而易见的；只是其中的微言大义、因时制宜，却是很难明了的。或贬抑或放任，或赞誉或抨击，或鼓励或批评，或隐微或显著，而全都能够合乎义理、文质适中、宽猛适宜、是非公正，乃是裁制事务的权衡、遵循天道的模范。观察天地间的万物，然后才认识天地造化的神妙；聚集众多的材料，然后才知道它们在建造房屋时的用处。在一件事一个道理上，就想要窥探圣人的用心，不是上智之人是做不到的。所以，学习《春秋》的人，必须要悠然自得、沉潜玩味，默默体会而内心通达，然后才能够抵达其中的幽微之处。后世君王明白了《春秋》大义之后，则虽然德行不如禹、汤，也还是可以效法三代的治理。自秦朝而下，《春秋》之学不再传续。我悼惜圣人的心志不能够明晓于后世，所以写作了《春秋传》加以阐明，以使得后世之人能够通达《春秋》的文辞而探求其中的大义，理解其中的深意而效法圣人的功用，那么，三代之治也是可以恢复的。这部《春秋传》，虽然还没有能够穷极圣人文辞中所蕴藏的深奥义理，可是，学者差不多可以通过它找到学习《春秋》的门径。"

3.62

《诗》《书》，载道之文；《春秋》，圣人之用。《诗》《书》如药方，《春秋》如用药治病。圣人之用，全在此书，所谓"不如载之行事深切著明"〔1〕者也。有重叠言者，如征伐、盟会之类。盖欲成书，势须如此，不可事事各求异义，但一字有异，或上下文异，则义须别。（《河南程氏遗书》卷二上）

【注释】

〔1〕"不如载之行事深切著明"，不如通过记载具体的事件来阐述更加深刻显著。语本《史记·太史公自序》："子曰：我欲载之空言，不如见之于行事之深切著明也。"

【译文】

《诗经》《尚书》，都是载道的文字；《春秋》，则是圣人的功用。《诗经》《尚书》就好像是药方，《春秋》则像是用药来治病。圣人的功用，全都在《春秋》这部书中，这就是所谓的"不如载之行事深切著明"。其中有重复讲的，如征伐、盟会之类。想要写成一部书，势必就会如此，不可以在每件事上都要探求出不同的意义，可是，有一个字不同，或是上下文不同，意义就肯定会有所不同。

3.63

五经之有《春秋》，犹法律之有断例[1]也。律令唯言其法，至于断例，则始见其法之用也。（同上条）

【注释】

〔1〕"断例"，断案的案例。

【译文】

　　五经中有了《春秋》，就像法律有了断案的案例一样。律令只是讲了法度，至于断案的案例，才可以看见法度的运用。

3.64

学《春秋》亦善，一句是一事，是非便见于此。此亦穷理之要。然他经岂不可以穷理？但他经论其义，《春秋》因其行事，是非较著，故穷理为要。尝语学者且先读《论语》《孟子》，更读一经，然后看《春秋》。先识得个义理，方可看《春秋》。《春秋》以何为准？无如中庸。欲知中庸，无如权。须是时而为中，若以手足胼胝[1]、闭户不出[2]二者之间取中，便不是中。若当手足胼胝，则于此为中；当闭户不出，则于此为中。权之为言，秤锤之义也。何物为权？义也，时也。只是说得到义，义以上更难说，在人自看如何。（《河南程氏遗书》卷十五）

【注释】

〔1〕"手足胼胝"，手掌和脚掌全都磨出厚厚的皮。语见《庄子·让

王》："曾子居卫，缊袍无表，颜色肿哙，手足胼胝。"后世常以此意表达大禹治水的辛劳。

〔2〕"闭户不出"，喻置之不理。语本《孟子·离娄下》："今有同室之人斗者，救之，虽被发缨冠而救之，可也。乡邻有斗者，被发缨冠而往救之，则惑也，虽闭户可也。"

【译文】

学习《春秋》也很好，一句话就是一件事，是非就在这件事上看出来。这也是穷究义理的关键。然而，其他经书难道不可以穷究义理吗？只是其他经书讲论义理，《春秋》则遵循义理去做事，是非比较显著，所以是穷究义理的关键。我曾经跟学习的人说，先去读《论语》《孟子》，再读一部经书，然后再读《春秋》。先认识到义理，才可以读《春秋》。《春秋》以什么为准则？没有比中庸更好的了。想要明白中庸，没有比权更好的了。必须是时时都做到中节，如果在手足胼胝和闭户不出两者之间取中，那就不是中。如果应当手足胼胝时，就当以手足胼胝为中；应当闭户不出时，就当以闭户不出为中。所谓权，就是秤砣的意思。什么是权？符合义，顺应时，就是权。只能说得到义，从义向上就很难说了，在于个人自己如何看待。

3.65

《春秋》，传为按，经为断。（本注：又云："某年二十时，看《春秋》，黄聱隅[1]问某如何看，某答曰：'以传考经之事迹，以经别传之真伪。'"）（同上条）

【注释】

〔1〕黄聱隅，黄晞，字景微，自号聱隅子，建安人。

【译文】

《春秋》，传文是按语，经文是断语。（本注：又说："我二十岁时，读《春秋》，黄晞问我怎么看待经文和传文，我答道：'用传文去考察经文所说的事迹，用经文去辨别传文所载事迹的真假。'"）

3.66

凡读史，不徒要记事迹，须要识治乱安危、兴废存亡之理。且如读《高帝》一纪〔1〕，便须识得汉家四百年始终治乱当如何，是亦学也。（《河南程氏遗书》卷十八）

【注释】

〔1〕"《高帝》一纪"，即《史记·高祖本纪》。

【译文】

凡是读史书，不要只是记住历史事件，必须要认识到治乱安危、兴废存亡的道理。比如说读《高祖本纪》，就需要认识到汉朝四百年的始终治乱应当会如何，这也是学习。

3.67

先生每读史到一半，便掩卷思量，料其成败，然后却看。有不合处，又更精思。其间多有幸而成，不幸而败。今人只见成者便以为是，败者便以为非，不知成者煞有不是，败者煞有是底。(《河南程氏遗书》卷十九)

【译文】

伊川先生读史书，常常读到一半，就会合起书本开始思量，去预料结果的成败，然后再看。有与预料不合的地方，就再去深思。其中有许多出于侥幸而成功的，也有遭遇不幸而失败的。现在的人只看到成功的就认为是对的，失败的就认为是不对的，不知道成功的有很多是不对的，失败的却有很多是对的。

3.68

读史，须见圣贤所存治乱之机，贤人君子出处进退，便是格物。(同上条)

【译文】

阅读史书，要能看到圣贤所把握的治乱的时机，以及贤人、君子的出处进退之道，这就是格物。

3.69

元祐[1]中，客有见伊川者，几案间无他书，惟印行《唐鉴》[2]一部。先生曰："近方见此书，三代以后，无此议论。"(《河南程氏外书》卷十二)

【注释】

〔1〕"元祐"，北宋哲宗年号，1086—1094 年。

〔2〕《唐鉴》，十二卷编年体史书，范祖禹著。范祖禹（1041—1098），
字淳甫，成都华阳人，曾任《资治通鉴》编修官之一。据《河南
程氏遗书》："范淳夫尝与伊川论唐事，及为《唐鉴》，尽用先生
之论。先生谓门人：'淳夫乃能相信如此。'"可见，《唐鉴》之撰
得益于伊川先生处当不少。

【译文】

元祐年间，有客人来拜见伊川先生，见到先生的几案上没有别的
书，只有一部印行的《唐鉴》。先生说："近来才看到这部书，三代以
来，没有这样的议论。"

3.70

横渠先生曰："《序卦》[1] 不可谓非圣人之缊[2]。今欲安置一
物，犹求审处，况圣人之于《易》。其间虽无极至精义，大概皆有意
思。观圣人之书，须布遍细密如是。大匠岂以一斧可知哉！"（《横渠易
说·序卦》）

【注释】

〔1〕《序卦》，解释《易经》的十翼（十篇文章）之一。所谓十翼，即
文言、《彖传》上下、《象传》上下、《系辞传》上下、《说卦》、
《序卦》、《杂卦》，传为孔子研究《易经》后所作，后世学人疑

之，甚或认为十翼与孔子全然无关。然而，观其大意，则可见其中散落着孔子的言辞，故知十翼当为孔门弟子或后世弟子所作，并不出孔子学问范围。

〔2〕"缊"，蕴，意蕴。

【译文】

横渠先生说："《序卦》不可以说不是圣人的意蕴。如今想要安放一个事物，还要审慎处理，何况是圣人对于《易经》了。《序卦》中虽然没有极致的精深义理，但大致说来都是有意思的。读圣人的书，需要像这样全面细密。大匠怎么能够根据一斧子就知道呢！"

3.71

"天官之职〔1〕，须襟怀洪大方看得。盖其规模至大，若不得此心，欲事事上致曲〔2〕穷究，凑合此心，如是之大，必不能得也。释氏锱铢天地〔3〕，可谓至大，然不尝为大，则为事不得。若畀〔4〕之一钱，则必乱矣。"又曰："太宰之职〔5〕难看，盖无许大心胸包罗，记得此，复忘彼。其混混天下之事，当如捕龙蛇、搏虎豹，用心力看方可。其他五官便易看，止一职也。"（《经学理窟·周礼》）

【注释】

〔1〕"天官之职"，《周礼》分天、地、春、夏、秋、冬六官：天官冢宰、地官司徒、春官宗伯、夏官司马、秋官司寇，冬官司空亡佚，后世以《考工记》补之。关乎"天官冢宰"，郑玄释曰："象

天所立之官。冢，大也。宰者，官也。天者，统理万物，天子立冢宰，使掌邦治，亦所以总御众官，使不失职。不言司者，大宰总御众官，不主一官之事也。"

〔2〕"致曲"，"致"，推致；"曲"，一偏。由一面推扩开去。

〔3〕"释氏锱铢天地"，"释氏"，即佛教；"锱"，古代重量单位，一两的四分之一；"铢"，亦古时重量单位，一两的二十四分之一。"锱铢"，指很小的东西。"锱铢天地"，就是说在锱铢之中含有天地之大。这是佛家善于运用的说法。最典型的莫过于芥子纳须弥：《维摩诘经·不思议品》："诸佛菩萨有解脱名不可思议，若菩萨住是解脱者，以须弥之高广纳芥子中，无所增减，须弥山王本相如故，而四天王、忉利诸天，不觉不知己之所入，唯应度者，乃见须弥入芥子中，是名不可思议解脱法门。"

〔4〕"畀"，给予。

〔5〕"太宰之职"，含"掌建邦之六典（即治典、教典、礼典、政典、刑典、事典），以佐王治邦国"，等等。详见《周礼·天官冢宰第一》。

【译文】

"天官之职，必须要有弘大的胸襟才能够看得明白。因为它的规模极其博大，如果没有弘大的心量，想要在事事上都致曲穷究，而凑合成这样弘大的心量，必定是不可能做到的。佛家说锱铢之中含有天地，可以说是很大了，然而他们不曾真正做过大事，所以做不了事。如果给他们一个铜钱那么大的事，必定就会乱了。"又说："太宰一职很难懂，因为如果没有博大的心胸包罗一切，就会记得这个，忘了那个。天下的事混乱复杂，应当像捕捉龙蛇、搏击虎豹一样，用尽心力去理解才可以。其他五种官职就比较容易理解了，都只是一个职能罢了。"

3.72

古人能知《诗》者，唯孟子，为其以意逆志[1]也。夫诗人之志至平易，不必为艰嶮求之。今以艰嶮求《诗》，则已丧其本心[2]，何由见诗人之志？（本注：诗人之情性温厚、平易、老成，本平地上道着言语，今须以崎岖求之，先其心已狭隘了，则无由见得。诗人之情本乐易，只为时事拂着他乐易之性，故以诗道其志。）（《经学理窟·诗书》）

【注释】

〔1〕"以意逆志"，以自己的心意去推求诗人的心志。语自《孟子·万章上》："说《诗》者，不以文害辞，不以辞害志。以意逆志，是为得之，如以辞而已矣。"

〔2〕"本心"，指读书时应有的平和之心。

【译文】

古人中能够理解《诗经》的，只有孟子，因为他能够"以意逆志"。诗人的心志原本极其平易，不需要用艰深的思路去推求。如今用艰深的思路去推求《诗经》，那就已经丧失了自己的本心，又如何能够了解诗人的心志？（本注：诗人的性情温厚、平易、老成，本来是在平地上说着话，如今却要在崎岖艰险中去探求，自己的心已经先狭隘了，那就无从了解诗人的心志了。诗人的性情原本安乐平易，只是因为当时的事触动了他安乐平易的性情，所以用诗抒发自己的心志。）

3.73

《尚书》难看，盖难得胸臆[1]如此之大。只欲解义，则无难也。
（同上条）

―――――――――――――――――――――――――

〔1〕"胸臆"，胸怀。

【译文】

《尚书》很难读懂，因为难得有如此博大的胸怀。如果只是想理解文义，那也没有难度。

3.74

读书少，则无由考校得义精。盖书以维持此心，一时放下，则一时德性有懈。读书则此心常在，不读书则终看义理不见。（《经学理窟·义理》）

―――――――――――――――――――――――――

【译文】

书读得少，那就没有办法考究得义理精纯。读书可以用来维持人心，一时把书放下，一时在德性修养上就会有所懈怠。读书则这个心常在，不读书则终究认识不到义理。

3.75

书须成诵，精思多在夜中，或静坐得之。不记则思不起。但通贯得

大原[1]后，书亦易记。所以观书者，释己之疑，明己之未达，每见每知新益，则学进矣。于不疑处有疑，方是进矣。（同上条）

【注释】

〔1〕"大原"，根源。

【译文】

　　读书必须能够背诵，精深的思考大多在夜里，或是在静坐的时候。不记得就思考不起来。只要贯通了根本主旨之后，书也容易记得。之所以读书，是为了消除自己的疑惑，明白自己还不明白的地方，每次读书都能知道有新的受益，学习也就进步了。在原先没有疑问的地方产生疑问，才是学习有进步。

3.76

　　六经须循环理会，义理尽无穷。待自家长得一格，则又见得别。（同上条）

【译文】

　　六经需要循环反复的去体会，其中的义理无有穷尽。等到自己的水平提升一个等级，就又会有不一样的见解。

3.77

　　如《中庸》文字辈，直须句句理会过，使其言互相发明。（《经学理

窟·学大原下》)

【译文】

　　像《中庸》这样的文字，必须要一句一句的去体会，让其中的言辞能够互相发明。

3.78

　　《春秋》之书，在古无有，乃仲尼所自作，惟孟子能知之。非理明义精，殆未可学。先儒未及此而治之，故其说多凿。(《横渠文集》)

【译文】

　　《春秋》这本书，孔子之前是没有的，乃是孔子自己所作，只有孟子能够理解。如果不是对义理明晓精通的人，大概是不可以学习的。先儒们没有达到这个地步而去解读《春秋》，所以他们的解说大多是穿凿附会。

卷四

存养

卷四　存养

（凡七十条）

【题解】

朱子论本卷纲目曰："存养。"叶采本于朱子之说而略作阐述，曰："此卷论存养。盖穷格之虽至，而涵养之不足，则其知将日昏，而亦何以为力行之地哉？故存养之功，实贯乎知行，而此卷之编，列乎二者之间也。"(《近思录集解》)叶采明确指出本卷列于知与行之间，则对应《大学》八目来看，本卷应当对应着诚意、正心。这一点，茅星来也意识到了，他说："存养，谓存心养性也。此与第五卷皆《大学》诚意、正心、修身功夫也，而此卷则以涵养于平日者言之。"(《近思录集注》)本卷所对应者，正为《大学》诚意、正心二目。存养乃是为了意诚、心正。且《大学》所揭示的诚意工夫——慎独，亦正在本卷中（4.30、4.41）。

意诚、心正不是物格、知至而后的自然之事，而是需要日益存养的，存养得娴熟之后，方能意诚。而存养的方法，则在于持敬。诸位略略用心，即可发现本卷所讲的便是"敬以直内"，便是对"涵养须用敬"一语的集中诠释。抓住了一个敬字，也就把握住了本卷的核心。概而言之，本卷从五个方面阐述了敬字：

其一，敬的重要性。"入道莫如敬，未有能致知而不在敬者"（4.25），"敬胜百邪"（4.38），"只此（指敬）便是学"（4.22），等等。

其二，入敬之法。一则曰"惟是动容貌，整思虑，则自然生敬"（4.44），"严威俨恪，非敬之道，但致敬须自此入"（4.49）也是此意。二则曰"慎言语、不妄发，此却可着力"（4.57）。三则曰"静坐"，"伊川每见人静坐，便叹其善学"（4.63）。四则曰"以己心为严师"，"正心之始，当以己心为严师。凡所动作，则知所惧"（4.67）。

其三，持敬之方。入得了敬，还要能够持敬，持敬之方有三：一曰慎独，"惟慎独便是守之之法"（4.30），"有天德便可语王道，其要只在慎独"（4.41）。二曰闲邪，"闲邪则诚自存"（4.44），"闲邪则固一矣"（4.45）。三曰寡欲，"致知在所养，养知莫过于'寡欲'二字"（4.60）。三者之中，又以慎独最为根本，但能慎独，则邪念自然不生、私欲自然不起。当然，闲邪与寡欲，对于常人而言，则更易入手，有个着力处。持敬的工夫一定要严密，不能留有缝隙，"只外面有些隙罅，便走了"（4.34）。

其四，持敬之效。持敬自有其成效，其效颇多，然而，根本之效则在于：心中有主。心中无主，则思虑纷扰，不能驱除。关于此点，本卷有两个比喻，极为生动：一、"正如破屋中御寇，东面一人来，未逐得，西面又一人至矣。左右前后，驱逐不暇"（4.10）。二、"正如一个翻车，流转动摇，无须臾停"（4.21）。正因为此，心中务必要有个主，持敬之后，以敬为心作主，则"使他思时方思"（4.55），则知道止于当止之处（4.53、4.69），则可使"物各归物"（4.27、4.53），如此则距离入于圣人之道，便已是近在咫尺了。

其五，修敬之病。修敬不可急迫，急迫则容易生出二病：一者助长，也就是刻意去恭敬，最终落得个"恭而无礼则劳"，而"心不安乐"（4.16、4.17）。二者拘束，急于修敬，自然就会拘束，然而拘束了往往就会难以持久。"学者须恭敬，但不可令拘迫，拘迫则难久也。"（4.51）

最后，笔者拟对敬再作一个统述：

敬，即是"主一"。"一"，就是"无欲"（4.1），就是"无适"（4.48）。"无欲"即没有私欲，"无适"即没有趋向。"无欲"自然"无适"，"无适"也自然"无欲"，"无欲""无适"，两者的意义是统一的。"主一"就是以"无欲""无适"为主，"无欲""无适"则心无牵挂、空空如也，"心不可有一事"（4.24），有一事便不是"无欲""无适"。由此可知，处于心无牵挂、空空如也的状态，便是"主一"，便是敬。

当然，虽然"无欲""无适"是心无牵挂、空空如也的状态，但心却又不是真的空无，如果是真的空无，那就陷入了顽空，人便成了顽石、枯木。在这时，心虽然了无牵挂，空空如也，然而，正因为心空空如也，而给天理流淌留下了空间，于是，天理便流淌在其中。心不空，天理便无从流淌在其中。这就是"去人欲，存天理"，人欲不去，心便不得空，心不得空，天理便无从进入，也就不能存。

由此可知，"主一"其实便是主于天理，而敬，便是存得个天理。"人只有一个天理，却不能存得，更做甚人也？"（4.26）也正因为敬是存得个天理，所以，不会着空而陷入顽空。阳明先生有云：

"一者，天理。主一是一心在天理上。若只知主一，不知一即是理，有事时便是逐物，无事时便是着空。惟其有事无事，一心皆在天理上用功，所以居敬亦即是穷理。就穷理专一处说，便谓之居敬；就居敬精密处说，便谓之穷理。却不是居敬了别有个心穷理，穷理时别有个心居敬。名虽不同，功夫只是一事。就如《易》言'敬以直内，义以方外'，敬即是无事时义，义即是有事时敬。"（《传习录》）

只此便是儒门之学的根本处。诚如明道先生所谓，只敬便是彻上彻下。我人修习儒门之学，岂能不持敬乎？

4.1

或问："圣可学乎？"濂溪先生曰："可。"曰："有要乎？"曰："有。""请问焉？"曰："一为要。一者，无欲也[1]。无欲，则静虚、动

直〔2〕。静虚则明，明则通；动直则公，公则溥〔3〕。明、通、公、溥，庶矣乎！"（《通书·圣学第二十》）

【注释】

〔1〕"一为要。一者，无欲也"，"一"，主一；主一，则"无欲也"。濂溪先生《太极图说》："圣人定之以中正仁义，而主静。"其自注曰："无欲故静。"则知主一，其实即是主静。故知，主一便是率性而为。详见 1.1 注 13。

〔2〕"无欲，则静虚、动直"，没有私欲，心不会为外物所诱惑而了无牵挂，故"静虚"；没有私欲，念念合乎天理，时时率性而为，故"动直"。

〔3〕"静虚则明"云云，"溥"，广大。张伯行释曰："静虚则心无障蔽而明，明则于事物之理无不融彻而通；动直则心无偏陂而公，公则于远迩之间无不周遍而溥。"（《近思录集解》）

【译文】

　　有人问："圣人可以通过学习而成就吗？"濂溪先生答道："可以。"又问："有要领吗？"先生答道："有。""请问这个要领是什么？"先生答道："主一是要领。所谓主一，就是没有私欲。没有私欲，就会心静而虚、行为正直。心静而虚则明智，明智则通达；行为正直则公平，公平则广大。明智、通达、公平、广大，也就差不多了。"

4.2

伊川先生曰："阳始生甚微，安静而后能长，故《复》之《象》曰：

'先王以至日闭关。'〔1〕"(《周易程氏传·复》)

【注释】

〔1〕"先王以至日闭关"，先代帝王在冬至这一天关闭城门。语自《周易·复·大象传》："雷在地中，复；先王以至日闭关，商旅不行，后不省方。"

【译文】

伊川先生说："阳气刚开始生发时非常微弱，安静之后才能生长，所以《复》卦的《大象传》说：'先王以至日闭关。'"

4.3

动息节宣〔1〕，以养生也；饮食衣服，以养形也；威仪行义，以养德也；推己及物，以养人也〔2〕。(《周易程氏传·颐》)

【注释】

〔1〕"动息节宣"，"息"，止；"宣"，散。运动、息止、节制、宣发。

〔2〕"推己及物"，乃是行仁的表现，包含着两个方面：一、自己所欲的，希望别人也能成就。"夫仁者，己欲立而立人，己欲达而达人。"(《论语·雍也第六》)二、自己所不欲的，则不施加给别人。仲弓问仁，子曰："出门如见大宾，使民如承大祭。己所不欲，勿施于人。在邦无怨，在家无怨。"(《论语·颜渊第十二》)

【译文】

　　动息适宜、节宣有度，用以养生；饮食和衣服，用以养形；仪容庄重、顺义而行，用以养德；将心比心、推己及人，用以养人。

4.4

　　"慎言语"，以养其德；"节饮食"，以养其体[1]。事之至近而所系至大者，莫过于言语、饮食也。（同上条）

【注释】

〔1〕"慎言语""节饮食"，言语谨慎，饮食节制。语自《周易·颐·大象传》："山下有雷，颐；君子以慎言语，节饮食。"

【译文】

　　"慎言语"，用以涵养性德；"节饮食"，用以保养身体。诸事之中，最为切近而又至关重要的，没有超过言语和饮食的了。

4.5

　　"震惊百里，不丧匕鬯"[1]，临大震惧，能安而不自失者，唯诚敬而已，此处震之道也。（《周易程氏传·震》）

【注释】

〔1〕"震惊百里，不丧匕鬯"，"匕"，勺、匙之类盛放食物的器皿；"鬯"，古时祭祀用的酒。天上打着响彻百里的雷，主祭的人却安然处之，手中的匕和鬯并没有因为震惊而失落。语自

《周易·震》卦辞："震来虩虩，笑言哑哑也，震惊百里，不丧匕鬯。"

【译文】

"震惊百里，不丧匕鬯"，面临巨大的震惊，能够安然处之而不惊慌失措的，只有真诚恭敬而已，这就是对待震惊的方法。

4.6

人之所以不能安其止者，动于欲也。欲牵于前而求其止，不可得也。故艮之道[1]，当"艮其背"。所见者在前，而背乃背之，是所不见也。止于所不见，则无欲以乱其心，而止乃安。"不获其身"，不见其身也，谓忘我也。无我则止矣。不能无我，无可止之道。"行其庭，不见其人"，庭除之间，至近也，在背则虽至近不见，谓不交于物也。外物不接，内欲不萌，如是而止，乃得止之道，于止为"无咎"也。[2]（《周易程氏传·艮》）

【注释】

〔1〕"艮之道"，艮，止；安止之道。

〔2〕本条是对《艮》卦卦辞的解说："艮其背，不获其身；行其庭，不见其人，无咎。"

【译文】

人之所以不能够安止于他所在的位置，是因为欲望的驱动。欲望在前面牵引着而想要安止下来，是不可能的。所以安止的道理，在于"艮其背"。所看到的在前面，而转过来背对着它，这样就看不见了。安止于看不见的状态，也就没有欲望来扰乱内心，故而能够安然居处。"不获其身"，看不见自己的身体，说的是忘掉自我。没有了自我，就能安止。不能够做到没有自我，也就没有可以安止的道理。"行其庭，不见其人"，在庭院之间，相距是最近的了，对于背对着的人而言，即使最近也看不见，说的是不与外物相交接。不与外物相交接，内在的欲望就不会萌发，这样安止，就是符合了安止的道理，于止而言，也就是"无咎"了。

4.7

明道先生曰："若不能存养[1]，只是说话。"（《河南程氏遗书》卷一）

【注释】

[1]"存养"，即存心养性。语本《孟子·尽心上》：孟子曰："尽其心者，知其性也；知其性，则知天矣。存其心，养其性，所以事天也；夭寿不贰，修身以俟之，所以立命也。"

【译文】

明道先生说："如果不能够存心养性，就只是闲说话。"

4.8

圣贤千言万语，只是欲人将已放之心，约之使反复入身来[1]，自能寻向上去，"下学而上达"[2]也。（同上条）

【注释】

〔1〕"只是欲人将已放之心"云云，语本《孟子·告子上》：孟子曰：
"仁，人心也；义，人路也。舍其路而弗由，放其心而不知求。
哀哉！人有鸡犬放，则知求之；有放心而不知求。学问之道无
他，求其放心而已矣。"

〔2〕"下学而上达"，见2.94注3。

【译文】

圣贤的千言万语，只是想要人将已经放失的心收回来，让
它返归到身上来，这样自然能够向上去探求，这就是"下学而
上达"。

4.9

李籲〔1〕问："每常遇事，即能知操存〔2〕之意，无事时如何存养得
熟？"曰："古之人，耳之于乐，目之于礼，左右起居，盘盂几杖，有铭
有戒，动息皆有所养。今皆废此，独有理义之养心〔3〕耳。但存此涵养
意，久则自熟矣。'敬以直内'，是涵养意。"（同上条）

【注释】

〔1〕李籲，字端伯，洛阳缑氏（今偃师）人，二程先生门人。

〔2〕"操存"，"操"，执持；操持以存养。语本《孟子·告子上》：
"孔子曰：'操则存，舍则亡。出入无时，莫知其乡。'惟心之
谓与？"

〔3〕"理义之养心"，用义理来涵养心性。语本《孟子·告子上》：
　　　"至于心，独无所同然乎？心之所同然者，何也？谓理也，义
　　　也。圣人先得我心之所同然耳。故理义之悦我心，犹刍豢之悦
　　　我口。"

【译文】

　　李籲问："每次遇到事，就能明白操持存养的意思，可是，没事
时又如何存养得娴熟呢？"明道先生说："古时候的人，耳朵听着音
乐，眼睛看着礼仪，生活起居的左左右右，无论是盘、盂，还是几、
杖，都是或刻有铭文，或刻有警戒之言，动息之间全都有所涵养。
如今这一切都已废弃，只有用义理来涵养心性了。只要存有这个涵
养的心意，时间一久，自然也就娴熟了。'敬以直内'，就是涵养的
意思。"

4.10

　　吕与叔尝言患思虑多，不能驱除。曰："此正如破屋中御寇，东面
一人来，未逐得，西面又一人至矣。左右前后，驱逐不暇。盖其四面空
疏，盗固易入，无缘作得主定。又如虚器入水，水自然入。若以一器实
之以水，置之水中，水何能入来？盖中有主〔1〕则实，实则外患不能入，
自然无事。"（同上条）

【注释】

〔1〕"中有主"，指心中有主。如何才是心中有主？心中念念存个天
　　　理，即是有主。

【译文】

　　吕大临曾说，担心闲思杂虑太多，不能够驱除。明道先生说："这就像在破屋中抵御贼寇，东面来一个人，还没有赶走，西面又来了一个。前后左右，根本来不及驱逐。因为四面都是空疏的，贼寇当然容易进入，没有办法做得了主。又像把一个空的器皿放到水里，水自然就会进去。如果把一个器皿装满了水，再放到水中，水又如何能够进得去？心中有主就会充实，充实则外面的祸患便不能够进入，自然也就没有事了。"

4.11

　　邢和叔[1]言："吾曹[2]常须爱养精力，精力稍不足则倦，所以临事皆勉强而无诚意。"接宾客语言尚可见，况临大事乎？（同上条）

【注释】

〔1〕邢和叔，邢恕，字和叔，郑州阳武（今河南原阳）人，早年曾从二程先生学，并出入于司马光、吕公著门下。后来趋附奸佞，与蔡确、章惇、黄履狼狈为奸，残害忠良，人称四凶。《宋史》列入奸臣传。

〔2〕"吾曹"，我辈，我们。

【译文】

　　邢恕说："我们常常需要爱惜、保养自己的精力，精力稍有不足就会倦怠，所以处理事务时都是勉强而为而没有诚意。"接待宾客时的话语尚且可以看出来，何况是遇到大事呢？

4.12

明道先生曰："学者全体此心[1]，学虽未尽，若事物之来，不可不应，但随分限[2]应之，虽不中，不远矣。"（《河南程氏遗书》卷二上）

【注释】

〔1〕"全体此心"，即保全这个心，不为一丝私欲所占据。朱子曰："'学者全体此心'，只是全得此心，不为私欲汩没，非是更有一心能体此心也。"（《朱子语类》卷九十六）

〔2〕"分限"，本分。

【译文】

明道先生说："学者保全自己的心，学业虽然还没有完成，如果遇到事物，不可以不应对，只要随着自己的本分去应对，虽然不一定适中，也不会差太多的。"

4.13

"居处恭，执事敬，与人忠"[1]，此是彻上彻下语。圣人元无二语[2]。（同上条）

【注释】

〔1〕"居处恭，执事敬，与人忠"，日常居处要恭敬，处理事务要认真，与人相交要忠实。语自《论语·子路第十三》：樊迟问仁，子曰："居处恭，执事敬，与人忠。虽至夷狄，不可弃也。"

〔2〕"元无二语"，"元"，原本；原本没有两套说法。如果是分为形而

上与形而下两套不同的说法，就是"二语"，而在往圣前贤处，

形而上与形而下是一不是二，诚如明道先生所说："形而上为道，

形而下为器。须着如此说：道亦器，器亦道，但得道在，不系今

与后、己与人。"（1.19）

【译文】

"居处恭，执事敬，与人忠"，这是贯彻上下的话。圣人原本没有
两套说法。

4.14

伊川先生曰："学者须敬守此心，不可急迫，当栽培深厚[1]，涵泳于
其间，然后可以自得。但急迫求之，只是私己，终不足以达道。"（同上条）

【注释】

〔1〕"栽培深厚"，指将义理栽培深厚。也就是反复探究义理，将义
理深植在自己的心中。果真如此，也就可以随时随地涵泳体
味了。

【译文】

伊川先生说："学者必须以恭敬守持住自己的心，不可以急
迫，应当将义理栽培深厚，在其中沉潜玩味，然后就可以自己有
所体会。如果急于求成，只是一己的私心，终究不能够通达圣人
之道。"

4.15

明道先生曰："'思无邪''毋不敬'〔1〕，只此二句，循而行之，安得有差？有差者，皆由不敬、不正也。"（同上条）

【注释】

〔1〕"思无邪"，思想无邪纯正。语自《论语·为政第二》：子曰："《诗》三百，一言以蔽之，曰：'思无邪。'""毋不敬"，不要不敬。语自《礼记·曲礼》："毋不敬，俨若思，安定辞，安民哉！"

【译文】

明道先生说："'思无邪''毋不敬'，只是这两句话，遵循着去做，怎么会有偏差呢？凡是有偏差的，都是因为不敬、不正啊。"

4.16

今学者敬而不见得，又不安者，只是心生，亦是太以敬来做事得重，此"恭而无礼则劳"〔1〕也。恭者，私为恭之恭也。礼者，非体之礼，是自然底道理也。只恭而不为自然底道理，故不自在也，须是"恭而安"〔2〕。今容貌必端、言语必正者，非是道独善其身〔3〕，要人道如何，只是天理合如此，本无私意，只是个循理而已。（同上条）

【注释】

〔1〕"恭而无礼则劳"，恭敬而不合于礼，就会烦劳。语自《论语·泰伯第八》：子曰："恭而无礼则劳，慎而无礼则葸，勇而无礼则

乱，直而无礼则绞。"

〔2〕"恭而安"，恭敬而自在。语自《论语·述而第七》："子温而厉，威而不猛，恭而安。"

〔3〕"独善其身"，独自修养，善待自身。《孟子·尽心上》："得志，泽加于民；不得志，修身见于世。穷则独善其身，达则兼善天下。"

【译文】

如今的学者保持恭敬而看不到收获，又感到不自在，只是因为私心生发，也是因为太过于看重用恭敬来做事了，这就是"恭而无礼则劳"。恭，是私心想要恭敬而表现出来的恭敬。礼，不是身体所展现出来的礼仪动作，而是遵循自然的道理。只是恭敬而不遵循自然的道理，所以感到不自在，必须是"恭而安"。如今容貌必须端庄、言语必须中正，不是说独自完善自身，要让别人去评价好还是不好，只是因为天理应当如此，本来并没有私意，只是按照天理去做罢了。

4.17

今志于义理而心不安乐者，何也？此则正是剩一个助之长〔1〕。虽则心"操之则存，舍之则亡"〔2〕，然而持之太甚，便是"必有事焉"而正之〔3〕也。亦须且恁去〔4〕，如此者只是德孤。"德不孤，必有邻"〔5〕，到德盛后，自无窒碍〔6〕，左右逢其原也〔7〕。（同上条）

【注释】

〔1〕"助之长"，语本《孟子·公孙丑上》："必有事焉，而勿正，心勿忘，勿助长也。"

〔2〕"操之则存，舍之则亡"，操持它，它就会存在；舍弃它，它就会
消失。语本《孟子·告子上》："孔子曰：'操则存，舍则亡。出
入无时，莫知其乡。'惟心之谓与？"

〔3〕"'必有事焉'而正之"，"必有事焉"，心中必定存有这件事。只
是持存着，既不刻意用心，也不松懈忘记。"正之"，便是刻意用
心去持存了，也就是"持之太甚"了。

〔4〕"亦须且恁去"，也需要就这样做下去。指保持着既不助长也不忘
却的状态，一直做下去，只问耕耘，不问收获。

〔5〕"德不孤，必有邻"，有德的人不会孤单，必定会有人与他作伴。
语自《论语·里仁第四》。

〔6〕"窒碍"，滞塞不通。

〔7〕"左右逢其原"，向左向右都能够贯通到本源。语自《孟子·离娄
下》：孟子曰："君子深造之以道，欲其自得之也。自得之，则居
之安；居之安，则资之深；资之深，则取之左右逢其原。故君子
欲其自得之也。"

【译文】

如今有志于学习义理，内心却不安乐的人，是为什么呢？这就
正是剩下一个助长的毛病。虽然心是"操之则存，舍之则亡"的，然
而，操持得太过分，就成了"必有事焉"而"正之"了。也需要就这
样做下去，这样的人只是德行孤单，"德不孤，必有邻"，到了德行盛
大之后，自然就通达无碍，左右逢源了。

4.18

"敬而无失"〔1〕，便是"喜怒哀乐未发，谓之中"〔2〕。敬不可谓中，

但敬而无失，即所以中也。（同上条）

【注释】

〔1〕"敬而无失"，持敬而无有违失。《论语·颜渊第十二》："君子敬而无失，与人恭而有礼，四海之内皆兄弟也。"

〔2〕"喜怒哀乐未发，谓之中"，喜怒哀乐之情在没有发出来时，就称作为中。语本《中庸》。

【译文】

"敬而无失"，就是"喜怒哀乐未发，谓之中"。敬不可以称作为中，但是"敬而无失"，就是能中的原由。

4.19

司马子微尝作《坐忘论》〔1〕，是所谓"坐驰"〔2〕也。（同上条）

【注释】

〔1〕司马子微，司马承祯（639—735），唐代道士。《坐忘论》，当本于庄子所说"坐忘"而作："堕肢体，黜聪明，离形去知，同于大道，此谓坐忘。"（《庄子·大宗师》）

〔2〕"坐驰"，身体端坐着心却飞驰了。《河南程氏遗书》卷三："未有不能体道而能无思者，故坐忘即是坐驰，有忘之心乃思也。"

【译文】

司马承祯曾经写过《坐忘论》，他所说的其实是"坐驰"啊。

4.20

伯淳昔在长安[1]仓中闲坐，见长廊柱，以意数之，已尚不疑。再数之，不合。不免令人一一声言数之，乃与初数者无差，则知越着心把捉越不定。（同上条）

【注释】

〔1〕长安，即今陕西西安。

【译文】

明道先生有一次在长安粮仓中闲坐，看到长廊下的柱子，就在心中数了一遍，自己并不怀疑。又数了一遍，却与第一遍不相合。不免让人一根一根的大声数一遍，结果与第一遍数的一样，就此知道越是刻意用心去把握就越把握不住。

4.21

人心作主不定，正如一个翻车，流转动摇，无须臾停。所感万端，若不做一个主，怎生奈何？张天祺昔尝言："自约数年，自上着床，便不得思量事。"不思量事后，须强把他这心来制缚，亦须寄寓在一个形象，皆非自然。[1]君实自谓："吾得术矣，只管念个'中'字。"此又为中所系缚，且中字亦何形象？[2]有人胸中常若有两人焉，欲为善，如有恶以为之间；欲为不善，又若有羞恶之心[3]者。本无二人，此正交战之验也。持其志，使气不能乱[4]，此大可验。要之，圣贤必不害心疾。（《河南程氏遗书》卷二下）

【注释】

〔1〕"张天祺昔尝言"云云，张天祺，张戬（1030—1076），字天祺，横渠先生亲弟。"寄寓"，寄托。张伯行释曰："所谓作主者，非强制其心而系缚之之谓也。张天祺自约数年，上床不思量事，是患心之流转动摇，而思有以定其心者。毕竟此心何所安顿？必须把心制缚，寄寓一处，必偏倚于一处。所谓欲息思虑，便是思虑，皆非自然。此天祺之作主不定也。"（《近思录集解》）

〔2〕"君实自谓"云云，君实，司马光（1019—1086），字君实，陕州夏县人。北宋史学家、政治家，主持编纂了中国历史上最重要的编年体通史《资治通鉴》。著作颇丰，有《文公易说》《潜虚》等传于世。张伯行释曰："司马温公自谓得存心之术，只管念个'中'字，是又患心有偏倚制缚之弊，而欲以中之理定之者。毕竟'中'字何处捉摸？有心求中，即为中系缚，不多着此一念乎？且中有一定之理，无一定之形象，悬空设想，此心究是动摇。温公之术，亦未见作主之定也。"（同上条）

〔3〕"羞恶之心"，羞耻惭愧的心。语自《孟子·公孙丑上》："无恻隐之心，非人也；无羞恶之心，非人也；无辞让之心，非人也；无是非之心，非人也。恻隐之心，仁之端也；羞恶之心，义之端也；辞让之心，礼之端也；是非之心，智之端也。"

〔4〕"持其志，使气不能乱"，语本《孟子·公孙丑上》："夫志，气之帅也；气，体之充也。夫志至焉，气次焉。故曰：'持其志，无暴其气。'"

【译文】

　　人心作不了主，就像一个翻水车，流转动摇，没有片刻的停顿。

心的感受千头万绪，如果不能自己作一个主，又能怎么办呢? 张戬过去曾说："数年来，我与自己约定，自从上了床，就不再考虑事情。"不考虑事情之后，需要强行把他的这个心约束住，也需要寄托于一个外在的形象，都不是自然的状态。司马光自称："我找到了一个方法，只管去念一个'中'字。"这又是被中所束缚了，况且中字又有什么形象? 有人心中经常像有两个人似的，想要去行善，似乎有个恶人从中作梗；想要去行不善，又好像有个羞耻之心在那里。本来没有两个人，这正是天理与私欲交战的体现。守持志向，使得气不能够扰乱，在这里可以得到很好的检验。概要言之，圣贤一定没有心作不了主的毛病。

4.22

明道先生曰："某写字时甚敬，非是要字好，只此是学。"(《河南程氏遗书》卷三)

【译文】

明道先生说："我写字的时候很恭敬，不是为了要把字写好，只是这样就是为学。"

4.23

伊川先生曰："圣人不记事，所以常记得；今人忘事，以其记事。不能记事，处事不精，皆出于养之不完固。"(同上条)

【译文】

伊川先生说："圣人不刻意想着去记事，所以常常都记得。现今的人常常忘记事，正是因为他们想着去记事。不能够记得事，处事不够精当，都是由于涵养得不够完备坚固。"

4.24

明道先生在澶州[1]日，修桥少一长梁，曾博求之民间。后因出入，见林木之佳者，必起计度[2]之心。因语以戒学者："心不可有一事。"（同上条）

【注释】

〔1〕澶州，在今河南濮阳。

〔2〕"计度"，计量，计较。

【译文】

明道先生在澶州的时候，修桥缺少一根长梁，曾在民间广泛的寻求。后来因事外出，看到树林中高大的树木，就必定会生起计量的心。因此告诫学生们说："心上不可以挂念任何一件事。"

4.25

伊川先生曰："入道莫如敬，未有能致知而不在敬者。今人主心不定，视心如寇贼而不可制，不是事累心，乃是心累事。当知天下无一物

是合少得者，不可恶也。"（同上条）

【译文】

　　伊川先生说："学习圣贤之道没有比持敬更好的了，从没有能够致知而不在于持敬的。现今的人心做不了主，把心看作像贼寇一样不可制服，这不是事在牵累心，而是心在牵累事。应当知道天下没有一个事物是应该缺少得了的，不可以厌恶任何事物。"

4.26

人只有一个天理，却不能存得，更做甚人也！（《河南程氏遗书》卷十八）

【译文】

　　人只有一个天理，却不能够保存住，那还做什么人呢！

4.27

　　人多思虑，不能自宁，只是做他心主不定。要作得心主定，惟是止于事，"为人君，止于仁"〔1〕之类。如舜之诛四凶〔2〕，四凶已作恶，舜从而诛之，舜何与焉？人不止于事，只是揽他事，不能使物各付〔3〕。物各付物，则是役物；为物所役，则是役于物。"有物必有则"〔4〕，须是止于事。（本注：以上并伊川语。）（《河南程氏遗书卷十五》）

【注释】

〔1〕"为人君，止于仁"，语自《大学》："为人君，止于仁；为人

臣，止于敬；为人子，止于孝；为人父，止于慈；与国人交，止
于信。"

〔2〕"舜之诛四凶"，典见《尚书·舜典》："流共工于幽州，放驩兜于
崇山，窜三苗于三危，殛鲧于羽山。四罪而天下咸服。"

〔3〕"物各付物"，即让每一个事物都回归于本然的状态。

〔4〕"有物必有则"，语自《诗经·大雅·烝民》："天生烝民，有物有
则。民之秉彝，好是懿德。"

【译文】

　　人的思虑多，不能够安宁，只是因为他的心做不了主。想要让心
做得了主，只有止于事理，"为人君，止于仁"之类，就是止于事理。
就像舜诛杀四凶，四凶已经作恶，舜只是顺应事理去诛杀他们，跟舜
又有什么关系？人不能够止于事理，只是因为揽着其他的事，不能够
使得每个事物都回归到各自的本然状态。让事物回归到本然状态，就
是心役使外物；被外物所役使，就是心役于外物。有一个事物就必定
会有一个事物的准则，需要止于事理。

4.28

　　不能动人，只是诚不至。于事厌倦，皆是无诚处。（《河南程氏遗书》
卷五）

【译文】

　　不能够触动别人，只是因为自己的诚意还不够。对事感到厌倦，
都是缺乏诚意的表现。

4.29

静后见万物自然皆有春意[1]。(《河南程氏遗书》卷六)

【注释】

〔1〕"春意",春天的生机。

【译文】

心静之后,就可以看到万物自然都充满着生机。

4.30

孔子言仁,只说"出门如见大宾,使民如承大祭"[1]。看其气象,便须心广体胖[2],动容周旋中礼[3]自然。惟慎独[4]便是守之之法。圣人修己以敬,以安百姓[5],笃恭而天下平[6],惟上下一于恭敬,则天地自位,万物自育[7],气无不和,四灵[8]何有不至?此"体信达顺"[9]之道,聪明睿智皆由是出,以此事天飨帝[10]。(同上条)

【注释】

〔1〕"出门如见大宾,使民如承大祭",平常出门,就像会见重要的宾客一般;役使百姓,就像主持重要的祭祀一般。语自《论语·颜渊第十二》:仲弓问仁,子曰:"出门如见大宾,使民如承大祭。己所不欲,勿施于人。在邦无怨,在家无怨。"

〔2〕"心广体胖","广",宽大;"胖",朱子注:"安舒也。"心胸宽广,体态从容。语自《大学》:"富润屋,德润身,心广体胖,故

君子必诚其意。"

〔3〕"动容周旋中礼"，见2.3注7。

〔4〕"慎独"，是儒门修身要法，《大学》与《中庸》中都作了强调：

"所谓诚其意者，毋自欺也。如恶恶臭，如好好色，此之谓自谦（慊），故君子必慎其独也。小人闲居为不善，无所不至，见君子而后厌然，掩其不善而著其善。人之视己，如见其肺肝然，则何益矣。此谓诚于中，形于外，故君子必慎其独也。"

"道也者，不可须臾离也，可离非道也。是故君子戒慎乎其所不睹，恐惧乎其所不闻。莫见乎隐，莫显乎微，故君子慎其独也。"

那么，何谓"慎独"？"慎"，谨慎。"独"，朱子注："人所不知而己所独知之地也。""慎独"，即在他人所不知而自己所独知之处保持谨慎。细析之，则"独"有两重：一、独处。独处时的所作所为，往往不会为他人所知。正因为此，人在独处之时，往往容易肆意放纵，就像《大学》中所说的小人一般。二、意。较之独处，意更难知晓，纵然是两个人面对面，往往也无从知晓对方的意。但是，对方虽然不知道，自己却是清晰了然。由"诚于中，形于外，故君子慎其独也"，则知"慎独"重在"诚于中"，乃是倾向于意而言的。"慎独"的工夫必须要落实到意上来，要对每一个意都保持灵敏的觉知，及时判断它们是否是率性而发。若是率性而发，便是诚的意。反之，则为不诚的意，应当及时放下并纠正。

〔5〕"圣人修己以敬，以安百姓"，语本《论语·宪问第十四》：子路问君子，子曰："修己以敬。"曰："如斯而已乎？"曰："修己以安人。"曰："如斯而已乎？"曰："修己以安百姓。修己以安百姓，尧、舜其犹病诸！"

〔6〕"笃恭而天下平"，笃实恭敬，天下自然就会太平。语自《中庸》："《诗》曰：'不显惟德！百辟其刑之。'是故君子笃恭而天下平。"

〔7〕"天地自位，万物自育"，语本《中庸》："致中和，天地位焉，万物育焉。"

〔8〕"四灵"，《礼记·礼运》："何谓四灵？麟、凤、龟、龙，谓之四灵。"

〔9〕"体信达顺"，体现诚信而达到和顺。《礼记·礼运》："则是无故，先王能修礼以达义，体信以达顺故，此顺之实也。"

〔10〕"飨帝"，飨，设酒食祭祀。祭祀上帝。

【译文】

　　孔子讲仁，只是说"出门如见大宾，使民如承大祭"。看那气象，就应该是心广体胖，自然动容周旋中礼。而慎独就是守持的方法。圣人修己以敬，修己以安百姓，笃恭而天下平，无论在上位，还是在下位，都始终保持恭敬，如此则天地自然各安其位，万物自然化育生长，气的运行无不和谐，麟、凤、龟、龙四灵，如何还会不来呢？这就是"体信达顺"的道理，聪明睿智全都从这恭敬中出来，用这个恭敬的态度，可以事奉上天和祭祀上帝。

4.31

存养熟后，泰然行将去，便有进。（同上条）

【译文】

　　存养得娴熟之后，泰然自若的做下去，就会有进步。

4.32

"不愧屋漏"[1]，则心安而体舒。（同上条）

【注释】

〔1〕"不愧屋漏"，见 2.89 注 14。

【译文】

"不愧屋漏"，就会内心安乐、身体舒泰。

4.33

心要在腔子里[1]。（《河南程氏遗书》卷七）

【注释】

〔1〕"心要在腔子里"，即心不放失之意。

【译文】

心要在躯壳子里面。

4.34

只外面有些隙罅[1]，便走了。（同上条）

【注释】

〔1〕“隙罅”，孔隙。

【译文】

只要外面有一点点的孔隙，心就会走失了。

4.35

人心常要活[1]，则周流无穷，而不滞于一隅[2]。(《河南程氏遗书》卷五)

【注释】

〔1〕“人心要常活”，人心乃生生之理的载体，本是活泼泼的，只因受到了私欲的束缚，方才滞碍不通。要让人心常活，惟有去尽私欲。

〔2〕“隅”，角落。

【译文】

人心常常要灵活自如，就会四处流动无有穷尽，而不会滞留于某一个角落。

4.36

明道先生曰:“‘天地设位，而《易》行乎其中’[1]，只是敬也，敬

则无间断。"(《河南程氏遗书》卷十一）

【注释】

〔1〕"天地设位，而《易》行乎其中"，天地设定了上下尊卑的位置，《易经》的道理就在其间变化运行。语自《周易·系辞上》。

【译文】

明道先生说："'天地设位，而《易》行乎其中'，只是持敬而已，持敬就没有任何间断。"

4.37

"毋不敬"〔1〕，可以对越上帝〔2〕。（同上条）

【注释】

〔1〕"毋不敬"，见4.15注1。

〔2〕"对越上帝"，配得上上帝，所以可以主持祭祀。语本《诗经·周颂·清庙》："济济多士，秉文之德，对越在天。"郑玄笺："对，配。越，于也。济济之众士，皆执行文王之德。文王精神，已在天矣，犹配顺其素如生存。"（《毛诗注疏》）

【译文】

"毋不敬"，就可以祭祀上帝。

4.38

敬胜百邪。（同上条）

【译文】

持敬可以战胜一切邪恶。

4.39

"敬以直内，义以方外"[1]，仁也。若以敬直内，则便不直矣[2]；"必有事焉，而勿正"[3]，则直也。（同上条）

【注释】

〔1〕"敬以直内，义以方外"，见 2.16 注 2。

〔2〕"若以敬直内，则便不直矣"，意谓刻意恭敬而想使得内心正直，这本身就是私心，"则便不直矣"。"敬以直内"，则是指我只是保持恭敬，而内心自然正直。恭敬没有任何目的性，若是有目的，就是私心。本条与前 4.16 条意义相似，可互参。

〔3〕"必有事焉，而勿正"，心中必定存有这件事，而不刻意去持存。语本《孟子·公孙丑上》。

【译文】

"敬以直内，义以方外"，就是仁。如果是用恭敬使得内心正直，那就是不正直了；"必有事焉，而勿正"，那就正直了。

4.40

涵养吾一[1]。（《河南程氏遗书》卷十五）

【注释】

〔1〕"吾一"，我主一的心。朱子有云："只敬，则心便一。"（《朱子语类》卷十二）故知"涵养吾一"的方法即在于持敬，而非其他。

【译文】

涵养我主一的心。

4.41

"子在川上曰：'逝者如斯夫！不舍昼夜。'"〔1〕自汉以来，儒者皆不识此义。此见圣人之心"纯亦不已"〔2〕也。"纯亦不已"，天德〔3〕也。有天德便可语王道〔4〕，其要只在慎独。（《河南程氏遗书》卷十四）

【注释】

〔1〕"子在川上曰"云云，语自《论语·子罕第九》。

〔2〕"纯亦不已"，保持精纯，永不停息。语自《中庸》："'於乎不显！文王之德之纯！'盖曰文王之所以为文也，纯亦不已。"

〔3〕"天德"，见2.34注2。

〔4〕"王道"，指以仁义治理天下的政策。

【译文】

"子在川上曰：'逝者如斯夫！不舍昼夜。'"自从汉代以后，儒者全都不懂得这个道理。这其中可见圣人的心"纯亦不已"。"纯亦不已”，就是天德。有了天德之后，就可以谈论王道，关键只在于慎独。

4.42

“不有躬，无攸利”[1]，不立己，后虽向好事，犹为化物[2]。不得以天下万物挠己。己立后，自能了当[3]得天下万物。(《河南程氏遗书》卷六）

【注释】

〔1〕“不有躬，无攸利”，不顾自身体统，娶她无有利益。语自《周易・蒙》六三爻辞：“勿用取女，见金夫，不有躬，无攸利。”

〔2〕“化物”，即转化成物的附庸。语自《礼记・乐记》：“人生而静，天之性也。感于物而动，性之欲也。物至知知，然后好恶形焉。好恶无节于内，知诱于外，不能反躬，天理灭矣。夫物之感人无穷，而人之好恶无节，则是物至而人化物也。人化物也者，灭天理而穷人欲者也。”

〔3〕“了当”，处理。

【译文】

“不有躬，无攸利”，己身不立，后来即使是转向好的方面，还是会沦为外物的附庸。不可以因为天下万物而扰乱自己。己身立得之后，自然能够处理好天下万物。

4.43

伊川先生曰：“学者患心虑纷乱，不能宁静，此则天下公病。学者只

要立个心，此上头尽有商量。"（《河南程氏遗书》卷十五）

【译文】

伊川先生说："学者担心思虑纷乱，不能够宁静，这是天下人的通病。学者只要先立定一个心，之后再商量别的。"

4.44

闲邪则诚自存，不是外面捉一个诚将来存着[1]。今人外面役役于不善，于不善中寻个善来存着，如此则岂有入善之理？只是闲邪则诚自存，故孟子言性善，皆由内出[2]。只为诚便存，闲邪更着甚工夫？但惟是动容貌、整思虑[3]，则自然生敬，敬只是主一[4]也。主一则既不之东，又不之西，如是则只是中[5]；既不之此，又不之彼，如是则只是内[6]。存此则自然天理明。学者须是将"敬以直内"[7]涵养此意，"直内"是本。（本注：尹彦明曰："敬有甚形影？只收敛身心便是主一，且如人到神祠中致敬时，其心收敛，更着不得毫发事，非主一而何？"）（同上条）

【注释】

〔1〕"闲邪则诚自存"，"闲"，防止；防止邪念产生，则诚自然存在。语本《周易·乾·文言》："庸言之信，庸行之谨；闲邪存其诚，善世而不伐，德博而化。"据"闲邪则诚自存，不是外面捉一个诚将来存着"，可知人心本是诚的，只不过是因为有了邪念，所以才不诚的。邪念本于私欲，私欲本于自我。邪念的根源在于人的自我意识。人倘若能够克除自我意识，做到了"毋我"，自然也就会诚。而"闲邪"——防止邪念产生，正是克除自我意识的

工夫着手处。所以说"闲邪则诚自存"。如果是从外面找一个诚来存放着，这个诚至多只是一个对诚的认知，而不是真的诚。按照这个诚去为人处世，那就是"伪诚"，不是由内而外的诚，必定要勉强而为，而不自在，不从容。世人往往会犯这样的毛病，他们找到一个道德准则，而后勉强自己去做，自认为是在履德行善，却不知道早已沦落为一个"伪人"。

〔2〕"孟子言性善，皆由内出"，意谓孟子所说的性善的性，全都是本于内在。孟子所说性善的性，乃是本于生生之理的生生之性，是生而具备的，所以为内在的。关于"孟子言性善，皆由内出"，以下这段文字最具典型：

> 孟子曰："乃若其情，则可以为善矣，乃所谓善也。若夫为不善，非才之罪也。恻隐之心，人皆有之；羞恶之心，人皆有之；恭敬之心，人皆有之；是非之心，人皆有之。恻隐之心，仁也；羞恶之心，义也；恭敬之心，礼也；是非之心，智也。仁、义、礼、智，非由外铄我也，我固有之也，弗思耳矣。故曰：'求则得之，舍则失之。'"（《孟子·告子上》）

〔3〕"动容貌"，注意自己的动作容貌。语自《论语·泰伯第八》："君子所贵乎道者三：动容貌，斯远暴慢矣；正颜色，斯近信矣；出辞气，斯远鄙倍矣。"

〔4〕"主一"，下条有云："一者，无他，只是整齐严肃则心便一。一，则自是无非、僻之奸。"则"一"便是敬，朱子亦云："只敬，则心便一。"（《朱子语类》）故知伊川先生所谓"主一"，其实即是主敬。濂溪先生也讲"主一"（见4.1），"一者，无欲也"，他的"主一"则与"主静"（见1.1）同义。有人强分"主静"与"主敬"不同，认为濂溪先生受佛老影响，故而"主静"。伊川先生的"主敬"，乃

是对"主静"的纠偏。此论甚谬！其实，无论是"主静"，还是"主敬"，根本都在于克除自我意识，一个从"闲邪"入手，一个从"寡欲"入手（见1.1注13），最终都是归于"毋我"而"率性"。故知，"主静""主敬""主一"，三者为一，不可强生分别。又：今人释"主一"，皆为"专一"之意。大谬！伊川先生明明有言："主一则既不之东，又不之西，如是则只是中。""专一"是专注于一事，而"中"则是应事应物时，皆能做到中节——不偏不倚，无过无不及。这又如何是"专一"所能企及的？《传习录》载有一段阳明先生与门人陆澄关于"主一"的交流，可供参考：

陆澄问："主一之功，如读书则一心在读书上，接客则一心在接客上，可以为主一乎？"先生曰："好色则一心在好色上，好货则一心在好货上，可以为主一乎？是所谓逐物，非主一也。主一，是专主一个天理。"

陆澄所谓"主一"，不正是今人所谓的"专一"吗？而阳明先生所谓"主一，是专主一个天理"，其实与濂溪、伊川二先生相一贯，心中"无欲"，心中没有邪念，岂不就是天理流淌了？纯然是天理流淌，不正是"专主一个天理"吗？所以，"主一"不但不是"专一"，恰恰相反，"主一"是不专注于任何一点，心上没有任何挂碍，只是任由天理流淌，这时的所作所为，便是率性而为。这种状态便称作为敬。

〔5〕"主一则既不之东"云云，"主一"，则心中无有挂碍，无所滞碍，所以"既不之东"，"之东"则为东所牵绊；"又不之西"，"之西"则为西所牵绊。"主一"，则纯是天理流淌，率性而为，所以，所发悉皆中节，不偏不倚，无过无不及。

〔6〕"既不之此"云云，人心本同于宇宙，天地之间万事万物，莫不

从此心中出，所以，心中本无彼此、内外，一切皆为内。人之所以有彼此、内外的分别，在于有自我，有私欲，"主一"则无有自我意识而私念不生，所以无此无彼、无内无外，浑然一体，悉皆为内。

〔7〕"敬以直内"，见2.16注2。

【译文】

　　防止邪念产生，则诚自然就会存在，不是从外面抓一个诚来存放在心里。现今的人在外面忙忙碌碌做着不善的事，想在不善之中找到一个善来存放着，这样怎么会有入善的道理？只是防止邪念产生，诚自然就会存在，所以，孟子说性善，都是从内心出发的。只是因为诚本就存在，防止邪念产生又需要下什么工夫？只是要动容貌、整思虑，就自然会生起敬意，敬只是主一而已。主一则既不向东，也不向西，如此则只是一个中；既不向这边，又不向那边，如此则只是一个内。心中存着敬意，天理自然就会明了。学者必须要用"敬以直内"来涵养这一层意思，"直内"是根本。（本注：尹焞说："敬有什么形态？只是收敛身心便是主一，就像人到神祠中致敬的时候，他的心收敛着，没有一点点的事在心里，不是主一又是什么？"）

4.45

　　闲邪则固一矣，然主一则不消言闲邪。有以一为难见，不可下工夫，如何？一者，无他，只是整齐严肃，则心便一。一，则自是无非、僻之奸。此意但涵养久之，则天理自然明。（同上条）

【译文】

防止邪念产生自然会一，然而，主一则不需要说什么防止邪念。有人以为一很难认识，没办法下工夫，怎么办？所谓一，不是别的，只是要整齐严肃，心就会处于一的状态。主一，则自然没有不当的、邪僻的奸诈之念。依着这个道理，只要涵养的时间一久，自然就会明了天理。

4.46

有言："未感时，知何所寓？"曰："'操则存，舍则亡，出入无时，莫知其乡'〔1〕，更怎生寻所寓？只是有操而已，操之之道，'敬以直内'〔2〕也。"（同上条）

【注释】

〔1〕"操则存"云云，意为：操持它，它就存在；舍弃它，它就消失。来去没有固定的时间，不知道它去向何方。语自《孟子·告子上》。

〔2〕"敬以直内"，见 2.16 注 2。

【译文】

有人问："心还没有与外界接触的时候，如何知道心在哪里？"答道："'操则存，舍则亡，出入无时，莫知其乡'，又怎么去寻找心的所在呢？只是有个操持而已。操持的方法，在于'敬以直内'。"

4.47

敬则自虚静，不可把虚静唤做敬。（同上条）

【译文】

持敬则自然就会内心恬淡宁静，却不可以把内心恬淡宁静就称作为持敬。

4.48

学者先务，固在心志。然有谓欲屏去闻见知思，则是“绝圣弃智”[1]。有欲屏去思虑，患其纷乱，则须坐禅入定。[2] 如明鉴在上，万物毕照，是鉴之常，难为使之不照；人心不能不交感万物，难为使之不思虑。若欲免此，惟是心有主。如何是主？敬而已矣。有主则虚，虚谓邪不能入；无主则实，实谓物来夺之[3]。大凡人心不可二用，用于一事，则他事更不能入者，事为之主也。事为之主，尚无思虑纷扰之患。若主于敬，又焉有此患乎？所谓敬者，主一之谓敬；所谓一者，无适之谓一[4]。且欲涵泳主一之义，不一则二三矣。至于不敢欺、不敢慢，“尚不愧于屋漏”[5]，皆是敬之事也。（同上条）

【注释】

〔1〕“绝圣弃智”，语自《道德经》：“绝圣弃智，民利百倍；绝仁弃义，民复孝慈；绝巧弃利，盗贼无有。”

〔2〕“坐禅入定”，佛教用语，意谓通过坐禅而入于禅定状态。禅定分为四禅八定：四禅，指色界的四禅定，即初禅、二禅、三禅、四

禅；八定则为四禅外加上无色界的四空定，即空无边处定、识无边处定、无所有处定、非想非非想处定。

〔3〕"有主则虚"云云，"有主则虚"，说的是敬为心作主时，心就是虚的。心虚，天理就可以顺利流淌在其中而灵明不昧。至于敬为心作主时，心为何是虚的，乃是因为敬是"主一"，而"一"就是"无适"，"无适"则心上无有任何挂碍而"空空如也"（可与下注互参）。心虚，则皆是天理流淌，外邪自然不得进入，所以说"虚谓邪不能入"。"无主则实"，说的是不以敬为心作主时，心就没有了主。没有了敬作主，心自然就会思虑纷飞而有所挂碍，有所挂碍，所以为实。心有挂碍，自然也就被外物夺走了，所以说"实谓物来夺之"。

〔4〕"所谓敬者"云云，伊川先生反复强调"主一之谓敬"，因为不能"主一"，则不能敬。也可知今人所谓的"敬"，其实只是一个刻意的敬，只是有一个敬的意识。因为他们根本就不知道何谓真正的敬。真正的敬乃是心无挂碍，"空空如也"，而让天理自然流淌的状态。这样的敬，惟有在"尽心""知性""知天"之后，才可以做得到。"无适之谓一"，是一句重要的定语，有利于学者理解真正的敬，为后世诸大儒如朱子、南轩先生（张栻）等多番援引。如南轩《主一箴》有云："伊川先生曰：'主一之谓敬。'又曰：'无适之谓一。'嗟乎！求仁之方，孰要乎此！"所谓"无适"，便是没有固定的趋向。心中但凡有丝毫的牵挂，便是有所趋向。故知，"一"就是心中无所挂碍的状态。只有心中无所牵挂，天理才能够得以顺利流淌。

〔5〕"尚不愧于屋漏"，语自《诗经·大雅·抑》："相在尔室，尚不愧于屋漏。"

【译文】

学者首要之事，固然在于持守心志。然而，有人说想要摒弃见闻觉知和思虑，那就是"绝圣弃智"了。有人想要摒弃思虑，担心思虑纷飞扰乱，那就需要去坐禅入定。然而就像明亮的镜子悬在上面，万物无所不照，这是镜子的常态，很难让它不去映照；人心不能不与万物交感，很难使它不去思虑。如果想要避免这样，只有使得心中有主。如何才是有主？持敬而已。有主就虚灵，虚灵说的是外邪不能够进入；无主就充实，充实说的是外物前来夺走了心。大凡人心不可以二用，用在一件事上，那其他的事就不能够再入心了，已经有这件事为心作主了。有事来为心作主，尚且没有思虑纷扰的危害。如果是以敬来为心作主，又怎么会有这样的危害呢？所谓敬，主一就是敬；所谓一，没有固定的趋向就是一。且要去涵泳主一的意义，不能主一，就会三心二意。至于不敢欺诈、不敢怠慢以及"尚不愧于屋漏"等等，全都是持敬的事。

4.49

严威俨恪[1]，非敬之道，但致敬须自此入。（同上条）

【注释】

〔1〕"俨恪"，庄严恭敬。

【译文】

严肃威重、庄严恭敬，不是持敬的准则，但是要做到持敬必须从这里做起。

4.50

"舜孳孳为善"〔1〕，若未接物，如何为善？只是主于敬，便是为善也。以此观之，圣人之道，不是但嘿然无言。（同上条）

【注释】

〔1〕"舜孳孳为善"，舜孜孜不倦的行善。语自《孟子·尽心上》：孟子曰："鸡鸣而起，孳孳为善者，舜之徒也。鸡鸣而起，孳孳为利者，跖之徒也。欲知舜与跖之分，无他，利与善之间也。"

【译文】

"舜孳孳为善"，如果未曾接触外物，又如何去行善呢？只是以敬为心作主，就是在行善。以此看来，圣人之道，绝不只是默然无语。

4.51

问："人之燕居〔1〕，形体怠惰，心不慢，可否？"曰："安有箕踞〔2〕而心不慢者？昔吕与叔六月中来缑氏〔3〕，闲居中某尝窥之，必见其俨然危坐，可谓敦笃矣。学者须恭敬，但不可令拘迫，拘迫则难久。"（《河南程氏遗书》卷十八）

【注释】

〔1〕"燕居"，平常闲居。

〔2〕"箕踞"，随意伸着双腿而坐，像个簸箕。

〔3〕缑氏，地名，即今河南偃师。

【译文】

有人问："人在平常闲居的时候，身体慵懒，但心不怠慢，可以吗？"伊川先生说："哪有伸着两条腿坐着而心不怠慢的呢？过去吕大临在炎热的六月来缑氏，闲居的时候，我曾经悄悄的观察过他，每次都必定会看到他庄重的端坐着，可以说是敦厚笃实了。学者必须要恭敬，但也不可以使自己拘束，拘束就难以持久。"

4.52

"思虑虽多，果出于正，亦无害否？"曰："且如在宗庙则主敬，朝廷主庄，军旅主严，此是也。如发不以时，纷然无度，虽正亦邪。"（同上条）

【译文】

有人问："思虑虽然很多，但确实都是出于正当的，也没有什么危害吧？"伊川先生说："就好像在宗庙里就以恭敬为主，在朝廷上就以庄重为主，在军旅中就以严肃为主，这些都是对的。如果不是适时而发，只是思绪纷飞而没有法度，即便是出于正当的也是邪念。"

4.53

苏季明[1]问："喜怒哀乐未发之前求中[2]，可否？"曰："不可。既思于喜怒哀乐未发之前求之，又却是思也。既思即是已发，（本注：思与喜怒哀乐一般[3]。）才发便谓之和，不可谓之中也。"又问："吕学士[4]言，当求于喜怒哀乐未发之前，如何？"曰："若言存养于喜怒哀乐未发之前则可，若言求中于喜怒哀乐未发之前则不可。"又问："学者于喜怒哀乐发时，固当勉强裁抑[5]；于未发之前，当如何用功？"曰："于喜怒哀乐未发之前，更怎生求？只平日涵养便是。涵养久，则喜怒哀乐发自中节。"曰："当中之时，耳无闻、目无见否？"曰："虽耳无闻、目无见，然见闻之理在始得[6]。贤且说静时如何？"曰："谓之无物则不可，然自有知觉处[7]。"曰："既有知觉，却是动也，怎生言静？人说'复，其见天地之心'，皆以谓至静能见天地之心，非也[8]。《复》之卦，下面一画便是动也，安得谓之静？"或曰："莫是于动上求静否？"曰："固是，然最难，释氏多言定，圣人便言止。所谓止，如'为人君，止于仁；为人臣，止于敬[9]'之类是也。《易》之《艮》，言止之义，曰：'艮其止，止其所也。'[10]人多不能止。盖人万物皆备[11]，遇事时，各因其心之所重者更互而出。才见得这事重，便有这事出。若能物各付物[12]，便自不出来也。"或曰："先生于喜怒哀乐未发之前，下动字？下静字？"曰："谓之静则可，然静中须有物始得[13]，这里便是难处。学者莫若且先理会得敬，能敬则知此矣。"或曰："敬何以用功？"曰："莫若主一[14]。"季明曰："晌尝患思虑不定，或思一事未了，他事如麻又生，如何？"曰："不可，此不诚之本也。须是习，习能专一时便好[15]。不拘思虑与应事，皆要求一。"（同上条）

【注释】

〔1〕苏季明，苏昞，字季明，陕西武功人。早岁从学于横渠先生，横渠逝后，从学于二程先生。

〔2〕"喜怒哀乐未发之前求中"，《中庸》有云："喜怒哀乐之未发，谓

之中。"由于喜怒哀乐在还没有发出来之前称作为中，于是，有一些学人便提出在喜怒哀乐未发之前去求得个中，却不知自己那个想求的心思，就已经是中的发用。用已发去求未发，这既不合理，也不可能。所以，伊川先生对这样的说法作出反驳。有人说："后世学者如延平先生（李侗），便曾提出体验未发之中，这又是如何？"此中的要点在于：延平先生所强调的乃是体验，而非探求。所谓体验，便是将心收摄在那里，无思无虑，体贴喜怒哀乐未发之前的气象。后来，白沙先生（陈献章）静坐，体得心体呈露，便近乎于此。（见 4.63 注 1 ）

〔3〕"思与喜怒哀乐一般"，"喜怒哀乐"是中的发用，"思"也是中的发用，所以，是"一般"的。

〔4〕吕学士，即吕大临。

〔5〕"学者于喜怒哀乐发时，固当勉强裁抑"，指在喜怒哀乐发出来之后，便可以知道是否中节。若是不中节，则无论是过还是不及，都应当及时的裁决、抑制。

〔6〕"见闻之理在始得"，指眼不看、耳不听并不意味着眼能看、耳能听的理不存在了，只不过是将眼、耳收摄住，不去随着外物而看而听。当然，也不是说看不见、听不到，只是看也似不看、听也似不听。这种状态，有点儿像镜子，镜子有物即照，然而，却从未曾有我在照的意识。处于中的时候，即当如此。而如果是这样，便是"见闻之理在"。伊川先生之所以要强调"见闻之理在始得"，是因为担心学人会掉到枯寂之境中去。果真掉入枯寂之境，则同于顽石、枯木，心便死了。这就与圣人之道背道而驰了。在禅宗，这种状况也是病，被称为枯木禅，是修禅之人所务必要避免的。那么，如何才能够做到"耳无闻、目无见"而"见闻之理在"

呢? 答曰: "持敬。" 但能持敬, 则眼、耳便能够收摄得定, 而不随着外物奔驰, 只是像镜子一般, 来者即照, 去者不留。

〔7〕"谓之无物则不可, 然自有知觉处", 指始终都有个觉知自然在存在着, 所以不可以说是 "无物"。觉知的主体乃是心, 也就是说心始终都存在着。心始终存在并无问题, 然而, 觉知始终存在则是问题。觉知必定是动的——随着外物而觉知, 自然是动。这与 "耳无闻、目无见" 而 "见闻之理在" 的状态是不一样的, 那个只是临照, 心并不曾动。而觉知必然心动, 因为心不动, 便无从觉知。所以, 伊川先生说: "既有知觉, 却是动也, 怎生言静?"

〔8〕"复, 其见天地之心" 云云, "复, 其见天地之心" 意为: 返复, 在其中可以体察到天地生物之心。语自《周易·复·彖传》。"皆以谓至静能见天地之心", 当指王弼等人的观点(详见 1.10 注 2)。伊川先生则认为, 惟有在一阳来复阳气发动之时, 才能够感受到 "天地之心"。所谓 "天地之心", 就是生生之心, 惟有在动中方能体现, 而且在甫一发动之时最易体现。正因为此, 他指出 "至静能见天地之心" 为 "非也"。

〔9〕"为人君, 止于仁" 云云, 语自《大学》。

〔10〕"艮其止, 止其所也", 艮, 即是止, 止于所当止的地方。语自《周易·艮·彖传》。

〔11〕"盖人万物皆备", 语本《孟子·尽心上》: 孟子曰: "万物皆备于我矣。反身而诚, 乐莫大焉。强恕而行, 求仁莫近焉。"

〔12〕"物各付物", 见 4.27 注 3。

〔13〕"静中须有物始得", 乍一看, 与苏昞所谓 "谓之无物则不可, 然自有觉知处" 颇为相似, 其实两者的分别很大。伊川先生所谓 "静中须有物", 是说心必须在, 不能放失。然而, 心在却并

不一定要去觉知，而是要收摄着心，不让心随外物起动，只是临照，像镜子一般，有物即照，物过不留，宛若雁过长空，不落痕迹。其实就是前面所说的"耳无闻、目无见"而"见闻之理在"的状态。临照与觉知的分别很是细微，所以，伊川先生说："这里便是难处。"然而，简而言之，则一个是心守得定，一个则是心随外物走失。

〔14〕"主一"，见 4.44 注 4。

〔15〕"须是习，习能专一时便好"，"习"，便是去练习主一，从"闲邪"开始，到了一丝邪念不起之时，心中了无牵挂，便是"专一"，也就是"无适"。请注意：这一个"专一"，不是专注于某一件事，而是专于"无适"。

【译文】

苏昞问："在喜怒哀乐还没有发出来之前去探求中，可以吗？"伊川先生说："不可以。既然思考在喜怒哀乐没有发出来之前去探求中，也就已经是思考了。既已思考，即为已经发出来，（本注：思考与喜怒哀乐是一般的。）才发出来，就应当称作为和，而不能称作为中了。"又问："吕学士说，应当在喜怒哀乐没有发出来之前去探求，怎么样？"先生说："如果说在喜怒哀乐没有发出来之前存养是可以的，如果说在喜怒哀乐没有发出来之前探求中，则是不可以的。"又问："学者在喜怒哀乐发出来的时候，固然应当勉强裁抑；在喜怒哀乐没有发出来之前，又应当如何下工夫呢？"先生说："在喜怒哀乐没有发出来之前，又能如何探求？只是平日里涵养就对了。涵养得久了，喜怒哀乐在发出来时，自然就会中节。"问："处于中的时候，是不是耳朵不去听、眼睛不去看？"先生说："虽然耳朵不去听、眼睛不去看，然而，眼睛能看、耳朵能听的道理要始终都在那里才对。你且说说静的时候是怎样的？"苏昞答道："说没有个事物在那里则不可以，自然有个知觉存在。"先生说："既然有知觉，那就是动了，又怎么说是静呢？人们讲解'复，其见天地之心'，都说在至静的时候能够见到天地之心，这是不对的。《复》卦，下面的那一画就是动了，又怎么能说是静呢？"有人问："莫不成是在动上去探求静？"先生说："固然是这样，然而这个最难。佛家经常讲定，圣人则讲止。所谓止，就像'为人君，止于仁；为人臣，止于敬'之类。《周易》中《艮》卦，讲止的意义，说：'艮其止，止其所也。'人大多不能够止。大概于人而言，万物全都具备，遇到事时，各自根据这个人心中所重视的程度交替着显现出来。才觉得这件事重要，就会有这件事出来。如果能够让每一个事物都回归本然的状态，自然也就不会出来了。"有人问："先生您在喜怒哀乐没有发出来之前，认为是动呢？还是静呢？"先生说："说是静是可以的，但是静中还需要有个东西在才对，这里就是难点。学者不如暂且先去理会敬，能够做到敬，也就能明白这个道理了。"有人问："敬该如何用功？"先生说："没有比主一更好的了。"苏昞说："我常常担心思虑纷扰不定，有时一件事还没了结，其他的事又会像乱麻一样产生了，该怎么办？"先生说："不可以这样，这就是不能诚的根本。必须要去练习，练习到能够专一的时候就好了。不分思虑和应事，都要求能够专一。"

4.54

人于梦寐间亦可以卜[1]自家所学之浅深，如梦寐颠倒，即是心志不定，操存不固。（同上条）

【注释】

〔1〕"卜"，测度。

【译文】

　　人在睡梦之中也可以检验自己学问的深浅，如果在睡梦中颠倒是非，那就是心志还不笃定，操持存养还不稳固。

4.55

　　问："人心所系着之事果善，夜梦见之，莫不害否？"曰："虽是善事，心亦是动。凡事有朕兆入梦者却无害，舍此皆是妄动。人心须要定，使他思时方思乃是〔1〕。今人都由心。"曰："心，谁使之？"曰："以心使心〔2〕则可。人心自由，便放去也。"（同上条）

【注释】

〔1〕"人心须要定"云云，意谓人要对心作得了主，让心思时心才思，如果没有让心思，心便去思量，那就是作不了心的主。要作得了心的主，那就必须让心定下来。心定，就是心无挂碍，空空如也，事来了就顺应事理而思量，事过后又归于心无挂碍，空空如也。这个状态，也许借用谢良佐描述明道先生的一段话，可以帮助诸位理解：

　　　"明道先生坐如泥塑人，接人则浑是一团和气。"（14.21）

　　　然则，心定又岂是别的？心定只是持敬而已。

〔2〕"以心使心"，这四个字很容易令人误解为人有两个心，以一

个心去主使另一个心。其实大不然。人心只有一个，绝无两个。所谓"以心使心"，就是心知当自持时，则心自持；心知当思量时，则心自思量。要做到"以心使心"，只是在于持敬。

【译文】

有人问："人的心中所牵挂的确实是善事，夜里梦到了，应该没有什么危害吧？"伊川先生说："即使是善事，心也是动了。凡是事情有了预兆之后再进入梦中的，那就没有危害，除此之外，全都是心在妄动。人的心必须要定，让它思考时才去思考，这样才对。现今的人都是任由心去思量。"又问："心，是谁在主使它呢？"先生说："用心去主使心就可以了。人心若是放任自由，就会放失了。"

4.56

"持其志，无暴其气"[1]，内外交相养也。(同上条)

【注释】

〔1〕"持其志，无暴其气"，守持住自己的心志，不要散乱自己的气。语自《孟子·公孙丑上》："夫志，气之帅也；气，体之充也。夫志至焉，气次焉，故曰：'持其志，无暴其气。'"

【译文】

"持其志，无暴其气"，就是内外相互涵养。

4.57

问：“'出辞气'[1]，莫是于言语上用工夫否？”曰：“须是养乎中，自然言语顺理。若是慎言语、不妄发，此却可着力。”（同上条）

【注释】

[1]"出辞气"，注意用词和语气。语自《论语·泰伯第八》。

【译文】

　　有人问："'出辞气'，是不是说要在言语上下工夫？"伊川先生说："必须是涵养内心，言语自然就会符合道理。如果是言语谨慎，不胡言乱语，这方面倒也可以用功。"

4.58

先生谓绎曰："吾受气甚薄，三十而浸盛[1]，四十、五十而后完。今生七十二年矣，校其筋骨，于盛年无损也。"绎曰："先生岂以受气之薄，而厚为保生邪？"夫子默然，曰："吾以忘生徇欲为深耻。"（《河南程氏遗书》卷二十一上）

【注释】

[1]"浸盛"，渐渐强盛。

【译文】

　　伊川先生对张绎说："我先天的气禀很薄弱，三十岁时才渐渐强 、盛，四十、五十之后才完满。如今我七十二岁了，看看我的筋骨，和盛年时相比没有什么损耗。"张绎说："先生您是不是因为气禀薄弱，所以特别重视养生啊？"伊川先生沉默了一会，说："我以不顾生命而放纵欲望为莫大耻辱。"

4.59

大率把捉不定，皆是不仁。（《河南程氏外书》卷一）

【译文】

大率人把握不住自己的心，都是因为不仁。

4.60

伊川先生曰："致知在所养，养知莫过于'寡欲'〔1〕二字。"（《河南程氏外书》卷二）

【注释】

〔1〕"寡欲"，减少欲望。语自《孟子·尽心下》：孟子曰："养心莫善于寡欲。其为人也寡欲，虽有不存焉者，寡矣；其为人也多欲，虽有存焉者，寡矣。"

【译文】

伊川先生说："致知在于养，养知有没有比'寡欲'两个字更好的了。"

4.61

心定者，其言重以舒；不定者，其言轻以疾。(《河南程氏外书》卷十一)

───────────────────

【译文】

心定的人，说出来的话审慎而舒缓；心不定的人，说出来的话轻率而急躁。

4.62

明道先生曰：“人有四百四病[1]，皆不由自家，则是心须教由自家。”(《河南程氏外书》卷十二)

───────────────────

【注释】

〔1〕“四百四病”，借用的是佛家的说法。佛家认为万物（含人）皆由地、水、火、风四大和合而成，每一大不调，会有一百零一种病，四大不调，则共有四百零四种病。

【译文】

明道先生说：“人有四百零四种病，都由不得自己，只是心必须要由得自己。”

4.63

谢显道从明道先生于扶沟，明道一日谓之曰：“尔辈在此相从，只是学颢言语，故其学心口不相应，盍若行之？"请问焉，曰："且静坐[1]。"
伊川每见人静坐，便叹其善学。（同上条）

【注释】

〔1〕"静坐"，如今学人看到儒门中人讲静坐，便说儒门的静坐本于佛
道，却不知道儒门的静坐自有儒门的妙用，与佛道实不一样。究
其根本，则儒门的静坐，乃是持敬的一法。摄心静坐，不让思绪
乱飞，终而心上无有挂碍，空空如也，让天理自然流淌。白沙先
生（陈献章）可谓最得儒门静坐要领：白沙先生问学于康斋先生
（吴与弼），半载而后归，筑春阳台，日夕静坐其中，"久之，然
后见吾此心之体隐然呈露，常若有物。日用间种种应酬，随吾所
欲，如马之御衔勒也；体认物理，稽诸圣训，各有头绪来历，如
水之有源委也。于是涣然自信，曰：'作圣之功，其在兹乎！'"
（《明儒学案》）

【译文】

谢良佐跟随明道先生在扶沟，一天，明道先生对他说："你们在
这里跟随我，只是在学我的言语，所以你们的学问心与口不相应，何
不去实行？"良佐请问如何实行，先生说："且去静坐。"伊川先生每
次看到有人在静坐，就会感叹这个人善于学习。

4.64

横渠先生曰："始学之要，当知'三月不违'与'日月至焉'[1]
内外、宾主之辨[2]。使心意勉勉循循而不能已，过此，几非在我

者^[3]。"(《横渠文集》)

【注释】

〔1〕"三月不违""日月至焉",见3.7注1、2。

〔2〕"内外、宾主之辨",即"三月不违"则仁在内为主,只是偶尔有违罢了;而"日月至焉"则仁在外为宾,只是偶尔做到罢了。当然,究其实,则仁本在内,只是"日月至焉"沉湎于自我,为私欲所遮蔽,所以,反而觉得仁在外为宾了。

〔3〕"过此,几非在我者",朱子曰:"言不由我了。如推车子相似,才着手推动轮子了,自然运转不停。如人吃物,既得滋味,自然爱吃。"(《朱子语类》卷三十一)

【译文】

横渠先生说:"初学的关键,应当知道'三月不违'和'日月至焉'有内外、宾主的分别,使得心意努力不懈而不能够停止,过了这个阶段,进步就不由自主了。"

4.65

心清时少,乱时常多,其清时,视明听聪,四体不待羁束^[1]而自然恭谨。其乱时反是。如此何也? 盖用心未熟,客虑多而常心少也^[2];习俗之心未去,而实心未完也^[3]。人又要得刚,太柔则入于不立。亦有人生无喜怒者^[4],则又要得刚,刚则守得定不回,进道勇敢。载则比他人自是勇处多。(《经学理窟·学大原下》)

【注释】

〔1〕"羁束"，约束。

〔2〕"客虑多而常心少也"，"常心"，即恒常之心，乃是无所牵挂，空空如也的，时时都是天理流淌。应事应物时，只是顺应天理而思而虑，应过之后，则对所应的事物了无牵挂。而举凡不是在应事应物，或是应事应物时不顺应天理而思而虑的思虑，悉皆为"客虑"。一切"客虑"都是本于自我意识而生发的，都有偏系。"客虑多而常心少"，则大多时候活在自我之中，而沉湎于私欲。

〔3〕"习俗之心未去，而实心未完也"，"习俗之心"，即受世间习俗熏染的心，往往以世间的得失成败为衡量准则；"实心"，即真实的心，亦即我人原初的心。原初的心乃是无所牵挂，空空如也而天理流淌的。天理本于道体所涵有的生生之理，合于天理，便是与道体一贯，这是最为真实的状态。所以，为"实心"。当然，"习俗之心"与"实心"本是一心，心为世间习俗所熏染，即为"世俗之心"；若是能够洗尽习俗，则自然便为"实心"。

〔4〕"有人生无喜怒者"，张伯行释曰："人生而有喜怒，人情之常，乃亦有无喜怒者，是其本质得柔之气多者，则又要得刚以变化其气质。"（《近思录集解》）

【译文】

　　心清净的时候少，纷乱的时候较多。心清净的时候，眼睛明亮，耳朵灵敏，四肢不需要约束就自然恭敬、谨慎。心纷乱的时候则相反。为什么会这样呢？因为心还没有涵养娴熟，客虑多而恒常之心少；习俗之心没有去尽，而真实的心还没有完备。人又需要刚强，太过柔弱就会陷入不能自立的状态。也有人生来就没有喜怒之情，则又需要刚强，刚强就可以守得定而不回转，修道就会勇猛精进。我则比别人多了一些勇敢的地方。

4.66

戏谑不惟害事，志亦为气所流。不戏谑亦是持气之一端。(《经学理窟·学大原上》)

【译文】

开玩笑不但害事，心志也会被意气所动。不开玩笑也是控制意气的一个方面。

4.67

正心之始，当以己心为严师[1]。凡所动作，则知所惧。如此一二年，守得牢固，则自然心正矣。(同上条)

【注释】

[1] "以己心为严师"，有两种情况：一、应事应物时，听从心的指导采取行动，即在应事应物时，放下旧有的种种知见，听从心的安排。之所以如此，是因为心中本自具有是非之智。二、应事应物时的所作所为，都让心来作判决，即做每一件事，都扪心自问，心若安然自得，说明所作所为合乎义理，就可以继续做下去；心若是不安，甚或是心生羞愧，就意味着所作所为不合乎义理，也

就不可以再继续做下去，应当及时改正。很显然，后者是对前者
的补救，倘若前者的工夫足够细密，后者便不需要了。然而，对
于初学者而言，难免会有疏忽，所以，后者依旧是必要的。

【译文】

在正心的最初，应当把自己的心作为严师。凡是有所动作，就知道
所戒惧的是什么。如此一二年下来，守持得牢固时，心自然也就正了。

4.68

定，然后始有光明。若常移易不定，何求光明？《易》大抵以艮为
止，止乃光明[1]，故《大学》"定"而至于"能虑"[2]。人心[3]多，则
无由光明。(《横渠易说·大畜》)

【注释】

〔1〕"《易》大抵以艮为止，止乃光明"，"止"，即止于当止的状态。
　　语本《周易·艮·彖传》："艮，止也。时止则止，时行则行；动
　　静不失其时，其道光明。"
〔2〕"《大学》'定'而至于'能虑'"，语本《大学》："知止而后有定，
　　定而后能静，静而后能安，安而后能虑，虑而后能得。"
〔3〕"人心"，即一己的私欲之心。

【译文】

心定之后，才会有光明。如果经常动摇不定，又如何能够获得光
明？《易经》大抵以艮卦为止于当止之处，止于当止之处才会有光明，

所以《大学》由定而后至于能虑。人的私心多，就没有办法获得光明。

4.69

"动静不失其时，其道光明"〔1〕，学者必时其动静，则其道乃不蔽昧而明白。今人从学之久，不见进长，正以莫识动静，见他人扰扰，非关己事，而所修亦废。由圣学观之，冥冥悠悠〔2〕，以是终身，谓之光明，可乎？（《横渠易说·艮》）

【注释】

〔1〕"动静不失其时，其道光明"，动和静都不违背时势，他的道是光明的。语自《周易·艮·彖传》。

〔2〕"冥冥悠悠"，"冥冥"，昏暗的样子；"悠悠"，安适的样子。此指无所事事的样子。

【译文】

"动静不失其时，其道光明"，学者必须适时而动而静，他的道就不会被遮蔽而明明白白。现今的人学习了很久，也看不到有什么长进，正是因为他们不知道当动则动当静则静，看到别人纷纷扰扰，与自己无关，却也跟着一起乱，而自己所修学的也荒废了。用圣贤之学来看他们，真是浑浑噩噩、无所事事，就这样了却终身，说他们有光明，可以吗？

4.70

敦笃虚静者，仁之本。不轻妄，则是敦厚也；无所系阁〔1〕昏塞，

则是虚静也。此难以顿悟，苟知之，须久于道实体之，方知其味。"夫仁，亦在乎熟之而已。"[2]（《孟子说》）

【注释】

〔1〕"系阂"，束缚。

〔2〕"夫仁，亦在乎熟之而已"，仁，也在于使它成熟罢了。语本《孟子·告子上》：孟子曰："五谷者，种之美者也，苟为不熟，不如荑稗。夫仁，亦在乎熟之而已矣。"

【译文】

敦笃和虚静，是仁的根本。不轻妄，就是敦厚；没有束缚、滞碍，就是虚静。这是很难顿悟的，知道了之后，需要长久的在圣人之道上去真实的体会，才能够明白其中的意味。"夫仁，亦在乎熟之而已。"

卷五

改过迁善　克己复礼

卷五　改过迁善　克己复礼

（凡四十一条）

【题解】

朱子论本卷纲目曰："改过迁善，克己复礼。"叶采则曰："此卷论力行。盖穷理既明，涵养既厚，及推于行己之间，尤当尽其克治之力也。"（《近思录集解》）茅星来也极力强调"克治"，他直接将本卷标题定为《省察克治》，并述曰："性无不善，而情之动则有不善，故当省察而克治之。而情不外喜怒哀乐爱恶欲，其存之身也，不外视听言动。而七情之发稍不中节便是过，视听言动稍不自检便有过。而其中有气质之偏，有物欲之蔽。反其偏，开其蔽，以复其本然之善，则此卷最为切要。"（《近思录集注》）茅氏之言，可谓本卷提要。概而言之，本卷所述，在乎"克治"，所对应的乃是《大学》八目中的修身。

统观本卷，则克治实又分为两端，亦即朱子所说的改过与克己，也即是濂溪先生所说的"惩忿窒欲"与"迁善改过"（5.1）。其中又以克己为主，改过为辅。盖实能克己，则无过失；既无过失，又何来改过之说？诚如伊川先生所说："失而后有复，不失则何复之有？"（5.4）

本卷的大半条目都是在论克己，其中又当以 5.3 为纲领，伊川先生本于四个"非礼"——"非礼勿视，非礼勿听，非礼勿言，非礼勿动"而撰写了《四箴》，《四箴》将四个"非礼"落到了实处，使学人有了切实的修身门径，可谓大有功于圣门。其余诸多条目其实都是围绕着四个非礼展开的，尤其是"非礼勿视"，如 5.28、5.40。而克己务尽，则是诸大贤的共识：

"予谓养心不止于寡而存耳，盖寡焉以至于无，无则诚立、明通。诚立，贤也；明通，圣也。"（5.2）

"盖人心一有所欲，则离道矣。"（5.7）

"纤恶必除，善斯成性矣；察恶未尽，虽善必粗矣。"（5.34）

正因为此，克己纵然过于严厉也无妨。"以之自治，则虽伤于厉，而吉且无咎也。严厉，非安和之道，而于自治则有功也。"（5.5）

当然，于笔者而言，最受启发者在于：克己应当从切己之处入手，也就是从自身的病痛入手。惟有如此，工夫才能落到实处。这方面，上蔡先生（谢良佐）可谓楷模：

谢子与伊川先生别一年，往见之，伊川曰："相别又一年，做得甚工夫？"谢曰："也只去个矜字。"曰："何故？"曰："子细点检得来，病痛尽在这里。若按伏得这个罪过，方有向进处。"伊川点头，因语在座同志者曰："此人为学，'切问近思'者也。"（5.30）

而对于人欲与天理的分别，本卷也多有涉及，如5.6、5.22、5.33等，笔者于注释中作了相应的铺陈，此不赘言。

关乎改过，则相对简要，一则要学子路"闻过则喜"（5.25），一则要能"速改以从善"（5.4）。并提醒学人有错就改，改过则当放下，"不当长留在心胸为悔"（5.23）。

除此之外，本卷所择康节先生（邵雍）解"他山之石，可以攻玉"一段文字（原载《河南程氏遗书》），强调了磨砺之于生命的意义（5.15），很是值得玩味：

"玉者，温润之物，若将两块玉来相磨，必磨不成，须是得他个粗砺底物，方磨得出。譬如君子与小人处，为小人侵陵，则修省畏避，动心忍性，增益预防，如此便道理出来。"

令人不由得想到孟子那段举世皆知的文字：

"舜发于畎亩之中，傅说举于版筑之间，胶鬲举于鱼盐之中，管夷吾举于士，孙叔敖举于海，百里奚举于市。故天将降大任于是人也，必先苦其心志，劳其筋骨，饿其体肤，空乏其身，行拂乱其所为，所以动心忍性，曾（增）益其所不能。人恒过，然后能改；困于心，衡于虑，而后作；征于色，发于声，而后喻。入则无法家拂士、出则无敌国外患者，国恒亡。然后知生于忧患而死于安乐也。"（《孟子·告子下》）

5.1

濂溪先生曰："君子乾乾[1]，不息于诚，然必惩忿窒欲[2]、迁善改过[3]而后至。《乾》之用，其善是；《损》《益》之大莫是过，圣人之旨深哉！'吉、凶、悔、吝生乎动'[4]，噫！吉一而已，动可不慎乎？"（《通书·乾损益动第三十一》）

【注释】

〔1〕"君子乾乾"，君子勤勉不已。语自《周易·乾》九三爻辞："君子终日乾乾，夕惕若，厉无咎。"

〔2〕"惩忿窒欲"，抑止忿怒、杜绝私欲。语自《周易·损·大象传》："山下有泽，损；君子以惩忿窒欲。"

〔3〕"迁善改过"，趋向于善，改正过错。语本《周易·益·大象传》："风雷，益；君子以见善则迁，有过则改。"

〔4〕"吉、凶、悔、吝生乎动"，"悔"，因为做错事而后悔；"吝"，因为遭受危害而深感遗恨。"悔"尚且有改正的余地，"吝"则已经铸成错误，无从改正，只能追恨而已。吉、凶、悔、吝四者，全

都产生于行动。语本《周易·系辞下》："吉、凶、悔、吝者，生
乎动者也。"

【译文】

濂溪先生说："君子勤勉不已，保持至诚不息，然而，必定要在
惩忿窒欲、迁善改过之后才能够做到。《乾》卦的功用，好处就在这
里；《损》《益》二卦的大意没有比这个更重要了，圣人的旨意真是深
刻啊！'吉、凶、悔、吝生乎动'，唉！四种结果，只有一个是吉，
行动可以不慎重吗？"

5.2

濂溪先生曰："孟子曰：'养心莫善于寡欲。'〔1〕予谓养心不止于寡而
存耳，盖寡焉以至于无，无则诚立、明通〔2〕。诚立，贤也；明通，圣
也。"（《养心亭说》）

【注释】

〔1〕"养心莫善于寡欲"，涵养心性没有比减少欲望更好的了。语自
《孟子·尽心下》。

〔2〕"无则诚立、明通"，"无"，即无欲；无欲之后，心中了无牵挂，
空空如也，天理流淌其中，故而"诚立"，时时合乎天理，率性
而为，故而"明通"。

【译文】

濂溪先生说："孟子说：'养心莫善于寡欲。'我要说养心不止于减

少欲望而让心存而不失，应该不断地减少一直到没有欲望，没有欲望之后就会确立真诚、明智通达。确立真诚，就是贤人；明智通达，就是圣人。"

5.3

伊川先生曰："颜渊问'克己复礼'之目，夫子曰：'非礼勿视，非礼勿听，非礼勿言，非礼勿动。'〔1〕四者，身之用也，由乎中而应乎外；制于外，所以养其中也。颜渊'请事斯语'，所以进于圣人。后之学圣人者，宜服膺〔2〕而勿失也。因箴以自警：

视箴曰：心兮本虚，应物无迹。操之有要，视之为则。蔽交于前，其中则迁；制之于外，以安其内。克己复礼，久而诚矣。

听箴曰：人有秉彝〔3〕，本乎天性〔4〕；知诱物化〔5〕，遂亡其正。卓彼先觉，知止有定〔6〕；闲邪存诚〔7〕，非礼勿听。

言箴曰：人心之动，因言以宣；发禁躁妄，内斯静专。矧是枢机〔8〕，兴戎出好〔9〕；吉凶荣辱，惟其所召。伤易则诞，伤烦则支；己肆物忤，出悖来违。非法不道，钦哉训辞！

动箴曰：哲人知几〔10〕，诚之于思；志士厉行〔11〕，守之于为。顺理则裕，从欲惟危。造次克念〔12〕，战兢自持〔13〕；习与性成〔14〕，圣贤同归。"（《河南程氏文集》卷八）

【注释】

〔1〕"颜渊问'克己复礼'之目"云云，"克己复礼"，克除自我意识，复归于循礼。语本《论语·颜渊第十二》：颜渊问仁，子曰："克己复礼为仁。一日克己复礼，天下归仁焉。为仁由己，

而由人乎哉？"颜渊问："请问其目？"子曰："非礼勿视，非礼勿言，非礼勿听，非礼勿动。"颜渊曰："回虽不敏，请事斯语矣。"

〔2〕"服膺"，牢牢记在心里。

〔3〕"秉彝"，"秉"，禀赋；"彝"，常理。语自《诗经·大雅·烝民》："天生烝民，有物有则；民之秉彝，好是懿德。"

〔4〕"天性"，即"天命之谓性"的"性"，也即生生之性。

〔5〕"知诱物化"，因为外物的诱惑而为外物所迁化。语本《礼记·乐记》："人生而静，天之性也。感于物而动，性之欲也。物至知知，然后好恶形焉。好恶无节于内，知诱于外，不能反躬，天理灭矣。夫物之感人无穷，而人之好恶无节，则是物至而人化物也。人化物也者，灭天理而穷人欲者也。"

〔6〕"知止有定"，知止之后便会心有定向。语本《大学》："知止而后有定，定而后能静，静而后能安，安而后能虑，虑而后能得。"

〔7〕"闲邪存诚"，语本《周易·乾·文言》："闲邪存其诚，善世而不伐，德博而化。"

〔8〕"矧是枢机"，"矧"，况且。语本《周易·系辞上》："言行，君子之枢机。枢机之发，荣辱之主也。"

〔9〕"兴戎出好"，语本《尚书·大禹谟》："惟口出好兴戎。""戎"，军事。意谓口中既能说出美好的言辞，也能引发战争。

〔10〕"知几"，"几"，朱子曰："几者，动之微，善恶之所由分也。"（《通书解》）亦即征兆、苗头。知晓事物发展的征兆。

〔11〕"厉行"，"厉"，同励，砥砺行操。

〔12〕"造次克念"，"造次"，仓促之间；"克念"，能够念念存善。语自《尚书·多方》："惟圣罔念作狂，惟狂克念作圣。"

〔13〕"战兢自持"，"战兢"，戒慎恐惧的样子；战战兢兢的进行自我
　　　约束。语自《诗经·小雅·小旻》："战战兢兢，如临深渊，如
　　　履薄冰。"

〔14〕"习与性成"，语自《尚书·太甲上》：王未可变，伊尹曰："兹
　　　乃不义，习与性成。"意为：习惯养成习性。需要注意的是：伊
　　　川先生的意思与原意略有差别。据"造次克念，战兢自持"，可
　　　知"习与性成"的意思是：习惯于善而养成善性。善并非外在
　　　的，而是本于生生之性。所以，习惯于善，也就自然而然成就
　　　了本性。这便是伊川先生的本意。

【译文】

　　伊川先生说："颜渊问'克己复礼'的具体内容，孔子说：'非礼
勿视，非礼勿听，非礼勿言，非礼勿动。'视、听、言、动四者，是
身体的作用，遵循于内心而表现在外在；制约外在的言行，就是在涵
养内心。颜渊'请事斯语'，所以可以进展为圣人。后世学习圣人的
人，应该牢记在心而不忘记。所以，我写了四篇箴言用以自我警示：

　　视箴说：心本是虚灵不昧的，感应外物不留痕迹。心的操持也有
要领，非礼勿视就是准则。被眼前的外物所蒙蔽，心就会迁移放失；
不合礼的不去看，就可以安定内心。克除自我意识，复归于循礼，时
间一久自然会诚。

　　听箴说：人人都有所秉承的常理，本自于生生之性；被外物所诱
惑而为外物所迁化，于是失去了正理。那些卓越的先觉者，知止而后
心有定向；防止邪念生发以保存诚意，不符合礼的就不去听。

　　言箴说：内心的活动，通过语言表达出来；语言表达禁止急躁和
邪妄，内心才能安静专一。何况言语本是枢机，能够引发斗争，也能

够表达善意；吉和凶、荣与辱，全都由它所招致。说话过于轻易，就会荒诞；说话过于繁杂，就会支离。自己说话放肆，外物就会违逆；说出去的话不合道理，收到的回应也会不合道理。不符合礼的就不去说，这样的训词令人钦服！

动箴说：明智的人知道事物发展的征兆，他们的思虑非常真诚；有志的人砥砺行操，在行为中恪守正道。顺理而为就会从容宽裕，顺从私欲就会导致危险。仓促之间念念存善，战战兢兢自我约束；习惯于善养成善性，就与圣贤同归于道。"

5.4

《复》之初九曰："不远复，无祇悔，元吉。"[1]《传》曰："阳，君子之道，故'复'为反善之义。初，复之最先者也，是不远而复也。失而后有复，不失则何复之有？唯失之不远而复，则不至于悔，大善而吉也。颜子无形显之过，夫子谓其'庶几'，乃'无祇悔'也[2]。过既未形而改，何悔之有？既未能不勉而中[3]，所欲不逾矩[4]，是有过也。然其明而刚，故一有不善，未尝不知；既知，未尝不遽改[5]。故不至于悔，乃'不远复'也。学问之道，无他也，惟其知不善，则速改以从善而已。"（《周易程氏传·复》）

【注释】

〔1〕"不远复，无祇悔，元吉"，《周易·复》初九爻辞。意为：走得不远就返归善道，没有灾害、悔恨，至为吉祥。

〔2〕"夫子谓其'庶几'"云云，"庶几"，差不多。语本《周易·系辞下》：子曰："颜氏之子，其殆庶几乎？有不善，未尝不知；知

之，未尝复行也。《易》曰：'不远复，无祇悔，元吉。'"

〔3〕"不勉而中"，语自《中庸》："诚者，不勉而中，不思而得，从容中道，圣人也。"

〔4〕"所欲不逾矩"，语自《论语·为政第二》：子曰："吾十有五而志于学，三十而立，四十而不惑，五十而知天命，六十而耳顺，七十而从心所欲不逾矩。""从心所欲不逾矩"，意为：随顺于内心的所欲而为，不会违背规矩。孔子到了晚年，已然"绝四"——毋意，毋必，毋固，毋我，心中了无牵挂，空空如也，惟是天理流淌。所以，心中的所欲无一不合乎天理，随顺于这样的心而为，自然是不会违背规矩了。规矩，本就是本于天理所制定的。

〔5〕"故一有不善"云云，见注2。

【译文】

《复》卦初九爻辞说："不远复，无祇悔，元吉。"《程氏传》说："阳爻，代表的是君子之道，所以'复'是返归善道的意思。初九，是最先返复的人，走得不远就返复了。过错之后才会有返复，没有过错又如何会有返复？只是错得还不远就返复了，所以不至于悔恨，这是至善而吉祥的。颜子没有表现出来的过错，所以，孔子说他'庶几'，乃是'无祇悔'。过错还没有显现出来就已经改正了，又会有什么悔恨呢？既然还没有能够做到'不勉而中'，做到'从心所欲不逾矩'，那就必定会有过失。然而，他明智而刚健，所以一有不善，从不会不知道；知道之后，又从不会不迅速改正。所以，不至于有悔恨，这就是'无祇悔'。学问之道，没有别的，只是在于知道了自己的不善之处，就迅速改正而返归善道而已。"

5.5

　　《晋》之上九："晋其角，维用伐邑。厉，吉，无咎，贞吝。"[1]《传》曰："人之自治，刚极则守道愈固，进极则迁善愈速。如上九者，以之自治[2]，则虽伤于'厉'，而'吉'且'无咎'也。严厉，非安和之道，而于自治则有功也。虽自治有功，然非中和之德，所以贞正之道为可吝。"（《周易程氏传·晋》）

【注释】

〔1〕"晋其角，维用伐邑。厉，吉，无咎，贞吝"，《周易·晋》上九爻辞。"晋"，进。"角"，兽类的角。"晋其角"，喻进无可进。"维"，语气词，无意。"邑"，自己管辖下的私邑。"厉"，危害。意为：处于进无可进的状态，适宜征伐管辖内不服管教的城邑，这样一来，虽然有危害，也会获得吉祥，而没有过失。但是通过武力来征伐，毕竟不合中和之道，所以，要守持正固用以防止遗恨。

〔2〕"如上九者，以之自治"，指像"维用伐邑"一样来进行自我克治。"维用伐邑"，所伐的乃是自己管辖内不服管教的城邑，比喻自己克治自身的不善之处。然而，因为处于"晋其角"的状态，已经到了极致，所以会过于严厉。故而，伊川先生在后文中说："非中和之德，所以贞正之道为可吝。"

【译文】

　　《晋》卦上九爻辞说："晋其角，维用伐邑。厉，吉，无咎，贞吝。"《程氏传》说："人的自我克治，刚劲到了极致，守道就会更加坚固；进取到了极致，向善就会更加迅速。就像《晋》卦的上九，像这样进行自我克治，则虽然会过于'厉'，结果却是'吉'且'无咎'的。严厉，不是安乐和谐的道理，然而，对于自我克治却是有功效的。虽然对于自我克治有功效，然而，毕竟不是中正和谐的德行，所以对于贞正之道而言，还是有遗憾的。"

5.6

损者，损过而就中，损浮末而就本实也。天下之害，无不由末之胜也。峻宇雕墙，本于宫室；酒池肉林，本于饮食；淫酷残忍，本于刑罚；穷兵黩武[1]，本于征讨。凡人欲之过者，皆本于奉养。其流之远，则为害矣。先王制其本者，天理也；后人流于末者，人欲也[2]。《损》之义，损人欲以复天理[3]而已。(《周易程氏传·损》)

【注释】

[1]"穷兵黩武"，竭尽兵力，任意发动战争。形容极其好战。

[2]"先王制其本者，天理也"云云，由此可知，"本"乃是本自于天理的，是正常的需求，满足这一个需求，并不是问题。反之，乃是理所当然的，因为这也是生生之道的体现。不能够得到满足，反倒是毁生、伤生。然而，一旦人们超越"本"而有了更多的需求，那就是私欲在作祟了。天理与人欲的界限就在这里。"本"乃是适中的，过乎中，即为私欲；不及乎中，则又不能养生、利生。明白了这一点，也就明白了后文中所说的"损人欲以复天理"。与此同时，也会明白孟子为何以"二十而取一"为"貉道"(《孟子·告子下》12.10)，而不承认陈仲子是廉士了(《孟子·滕文公下》6.10)。

〔3〕"损人欲以复天理"，减损私欲而复归天理。亦即宋明儒者所反复
　　　强调的"去人欲，存天理"。

【译文】

　　所谓损，就是减损过度而趋向适中，减损浮夸的末端而回归真实的根本。天下的危害，无一不是因为末端战胜了根本。高峻的楼宇，彩绘的墙壁，根本在于房屋；酒如池、肉如林的奢靡，根本在于饮食；滥用酷刑、残忍无道，根本在于刑罚；竭尽兵力，任意发动战争，根本在于征讨。凡是人欲的过度，全都本于最初的奉养。流变得太远，就成了危害。先王制定的根本，本于天理；后人流于末端，则由于人欲。《损》卦的意义，就在于减损人欲而复归天理而已。

5.7

　　夫人心正意诚〔1〕，乃能极中正之道，而充实光辉〔2〕。若心有所比，以义之不可而决之，虽行于外〔3〕不失其中正之义，可以无咎，然于中道未得为光大也。盖人心一有所欲，则离道矣。故《夬》之九五曰："苋陆夬夬，中行无咎。"〔4〕而《象》曰："'中行无咎'，中未光也。"〔5〕夫子于此，示人之意深矣。（《周易程氏传·夬》）

【注释】

〔1〕"心正意诚"，语本《大学》："古之欲明明德于天下者，先治其
　　　国；欲治其国者，先齐其家；欲齐其家者，先修其身；欲修其
　　　身者，先正其心；欲正其心者，先诚其意；欲诚其意者，先致
　　　其知；致知在格物。物格而后知至，知至而后意诚，意诚而后

心正，心正而后身修，身修而后家齐，家齐而后国治，国治而后天下平。"

〔2〕"充实光辉"，语本《孟子·尽心下》："可欲之谓善，有诸己之谓信，充实之谓美，充实而有光辉之谓大，大而化之之谓圣，圣而不可知之之谓神。"

〔3〕"行于外"，指九五与上六决绝，上六在九五之上，所以为外。

〔4〕"苋陆夬夬，中行无咎"，《周易·夬》九五爻辞。"苋陆"，草名，即马齿苋。"夬夬"，果断决去。"中"，指九五位于上卦的中位。意为：像斩除马齿苋一样果断清除小人，居中行事没有咎害。

〔5〕"'中行无咎'，中未光也"，《周易·夬》九五《小象传》。意为："居中行事没有咎害"，说明《夬》卦九五的中正之道尚未光大。举凡九五居中行事，皆当为吉，乃至是元吉，惟有《夬》卦九五仅仅为"无咎"，所以说"中未光也"。

【译文】

人做到了心正意诚，才能极尽中正之道，而内心充实，光辉显现于外。如果心中有所偏私，只是因为道义不允许而与之决绝，虽然在外采取行动也不会违背中正的意义，可以没有危害，然而，就中道而言，毕竟还没有达到光大。因为人心一旦有所欲望，就是背离正道。所以，《夬》卦九五爻辞说："苋陆夬夬，中行无咎。"而《小象传》说："'中行无咎'，中未光也。"孔子在这里，告诉人们的道理很深刻啊！

5.8

方说[1]而止，节之义也。(《周易程氏传·节》)

【注释】

〔1〕"说"，同"悦"。

【译文】

　　刚到愉悦的时候就停下来，就是节制的意义。

5.9

　　《节》之九二，不正之节也〔1〕。以刚中正为节〔2〕，如惩忿窒欲、损过抑有余是也；不正之节，如啬节于用、懦节于行是也。（《周易程氏传·节》）

【注释】

〔1〕"《节》之九二"云云，指九二阳爻处于二位，二为阴位，所以为"不正"。"节"，节制。有所节制，本是好事，可是，"不正之节"则是过于节制，也就违背中道了。

〔2〕"以刚中正为节"，指《节》卦的九五。九五阳爻，故为刚；五位为上卦之中，故为中；五位为阳位，九五阳爻位于阳位，故为正。以刚健中正为"节"，所"节"自然无过无不及，恰到好处。

【译文】

　　《节》卦九二爻，是不正的节制。以刚健中正去节制，如抑止忿怒、杜绝私欲，减损过度、抑制多余之类便是；不正的节制，如在费用上过于吝啬、在行动上过于懦弱之类便是。

5.10

人而无克、伐、怨、欲[1]，惟仁者能之。有之而能制其情不行焉，斯亦难能也，谓之仁，则未可也。此原宪之问，夫子答以"知其为难，而不知其为仁也"。此圣人开示之深也。(《河南程氏经说·论语解》)

【注释】

〔1〕"克、伐、怨、欲"，好胜、自矜、怨恨、贪欲。语自《论语·宪问第十四》："克、伐、怨、欲不行焉，可以为仁矣？"子曰："可以为难矣。仁则吾不知也。"

【译文】

人没有好胜、自矜、怨恨、贪欲这些毛病，只有仁者才能够做到。有这些毛病而能够抑制自己的情绪不去做，这样也是很难做到的，但称之为仁，则是不可以的。这是原宪的问题，孔子回答说"知道这样是很难做到的，却不知道这样是不是仁"。这就是孔子启发学生的深意了。

5.11

明道先生曰："义理和客气常相胜[1]，只看消长分数多少，为君子、小人之别。义理所得渐多，则自然知得客气消散得渐少，消尽者是大贤。"(《河南程氏遗书》卷一)

【注释】

〔1〕"义理和客气常相胜"，张伯行释曰："义理者，天命之本然；客

气者，形气之使然。天命牿于形气之私，其势常相胜而迭消长。义理长则为君子，客气长则为小人。"（《近思录集解》）

【译文】

明道先生说："义理和客气常常相互斗争，只是看两者消长的分数是多少，就是君子和小人的分别。义理所得到的渐渐增多，自然就会知道客气消散得渐渐少了，完全消尽的人就是大贤。"

5.12

或谓人莫不知和柔宽缓，然临事则反至于暴厉。曰："只是志不胜气，气反动其心也[1]。"（《河南程氏遗书》卷十七）

【注释】

〔1〕"只是志不胜气，气反动其心也"，语本《孟子·公孙丑上》："志壹则动气，气壹则动志也。今夫蹶者、趋者，是气也，而反动其心。"

【译文】

有人说，没有人不知道待人接物应当温和宽容，然而，遇到事情时则反而会表现得暴躁、严厉。明道先生说："只是因为心志不能战胜意气，意气反过来动摇了心志。"

5.13

人不能祛思虑，只是吝[1]，吝故无浩然之气[2]。（《河南程氏遗书》

卷十五）

【注释】

〔1〕"人不能祛思虑，只是吝"，"祛"，消除；"吝"，吝啬。人之所以
会"吝"，乃是因为自私，人有私心，就会计较不停，又如何能
够消除得思虑？

〔2〕"吝故无浩然之气"，浩然之气乃是集义之所生，乃是廓然大公
的。"吝"则有私心在，又如何能有浩然之气？

【译文】

人不能够驱除闲思杂虑，只是因为吝啬，吝啬所以没有浩然
正气。

5.14

治怒为难，治惧亦难。克己可以治怒，明理可以治惧。(《河南程氏遗
书》卷一)

【译文】

克治愤怒很难，克治恐惧也很难。克胜自我，可以克治愤怒；究
明义理，可以克治恐惧。

5.15

尧夫[1]解"他山之石，可以攻玉"[2]："玉者，温润之物，若将两

块玉来相磨，必磨不成，须是得他个粗砺底物，方磨得出。譬如君子与小人处，为小人侵陵，则修省畏避，动心忍性，增益预防[3]，如此便道理出来。"（《河南程氏遗书》卷二上）

【注释】

〔1〕尧夫，邵雍（1012—1077），字尧夫，谥号康节，学者称康节先生，北宋五子之一，著有《皇极经世书》《击壤集》等。

〔2〕"他山之石，可以攻玉"，"攻"，治；他山的石头，可以用来打磨玉器。语自《诗经·小雅·鹤鸣》。

〔3〕"譬如君子与小人处"云云，当是取意于《孟子·告子下》："故天将降大任于是人也，必先苦其心志，劳其筋骨，饿其体肤，空乏其身，行拂乱其所为，所以动心忍性，曾（增）益其所不能。""动心忍性"，触动他的内心，坚忍他的性格。

【译文】

邵雍解释"他山之石，可以攻玉"，说："玉是质地温润的东西，如果拿两块玉来相互打磨，一定打磨不成，必须拿一个粗砺的东西来，才能够打磨得成。就像君子和小人相处，被小人欺凌，然后修心自省，敬畏避让，就此动心忍性，增益不能，预防侵害，如此就能够体会出道理来。"

5.16

目畏尖物，此事不得放过，便与克下。室中率置尖物，须以理胜他，尖必不刺人也，何畏之有？（《河南程氏遗书》卷二下）

【译文】

眼睛害怕看到尖锐的东西，这件事也不能放过，应当克服。在房间内都放上尖锐的东西，需要用理来战胜它，尖锐的东西不是必定会刺人的，又为什么要害怕呢？

5.17

明道先生曰："责上责下，而中自恕己，岂可任职分？"（《河南程氏遗书》卷五）

【译文】

明道先生说："责备上面的人，责备下面的人，中间却自我宽恕，这样的人又怎么能够胜任自己的职责呢？"

5.18

"舍己从人"[1]，最为难事。己者，我之所有，虽痛舍之，犹惧守己者固，而从人者轻也。（《河南程氏遗书》卷九）

【注释】

[1]"舍己从人"，语自《孟子·公孙丑上》："大舜有大焉，善与人同，舍己从人，乐取于人以为善。"

【译文】

"舍己从人"，是最难做到的事。所谓己，就是我所有的这个

"我"，虽然痛加舍弃，还是担心执守自己仍旧顽固，而听从别人分量微小。

5.19

九德^[1]最好。(《河南程氏遗书》卷七)

【注释】

〔1〕"九德"，《尚书·皋陶谟》：皋陶曰："宽而栗，柔而立，愿而恭，乱而敬，扰而毅，直而温，简而廉，刚而塞，强而义。"叶采释曰："宽宏而庄栗，则宽不至于弛；和柔而卓立，则柔不至于懦；愿而恭，则朴愿而不专尚乎质；乱，治也，乱而敬，则整治而不徒事乎文，盖恭著于外，敬守于中也；驯扰而毅，则扰不至于随；劲直而温，则直不至于讦；简大者，或规矩之不立，今有廉隅，则简不至于疏；刚者，或伤于果断，今塞实而笃厚，则刚不至于虐；强力者，或徇血气之勇，今有勇而义，则强不至于暴。盖游气纷扰，万有不齐，其生人也，有气禀之拘，自非圣人至清、至厚、至中、至正，浑然天理，无所偏杂。盖自中人以下，未有不滞于一偏者。惟能就其气质之偏，穷理克己，矫揉以归于正，则偏者可全矣。是知学问之道，在唐、虞之际，其论德已如是之密矣。"(《近思录集解》)

【译文】

《尚书》中所说的九种德最好。

5.20

饥食渴饮，冬裘夏葛，若致些私吝心在，便是废天职[1]。（《河南程氏遗书》卷六）

【注释】

[1] "天职"，即人生来理当履行的职责。人本于生生之道而生，故知，人的天职即为好生、利生、尊生、护生、守生。

【译文】

饿了就吃饭、渴了就饮汤，冬天穿裘衣、夏天穿葛衣，如果掺杂一些私吝之心在里面，就是废弃了天职。

5.21

猎，自谓今无此好。周茂叔曰："何言之易也？但此心潜隐未发，一日萌动，复如前矣。"后十二年因见，果知未也。（一本注云：明道先生年十六七时好田猎。十二年暮归，在田野间见田猎者，不觉有喜心。）（《河南程氏遗书》卷七）

【译文】

明道先生曾说："打猎，我自以为现在已经没有这个爱好了。"濂溪先生说："怎么说得这么容易？只是这一个心潜伏着没有发出来，某一天萌发出来，就跟从前一样了。"十二年后，因为看到有人打猎，知道自己果然还没有断绝这个爱好。（一本注云：明道先生十六七岁的时候爱好打猎。十二年之后的一个傍晚，回家时，在田野里看到有人在打猎，不觉中有喜好之心。）

5.22

伊川先生曰："大抵人有身，便有自私之理，宜其与道难一〔1〕。"
（《河南程氏遗书》卷三）

【注释】

〔1〕"大抵人有身"云云，意谓人生来皆有一个独立的身体，自然就会
产生本于个体的自我意识，一旦围绕着自我意识去计较得失成败，
也就成了自私。所以说"大抵人有身，便有自私之理"。而人身全
都本于生生之道而生，都是生生之道的载体，一旦沉湎于一己的
私欲，也就很难与道为一了。这其中的关系，确实很微妙，也很
难处理，智慧如老子也会发出感叹："吾所以有大患者，为吾有
身，及吾无身，吾有何患？"（《道德经》）可是，"及吾无身"，道
便又失去了载体，这自然不是一个好的解决方案。事实上，一切
属于个体的本然需求，本也都是生生之道的体现。可是，当意、
必、固、我参与其中的时候，本然需求就会被扭曲，而成了一己
的私欲。由此可知，顺应本然需求，本就是履道的一部分。然而，
只是顺应本然需求而不履道，那就依然是对身体的废弃，那就还
是自私。概而言之，便是人所当做的，只是纯然率性、履道而为，
果真如此，本然需求也就自然得到满足。因为履道而为，本就包
含着顺应本然需求。此处借用一个禅宗公案，可以很好表述这
一点：

有源律师来问："和尚修道，还用功否？"师（大珠慧海）

曰："用功。"曰："如何用功？"师曰："饥来吃饭困来眠。"曰："一切人总如是，同师用功否？"师曰："不同。"曰："何故不同？"师曰："他吃饭时不肯吃饭，百种须索；睡时不肯睡，千般计校（较），所以不同也。"律师杜口。（《景德传灯录》）

本条可与5.6、5.20互参。

【译文】

伊川先生说："大致说来，人有身体，就有自私的道理，也就难怪人与道难以合一了。"

5.23

罪己责躬不可无，然亦不当长留在心胸为悔。（同上条）

【译文】

犯了过错，引咎自责、反躬自省是不可缺少的，但也不应该把过错长时间的留在心中而成为追悔。

5.24

所欲不必沉溺，只有所向，便是欲。（《河南程氏遗书》卷十五）

【译文】

所欲求的不必要到沉迷其中的地步，只要是心中有所向往，那就是欲望。

5.25

明道先生曰："子路亦百世之师。"（本注：人告之以有过则喜[1]。）（《河南程氏遗书》卷三）

【注释】

〔1〕"人告之以过则喜"，语自《孟子·公孙丑上》。

【译文】

明道先生说："子路也是百世之师。"（本注：别人指出他的过错，他就会很开心。）

5.26

"人语言紧急，莫是气不定否？"曰："此亦当习，习到自然缓时，便是气质变也。学至气质变，方是有功。"（《河南程氏遗书》卷十八）

【译文】

有人问："一个人说话紧张急切，是不是因为心气不定？"明道先生说："这也应当练习，练习到自然缓慢时，就是气质转变了。学习到了气质转变，才算是有功效。"

5.27

问："'不迁怒，不贰过'[1]，何也？《语录》有'怒甲不迁乙'之说，是否?"伊川先生曰:"是。"曰:"若此则甚易，何待颜子而后能?"曰:"只被说得粗了，诸君便道易，此莫是最难。须是理会得因何'不迁怒'，如舜之诛四凶，怒在四凶，舜何与焉[2]? 盖因是人有可怒之事而怒之，圣人之心本无怒也[3]。譬如明镜，好物来时，便见是好;恶物来时，便见是恶。镜何尝有好恶也? 世之人固有怒于室而色于市。且如怒一人，对那人说话，能无怒色否? 有能怒一人而不怒别人者，能忍得如此，已是煞知义理[4]。若圣人因物而未尝有怒，此莫是甚难。君子役物，小人役于物。今见可喜可怒之事，自家着一分陪奉他，此亦劳矣。圣人之心如止水。"（同上条）

【注释】

〔1〕"不迁怒，不贰过"，不迁怒于他人，不犯同样的错误。《论语·雍也第六》:哀公问曰:"弟子孰为好学?"孔子对曰:"有颜回者好学。不迁怒，不贰过。不幸短命死矣。今也则亡，未闻好学者也。"

〔2〕"舜之诛四凶"云云，"舜之诛四凶"，见 4.27 注 2。可参 4.27。

〔3〕"盖因是人有可怒之事而怒之"云云，2.4 有云:"圣人之喜，以物之当喜;圣人之怒，以物之当怒。是圣人之喜怒不系于心而系于物也。"

〔4〕"有能怒一人而不怒别人者"云云，2.4 有云:"夫人之情，易发而难制者，惟怒为甚。第能于怒时遽忘其怒，而观理之是非，亦可见外诱之不足恶，而于道亦思过半矣。"

【译文】

有人问:"'不迁怒，不贰过'，是什么意思? 先生的《语录》

中有'对甲发怒，不迁移到乙身上去'的说法，对不对呢？"伊川先生说："对。"又问："如果是这样，那就很简单，又何必要颜子才能够做到？"先生说："只是因为被说得太粗浅了，诸位就说很简单，这恐怕是最难的了。必须是体会到为什么会'不迁怒'，例如舜诛灭四凶，怒的根源在于四凶，与舜又有什么关系？只是因为这个人做了令人发怒的事而对他发怒，圣人的心里本来并没有愤怒。就像明亮的镜子，美好的事物来照，就会见到美好的事物；丑恶的事物来照，就会见到丑恶的事物。镜子何尝有什么偏好厌恶呢？世上确实有人在家里发了怒却跑到闹市中给别人脸色看。就好像对一个人有怒气，对那个人说话，能没有愤怒的脸色吗？有能够只对一个人发怒而不迁怒于他人的，能够忍到这个地步，已经很是明白义理了。像圣人那样因为事物应该发怒而发怒，而自己的心里从未曾有过愤怒，这恐怕是最难的了。君子役使外物，小人则被外物所役使。如今见到可喜可怒的事，自己也用一分喜一分怒去奉陪着它，这也太劳累了。圣人的心，像静止的水一样。"

5.28

人之视最先，非礼而视，则所谓"开目便错"了。次听，次言，次动，有先后之序。人能克己，则心广体胖[1]，仰不愧，俯不怍，其乐可知[2]。有息则馁[3]矣。（《河南程氏外书》卷三）

【注释】

〔1〕"心广体胖"，见 4.30 注 2。

〔2〕"仰不愧，俯不怍，其乐可知"，"怍"，惭愧。语本《孟子·尽
　　心上》：孟子曰："君子有三乐，而王天下不与存焉。父母俱
　　存，兄弟无故，一乐也；仰不愧于天，俯不怍于人，二乐也；
　　得天下英才而教育之，三乐也。君子有三乐，而王天下不与
　　存焉。"

〔3〕"馁"，本意饥饿，喻气不足而萎缩。

【译文】

　　人的视觉是最先发用的，不合礼而去看，就是所谓的"开目便
错"了。其次是听觉，再次是言说，又次是行为，视、听、言、动四
者，有着先后的次序。人能够克制自我，就会心广体胖，仰不愧于天，
俯不怍于人，他的快乐可想而知。一旦克己的工夫有所间断，也就会气
馁了。

5.29

圣人责己感也处多，责人应也处少。(《河南程氏外书》卷七)

【译文】

　　圣人责求自己感动别人的地方多，责求别人回应自己的地方少。

5.30

　　谢子与伊川先生别一年，往见之，伊川曰："相别又一年，做得甚
工夫？"谢曰："也只去个矜字。"曰："何故？"曰："子细点检得来，病

痛尽在这里。若按伏得这个罪过，方有向进处。"伊川点头，因语在座同志者曰："此人为学，'切问近思'〔1〕者也。"（《河南程氏外书》卷十二）

【注释】

〔1〕"切问近思"，见 2.43 注 2。

【译文】

　　谢良佐与伊川先生分别一年之后，前去拜见伊川先生，先生问："分别又是一年，做成了什么工夫？"良佐答道："也只是去掉了一个矜字。"先生问："为什么呢？"良佐说："我仔细的检点自己，发现各种毛病的病根都在这里。如果能够按伏得住这一个过错，才会有进步的空间。"伊川先生点点头，就此对在座的弟子们说："这个人为学，可以称得上是'切问近思'了。"

5.31

思叔诟詈〔1〕仆夫，伊川曰："何不动心忍性？"思叔惭谢。（同上条）

【注释】

〔1〕"诟詈"，辱骂。

【译文】

　　张绎怒骂仆夫，伊川先生说："为何不就此动心忍性呢？"张绎感到惭愧，并及时道歉。

5.32

见贤便思齐，有为者若是；见不贤而内自省，盖莫不在己[1]。(《河南程氏外书》卷二)

【注释】

[1]"见贤便思齐""见不贤而内自省"，见到贤人，便想要与他一样；见到不贤的人，就以他来反省自己。语本《论语·里仁第四》。

【译文】

见贤便思齐，有作为的人就是这样；见不贤而内自省，没有不在自己身上下工夫的。

5.33

横渠先生曰："湛一，气之本[1]；攻取，气之欲。口腹于饮食，鼻口于臭味，皆攻取之性也。知德者属厌而已，不以嗜欲累其心[2]，不以小害大[3]、末丧本焉尔。"[4](《正蒙·诚明》)

【注释】

[1]"湛一，气之本"，"湛一"，清澈纯粹，指道体，故为"气之本"。

[2]"攻取，气之欲"云云，"气"，五行之气。五行之气，各有其欲，如水有淹没性、火有吞噬性，木有扩张性，土有覆盖性，金有克断性。落实在五行聚合而化生的人身上来，也就成了人的"攻取之性"，如"口腹于饮食，鼻口于臭味"。五行之气乃

是由道体所涵有的生生之气所分生而成的，"攻取之性"本于五行之气，这就意味着"攻取之性"也是本源于道体，也是合乎天理的。问题在于，"攻取之性"本是有度的，一旦人沉湎于一己的私欲，自然就会过度。然而，这不是"攻取之性"的问题，而是私欲的问题。所以，根本在于如何克制自我，去除私欲。至于有德的人，他们知晓"攻取之性"本于天理，也应当满足，然而，不能将之发展为私欲，所以"属厌而已"，而"不以嗜欲累其心"。"属"，副词，适好之意。"厌"，饱，引申为满足。"属厌"，即适好满足。

〔3〕"不以小害大"，语本《孟子·告子上》："体有贵贱，有小大。无以小害大，无以贱害贵。养其小者为小人，养其大者为大人。"

〔4〕本条可与 5.6、5.22 互参。

【译文】

横渠先生说："清澈纯粹，是气的本体；进攻夺取，是气的欲望。口腹之于饮食，鼻口之于嗅味，都是攻取的特性。明晓性德的人适好满足而已，不会因为嗜欲而牵累自己的心，不会因为小而损害大、因为末而失去本。"

5.34

纤恶必除，善斯成性矣〔1〕；察恶未尽，虽善必粗矣。（同上条）

【注释】

〔1〕"纤恶必除，善斯成性矣"，"纤恶必除"，则一点点的恶也不会

再有，这就意味着心体通透，空空如也，天理流淌其中，而生生之性自然发用，这就是"善斯成性"。性本就是善的，不是说到外面去找一个善来成为自己的性。本条可与5.3条注14互参。

【译文】

细小的恶也务必要除尽，善才能成为性；如果体察自身的恶没有能够穷尽，即使是为善，也必定是粗糙的。

5.35

恶不仁，故不善未尝不知。徒好仁而不恶不仁[1]，则习不察、行不著[2]。是故徒善未必尽义，徒是未必尽仁，好仁而恶不仁，然后尽仁义之道。(《正蒙·中正》)

【注释】

〔1〕"好仁"，喜好仁。"恶不仁"，厌恶不仁。语自《论语·里仁第四》：子曰："我未见好仁者，恶不仁者。好仁者，无以尚之；恶不仁者，其为仁矣，不使不仁者加乎其身。有能一日用其力于仁矣乎，我未见力不足者。盖有之矣，我未之见也。"

〔2〕"习不察、行不著"，习惯了却不体察其中的原由，做到了却不明白其中的所以然。语本《孟子·尽心上》：孟子曰："行之而不著焉，习矣而不察焉，终身由之而不知其道者，众也。"

【译文】

"恶不仁"，所以有了不善的举动从没有不知道的。单单"好仁"

而不"恶不仁"，就会习不察、行不著。所以，单单行善未必能够完全符合义，单单正确未必能够完全符合仁，"好仁"而"恶不仁"，然后才能够完全符合仁义之道。

5.36

责己者，当知无天下、国家皆非之理，故学至于不尤人[1]，学之至也。[2]（同上条）

【注释】

[1]"不尤人"，不责备别人。语自《论语·宪问第十四》：子曰："不怨天，不尤人，下学而上达。"

[2]关于本条，张伯行释曰："不责己者，多要非人，苟知所以责己，则不惟可以情恕，可以理遣，实自家有不是处，断无天下、国家皆非之理。将惴惴求免人尤之不暇，而敢尤人乎哉？故学至于'不尤人'，真能密操存、公物我，而为学之至者也。"（《近思录集解》）

【译文】

责求自己的人，应当知道没有天下、国家所有人都不对的道理，所以学习到了"不尤人"的地步，就是为学的极致了。

5.37

有潜心于道，忽忽为他虑引去者，此气也。旧习缠绕，未能脱洒，毕竟无益，但乐于旧习耳。是故古人欲得朋友与琴瑟简编，常使心在于此。惟圣人知朋友之取益为多，故乐得朋友之来[1]。(《论语说》)

【注释】

〔1〕"惟圣人知朋友之取益为多"云云，语本《论语·学而第一》："有朋自远方来，不亦乐乎？"

【译文】

有人潜心于圣人之道，忽然就被其他的想法牵引了去，这就是习气。被旧的习气缠绕着，不能够洒脱自在，毕竟是无益的，只是沉湎于旧的习气罢了。所以，古人想要得到朋友和琴瑟、书册，使自己的心恒常在圣人之道上。惟有圣人知道来自朋友的助益是很多的，所以乐于有朋友前来。

5.38

矫轻警惰。(《经学理窟·气质》)

【译文】

矫正轻率，警惕怠惰。

5.39

"仁之难成久矣，人人失其所好"[1]，盖人人有利欲之心，与学正相背驰，故学者要寡欲[2]。(《经学理窟·学大原上》)

【注释】

〔1〕"仁之难成久矣"句，意为：仁难以成就已经很久了，人人都失
　　去了所当爱好的仁。语自《礼记·表记》："仁之难成久矣，人人
　　失其所好。故仁者之过，易辞也。"

〔2〕"寡欲"，语自《孟子·尽心下》。

【译文】

"仁之难成久矣，人人失其所好"，因为人人都有利欲之心，与为
学正好背道而驰，所以学者要寡欲。

5.40

君子不必避他人之言，以为太柔太弱。至于瞻视，亦有节：视有
上下，视高则气高，视下则心柔，故视国君者，不离绅带[1]之中。学
者先须去其客气。其为人刚行，终不肯进。"堂堂乎张也，难与并为仁
矣。"[2]盖目者，人之所常用，且心常托之视之上下。且试之，己之敬
傲，必见于视。所以欲下其视者，欲柔其心也。柔其心，则听言敬且
信。人之有朋友，不为燕安，所以辅佐其仁[3]。今之朋友，择其善柔以
相与，拍肩执袂以为气合，一言不合，怒气相加。朋友之际，欲其相下
不倦。故于朋友之间，主其敬者，日相亲与，得效最速。仲尼尝曰："吾
见其居于位也，与先生并行也。非求益者，欲速成者。"[4]则学者先须
温柔，温柔则可以进学。《诗》曰："温温恭人，惟德之基。"[5]盖其所益
之多。（《经学理窟·气质》）

【注释】

〔1〕"绅带"，古时士大夫束腰的大带。

〔2〕"堂堂乎张也"云云，子张仪表堂堂，却难以与他一起行仁。语自《论语·子张第十九》。

〔3〕"人之有朋友"云云，语本《论语·颜渊第十二》：曾子曰："君子以文会友，以友辅仁。"

〔4〕"仲尼尝曰"云云，语本《论语·宪问第十四》：阙党童子将命，或问之曰："益者与？"子曰："吾见其居于位也，见其与先生并行也。非求益者也，欲速成者也。"

〔5〕"温温恭人，惟德之基"，"温温"，和柔的样子；"恭人"，恭谨守礼的人；"惟"，维，是；"基"，根本，标准。和柔谨恭的人，是德行的基准。语自《诗经·大雅·抑》："荏染柔木，言缗之丝。温温恭人，维德之基。"

【译文】

　　君子不需要回避他人的议论，以免他人认为你太过柔弱。至于观望，也有节度：视线有上有下，视线太高就会显得心气高傲，视线偏下就会显得心底柔弱，所以面对国君的时候，眼光不离开绅带的中线。学者首先必须要去尽客气。一个人为人刚强，终究是不肯进步的。就像曾子所说的"堂堂乎张也，难与并为仁矣"。眼睛，是人所常用的，而且内心的状态时常寄托于视线的上下。且去试一下，自己的恭敬和傲慢，一定会展现在视线上。之所以视线想要向下看，是想要柔软自己的心。柔软自己的心，听别人的话就会恭敬并且保持诚信。人交朋友，不是为了在一起享乐，而是要相互辅佐成就仁德。现在的人交朋友，都会选择那些会阿谀奉承的人相交，拍着肩膀，拉着衣袖，就认为是意气相投，可是一言不合，就会怒气相加。朋友之间，应该相互谦恭而不倦怠。所以朋友之间，以恭敬为主的，一天比一天亲密，相互辅佐的成效也最快。孔子曾说："吾见其居于位也，与先生并行也。非求益者，欲速成者。"学者首先需要温柔，温柔就可以增进学问。《诗经》里说："温温恭人，惟德之基。"是因为温柔所得的收益很多。

5.41

世学不讲，男女从幼便骄惰坏了，到长益凶狠。只为未尝为子弟之事[1]，则于其亲已有物我，不肯屈下。病根常在，又随所居而长，至死只依旧。为子弟，则不能安洒扫应对[2]；在朋友，则不能下朋友；有官长，则不能下官长；为宰相，不能下天下之贤。甚则至于徇私意，义理都丧，也只为病根不去，随所居所接而长。人须一事事消了病，则义理常胜。(《经学理窟·学大原下》)

【注释】

〔1〕"子弟之事"，即《论语·学而第一》所载：子曰："弟子入则孝，出则弟，谨而信，泛爱众，而亲仁，行有余力，则以学文。"

〔2〕"洒扫应对"，语见《论语·子张第十九》：子游曰："子夏之门人小子，当洒扫应对进退，则可矣，抑末也。本之则无，如之何！"

【译文】

现今之世，圣贤之学不再讲求，男女从小就骄傲怠惰坏了，长大后更加严重。只是因为不曾做过子弟们该做的事，对于亲人已经有了个你和我的分别，不肯屈身而下。这个病根常在，又随着生活而发展，到死也只是依旧。作为子弟，不能够安于洒扫应对；作为朋友，不能够谦恭朋友；有了官长，不能够尊敬官长；做了宰相，不能够礼遇天下的贤人。甚至于顺从一己的私意，义理都丧失了，也只是因为病根不曾除去，又随着生活和交接而发展。人必须一件事一件事的消除弊病，义理就会常常战胜私意。

卷六

齐家之道

卷六 齐家之道

（凡二十二条）

【题解】

朱子论本卷纲目曰："齐家之道。"叶采曰："此卷论齐家。盖克己之功既至，则施之家，而家可齐矣。"（《近思录集解》）茅星来亦曰："此以下即《大学》'新民'之事也，而此卷则论齐家之道，于父子、兄弟、夫妇以至睦族、恤孤之道，无不具焉。"（《近思录集注》）则本卷对应《大学》八目之齐家明矣。惟本卷内容虽所涉方面颇多，如弟子之职（6.1）、孝亲（6.2、6.19）、如何处理母亲的弊乱（6.3）、不以恩情胜礼夺义（6.6）、先严己身（6.7）、慎于择妇（6.9）、买乳母事（6.16）、对待婢仆（6.22）等等，但读之则略感薄弱。且论孝亲，则无过于舜、曾子者，然于舜、曾子如何事亲，也未曾有所铺陈，有待读者自行去查阅。

研读本卷，笔者深有感触之处，则在于齐家中的一切事务，全都应当本于天理，若是在其间添加一点点刻意人为的意思，那就是私心。如曾子事亲，凡"子之身所能为者，皆所当为也"（6.2），曾子只是竭尽其力而为罢了，如果有一点刻意人为的意思，也就不能够尽其所为了。又如"干母之蛊，不可贞"（6.3），处理母亲的弊乱，如果不能够柔顺恭敬，而是采取强行的措施，就会伤害母子之情，"巽顺相承"便是合乎天理。又如兄弟之间"不要相学，己施之而已"（6.20），如果是添加一点刻意人为的想法，就会因为考虑到"施之不见报"而辍止了。有人误会孔子"以公冶长不及南容，故以兄之子妻南容，以己之子妻公冶长"（6.12），似乎孔子也是在避嫌，如果孔子有避嫌之意，那就是掺入了刻意人为的意思。事实上，孔子只是循理而为，兄之子适合南容，便嫁给南容；己之子适合公冶长，就嫁给公冶长。何曾有半点刻意人为？

而人在处理家庭事务时，"大率以情胜礼、以恩夺义"（6.6），都是因为私心在作祟，情、恩都是偏私的体现。最为典型的则是第五伦（6.12），兄长的儿子生病，他一夜看望了十次，看完回来就安睡了；自己的儿子生病，他虽然一次都没有前去看望，却一夜不能睡着。由此可见，他对侄儿虽然也很不错，然而，还是与自己的儿子有所分别，没有做到"兄弟之子，犹子也"，究其根本，则在于私情掺和。所以，他也自认为自己有私。

二程先生的父母太中公与侯夫人（6.17），则为我们展现了一对温、良、恭、俭、让的父母，伊川先生用他饱含思情的文字记述了父母的齐家起居之状，充满温情，栩栩如生。太中公"慈恕而刚断，平居与幼贱处，惟恐有伤其意，至于犯义理，则不假也。左右使令之人，无日不察其饥饱寒燠"，侯夫人"治家有法，不严而整……视小臧获如儿女……先公凡有所怒，必为之宽解，唯诸儿有过，则不掩也"，此诸文字，一对"温而厉"的父母如在眼前。而侯夫人教育二程兄弟的细节，更是令人钦佩，时至今日，亦是教子之良方：一则少时即养孩子之安宁之象，"才数岁，行而或踣"，则呵责曰："汝若安徐，宁至踣乎？"二则不让孩子们挑食，"常食絮羹，即叱止之，曰：'幼求称欲，长当何如？'"三则不得恶言骂人，四则"与人争忿，虽直不右"，曰："患其不能屈，不患其不能伸。"五则"常使从善师友游"。

6.1

伊川先生曰："弟子之职，力有余则学文[1]。不修其职而学文，非为

己之学〔2〕也。"(《河南程氏经说·论语解》)

【注释】

〔1〕"弟子之职，力有余则学文"，《论语·学而第一》："弟子入则孝，出则弟，谨而信，泛爱众，而亲仁。行有余力，则以学文。"

〔2〕"为己之学"，《论语·宪问第十四》：子曰："古之学者为己，今之学者为人。"

【译文】

伊川先生说："子弟的职责，履行之后还有余力，则去学习文献典籍。不先去履行自己的职责，就去学习文献典籍，那就不是为己之学了。"

6.2

孟子曰："事亲若曾子，可也。"〔1〕未尝以曾子之孝〔2〕为有余也。盖子之身所能为者，皆所当为也〔3〕。(《周易程氏传·师》)

【注释】

〔1〕"事亲若曾子，可也"，语自《孟子·离娄上》。

〔2〕"曾子之孝"，散见于《论语》《孟子》，今人有《曾子辑校》，较为全面地收集了曾子的生平言行。曾子至孝，事件颇多，孟子认为他事奉父母，"可谓养志"：

"曾子养曾皙，必有酒肉。将彻，必请所与；问有余，必曰：'有。'曾皙死，曾元养曾子，必有酒肉。将彻，不请所与；问有余，曰：'亡矣。'将以复进也。此所谓养口体者也。若曾子，则可谓养志者也。事亲若曾子者，可也。"

〔3〕"盖子之身所能为者"云云，即"事父母，能竭其力"（《论语·学而第一》），既然应当竭尽其力，自然是"所能为"的，都是"所当为"的。

【译文】

孟子说："事亲若曾子，可也。"他从没有认为曾子的孝行有什么过度的。凡是作为儿子自身所能够做到的，全都是应当去做的。

6.3

"干母之蛊，不可贞"〔1〕，子之于母，当以柔巽〔2〕辅导之，使得于义。不顺而致败蛊，则子之罪也。从容将顺，岂无道乎？若伸己刚阳之道，遽然矫拂〔3〕，则伤恩，所害大矣，亦安能入乎？在乎屈己下意，巽顺相承，使之身正事治而已。刚阳之臣事柔弱之君，义亦相近。（《周易程氏传·蛊》）

【注释】

〔1〕"干母之蛊，不可贞"，匡正母亲的弊乱，不可以刚健。语自《周易·蛊》九二爻辞。

〔2〕"巽"，顺。

〔3〕"矫拂"，违逆。

【译文】

"干母之蛊，不可贞"，儿子对于母亲，应当以柔顺来辅导她，使

她能够符合于道义。不能柔顺而导致弊乱，那就是儿子的罪过了。从
容地让母亲顺从，难道没有方法吗？如果一味伸张自己的刚健之道，
骤然违逆母亲，就会伤害母子之间的恩情，伤害也就大了，又怎么能
够让母亲听得进去呢？在于委屈自己降低心意，柔顺的承奉母亲，使
得她行为端正、事情得到治理而已。刚健正直的臣子事奉柔弱的君
主，意思也与此相近。

6.4

《蛊》之九三，以阳处刚而不中[1]，刚之过也，故"小有悔"。然在
巽体[2]，不为无顺。顺，事亲之本也。又居得正[3]，故"无大咎"[4]。
然有小悔，已非善事亲也。（同上条）

【注释】

〔1〕"不中"，指三位不是上下卦的中位。只有二、五是中位。

〔2〕"巽体"，指《蛊》卦的下卦构成为原始八卦的巽卦。

〔3〕"居得正"，指九三位于三位，三位是阳位，阳爻位居阳位，故
　　　为"得正"。

〔4〕"小有悔""无大咎"，皆自《周易·蛊》九三爻辞："九三，干父
　　　之蛊，小有悔，无大咎。"

【译文】

《蛊》卦的九三爻，以阳刚之才处于阳位而不中，是过于刚健了，
所以"小有悔"。然而位于巽体，不是没有柔顺的意思。顺承，是事
奉父母的根本，又处于正位，所以"无大咎"。然而，"小有悔"，已

经不是善于事奉父母了。

6.5

正伦理，笃恩义，《家人》之道也。(《周易程氏传·家人》)

【译文】

规正伦常关系，笃实亲人恩情，这就是《家人》卦所讲的道理。

6.6

人之处家，在骨肉父子之间，大率以情胜礼、以恩夺义。惟刚立之人，则能不以私爱失其正理，故《家人》卦大要以刚为善。(《周易程氏传·家人》)

【译文】

人在处理家庭事务时，因为发生在骨肉父子之间，大多会以亲情凌驾礼法、以恩情废弃道义。只有刚健自立的人，才能不因私爱而违背正理，所以《家人》卦大体上以刚健为善。

6.7

《家人》上九爻辞，谓治家当有威严，而夫子又复戒云，当先严其身也[1]。威严不先行于己，则人怨而不服。(同上条)

【注释】

〔1〕"夫子又复戒云"云云，指《家人》上九《小象传》："威如之吉，反身之谓也。"

【译文】

　　《家人》上九爻辞，讲的是治家应当要有威严，而孔子又告诫说：应当先严格要求自身。威严如果不先从自己身上实行，别人就会怨恨而不服从。

6.8

　　《归妹》九二，守其幽贞，未失夫妇常正之道。世人以媟狎〔1〕为常，故以贞静为变常，不知乃常久之道也。（《周易程氏传·归妹》）

【注释】

〔1〕"媟狎"，狎昵，过分亲近而态度轻佻。

【译文】

　　《归妹》卦九二，守着幽静贞正的节操，没有违失夫妻间的正常之道。世人以狎昵为常态，所以以贞正幽静为不正常，不知那才是夫妻长久相处的正道。

6.9

　　世人多慎于择婿，而忽于择妇。其实婿易见，妇难知。所系甚重，

岂可忽哉？（《河南程氏遗书》卷一）

【译文】

世人大多审慎地选择女婿，却轻忽于选择媳妇。其实，女婿的品行很容易看得见，媳妇的品行却很难知晓。而媳妇的品行对于家庭而言又关系重大，怎么能够忽视呢？

6.10

人无父母，生日当倍悲痛，更安忍置酒张乐以为乐？若具庆[1]者，可矣。（《河南程氏遗书》卷六）

【注释】

〔1〕"具庆"，指父母俱在。

【译文】

父母去世之后，到了生日那一天应当倍感悲痛，怎么忍心摆酒奏乐来取乐呢？如果父母都还健在，这样做是可以的。

6.11

问："《行状》[1]云：'尽性至命[2]，必本于孝弟。'不识孝弟何以能尽性至命也？"曰："后人便将性命别作一般事说了。性命、孝弟，只是一统底事，就孝弟中，便可尽性至命。如洒扫应对与尽性至命，亦是一统底事，无有本末、无有精粗，却被后来人言性命者别作一般高远说，

故举孝弟，是于人切近者言之。然今时非无孝弟之人，而不能尽性至命者，由之而不知也。"（《河南程氏遗书》卷十八）

【注释】

〔1〕《行状》，指伊川先生撰《明道先生行状》。

〔2〕"尽性至命"，穷尽本性，履行天命。语自《周易·说卦》："穷理尽性以至于命。"

【译文】

　　有人问："先生您在《明道先生行状》中说：'尽性至命，必本于孝弟。'不知道孝悌如何就能够尽性至命了呢？"伊川先生答道："只是因为后人把性命当作另外一回事来说了。性命和孝悌，只是统一的事，在孝悌之中，就可以尽性至命。如洒扫应对和尽性至命，也是统一的事，没有本与末的分别，也没有精与粗的分别，却被后来谈论性命的人把性命当作另一种高远的东西去说，所以说孝悌，是就人的切近处而言的。可是，如今也不是没有孝悌的人，而不能够尽性至命，是因为他们只是去做，而不明白这个道理罢了。"

6.12

　　问："第五伦〔1〕视其子之疾与视兄子之疾不同，自谓之私，如何？"曰："不待安寝与不安寝，只不起与十起，便是私也。父子之爱本是公，才着些心做，便是私也。"（本注：《后汉·第五伦传》：或问伦曰："公有私乎？"对曰："吾兄子尝病，一夜十起，退而安寝。吾子有疾，虽不省视，而竟夕不眠。若是者，岂可谓无私乎？"）又问："视己子与兄子，有间否？"曰：

"圣人立法，曰：'兄弟之子，犹子也。'〔2〕是欲视之犹子也。"又问：
"天性自有轻重，宜若有间然？"曰："只为今人以私心看了。孔子曰：
'父子之道，天性也。'〔3〕此只就孝上说，故言父子天性，若君臣、兄
弟、宾主、朋友之类，亦岂不是天性？只为今人小看却，不推其本所
由来故尔。己之子与兄之子，所争几何？是同出于父者也。只为兄弟
异形，故以兄弟为手足。人多以异形故，亲己之子异于兄弟之子，甚
不是也。"又问："孔子以公冶长不及南容，故以兄之子妻南容，以己
之子妻公冶长〔4〕。何也？"曰："此亦以己之私心看圣人也。凡人避嫌
者，皆内不足也。圣人自至公，何更避嫌？凡嫁女，各量其才而求配，
或兄之子不甚美，必择其相称者为之配；己之子美，必择其才美者为
之配。岂更避嫌耶？若孔子事，或是年不相若，或时有先后，皆不可
知。以孔子为避嫌，则大不是。如避嫌事，贤者且不为，况圣人乎！"
（同上条）

【注释】

〔1〕第五伦，复姓第五，名伦，字伯鱼。

〔2〕"兄弟之子，犹子也"，语出《礼记·檀弓上》："丧服，兄弟之
　　子，犹子也，盖引而进之也。"

〔3〕"父子之道，天性也"，语自《孝经·圣治章》："父子之道，天性
　　也，君臣之义也。"

〔4〕"孔子以公冶长不及南容"云云，《论语·公冶长第五》载：

　　子谓公冶长，"可妻也。虽在缧绁之中，非其罪也"，以其子
　妻之。

　　子谓南容，"邦有道，不废；邦无道，免于刑戮"，以其兄之
　子妻之。

【译文】

有人问："第五伦对待自己的儿子生病与对待兄长的儿子生病不同，他自己说这是有私心，怎么样？"伊川先生答道："先不需要去说他是安心睡觉，还是不安心睡觉，单单是不起和十起的差别，就已经是私心了。父子之间的爱原本是大公无私的，才有一点刻意的心去做，那就是私心了。"（本注：《后汉书·第五伦传》载：有人问第五伦："您还有私心吗？"第五伦答道："我兄长的儿子曾经生病，我一夜起来看望了十次，每次回来都安心睡了。我的儿子生病，我虽然没有前去看望他，可是一夜都没有睡着。像这样，怎么可以说是没有私心了呢？"）又问："看待自己的儿子与兄长的儿子，有什么差别吗？"先生答道："圣人建立了法度，说：'兄弟的儿子，就像自己的儿子一样。'是想要人看待兄长的儿子与自己的儿子一样啊。"又问："就天性来讲，自然是有轻重分别的，应该是有差别的啊？"先生答道："只是因为现今的人用私心来看待了。孔子说：'父子之间的爱，是出于天性的。'这只是就孝道上来说的，所以说父子之间的爱是出于天性的，像君臣、兄弟、宾主、朋友之类，难道不也是出于天性吗？只是因为现今的人把它们小看了，不去推究它们原本从何而来的缘故啊。自己的儿子与兄长的儿子，能有多少差别？都是同出于父亲的后代。只是因为兄弟各有分开独立的形体，所以说兄弟为手足。人大多因为形体独立分开的缘故，爱自己的儿子与兄长的儿子不一样，这是很不应当的。"又问："孔子认为公冶长不如南宫适，所以把兄长的女儿嫁给南宫适，把自己的女儿嫁给公冶长。这是为何呢？"伊川先生答道："这也是用自己的私心看待圣人。凡是人有所避嫌，都是因为心虚。圣人自然是大公无私的，如何还会避嫌？凡是嫁女，各自衡量她们的才质而寻求配偶，或是因为兄长的女儿才质不是很好，必要选择与她相配的人作为她的配偶；自己的女儿才质出众，必要选择才质出众的人作为她的配偶。又怎么会去避嫌呢？像孔子这样的事，或是因为年龄不相符，或是因为时间有先后，都不可知晓。认为孔子是避嫌，那就是大不对了。像避嫌这种事，贤者都不会去做，更何况是圣人了！"

6.13

问："孀妇于理似不可取，如何？"曰："然。凡取，以配身也。若取失节者以配身，是己失节也。"又问："或有孤孀贫穷无托者，可再嫁否？"曰："只是后世怕寒饿死，故有是说。然饿死事极小，失节事极大。"（《河南程氏遗书》卷二十二下）

【译文】

有人问："照理来讲，寡妇似乎是不可以迎娶的，是不是？"伊川先生答道："是这样的。凡是娶妇，是为了与自身相匹配。如果娶了失节的人来与自身相匹配，就是自己也失节了。"又问："或许有一些孤苦伶仃贫穷而无有依靠的寡妇，可不可以再嫁呢？"伊川先生说："只是因为后世的人害怕冻死饿死，所以有这样的说法。可是，饿死的事微不足道，失节的事却是至关重大。"

6.14

病卧于床，委之庸医，比之不慈不孝。事亲者亦不可不知医。（《河南程氏外书》卷十二）

【译文】

父母卧病在床，把他们交给庸医医治，与不慈不孝差不了多少。事奉父母的人，也不可以不懂医术。

6.15

程子葬父，使周恭叔[1]主客。客饮酒，恭叔以告，先生曰："勿陷人于恶[2]。"（《河南程氏外书》卷七）

【注释】

〔1〕周恭叔，周行己（1067—1125），字恭叔，学者称浮沚先生，永嘉（今浙江温州）人，二程弟子，有《浮沚集》传于世。

〔2〕"勿陷人于恶"，《礼记·檀弓下》有云："行吊之日，不饮酒食肉焉。"则让客人饮酒，便是陷客人于违背礼仪的罪恶之中了。

【译文】

伊川先生安葬父亲，让周行己接待宾客。有宾客饮酒，行己禀告伊川先生，先生说："不要让别人陷入违背礼仪的罪恶中去。"

6.16

买乳婢多不得已，或不能自乳，必使人。然食己子而杀人之子，非道。必不得已，用二乳食三子，足备他虞[1]。或乳母病且死，则不为害，又不为己子杀人之子，但有所费。若不幸致误其子，害孰大焉？

（《河南程氏外书》卷十）

【注释】

〔1〕"虞"，预料，引申为忧患。

【译文】

  买乳母大多是因为迫不得已，或是由于自己不能够哺乳，必须要请别人代为哺乳。然而，因为哺乳自己的孩子而害死了别人的孩子，那就不合道义了。迫不得已，可以用两个乳母来哺乳三个孩子，这样就足以预防万一。或许其中有一个乳母生病或死亡，也不会有妨害，又不会因为自己的孩子而害死别人的孩子，只是花费会多一些。如果不幸害死了别人的孩子，与花费相比，哪个危害更大呢？

6.17

  先公太中〔1〕，讳珦，字伯温，前后五得任子〔2〕，以均诸父子孙。嫁遣孤女，必尽其力。所得俸钱，分赡〔3〕亲戚之贫者。伯母刘氏寡居，公奉养甚至。其女之夫死，公迎从女兄〔4〕以归，教养其子，均于子侄。既而女兄之女又寡，公惧女兄之悲思，又取甥女以归，嫁之。时小官禄薄，克己为义，人以为难。公慈恕而刚断，平居与幼贱处，惟恐有伤其意，至于犯义理，则不假〔5〕也。左右使令之人，无日不察其饥饱寒燠〔6〕。娶侯氏。侯夫人事舅姑〔7〕以孝谨称，与先公相待如宾客。先公赖其内助，礼敬尤至，而夫人谦顺自牧〔8〕，虽小事未尝专，必禀而后行。仁恕宽厚，抚爱诸庶，不异己出；从叔幼姑，夫人存视，常均己子。治家有法，不严而整。不喜答扑〔9〕奴婢，视小臧获〔10〕如儿女，诸子或加呵责，必戒之曰："贵贱虽殊，人则一也。汝如是大时，能为此事否？"先公凡有所怒，必为之宽解，唯诸儿有过，则不掩也，常曰："子之所以不肖者，由母蔽其过而父不知也。"

夫人男子六人，所存惟二[11]。其爱慈可谓至矣，然于教之之道不少假也。才数岁，行而或踣[12]，家人走前扶抱，恐其惊啼，夫人未尝不呵责，曰："汝若安徐，宁至踣乎？"饮食常置之坐侧，常食絮[13]羹，即叱止之，曰："幼求称欲，长当何如？"虽使令辈，不得以恶言骂之。故颐兄弟平生于饮食衣服无所择，不能恶言骂人，非性然也，教之使然也。与人争忿，虽直不右[14]，曰："患其不能屈，不患其不能伸。"及稍长，常使从善师友游，虽居贫，或欲延客，则喜而为之具。夫人七八岁时，诵古诗曰："女子不夜出，夜出秉明烛。"[15]自是日暮则不复出房阁。既长，好文而不为辞章，见世之妇女以文章笔札传于人者，则深以为非。[16]（《河南程氏文集》卷十二）

【注释】

〔1〕"太中"，即太中大夫。二程先生之父程珦（1006—1090）官至太中大夫，故而伊川先生尊称"先公太中"。

〔2〕"任子"，因为父兄的功绩，得以保任授予子弟官职。

〔3〕"赡"，供养。

〔4〕"从女兄"，指堂姐。

〔5〕"假"，宽容，宽恕。

〔6〕"寒燠"，冷暖。

〔7〕"舅姑"，即公婆。

〔8〕"自牧"，自我约束。语自《周易·谦》初六《小象传》："谦谦君子，卑以自牧。"

〔9〕"笞扑"，拷打。

〔10〕"臧获"，奴婢。

〔11〕"所存惟二"，即明道、伊川二先生。

〔12〕"踣"，跌倒。

〔13〕"絮"，调和，搅拌。

〔14〕"右"，袒护。

〔15〕"女子不夜出"云云，当本于《礼记·内则》："女子出门必拥蔽
　　　 其面，夜行以烛，无烛则止。"

〔16〕本条摘编伊川先生《先公太中家传》和《上谷郡君家传》二文
　　　 而成。

【译文】

　　先父太中大夫，名讳珦，字伯温。太中公曾先后五次得到朝廷授
予子弟官职的机会，全都均分给了我伯父叔父的子孙们。出嫁伯父叔
父们留下的孤女，一定会竭尽全力为她们置办嫁妆。所得的俸禄，分
出来供养给穷困的亲戚。伯母刘氏寡居，太中公对她的奉养很是周
到。刘氏女儿的丈夫死后，太中公将这位堂姐接到家里，教养她的孩
子，和自己的子侄们一样。不久之后，这位堂姐的女儿又守了寡，太
中公担心堂姐悲哀思念，又将这位外甥女接到家里，重新将她嫁了出
去。当时，太中公做的官小，俸禄也很少，却能够克治自我、奉行
道义，别人都认为非常难得。太中公仁慈宽恕而又刚毅果断，平时与
年幼或地位低下的人相处，生怕会不小心伤害到他们的感情，但至于
谁要是做了违背义理的事，那也是绝不会宽容的。对于身边所使唤的
人，没有一天不去关心他们的饥寒温饱。太中公迎娶了侯氏夫人。侯
夫人事奉公婆以孝顺、谨慎著称，与太中公相敬如宾。太中公依靠她

作为内助，对她非常礼敬，而侯夫人以谦顺来自我要求，即使是小事也从未曾自作主张，一定在禀告太中公之后才会做。侯夫人仁恕宽厚，抚养庶子，和自己亲生孩子一样；小叔叔和小姑姑们，侯夫人也是细心照顾，与自己的孩子一样。她治家有法，不甚严厉却很整肃。不喜欢责打奴婢，对待小奴婢像自己的儿女一样，有孩子们呵责小奴婢，侯夫人一定会告诫他们说："人的身份虽然有贵贱之别，但作为人却是一样的。你们这么大的时候，能够做这样的事吗？"先父凡是有什么事发怒，侯夫人一定会为他宽慰劝解，只是孩儿们有了过错，那是不会遮掩的，她常常说："孩子们之所以会不成器，是因为母亲隐蔽了他们的过错而导致父亲不知道。"

夫人生了六个儿子，但存活的只有两个。她对他们的慈爱可以说是到了极致，可是在教养方面一点也不纵容。孩子们才数岁，走路有时候会跌倒，家人们跑上前去扶抱，担心孩子受惊啼哭，夫人从没有不加以呵责的，她说："你如果安稳的慢慢走，怎么会跌倒呢？"吃饭时常常让孩子坐在自己身边，日常饮食如果调拌汤味，就会训斥他们，说："小时候就追求满足口腹之欲，长大以后又会怎么样呢？"即使是对使唤的仆人，孩子们也不能够恶言相骂。所以，我们兄弟平生对于饮食衣服没有任何选择，不能用恶言骂人，不是生性如此，而是母亲教育的结果。孩子们与别人争忿斗气，即使有理也不袒护，说："担心他们不能够屈，不担心他们不能够伸。"等到孩子们长大一点，常常让他们跟随良师益友学习，即使家中贫困，孩子们有时想请客，她都会很开心的为他们准备。夫人七八岁时，读到一句古诗："女子不夜出，夜出秉明烛。"从此之后，一到晚上就不再出闺房的门。长大之后，喜好文章却从来不写文章，看到世间有一些妇女将自己的文章或是书画传送给别人看，她就深深的认为是不对的。

6.18

横渠先生尝曰："事亲奉祭，岂可使人为之？"（吕大临《横渠先生行状》）

【译文】

横渠先生曾经说："侍奉双亲、祭祀祖先，怎么可以让别人代替自己去做呢？"

6.19

舜之事亲，有不悦者，为父顽母嚚[1]，不近人情。若中人之性[2]，其爱恶略无害理，姑必顺之。亲之故旧，所喜者当极力招致，以悦其亲。凡于父母、宾客之奉，必极力营办，亦不计家之有无。然为养，又须使不知其勉强劳苦，苟使见其为而不易，则亦不安矣。（《礼记说》）

【注释】

〔1〕"父顽母嚚"，"顽"，愚蠢；"嚚"，凶恶。语本《尚书·尧典》："瞽子，父顽，母嚚，象傲。克谐以孝，烝烝乂，不格奸。"
〔2〕"中人之性"，中等资质的人。

【译文】

舜那样去事奉父母，父母还会不开心，是因为他的父亲愚蠢母亲凶恶，不近人情。如果父母是普通的人，他们的好恶只要大体上不违背义理，姑且必定要顺从他们。父母的旧交故友，他们所喜欢的应当尽力邀请过来，让父母开心。凡是对于父母、宾客的奉养，一定要尽力操办，也不去计较家里是有是无。可是奉养父母，又需要让父母不知道你的勉强劳苦，如果让他们见到你做得很不容易，就也会感到不安的。

6.20

《斯干》诗言："兄及弟矣，式相好矣，无相犹矣。"[1]言兄弟宜相好，不要相学。"犹"，似也。人情大抵患在施之不见报则辍[2]，故恩不能终。不要相学，己施之而已。(《诗说》)

【注释】

〔1〕"兄及弟矣"云云，语自《诗经·小雅·斯干》。

〔2〕"辍"，中止，停止。

【译文】

《斯干》一诗中说："兄及弟矣，式相好矣，无相犹矣。"说的是兄弟之间应该彼此亲爱，不要相互学习不好的行为。"犹"，相似。人情大抵的毛病是，在自己做了之后不见有回报就会中止，所以恩情不能够有始有终。不要相互学习，是说自己尽管去做就好了。

6.21

"人不为《周南》《召南》，其犹正墙面而立"[1]，尝深思此言，诚

是。不从此行，甚隔着事[2]，向前推不去。盖至亲至近，莫甚于此，故须从此始。（同上条）

【注释】

〔1〕"人不为《周南》《召南》"云云，语本《论语·阳货第十七》：子谓伯鱼曰："女为《周南》《召南》矣乎？人而不为《周南》《召南》，其犹正墙面而立也与！"

〔2〕"甚隔着事"，很妨碍事。

【译文】

　　"人不为《周南》《召南》，其犹正墙面而立"，我曾经深入思考这句话，确实如此。不从这里开始行动，就会很妨碍事，无法向前推进。因为最亲切最贴近的，没有比《周南》《召南》更重要的了，所以需要从这里开始。

6.22

　　婢仆始至者，本怀勉勉敬心。若到所提掇更谨，则加谨；慢则弃其本心，便习以性成。故仕者，入治朝则德日进，入乱朝则德日退，只观在上者有可学无可学尔。（《经学理窟·学大原上》）

【译文】

　　婢仆刚来的时候，原本都怀有勤勉恭敬的心。如果到了之后加以提醒要更加谨慎，那就会更加谨慎；如果轻慢的对待，那就会丢弃初来时的想法，逐渐养成怠惰的习性。所以，出仕的人，

到了政治清明的朝廷做官，德行就会日益增进；到了政治混乱的
朝廷做官，德行就会天天退步，只是看在上位者有没有值得学习
的地方。

卷七

出处进退辞受之义

· · · · · ·

卷七　出处进退辞受之义

（凡三十九条）

【题解】

　　朱子论本卷纲目曰："出处、进退、辞受之义。"概言之，便是讲君子出处之道。至于为何要将出处之道放在齐家之道后面来讲，叶采作了交代："此卷论出处之道。盖身既修，家既齐，则可以仕矣。然去就取舍，惟义之从，所当审处也。"（《近思录集解》）齐家之后，乃是治国、平天下，而出仕便是治国、平天下的第一步，所以，本卷讲出处之道，便是讲治国、平天下之道。事实上，从本卷起，直到第十卷，所讲皆为治国、平天下。这一点，叶采看得极其清晰：本卷论出处之道，卷八论治道，卷九论治法，卷十论临政处事。有出处之道，有临政处事之方；有治道，有治法。可谓有始有终、本末皆备。学者于此四卷，焉能不用心哉？

　　然而，"出处尤不可苟"（茅星来语），所以，出处必须要有法度。大体而言，君子出处应当惟义是从、进退由道，当进则进，当退则退；当生则生，当死则死，无所苟而已。总之，道是唯一的准则。所谓道，即是天理。合乎天理，便是合道；不合乎天理，就是悖道。由此可见，要做到进退由道，首先在于"见实理"，也就是"实见得是，实见得非"（7.25），见得实理，则知义、知命。知得了义，知得了命，出处之道自然就在其中了——"见实理"乃是出处之道的根本，而知义、知命便是出处之道两大纲领。细析之，则本卷所论无外乎义和命，论义以义利之辨为中心，论命则以时命为本。当然，义与命，本来一体，从义便是由命，"贤者惟知义而已，命在其中"（7.22）。分而述之，无非是为了便于理解。

一、义利之辨。本卷辨别义利，可谓直指本源："义与利，只是个公与私也。"（7.26）所以，举凡有一点计较的私心在，那就是利（7.26、7.28）。由此则知，"自进以求于君"（7.1）、"不能自安于贫贱之素"（7.4）、"当行而止，当速而久"（7.19）、"居太学而欲归应乡举"（7.24），等等，莫不是利。当然，知义还需守义，若是"义理不能胜利欲之心"，就会背弃道义，追逐私利，而无所不为，邢恕便是如此（7.29）。落实到我们自身上来，则对于自己的一举一动，所思所想，都要去细究：在这其中，是否有计较？是否有利心？但有丝毫，那就是利，即当克除。

当然，圣贤也并非不讲利，只不过他们所讲的利，乃是"义之和"："利者，义之和也。"（《周易·乾·文言》）所以孔子"见得思义"（《论语·季氏第十六》），所反对的乃是不义之利："不义而富且贵，于我如浮云。"（《论语·述而第七》）需要注意的是：圣贤所讲的利，乃是行义之后的自然回报，是居仁由义而后利自然在其中的。而绝不是为了利而去行义，一旦如此，所行的义也就成了伪义。

二、时命。本卷论"命"条目颇多，如7.13、7.22、7.23、7.24、7.26、7.34等等。细究之，则本卷所论，大多为时命："君子当困穷之时，既尽其防虑之道而不得免，则命也"，"贤者惟知义而已，命在其中"，"圣人则更不论利害，惟看义当为不当为，便是命在其中也"等。

命是一个备受关注的命题。具体而言，儒家典籍中所述及的命有四种：命运、性命、天命、时命。现简略陈述如下：

命运，即世人所常说的命。这一个命，乃是由天意所决定的，与个人的努力无关。所谓"命里有时终须有，命里无时莫强求"。正因为此，很多人觉得这辈子努力不努力无所谓，于是消极等待，甚至悲观失望。所谓的"宿命论"，所说的命，就是这个命运。可是，大多数人却不知道，这一个命是可以改的，这就是"命由己造"。

性命，即本于性的命。性本自于道体所涵有的生生之理，乃是生生之性。这一个性，乃是天地间万物所共有的，顺应这个生生之性而为，便是万物的命。然而，万物之中，只有人由五行之秀气化生而成，能够经过推求而明晓自身的生生之性，并顺应生生之性而为。也就是说，万物的性命是一样的，然而只有人可以履行性命。于人而言，性命乃是统一的。

天命，既已顺应生生之性，又能充分发挥出自身的禀性特征，便是成就了天命。也就是孟子所说的"践形"："形色，天性也。惟圣人然后可以践形。"（《孟子·尽心上》）无论是本性（生生之性），还是"形色"（即身形），悉皆本于道体，本性本于生生之理，"形色"本于生生之气，都是天生的。天命便是这两者的综合体现。而因为人与人的五行构成不一样，所以，每一个人都具有独特的禀性特质。当一个人履行性命——做到顺应本性而为之后，还需要将自身的禀性特质发挥出来，两者结合，才算是履行了天命。也只有到了这时，才算是将自身完完全全的转化为天道（生生之道）的载体，而成为天理的体现。与性命不一样，天命乃是人人不同的。

时命，履行了天命，已经成为天道的载体，纯然是天理的体现，然而，圣人也依旧是时空下的一个个体，同样受制于所在的时空，也会各有各的际遇，这就是时命。所以，举凡是论时命，一定是在尽天命之后的事（见前引数语即可知）。很多人将圣人的时命误解为世俗的命运，着实大谬！两者之间实在是有着天壤之别。因为圣人已经尽天命，乃为天道的载体，圣人与道不二。故知圣人的际遇，其实即是道的际遇，圣人的时命，即是道的时命。

把握住义利之辨，究明了时命，对于本卷，亦可谓思过半矣。

7.1

伊川先生曰:"贤者在下,岂可自进以求于君? 苟自求之,必无能信用之理。古人之所以必待人君致敬尽礼而后往者[1],非欲自为尊大,盖其尊德乐道之心不如是,不足与有为也[2]。"(《周易程氏传·蒙》)

【注释】

〔1〕"古人之所以必待人君致敬尽礼而后往者",语本《孟子·尽心上》:孟子曰:"古之贤王好善而忘势。古之贤士何独不然? 乐其道而忘人之势,故王公不致敬尽礼,则不得亟见之,见且由不得亟,而况得而臣之乎? "

〔2〕"盖其尊德乐道之心不如是"云云,语本《孟子·公孙丑下》:"故将大有为之君,必有所不召之臣,欲有谋焉,则就之。其尊德乐道不如是,不足与有为也。"

【译文】

伊川先生说:"贤人处于下位,怎么可以自己进荐以请求君主赐予职位呢? 如果自己去请求,必定没有能够获得信任和重用的道理。古人之所以一定要等到君主表达敬意、遵循礼节前来邀请,然后才会前往,不是想要自我尊大,而是因为君主尊德乐道的心不像这样,就不足以与他一起有所作为。"

7.2

君子之需[1]时也,安静自守。志虽有须,而恬然若将终身焉[2],

乃能用常也。虽不进而志动者，不能安其常也。(《周易程氏传·需》)

【注释】

〔1〕"需"，等待。

〔2〕"若将终身焉"，语自《孟子·尽心下》：孟子曰："舜之饭糗茹草也，若将终身焉。及其为天子也，被袗衣、鼓琴、二女果，若固有之。"

【译文】

　　君子等待时机，应当安静以自守。心志虽然有所追求，但恬然处之好像终身都将这样了，如此才能够保持恒常。虽然没有进取但心志躁动的人，不能够安于恒常。

7.3

　　《比》："吉，原筮，元、永、贞，无咎。"〔1〕《传》曰："人相亲比〔2〕，必有其道，苟非其道，则有悔咎。故必推原占，决其可比者而比之，所比得'元、永、贞'，则'无咎'。'元'，谓有君长之道；'永'，谓可以常久；'贞'，谓得正道。上之比下，必有此三者；下之从上，必求此三者，则'无咎'也。"(《周易程氏传·比》)

【注释】

〔1〕"吉，原筮，元、永、贞，无咎"，语自《周易·比》卦辞。意为：吉祥，推原占筮，所得的是符合元、永、贞的人，没有危害。

〔2〕"亲比"，亲近比附。

【译文】

《比》卦卦辞说："吉，原筮，元、永、贞，无咎。"《程氏传》说："人与人之间相互亲近比附，一定会有原则，如果不遵从原则而去亲近比附，就会有后悔和危害。所以必须要推原占筮，判决对方可以比附而比附他，如果所比附的人符合'元、永、贞'，那就'无咎'。'元'，说的是有君长之道；'永'，说的是可以恒久；'贞'，说的是符合正道。在上位的要让在下位的比附，一定要符合这三者；在下位的跟从在上位的，一定要寻求符合这三者的人，如此一来，也就'无咎'了。"

7.4

《履》之初九曰："素履，往无咎[1]。"《传》曰："夫人不能自安于贫贱之素，则其进也，乃贪躁而动，求去乎贫贱耳，非欲有为也。既得其进，骄溢必矣，故往则有咎。贤者则安履其素，其处也乐，其进也将有为也。故得其进，则有为而无不善。若欲贵之心与行道之心交战于中，岂能安履其素乎？"（《周易程氏传·履》）

【注释】

〔1〕"素履，往无咎"，语自《周易·履》初九爻辞。"素"，本指未曾染色的生帛，引申为本质、实质。"履"，行走。"素履"，即依据实质状况采取行动。"素履"即《中庸》中所说的"素其位而行"："君子素其位而行，不愿乎其外。素富贵，行乎富贵；素贫贱，行乎贫贱；素夷狄，行乎夷狄；素患难，行乎患难。君子无入而不自得焉。"

【译文】

《履》卦初九爻辞说："素履，往无咎。"《程氏传》说："人不能够安处于素来贫贱的状态，那么他的进取，就是贪求、急躁的行动，只是追求摆脱贫贱罢了，不是想要有所作为。一旦获得进取，必定会骄傲自满，所以，前往就会有危害。贤者则安处于素来的状态，他的安处很快乐，他的进取也将会有所作为。所以，他若能进取，就会有所作为而无有不善。倘若想要富贵的心和履行正道的心，在内心中交战不休，又怎么能够安处于素来的状态呢？"

7.5

大人于否之时，守其正节，不杂乱于小人之群类，身虽否而道之亨也。故曰："大人否，亨。"[1] 不以道而身亨，乃道否也。(《周易程氏传·否》)

【注释】

〔1〕"大人于否之时"云云，"否"，闭塞。"大人否，亨"，语自《周易·否》六二爻辞。"守其正节，不杂乱于小人之群类"，本于六二《小象传》："'大人否，亨'，不乱群也。"在否塞之时，大人之道消，小人之道长，大人不与小人同流合污，其身自然会"否"，然而，不"否"不足以尽道。所以，大人身虽"否"而道却亨。"大人否，亨"，说的正是这个意思。

【译文】

君子处于闭塞之时，守持正直的节操，不与小人们同流合污，身

虽然遭遇闭塞而道却获得通达。所以说："大人否，亨。"不符合道而
身获得通达，那就是道遭遇闭塞了。

7.6

人之所随，得正则远邪，从非则失是，无两从之理。《随》之六二，
苟系初，则失五矣[1]。故《象》曰："弗兼与也。"[2]所以戒人从正当专
一也。(《周易程氏传·随》)

【注释】

〔1〕"《随》之六二"云云，释《周易·随》六二爻辞："系小子，失
　　丈夫。""小子"指初九，"丈夫"指九五。九五乃是六二的正应，
　　可是，对于六二来说，如果选择了初九，就必定会失去九五。同
　　样，如果选择了正应九五，自然就要放弃初九，不可兼得。所以
　　说"苟系初，则失五矣"。

〔2〕"弗兼与也"，语自《周易·随》六二《小象传》："'系小子'，弗
　　兼与也。"乃是对"系小子，失丈夫"的解说，既然"系小子"，
　　就必然会"失丈夫"，两者不可兼得。

【译文】

　　人所追随的，得到正直的人，就会远离邪恶的人；跟从错误的
人，就会失去正确的人，没有两者都能追随的道理。《随》卦的六二，
如果系身于初九，就会失去九五。所以，《小象传》说："弗兼与也。"
这是要告诫人们，追随正直的人应当专一。

7.7

君子所贵，世俗所羞；世俗所贵，君子所贱。故曰："贲其趾，舍车而徒[1]。"（《周易程氏传·贲》）

【注释】

〔1〕"贲其趾，舍车而徒"，"贲"，文饰；文饰足趾，放弃坐车而徒步行走。语自《周易·贲》初九爻辞。初九位于《贲》卦之下，代表地位低下的人，不应当乘车，所以"舍车而徒"，初九的行为是遵循于道义的。所以，《小象传》说："'舍车而徒'，义弗乘也。"可见，初九所珍惜的乃是道义。然而，对于爱慕虚荣的世俗之人而言，"舍车而徒"却是羞耻的，所以，他们宁愿不顾道义，也要乘车而行。可见世俗之人所珍惜的乃是虚荣，而遵循道义的行为，却令他们感到羞耻。

【译文】

君子所珍惜的东西，是世俗之人所感到羞耻的；世俗之人所珍惜的东西，是君子所认为低贱的。所以说："贲其趾，舍车而徒。"

7.8

《蛊》之上九曰："不事王侯，高尚其事[1]。"《象》曰："'不事王侯'，志可则也[2]。"《传》曰："士之自高尚，亦非一道：有怀抱道德，不偶于时，而高洁自守者；有知止足之道[3]，退而自保者；有量能度分[4]，安于不求知者；有清介[5]自守，不屑天下之事，独洁其身者。所处虽有

得失、小大之殊，皆自高尚其事者也。《象》所谓'志可则'者，进退合道者也。"（《周易程氏传·蛊》）

【注释】

〔1〕"不事王侯，高尚其事"，《周易·蛊》上九爻辞。意为：不从事王侯的事业，保持自身的高尚。

〔2〕"'不事王侯'，志可则也"，《周易·蛊》上九《小象传》。意为：不事王侯，他的心志值得效法。

〔3〕"知止足之道"，"知止"，知道停止；"知足"，知道满足。《道德经》第四十四章："知足不辱，知止不殆，可以长久。"

〔4〕"量能度分"，衡量能力，估计才分。

〔5〕"清介"，清正耿直。

【译文】

《蛊》卦上九爻辞说："不事王侯，高尚其事。"《小象传》说："'不事王侯'，志可则也。"《程氏传》说："士人保持自我高尚，也不是只有一种状况：有怀抱道德，生不逢时，而高洁自守的人；有知止知足，退隐而保全自身的人；有自我量能度分，安处于不求闻达的人；有清介自守，不屑于天下之事，独自高洁其身的人。他们的处世方法虽然有得失、小大的差别，但全都是'高尚其事'的人。《小象传》所谓'志可则'的，乃是进退全都符合于道的人。"

7.9

《遁》者，阴之始长，君子知微，故当深戒。而圣人之意，木便遽已也，故有"与时行""小利贞"之教〔1〕。圣贤之于天下，虽知道之将废，岂肯坐视其乱而不救？必区区致力于未极之间，强此之衰，艰彼之进，图其暂安。苟得为之，孔、孟之所屑为也，王允、谢安之于汉、晋是也〔2〕。（《周易程氏传·遁》）

【注释】

〔1〕"与时行"，顺应时势采取行动。语自《周易·遁·彖传》："'遁，亨'，遁而亨也；刚当位而应，与时行也。""小利贞"，微小者适宜守正。语自《周易·遁》卦辞。

〔2〕"王允、谢安之于汉、晋是也"，王允（137—192），字子师，太原祁县人。东汉末年大臣，汉献帝时，为尚书令、司徒。初平三年（192），谋划诛杀董卓，后为董卓余党所杀。谢安（320—385），字安石，陈郡阳夏（今河南太康）人。东晋时期著名政治家、名士，简文帝逝后，与人共同挫败桓温篡位意图。淝水之战中，谢安身为东晋一方的军事统领，以八万兵力打败了号称百万的前秦符坚的军队，使得晋室得以存续。

【译文】

《遁》卦，象征阴气开始增长，君子洞察几微，所以应当深深戒惧。而圣人的意思，也不是要立即停止，所以有"与时行""小利贞"的教导。圣贤对于天下的形势，虽然知道治道将要荒废，又怎么会坐视天下大乱而不去挽救呢？一定会在败乱尚未抵达极致时尽力挽救，勉强维持衰败的形势，艰难推进事情的发展，以谋求暂时的安宁。如果能够去做，孔子、孟子也是愿意去做的，王允、谢安在东汉、东晋就是如此。

7.10

《明夷》初九[1]，事未显而处甚艰，非见几之明不能也。如是，则世俗孰不疑怪[2]？然君子不以世俗之见怪而迟疑其行也。若俟众人尽识，则伤已及而不能去矣。（《周易程氏传·明夷》）

【注释】

〔1〕"《明夷》初九"，《周易·明夷》初九爻辞："初九，明夷于飞，垂其翼；君子于行，三日不食。有攸往，主人有言。""明夷"，光明遭受伤害。初九，在昏暗中飞翔，低垂着羽翼；君子仓促行走，三天不吃饭。有所前往，主人疑惑、奇怪。

〔2〕"世俗孰不疑怪"，《孟子·告子下》："君子之所为，众人固不识也。"

【译文】

《明夷》卦初九，象征事情还没有显露出来，但处境已经非常艰难，不具备洞察几微的明智是不能够觉察到的。像这样，世俗之人怎么能够不感到疑惑、奇怪呢？然而，君子不会因为世俗之人感到疑怪而行动迟疑。如果等众人都认识到，那伤害就会已经来临而不能躲避了。

7.11

《晋》之初六，在下而始进[1]，岂遽能深见信于上？苟上未见信，则当安中自守，雍容宽裕，无急于求上之信也。苟欲信之心切，非汲汲[2]以失其守，则悻悻[3]以伤于义矣。故曰："晋如，摧如，贞吉。罔孚，裕，无咎[4]。"然圣人又恐后之人不达宽裕之义，居位者废职失守以为裕，故特云"初六，裕则无咎"[5]者，始进未受命当职任故也。若有官守，不信于上而失其职，一日不可居也。然事非一概，久速唯时，亦容有为之兆者。(《周易程氏传·晋》)

【注释】

〔1〕"《晋》之初六，在下而始进"，《晋》卦象征上进，初六处于全卦的最下，所以说"在下而始进"。

〔2〕"汲汲"，心情急切的样子。

〔3〕"悻悻"，怨恨愤怒的样子。

〔4〕"晋如，摧如，贞吉。罔孚，裕，无咎"，《周易·晋》初六爻辞。进取之时受到摧折，守正会获得吉祥。还没有取得信任，暂时宽裕从容，没有危害。

〔5〕"初六，裕则无咎"，当本于《周易·晋》初六《小象传》："'裕无咎'，未受命也。"意谓初六还没有得到任命，所以宽裕从容，没有危害。如果是已经得到任命的人，则应当尽心尽职，而不可"裕"。

【译文】

《晋》卦的初六，象征在下位的人刚刚开始进取，怎么能够一下子就得到君上的深信呢？如果还没有得到信任，就应当安守本分，从容宽裕，不要急于寻求君上的信任。如果想要取得信任的心太过迫切，那就不是因为心情急切而丧失操守，就是因为愤愤难平而有伤道义。所以说："晋如，摧如，贞吉。罔孚，裕，无咎。"然而，圣人又担心后世的人不理解宽裕的意思，错以为有职位的人玩忽职守就是宽裕，所以，特意说明"初六，裕则无咎"，因为初六刚刚开始进取，还没有接受任命担负责任。如果是有职守的人，不能得到君上的信任而失职，那就一天也不可以待下去。然而，事情也不能一概而论，是快是慢都要依据时势，也要容许有所作为的预兆。

7.12

不正而合，未有久而不离者也；合以正道，自无终睽[1]之理。故贤者顺理而安行，智者知几而固守。(《周易程氏传·睽》)

【注释】

〔1〕"睽"，乖离，背离。

【译文】

不正当的相合，没有时间久了不分离的；以正道相合，自然没有最终相互背离的道理。所以贤者顺应天理而从容行事，智者明察几微而固守正道。

7.13

君子当困穷之时，既尽其防虑之道而不得免，则命[1]也。当推致其命以遂其志。知命之当然也，则穷塞祸患不以动其心，行吾义而已。苟不知命，则恐惧于险难，陨获[2]于穷厄，所守亡矣，安能遂其为善之志乎？(《周易程氏传·困》)

【注释】

〔1〕"命"，时命。指笃实修身而后所遭遇的时空际遇，亦即孟子所谓"修身以俟之"所"俟"的命。

〔2〕"陨获"，丧失志气。语自《礼记·儒行》："儒有不陨获于贫贱，不充诎于富贵。"

【译文】

　　君子处于困穷的时候，已经用尽了种种预防的办法也不能够避免，那就是时命了。应当推求自己的时命以实现自己的志向。明白了时命理当如此，那么任何穷困险阻和祸患都不足以动摇他的心，只是去做我所该做的罢了。如果不明白时命，面对险难时就会心生恐惧，面对困厄时就会丧失志气，所守持的都丢失了，又怎么能够实现他为善的志向呢？

7.14

　　寒士之妻、弱国之臣，各安其正而已。苟择势而从，则恶之大者，不容于世矣。（同上条）

【译文】

　　困寒士人的妻子、弱小国家的臣子，各自安于正道而已。如果选择有权势的去追随，那就是莫大的邪恶，为世间所不容。

7.15

《井》之九三[1]，渫治而不见食，乃人有才智而不见用，以不得行为忧恻也。盖刚而不中，故切于施为，异乎"用之则行，舍之则藏"[2]者矣。(《周易程氏传·井》)

【注释】

〔1〕"《井》之九三"，《周易·井》九三爻辞："井渫不食，为我心恻。可用汲，王明，并受其福。""渫"，清除污浊。"恻"，悲痛。井水已经治理干净，却没有人来饮用，我的心中深感悲痛。可以汲取这井水来用，这是君王的明智，而众人将会共享福泽。

〔2〕"用之则行，舍之则藏"，语自《论语·述而第七》：子谓颜渊曰："用之则行，舍之则藏，惟我与尔有是夫！"

【译文】

《井》卦的九三，井水已经治理干净，却没有人来饮用，象征一个人有才智而得不到任用，因为没法有所作为而忧伤悲痛。因为九三刚健而不在中位，所以急于有所作为，与"用之则行，舍之则藏"是有差异的。

7.16

《革》之六二[1]，中正[2]则无偏蔽，文明[3]则尽事理，应上[4]则得权势，体顺[5]则无违悖。时可矣，位得矣，才足矣，处革之至善者也。必待上下之信，故"巳日，乃革之也"，如二之才德，当进行其道，

则吉而无咎也；不进则失可为之时，为有咎也。(《周易程氏传·革》)

【注释】

〔1〕"《革》之六二"，《周易·革》六二爻辞："巳日，乃革之，征吉，无咎。""巳"，位于十二地支第六，是交相转换之时，有变革之意。到了巳日进行变革，前行会获得吉祥，没有危害。

〔2〕"中正"，《革》卦六二位居下卦之中，又以阴爻位居阴位，故为"中正"。

〔3〕"文明"，《革》卦的下卦为原始八卦的离卦，离卦，象征光明，而六二处于离卦之中，象征着光明的中心，所以为"文明"。

〔4〕"应上"，指六二与九五一阴一阳，正相互应。

〔5〕"体顺"，六二为柔顺的阴爻。

【译文】

《革》卦的六二，中正而不偏不蔽，文明而穷尽事理，与九五相应而获得权势，体性柔顺而无所违逆。时机适合，位置得当，才能足够，是处于变革中的最佳人选。但必须要等到上下全都信任，所以"巳日，乃革之也"。像六二这样的才能和德行，应当积极进取推行正道，那就会"吉"而"无咎"；不进取就会错失大有可为的时机，那就是有危害了。

7.17

鼎之有实，乃人之有才业也，当慎所趋向。不慎所往，则亦陷于非义。故曰："'鼎有实'，慎所之也〔1〕。"(《周易程氏传·鼎》)

【注释】

〔1〕"鼎有实，慎所之也"，语自《周易·鼎》九二《小象传》："'鼎有实'，慎所之也；'我仇有疾'，终无尤也。"

【译文】

鼎中充实，象征人有才能，应当谨慎选择自己的趋向。不谨慎选择自己的趋向，那也会陷入不义。所以说："'鼎有实'，慎所之也。"

7.18

士之处高位，则有拯而无随；在下位，则有当拯，有当随，有拯之不得而后随。[1]（《周易程氏传·艮》）

【注释】

〔1〕本条释《周易·艮》六二爻辞："六二，艮其腓，不拯，其随，其心不快。""艮"，止。"腓"，小腿肚。六二处于下卦之中，又是阴爻处于阴位，可谓中正。然而，五位为六五，六二在上没有得力的互应，自己的位置又低。而九三位于下卦之上，刚健而不中，乃是冒进之人，六二非但不能拯救九三的冒进，还被牵制着跟随他，所以心中不快。

【译文】

　　士人处于高位，那就只有拯救而没有跟随；处于下位，那就有应该拯救的时候，有应该跟随的时候，也有拯救不了而后跟随的时候。

7.19

"君子思不出其位"[1]，位者，所处之分也。万事各有其所，得其所则止而安。若当行而止，当速而久，或过或不及，皆出其位也。况逾分非据乎？（同上条）

【注释】

[1]"君子思不出其位"，语本《周易·艮·大象传》："兼山，艮；君子以思不出其位。"又见于《论语·宪问第十四》：曾子曰："君子思不出其位。"

【译文】

"君子思不出其位"，所谓位，就是所处的分限。万事各有各的当处之所，得到了当处之所就应当停止而安处。如果应当行动而停止，应当迅速而缓慢，或是过，或是不及，就全都是"出其位"了。何况是逾越自己的职分，而占据不当的位置？

7.20

人之止，难于久终，故节或移于晚，守或失于终，事或废于久，人之所同患也。《艮》之上九，敦厚于终，止道之至善也，故曰："敦艮，吉。"[1]（同上条）

【注释】

〔1〕"敦艮，吉"，《周易·艮》上九爻辞。意为：敦实地安止于该止之处，吉祥。

【译文】

　　人的安止，往往难以持久到最后，有的人晚年变节，有的人临终失去操守，有些事时间久了就会荒废，这是人们共同的毛病。《艮》卦的上九，敦实地保持到最后，是最为完善的安止之道了，所以说："敦艮，吉。"

7.21

　　《中孚》之初九曰："虞吉〔1〕。"《象》曰："志未变也〔2〕。"《传》曰："当信之始，志未有所从，而虞度所信，则得其正，是以吉也。志有所从，则是变动，虞之不得其正矣。"（《周易程氏传·中孚》）

【注释】

〔1〕"虞吉"，"虞"，度；预测可以信任再去信任，可获吉祥。语自《周易·中孚》初九爻辞："初九，虞吉，有它不燕。"

〔2〕"志未变也"，心意没有改变。语自《周易·中孚》初九《小象传》："初九'虞吉'，志未变也。"

【译文】

　　《中孚》卦的初九说："虞吉。"《小象传》说："志未变也。"

《程氏传》说："在信任的开始，心中还没有确定所随从的对象，而能测度所信任的对象再去信任，这是符合正道的，所以吉祥。如果心中已经确定所随从的对象，那就是有所变动了，测度是不符合正道的。"

7.22

贤者惟知义而已，命在其中。中人以下，乃以命处义，如言"求之有道，得之有命，是求无益于得"[1]。知命之不可求，故自处以不求。若贤者则求之以道，得之以义[2]，不必言命。(《河南程氏遗书》卷二上)

――――――――――――――――――――――――

【注释】

〔1〕"求之有道"云云，《孟子·尽心上》：孟子曰："求则得之，舍则失之，是求有益于得也，求在我者也。求之有道，得之有命，是求无益于得也，求在外者也。"

〔2〕"求之有道，得之以义"，张伯行释曰："道即义。道属天理之自然，义兼人心之裁制。故对求与得分而言之，其实求以道，则得便是以义，无两意。"(《近思录集解》)

【译文】

贤者只知道行义而已，命就在其中。中等以下的人，却是用命来对待义，就像孟子所说，"求之有道，得之有命，是求无益于得"。知道命是不可求的，所以自处于不求的状态。贤者则会用符合道的方式去寻求，能不能得到则取决于义，不必去说什么命。

7.23

　　人之于患难，只有一个处置，尽人谋之后，却须泰然处之。有人遇一事，则心心念念不肯舍，毕竟何益？若不会处置了放下，便是无义无命[1]也。(同上条)

【注释】

〔1〕"无义无命"，语自《孟子·万章上》："孔子进以礼，退以义，得之不得曰'有命'，而主痈疽与侍人瘠环，是无义无命也。"

【译文】

　　人对于患难，只需要去处置就好了，尽力谋划之后，就应当泰然处之了。有的人遇到一件事，则心心念念不肯放下，这样究竟有什么益处呢？但如果不会处置就放任不管，那就是既不知义也不知命了。

7.24

　　门人有居太学而欲归应乡举者，问其故，曰："蔡人鲜习《戴记》[1]，决科[2]之利也。"先生曰："汝之是心，已不可入于尧舜之道矣。夫子贡之高识，曷尝规规[3]于货利哉？特于丰约之间不能无留情耳。且贫富有命，彼乃留情于其间，多见其不信道也。故圣人谓之'不受命'[4]。有志于道者，要当去此心而后可语也。"(《河南程氏遗书》卷四)

【注释】

〔1〕"鲜"，少。《戴记》，即《礼记》，一般指《小戴礼记》。西汉时

期，戴德、戴圣叔侄两人同治《礼记》，戴德所编辑的被称作为《大戴礼记》，戴圣所编辑的则被称作为《小戴礼记》。

〔2〕"决科"，指参加射策，决定科第。后指参加科举考试。

〔3〕"规规"，浅陋拘泥的样子。

〔4〕"不受命"，语自《论语·先进第十一》：子曰："回也其庶乎，屡空。赐不受命，而货殖焉，亿则屡中。"

【译文】

门人中有在太学读书却想要回乡应举的，伊川先生问他是什么原因，他答道："家乡上蔡很少有人学习《礼记》，（回乡应举）对于参加科考有利。"伊川先生说："你的这份用心，已经不能够进入尧舜之道了。像子贡那样高远的见识，又何尝拘泥于经商的利润呢？只不过是在丰厚和贫乏之间不能不加以留心罢了。况且贫富有命，他留心于贫富，可见他是不信道。所以，孔子说他'不受命'。有志于圣人之道的人，一定要去掉这样的用心，然后才可以和他谈论圣人之道。"

7.25

人苟有"朝闻道，夕死可矣"〔1〕之志，则不肯一日安于所不安也。何止一日，须臾不能。如曾子易箦〔2〕，须要如此乃安。人不能若此者，只为不见实理。实理者，实见得是，实见得非。凡实理得之于心，自别。若耳闻口道者，心实不见。若见得，必不肯安于所不安。人之一身，尽有所不肯为，及至他事又不然。若士者，虽杀之使为穿窬〔3〕必不为，其他事未必然。至如执卷者，莫不知说礼义；又如王公大人，皆能言轩冕〔4〕外物，及其临利害，则不知就义理，却就富贵。如此者只是说得，不实见。及其蹈水火，则人皆避之，是实见得。须是有"见不善如探汤"〔5〕之心，则自然别。昔曾经伤于虎者，他人语虎，则虽三尺童子，皆知虎为可畏，终不似曾经伤者，神色慑惧，至诚畏之，是实见得也。得之于心，是谓有德，不待勉强。然学者则须勉强。古人有捐躯殒命者，若不实见得，则乌能如此？须是实见得生不重于义、生不安于死〔6〕也，故有杀身成仁〔7〕，只是成就一个"是"而已。（《河南程氏遗书》卷十五）

【注释】

〔1〕"朝闻道，夕死可矣"，语自《论语·里仁第四》。

〔2〕"曾子易箦"，事见《礼记·檀弓上》：曾子寝疾，病。乐正子春坐于床下，曾元、曾申坐于足，童子隅坐而执烛。童子曰："华而睆，大夫之箦与？"子春曰："止！"曾子闻之，瞿然曰："呼？"曰："华而睆，大夫之箦与？"曾子曰："然。斯季孙之赐也，我未之能易也。元，起易箦。"曾元曰："夫子之病革矣，不可以变，幸而至于旦，请敬易之。"曾子曰："尔之爱我也，不如彼。君子之爱人也以德，细人之爱人也以姑息。吾何求哉？吾得正而毙焉，斯已矣。"举扶而易之，反席未安而没。

〔3〕"穿窬"，"窬"，通"逾"，翻越；穿墙越壁的盗窃行为。语自《论语·阳货第十七》：子曰："色厉而内荏，譬诸小人，其犹穿窬之盗也与！"又见于《孟子·尽心下》："人能充无欲害人之心，而仁不可胜用也；人能充无穿窬之心，而义不可胜用也；人能充无受尔汝之实，无所往而不为义也。"

〔4〕"轩冕"，古时大夫以上官员的车乘和冕服，指官位爵禄。

〔5〕"见不善如探汤"，语自《论语·季氏第十六》：孔子曰："见善如不及，见不善如探汤。吾见其人矣，吾闻其语矣。"

〔6〕"生不重于义、生不安于死"，《孟子·告子上》："生，亦我所欲
　　也；义，亦我所欲也，二者不可得兼，舍生而取义者也。生，亦
　　我所欲，所欲有甚于生者，故不为苟得也；死，亦我所恶，所恶
　　有甚于死者，故患有所不辟也。"

〔7〕"杀身成仁"，语自《论语·卫灵公第十五》：子曰："志士仁人，
　　无求生以害仁，有杀身以成仁。"

【译文】

　　一个人如果真的有"朝闻道，夕死可矣"的心志，那就一天也不
肯安处于所感到不安的地方。何止是一天，片刻也不能够。就像曾子
易箦一般，必须要这样才会心安。人不能够做到这样，只是因为没有
体会到实理。所谓实理，就是真实的体会到什么是是、什么是非。凡
是内心体会到实理的人，自然就会不一样。如果只是耳朵听听嘴里说
说，心里其实并没有体会到。如果体会到，就必定不肯安处于所感到
不安的地方。人的一个身体，都有不肯去做的事，可到了其他的事他
却又会去做。比如一个士子，即使是杀了他让他去干穿窬的事，也一
定不会去做，其他的事却不一定了。至于读书的人，没有不知道讲
说礼义的；又如王公大人，都能说荣华富贵是身外之物，可等到真的
面临利害关系时，则不知道归于义理，却是趋向富贵。这样的人只是
嘴上能说，不曾真实的体会到。至于涉水踏火之类的事，人人都会躲
避，这是真实的体会到。必须是有"见不善如探汤"的心，那就自然
不一样了。过去曾经被老虎伤害过的人，别人谈虎，即使是三尺童
子，也都知道老虎的可怕，可是终究不如曾经被老虎伤害过的人，神
色震慑恐惧，发自内心的畏怕，这是真实的体会到。心中有了真实的
体会，这就叫有德，不需要勉强。然而，学者则需要勉强。古人有为

了道义而捐躯献身的人，如果不是真实的体会到，又怎么能够如此？必须是真实体会到生不比义重要、生不比死安心，所以有杀身成仁，只是为了成就一个"是"而已。

7.26

孟子辨舜、跖之分，只在义利之间[1]。言"间"者，谓相去不甚远，所争毫末尔。义与利，只是个公与私也。才出义，便以利言也。只那计较，便是为有利害，若无利害，何用计较？利害者，天下之常情也。人皆知趋利而避害，圣人则更不论利害，惟看义当为不当为[2]，便是命在其中也。（《河南程氏遗书》卷十七）

【注释】

〔1〕"孟子辨舜、跖之分"云云，跖，盗跖，春秋时鲁国人，传为柳下惠之弟。《庄子·盗跖》称他曾聚党数千人，横行天下，所到之处，大国不敢打开城门，小国国民纷纷躲藏。《孟子·尽心上》：孟子曰："鸡鸣而起，孳孳为善者，舜之徒也；鸡鸣而起，孳孳为利者，跖之徒也。欲知舜与跖之分，无他，利与善之间也。"舜为圣王，跖为大盗，两者之差别仅在于"利与善之间"，真可谓一步是圣人，一步是大盗。

〔2〕"惟看义当为不当为"，《孟子·离娄下》：孟子曰："大人者，言不必信，行不必果，惟义所在。"

【译文】

孟子辨说大舜和盗跖的分别，只在于义与利之间。说一个"间"

字，意思是两者相差并不很远，所争的只是毫末罢了。义与利，只是一个公与私的分别。才脱离了义，就会从利上说了。只是那计较，就是因为有利害，如果没有利害，又何需去计较？关注利害，是天下人的常情。人都知道趋利而避害，圣人则不会去考虑利害，只是看按照道义该做不该做，这样命也就在其中了。

7.27

大凡儒者[1]，未敢望深造于道[2]。且只得所存正，分别善恶，识廉耻。如此等人多，亦须渐好。（同上条）

【注释】

[1]"儒者"，本指崇尚儒学、研习儒家经典的人，后泛指读书人。

[2]"深造于道"，在圣人之道上不断深入探究，以期能够获得亲身体悟。语本《孟子·离娄下》：孟子曰："君子深造之以道，欲其自得之也。"

【译文】

大凡是读书人，不敢期望他们在圣人之道上不断深入探究。只要能够做到存心端正，分别善恶，知廉识耻。这样的人多了，世风也会渐渐好转。

7.28

赵景平[1]问："'子罕言利'[2]，所谓利者，何利？"曰："不独财利之利，凡有利心便不可。如作一事，须寻自家稳便处，皆利心也。圣人以义为利[3]，义安处便为利。如释氏之学，皆本于利，故便不是。"（《河南程氏遗书》卷十六）

【注释】

〔1〕赵景平，伊川先生弟子。

〔2〕"子罕言利"，语自《论语·子罕第九》："子罕言利，与命，与仁。"

〔3〕"以义为利"，《周易·乾·文言》："利者，义之和也。"所谓利，其实就是行义所得的自然回报。由此可见，利即在义中，脱离了义，便没有利可言。所以，"圣人以义为利"。当然，圣人绝不是为了求利而去行义的，他们只是行义，至于利，则顺其自然而已。

【译文】

赵景平问："'子罕言利'，所谓利，指的是什么利？"伊川先生答道："不单单是财物方面的利益，凡是有利己的心就是不可以的。比如做一件事，需要去求得一个自家的稳妥便当处，那都是利己的心。圣人以义为利，符合义的就是利。像佛教的学问，都是本自于利，所以就不对。"

7.29

问："邢七[1]久从先生，想都无知识，后来极狼狈。"先生曰："谓之全无知则不可，只是义理不能胜利欲之心，便至如此也。"（《河南程氏遗

书》卷十九）

【注释】

〔1〕邢七，即邢恕。

【译文】

　　有人问："邢恕跟从先生学习了很久，想来他什么都没学到，所以后来狼狈不堪。"伊川先生说："说他什么都不知道则不可以，只是因为他义理不能够战胜利欲之心，就到了这个地步。"

7.30

　　谢湜^{〔1〕}自蜀之京师，过洛而见程子。子曰："尔将何之？"曰："将试教官。"子弗答。湜曰："如何？"子曰："吾尝买婢，欲试之，其母怒而弗许，曰：'吾女非可试者也。'今尔求为人师而试之，必为此媪笑也。"湜遂不行。（《河南程氏遗书》卷二十一上）

【注释】

〔1〕谢湜，字持正，金堂人，伊川先生弟子。

【译文】

　　谢湜从四川到京城去，经过洛阳而拜见伊川先生。伊川先生问他："你要去哪里？"谢湜答道："我准备去试做教官。"伊川先生不说话。谢湜问："怎么样？"伊川先生说："我曾经去买婢女，想先试用一下，她的母亲很生气，不允许，说：'我的女儿是不可以试用的。'如今你想成为老师而让人家试用，必定会被这个老妇人笑话的。"谢湜听了之后，就不去了。

7.31

先生在讲筵〔1〕，不曾请俸〔2〕。诸公遂牒〔3〕户部，问不支俸钱。户部索前任历子〔4〕，先生云："某起自草莱〔5〕，无前任历子。"（本注：旧例，初入京官时，用下状出给料钱历，先生不请，其意谓朝廷起我，便当"廪人继粟，庖人继肉"〔6〕也。）遂令户部自为出券历。又不为妻求封，范纯甫〔7〕问其故，先生曰："某当时起自草莱，三辞然后受命，岂有今日乃为妻求封之理？"问："今人陈乞恩例〔8〕，义当然否？人皆以为本分，不为害。"先生曰："只为而今士大夫道得个'乞'字惯，却动不动又是乞也。"因问："陈乞封父祖如何？"先生曰："此事体又别。"再三请益，但云："其说甚长，待别时说。"（《河南程氏遗书》卷十九）

【注释】

〔1〕"讲筵"，即经筵。指汉唐以来帝王为讲论经史而特设的御前讲席。伊川先生曾任崇政殿说书。

〔2〕"请俸"，支取薪俸。

〔3〕"牒"，文书。

〔4〕"历子"，宋制料粮院掌发俸禄，有料钱历，注明各个官员的授官日月，发给本人，凭此到户部领取俸钱。

〔5〕"草莱"，布衣，平民。

〔6〕"廪人继粟，庖人继肉"，管理粮仓的官员不断送去粮食，管理膳食的官员不断送去肉食。语自《孟子·万章下》："以君命将之，

再拜稽首而受。其后廪人继粟，庖人继肉，不以君命将之。"

〔7〕范纯甫，即范祖禹。

〔8〕"陈乞恩例"，"陈乞"，陈述乞请；"恩例"，帝王为宣示恩德而颁布的条例。

【译文】

伊川先生任崇政殿说书时，不曾支取过俸钱。几位友人便呈文给户部，问为什么不给他支付俸钱。户部向伊川先生索要前任的料钱历子，先生说："我是从布衣被起用的，没有前任的料粮历子。"（本注：按照旧例，初次到京城为官，要按照下发的任命状子开出支取俸禄的料钱历。伊川先生没有请俸钱，他的意思是说朝廷既然起用我，就应当"廪人继粟，庖人继肉"。）于是就让户部自行开了个历子。伊川先生又不给妻子求封号，范祖禹问他为什么，先生说："我当时是从布衣被起用的，三番推辞之后才接受了任命，哪里有今天为妻子求封号的道理呢？"范祖禹问道："现今的人都向朝廷乞求恩例，从义理上来说应该这样？大家都以为这是本分中的事，没有什么妨碍。"先生说："只是因为现今的士大夫说一个'乞'字习惯了，所以动不动又是乞请了。"范祖禹因此又问道："那么，为父亲和祖上陈乞封号，又怎么样？"先生说："这件事体例又不一样。"范祖禹再三请问，先生只是说："这其中的道理说来话长，等别的时候再说。"

7.32

汉策贤良〔1〕，犹是人举之。如公孙弘者，犹强起之乃就对〔2〕。至如后世贤良，乃自求举尔。若果有曰"我心只望廷对〔3〕，欲直言天下

事"，则亦可尚已；若志富贵，则得志便骄纵，失志则便放旷与悲愁而已。(《河南程氏遗书》卷一)

【注释】

〔1〕"汉策贤良"，汉代以推举贤良的形式选用官员。由地方推举贤良，君王发起策问，善者擢进任官，所以称作为"策贤良"。

〔2〕公孙弘（前200—前121），字季，菑川薛（今山东滕州）人。早年家贫，年四十，习《春秋》，专攻《公羊》。汉武帝初举贤良，征为博士，时年已六十。使匈奴，还报，不合上意，乃移病免归。元光五年（前130）复征贤良，菑川国复推弘，弘谢曰："前已曾西用，不能，罢，愿更推国人。"后以对策第一拜博士，累迁至御史大夫、丞相。

〔3〕"廷对"，在朝廷上回答帝王的咨询。

【译文】

　　汉代举贤良，还是由别人举荐的。如公孙弘，也还是强行征起才去参加对策的。至于后世的贤良，却是自己去寻求推举。如果果真有人说，"我的心里只是希望能够在朝廷上与君上对策，想要有个机会直言天下的事"，那也还是值得崇尚的；如果是志在富贵，那么得志之后就会骄傲放纵，不得志就会放荡不羁和悲伤忧愁而已。

7.33

　　伊川先生曰："人多说某不教人习举业，某何尝不教人习举业也？人若不习举业而望及第，却是责天理〔1〕而不修人事。但举业既可以及第即已，若更去上面尽力求必得之道，是惑也。"（《河南程氏遗书》卷十八）

【注释】

〔1〕"责天理"，此中的"天理"，近于世人所谓的命运。"责天理"即
听天由命之意。

【译文】

伊川先生说："人多说我不让人学习应举的学业，我何曾不让人
学习应举的学业了？人如果不学习应举的学业而希望科举及第，那就
是只要求命运而不去尽人事了。只是应举的学业，既已能够科举及第
就行了，如果还要在上面去尽力追求一定要考中的方法，那就是迷
惑了。"

7.34

问："家贫亲老，应举求仕，不免有得失之累，何修可以免此？"伊川
先生曰："此只是志不胜气〔1〕。若志胜，自无此累。家贫亲老，须用禄仕，
然得之不得为有命。"曰："在己固可，为亲奈何？"曰："为己为亲，也只
是一事。若不得，其如命何？孔子曰：'不知命，无以为君子。'〔2〕人苟不
知命，见患难必避，遇得丧必动，见利必趋，其何以为君子？"（同上条）

【注释】

〔1〕"志不胜气"，语本《孟子·公孙丑上》："志壹则动气，气壹则动
志也。今夫蹶者、趋者，是气也，而反动其心。"
〔2〕"不知命，无以为君子"，语自《论语·尧曰》：孔子曰："不知
命，无以为君子；不知礼，无以立也；不知言，无以知人也。"

【译文】

有人问:"家境贫困,父母年老,应试举业,寻求出仕,难免会有得到得不到的牵累,如何修习才能够避免这种牵累?"伊川先生说:"这只是因为心志不能战胜意气。如果心志胜了,自然就没有这样的牵累。家境贫穷,父母年老,需要出仕领俸禄奉养父母,然而得到得不到是有命的。"又问:"在我自己固然可以,为了父母又怎么办呢?"伊川先生说:"为自己和为父母,也只是一件事。如果不能够得到,又能拿命怎么办?孔子说:'不知命,无以为君子。'人如果不知命,见到患难必定会躲避,遭遇得失必定会动摇,见到利益必定会追逐,他又如何能够成为君子呢?"

7.35

或谓科举事业夺人之功,是不然。且一月之中,十日为举业,余日足可为学。然人不志此,必志于彼。故科举之事,不患妨功,惟患夺志。(《河南程氏外书》卷十一)

【译文】

有人说学习科举之业会侵占学习圣人之道的时间,这是不对的。且如一个月之中,拿出十天来学习科举之业,其余的时间足够用来学习圣人之道。然而,人的志向不在于此,就必定会在于彼。所以学习科举之业,不担心它妨碍学习圣人之道的时间,只担心它会夺走学者的志向。

7.36

横渠先生曰:"世禄[1]之荣,王者所以录有功、尊有德,爱之厚之,示恩遇之不穷也。为人后者，所宜乐职劝功，以服勤事任，长廉远利，以似述世风[2]。而近代公卿子孙，方且下比布衣，工声病，售有司[3]。不知求仕非义，而反羞循理为不能；不知荫袭[4]为荣，而反以虚名为善继[5]。诚何心哉！"（《横渠文集·策问》）

【注释】

〔1〕"世禄"，古时有世禄之制，贵族世代享有爵禄。

〔2〕"世风"，世代相传的家风。

〔3〕"工声病"，诗学有四声八病之说。"工声病"，即精于诗词创作。

　　"售有司"，"有司"，即官吏；为官吏所录用。

〔4〕"荫袭"，因先辈有功，子孙受庇荫而承袭官爵。

〔5〕"善继"，语自《中庸》："夫孝者，善继人之志，善述人之事者也。"

【译文】

　　横渠先生说："世禄的荣遇，是君王用来记录有功之臣、尊崇有德之人的，关爱他们，厚待他们，以表示自己的恩遇是没有穷尽的。作为世家的后人，所该做的是乐于职守、努力建功立业，用勤奋努力、勇于任事，增长清廉、远离私利，去继承先世的家风。而近代的公卿子孙们，却要下比于布衣寒士，工研诗赋技巧，把自己兜售给有司。不知道追求仕途不合道义，反而认为遵循义理是无能的表现；不知道荫袭是一种荣誉，反而以谋取虚名为善于继承先人的心志。这是什么用心啊！"

7.37

不资其力而利其有，则能忘人之势[1]。（《横渠语录》卷上）

【注释】

〔1〕"忘人之势"，语自《孟子·尽心上》："古之贤王好善而忘势，古之贤士何独不然？乐其道而忘人之势，故王公不致敬尽礼，则不得亟见之。"

【译文】

不借助别人的势力而获取利益，就能够忘掉别人的权势。

7.38

人多言安于贫贱，其实只是计穷力屈才短，不能营画耳。若稍动得，恐未肯安之，须是诚知义理之乐于利欲也，乃能。(《经学理窟·气质》)

【译文】

人多说要安于贫贱，其实只是因为无计可施、力量不足、才华短缺，而不能够谋划。如果稍微能够活动得了，恐怕也不肯安于贫贱。必须是真的认识到义理之乐胜过利欲之乐，才能够做得到。

7.39

天下事，大患只是畏人非笑。不养车马，食粗衣恶，居贫贱，皆恐人非笑。不知当生则生，当死则死。今日万钟[1]，明日弃之；今日富贵，明日饥饿，亦不恤。惟义所在。(《经学理窟·自道》)

【注释】

〔1〕"万钟"，指优厚的俸禄。"钟"，古量器名，六斛四斗为一钟。

【译文】

天下的事，最为弊病的就是害怕别人嘲笑。没有车马，吃的粗糙，穿的低劣，住的贫困低贱，全都怕人嘲笑。不知道当生就生，当死就死。今天有万钟的俸禄，明天就放弃；今天富裕尊贵，明天饥饿，也不会忧虑。只是遵义而行。

卷八

治国平天下之道

卷八　治国平天下之道

（凡二十五条）

【题解】

朱子论本卷纲目曰："治国、平天下之道。"叶采曰："此卷论治道。盖明乎出处之义，则于治道之纲领不可不求讲明之。一旦得时行道，则举而措之耳。"（《近思录集解》）上卷论出处之道，既明出处之义，则当适时出仕治世。治世则有本末，治道为本，治法为末，故本卷论治道，下卷论治法。有治道，有治法，本末皆备。朱子、东莱的用心，不可谓不严密。

究其本，则治道本于天理，"得天理之正，极人伦之至"，才是王道。若是私心自用，假仁假义，则是霸道（8.2）。所以，身不修，不可以议政；家不齐，不可以言治。一言以蔽之，则所谓治道，即是"治身、齐家以至平天下者"（8.15），亦即《大学》所谓修、齐、治、平。故而，首条便指出："治天下有本，身之谓也；治天下有则，家之谓也。"

政治的主体在人。人者，一则人君，二则人臣。故论治道，则有人君、人臣之别：

于人君而言，治道的根本在于他的初心，初心不正，则终究"不可与入尧舜之道"（8.2）。故而，人君务必要先立志，"所谓立志者，至诚一心，以道自任……必期致天下如三代之世也"。人君立定了志向，明确了初心，便可责任宰辅、任用贤才（8.3），其他诸如"显明其比道"（8.4）、"极其庄敬"（8.7）、"去其间隔而合之"（8.8）等等，也就自然而然了。

于人臣而言，治道的根本在于"格君心之非"（8.18、8.22），"天下之本在国，国之本在家，家之本在身"（《孟子·离娄上》），身又以人君之身为要，"'君仁，莫不仁；君义，莫不义'，天下之治乱，系乎人君仁不仁耳"，所以，"格君心之非"乃为人臣治世的第一要务。但能格得君心，则"天下之事可从而理也"。

至于治世的根本准则，则有以下几条：

其一，养民。"为民立君，所以养之也"，而"养民之道，在爱其力"，亦即慎用民力（8.14、8.23）。

其二，教化。"养其善心""导之敬让"（8.20），并取"《关雎》《麟趾》之意"（8.21）。

其三，纲正目举（8.19）。

其四，人、事、物各得其所（8.5、8.11）。"圣人所以能使天下顺治，非能为物作则也，唯止之各于其所而已。"

至于治乱，亦有两个根本：

一曰"以含容之量，施刚果之用"（8.6）；二曰拔本塞源，"察其机，持其要，塞绝其本源"（8.9）。

本卷的最后一条弥足珍贵，值得一提：横渠先生指出道学、政术不可分为两事，究其根本，则学与政本于一心。学只是学个天理，政只是用个天理。

8.1

濂溪先生曰："治天下有本，身之谓也；治天下有则，家之谓也[1]。本必端，端本，诚心而已矣；则必善，善则，和亲而已矣。家难而天下易，家亲而天下疏也。家人离，必起于妇人，故《睽》次《家人》，以'二女同居'而'其志不同行'[2]。尧所以厘降二女于妫汭[3]，舜可禅乎？吾兹试矣。是治天下观于家，治家观身而已矣。身端，心诚之谓也；诚心，复其不善之动而已矣。不善之动，妄也。妄复则无妄矣，无妄则诚焉。故《无妄》次《复》，而曰：'先王以茂对时，育万物。'〔4〕深哉！"〔5〕(《通书·家人睽复无妄第三十二》)

【注释】

〔1〕"治天下有本"云云，《孟子·离娄上》：孟子曰："人有恒言，皆曰'天下国家'。天下之本在国，国之本在家，家之本在身。"

〔2〕"二女同居""其志不同行"，语自《周易·睽·象传》："睽，火动而上，泽动而下。二女同居，其志不同行。"《睽》卦的构成为下兑上离，兑为少女，离为中女，所以说"二女同居"。兑为泽，泽水下流；离为火，火焰炎上，一向下一向上，可谓背道而驰，所以说"其志不同行"。

〔3〕"尧所以厘降二女于妫汭"，"厘"，治理；"二女"，传为娥皇、女英；"妫汭"，妫水的弯曲处。语本《尚书·尧典》："女于时，观厥刑于二女。厘降二女于妫汭，嫔于虞。"

〔4〕"先王以茂对时，育万物"，"茂"，茂盛；先代圣王以强盛的状态顺应天时，养育万物。语自《周易·无妄·大象传》："天下雷行，物与无妄；先王以茂对时，育万物。"

〔5〕关于本条，西山先生（真德秀）释曰："心不诚，则私意邪念纷纷交作，欲身之修，得乎？亲不和，则闺门乖戾，情意隔绝，欲家之正，得乎？夫治家之难，所以甚于治国者，门内尚恩，易于掩义。世之人固有勉于治外者矣，至其处家，则或狃于妻妾之私，或牵于骨肉之爱，鲜克以正自检者，而人君尤甚焉。汉高能诛秦、灭项，而不能割戚姬、如意之宠；唐太宗能取隋、攘群盗，而闺门惭德顾不免焉。盖疏则公道易行，亲则私情易溺，此

其所以难也。不先其难，未有能其易者。汉、唐之君，立本作则，既已如此，何怪其治天下不及三代哉？夫女子，阴柔之性，鲜不忌妒而险诐者，故二女同居则情间易生，尧欲试舜，必降以二女者，能处二女，则能处天下矣。舜之身正而刑家如此，故尧禅以天下而不疑也。身之所以正者，由其身之诚。诚者，无他，不善之萌动于中，则亟反之而已。诚者，天理之真；妄者，人为之伪。妄去则诚存矣，诚存则身正，身正则家治，推之天下，犹运掌也。"（转引自曹端《通书述解》）

【译文】

濂溪先生说："治理天下有根本，那就是身；治理天下有准则，那就是家。根本必须要端正，端正根本，在于诚心而已；准则必须要完善，完善的准则，在于亲人和睦而已。治家难而治天下容易，因为家人亲密而天下人疏远。家人间的背离，必定由妇人引起，所以《睽》卦在《家人》卦之后，因为'二女同居'而'其志不同行'。尧之所以把两个女儿下嫁到妫水边，就是考虑：这个舜，可不可以把天下禅让给他？我先来试一试他。因此想知道一个人能不能够治理天下，就看他能否治家；能不能够治家，就看他能否修身而已。身端，就是心诚的意思；诚心，就是由不善的念想返归于善而已。不善的念想，就是妄，由妄返归就是无妄了，无妄便是诚。所以《无妄》卦在《复》卦之后，而说：'先王以茂对时，育万物。'其中的道理很深刻啊！"

8.2

明道先生言于神宗曰："得天理之正，极人伦之至者，尧舜之道也；

用其私心，依仁义之偏〔1〕者，霸者之事也。王道如砥〔2〕，本乎人情，出乎礼义，若履大路而行，无复回曲。霸者崎岖，反侧于曲径之中，而卒不可与入尧舜之道。故诚心而王，则王矣；假之而霸，则霸矣。二者，其道不同，在审其初而已，《易》所谓'差若毫厘，缪以千里'〔3〕者，其初不可不审也。惟陛下稽先圣之言，察人事之理，知尧舜之道备于己，反身而诚之〔4〕，推之以及四海，则万世幸甚。"（《河南程氏文集》卷一）

【注释】

〔1〕"仁义之偏"，《孟子·尽心上》："五霸，假之也。久假而不归，恶知其非有也。""仁义之偏"，即当指假仁假义。

〔2〕"王道如砥"，"砥"，磨刀石。语本《诗经·小雅·大东》："周道如砥，其直如矢。君子所履，小人所视。"

〔3〕"差若毫厘，缪以千里"，今本《周易》不见此二句，然《礼记·经解》载："《易》曰：'君子慎始，差若毫厘，缪以千里。'"可见旧本《易经》当有此语。意为：开始时如果有毫厘的差错，结果就会产生相差千里的过错。

〔4〕"反身而诚"，语自《孟子·尽心上》：孟子曰："万物皆备于我矣。反身而诚，乐莫大焉。强恕而行，求仁莫近焉。"

【译文】

明道先生对宋神宗说："符合天理的正道，穷尽人伦的极致，这就是尧舜之道；运用自己的私心，依据假仁假义，这就是霸者的事业。王道就像磨刀石一样平坦，本于人情，出于礼义，就像在大路上行走，没有任何的曲折迂回。霸者所走的路却是崎岖的，辗转于曲折的小路之中，而最终也不可以与他们一起进入尧舜之道。所以，诚心施行王道，就能成就王道；假借仁义而称霸，便只能成就霸业。王道与霸道，两者走的路是不同的，在于审察他们的初心罢了，《易经》中说'差若毫厘，缪以千里'，对于初心不可以不加以审察。希望陛下考察古代圣王的言辞，体察人事的道理，知道尧舜之道自己身上本就具备，反求诸己而做到心诚，进而推广到四海之内，这就是万世的幸事了。"

8.3

伊川先生曰："当世之务，所尤先者有三：一曰立志，二曰责任，三曰求贤。今虽纳嘉谋、陈善算，非君志先立，其能听而用之乎？君欲用之，非责任宰辅，其孰承而行之乎？君相协心，非贤者任职，其能施于天下乎？此三者，本也；制于事者，用也。三者之中，复以立志为本。所谓立志者，至诚一心，以道自任，以圣人之训为可必信，先王之治为可必行，不狃滞[1]于近规，不迁惑于众口，必期致天下如三代之世也。"

（《河南程氏文集》卷五）

【注释】

〔1〕"狃滞"，拘泥，因袭。

【译文】

伊川先生说："当今之世，特别优先的事务有三项：一是君王立志，二是责任宰辅，三是广求贤才。如今即使有人献上好的谋划、陈述好的计划，如果不是君王先立定志向，又怎么能够听从并采用呢？

君王想要采用，如果不责任于宰辅大臣，又有谁来承担并实行呢？君王和宰辅同心协力，如果没有贤者担任要职，又怎么能够施行于天下呢？这三者，是根本；具体的事务，则是运用。三者之中，又以君王立志为根本。所谓立志，就是一心至诚，以道自任，认为圣人的遗训必定可信，先王的治法必定可行，不拘泥于近世陋规，不为纷纭众说所改变、迷惑，必定要期望让天下像三代之世一样。"

8.4

《比》之九五曰："显比，王用三驱，失前禽。"[1]《传》曰："人君比天下之道，当显明其比道而已。如诚意以待物，恕己以及人，发政施仁，使天下蒙其惠泽，是人君亲比天下之道也。如是，天下孰不亲比于上？若乃暴其小仁[2]，违道干誉[3]，欲以求下之比，其道亦已狭矣，其能得天下之比乎？王者显明其比道，天下自然来比。来者抚之，固不煦煦然求比于物。若田之三驱，禽之去者从而不追，来者则取之也。此王道之大，所以其民皞皞而莫知为之者也[4]。非唯人君比天下之道如此，大率人之相比莫不然。以臣于君言之，竭其忠诚，致其才力，乃显其比君之道也。用之与否，在君而已，不可阿谀逢迎，求其比己也。在朋友亦然，修身诚意以待之，亲己与否，在人而已，不可巧言令色[5]，曲从苟合[6]，以求人之比己也。于乡党、亲戚，于众人，莫不皆然，'三驱，失前禽'之义也。"（《周易程氏传·比》）

【注释】

[1]　"显比，王用三驱，失前禽"，"比"，亲比；显明亲比之道，君王围猎时，从三面驱赶，任由前方的禽兽逃走。语自《周易·比》

九五爻辞："九五，显比，王用三驱，失前禽。邑人不诫，吉。"

〔2〕"暴其小仁"，"暴"，暴露，显露；"小仁"，即小恩小惠。

〔3〕"违道干誉"，"干"，求；违背正道而追求赞誉。语本《尚书·大禹谟》："罔违道以干百姓之誉，罔咈百姓以从己之欲。"

〔4〕"其民暤暤而莫知为之者也"，"暤暤"，心情舒畅的样子；人民心情舒畅而不知道是谁让他们这样的。语本《孟子·尽心上》：孟子曰："霸者之民，欢虞如也；王者之民，暤暤如也。杀之而不怨，利之而不庸，民日迁善而不知为之者。"

〔5〕"巧言令色"，花言巧语，假装和善，以取悦别人。语自《论语·学而第一》：子曰："巧言令色，鲜矣仁！"

〔6〕"曲从苟合"，委曲顺从，苟且相合。

【译文】

《比》卦的九五爻辞说："显比，王用三驱，失前禽。"《程氏传》说："人君亲比天下人的方法，应当显明他的亲比之道而已。例如用诚意对待外物，将恕己之心推及他人，发布政令施行仁政，使得天下人全都蒙受恩泽，这就是人君亲比天下人的方法。像这样，天下还有谁会不亲比于人君呢？如果只是展示小恩小惠，违背道义而追求虚名，想要以此来求得下面的人的亲比，他的方法也已经很狭隘了，又怎么能够得到天下人的亲比呢？王者显明他的亲比之道，天下人自然就会前来亲比。对前来的人进行安抚，固然不需要装出和乐的样子以求得外物的亲比。就像围猎，只在三面驱赶，逃走的禽兽任由它们而不去追赶，自己跑来的就猎取它们。这就是王道的弘大，所以人民心情舒畅而不知道是谁让他们这样的。不但人君亲比天下人的方法是这样，大致说来，人与人之间的相互亲比无不如此。以臣子对于人君而言，只是竭尽忠诚，发挥才力，就是在显示他亲比人君的方法。至于任用与否，在于人君而已，而不可以阿谀奉承，以谋求人君来亲比自己。在朋友之间也是如此，只是修身诚意去对待朋友，至于亲近与否，在于别人而已，而不可以巧言令色，曲从苟合，以谋求别人来亲近自己。对于乡里、亲戚，对于众人，无不如此，这就是'三驱，失前禽'的意义。"

8.5

古之时，公卿大夫而下，位各称其德，终身居之，得其分也，位未称德，则君举而进之；士修其学，学至而君求之，皆非有预于己也。农工商贾，勤其事而所享有限，故皆有定志，而天下之心可一[1]。后世自庶士至于公卿，日志于尊荣；农工商贾，日志于富侈，亿兆[2]之心，交骛[3]于利，天下纷然，如之何其可一也？欲其不乱，难矣！（《周易程氏传·履》）

【注释】

〔1〕"天下之心可一"，天下之人，人人都有自己的志向，各各安于自身的职分，无有非分之想，所以人心可以统一。"一"，指各安其志，各守其职。

〔2〕"亿兆"，本指数量之多，此指庶民百姓。

〔3〕"骛"，追求。

【译文】

古时候，自公卿大夫向下，职位各自与德行相称，终身都在那个职位上，得以尽到各人的职分；职位不能够与德行相称的，君王就会提举他让他升职；士子修习学业，学成之后君王就会请他出仕，都不是对自己有着一个预想。农民、工匠、商人，勤勉做事而所享受的很有限，所以人人都有确定的志愿，而天下的人心便可以统一。到了后世，从士子直到公卿大夫，天天想的都是尊贵荣耀；农民、工匠、商人，天天想的都是富贵奢侈，庶民百姓的心，一起追逐着利益，天下纷纷扰扰，怎么可能让他们的心统一呢？想要天下不混乱，难啊！

8.6

　　《泰》之九二曰："包荒，用冯河[1]。"《传》曰："人情安肆，则政舒缓，而法度废弛，庶事无节。治之之道，必有包含荒秽之量，则其施为宽裕详密，弊革事理，而人安之。若无含弘之度，有忿疾之心，则无深远之虑，有暴扰之患，深弊未去，而近患已生矣，故在'包荒'也。自古泰治之世，必渐至于衰替，盖由狃习安逸，因循而然，自非刚断之君、英烈之辅，不能挺特奋发以革其弊也，故曰'用冯河'。或疑上云'包荒'，则是包含宽容；此云'用冯河'，则是奋发改革，似相反也。不知以含容之量，施刚果之用，乃圣贤之为也。"（《周易程氏传·泰》）

【注释】

〔1〕"包荒，用冯河"，包容荒秽，可以涉越河流。语自《周易·泰》九二爻辞："九二，包荒，用冯河，不遐遗；朋亡，得尚于中行。"

【译文】

　　《泰》卦的九二爻辞说："包荒，用冯河。"《程氏传》说："人情安乐放纵，就会政治舒缓，而法度荒废松弛，种种事务都会失去节制。治理的方法，必须要有包容荒秽的度量，那么，他的施为就会从容自如、翔实严密，弊端得以革除，政事得以理顺，而人民获得安宁。如果没有含弘广大的度量，而有忿怒憎恶的心，那就会缺乏深远的谋虑，而有暴动侵扰的祸患，原本的深弊还没有除去，而眼前的祸患又已经生发，所以需要'包荒'。自古以来的太平之世，必定会渐渐发展至衰败，大概是因为世人拘泥习俗、安逸放纵、因循守旧而导致的，若非刚健决断的君王、英勇壮烈的辅臣，是不能够特立独行奋发有为去革除弊端的，所以说'用冯河'。有人感到疑惑：上面说'包荒'，则是包含宽容；这里又说'用冯河'，则是奋发改革，似乎自相矛盾。不知道以含弘包容的度量，施行刚健果敢的措施，乃是圣贤的作为。"

8.7

《观》："盥而不荐，有孚颙若。"[1]《传》曰："君子居上，为天下之表仪，必极其庄敬[2]。如始盥之初，勿使诚意少散。如既荐之后，则天下莫不尽孚诚，颙然瞻仰之矣。"（《周易程氏传·观》）

【注释】

〔1〕"盥而不荐，有孚颙若"，《周易·观》卦辞。"盥"，灌祭，祭祀时用酒浇洒地面以降神的仪式。"荐"，献祭，祭祀中向神献飨的礼仪。"孚"，诚信。"颙"，敬。意为：观看过祭祀开始时灌祭的仪式，就可以不观看后面献飨的仪式了，因为心中已经充满了真诚和恭敬。

〔2〕"君子居上"云云，据《周易程氏传》，则为引用胡翼之（胡瑗）
先生的话。

【译文】

《观》卦卦辞说："盥而不荐，有孚颙若。"《程氏传》："君子处于
上位，为天下人的表率，一定要极尽庄敬。就像开始灌祭时一样，不
让诚意有一点点的消散。在献祭之后，天下人就无不竭尽诚心，满怀
恭敬的瞻仰他了。"

8.8

凡天下，至于一国一家，至于万事，所以不和合者，皆由有间
也。无间则合矣。以至天地之生，万物之成，皆合而后能遂。凡未
合者，皆为有间也。若君臣、父子、亲戚、朋友之间，有离贰怨隙
者，盖谗邪间于其间也。去其间隔而合之，则无不合且洽矣。《噬
嗑》者，治天下之大用也。（《周易程氏传·噬嗑》）

【译文】

大凡整个天下，以至于一个国家、一个家族，以至于万事，之所
以不能够和谐相合，都是因为有间隔。没有间隔就能相合了。以至于
天地的生成、万物的成长，都是在相合之后才能够实现。凡是未能相
合的，全都是因为有间隔。如君臣、父子、亲戚、朋友之间，有了背
离嫌隙的，是因为有谗佞奸邪之人在中间挑拨离间。消除了间隔而使
他们相合，就没有不融洽相合的。《噬嗑》卦的意义，对于治理天下
有大用途。

8.9

　　《大畜》之六五曰："豶豕之牙，吉。"〔1〕《传》曰："物有总摄〔2〕，事有机会〔3〕。圣人操得其要，则视亿兆之心犹一心，道〔4〕之斯行，止之则戢〔5〕，故不劳而治，其用若'豶豕之牙'也。豕，刚躁之物，若强制其牙，则用力劳而不能止；若豶去其势〔6〕，则牙虽存而刚躁自止。君子法'豶豕'之义，知天下之恶不可以力制也，则察其机，持其要，塞绝其本源，故不假刑法严峻，而恶自止也。且如止盗，民有欲心，见利则动，苟不知教，而迫于饥寒，虽刑杀日施，其能胜亿兆利欲之心乎？圣人则知所以止之之道，不尚威刑而修政教，使之有农桑之业，知廉耻之道，'虽赏之不窃'〔7〕矣。"（《周易程氏传·大畜》）

【注释】

〔1〕"豶豕之牙，吉"，《周易·大畜》六五爻辞。"豶"，为豕去势，亦即为猪阉割。阉割后的猪，刚健躁动之性已经平息，所以牙也就不会再撕咬，自然也没有了危害。所以说"豶豕之牙，吉"。

〔2〕"总摄"，统摄，主宰。

〔3〕"机会"，指关键。

〔4〕"道"，同"导"。

〔5〕"戢"，止息。

〔6〕"豶去其势"，即将猪阉割的意思。

〔7〕"虽赏之不窃"，语自《论语·颜渊第十二》：季康子患盗，问于孔子，孔子对曰："苟子之不欲，虽赏之不窃。"

【译文】

　　《大畜》卦的六五爻辞说："豶豕之牙，吉。"《程氏传》说："万物都有统摄，事情都有关键。圣人把握住要领，则视天下亿万人之心犹如一人之心，引导他们就前行，制止他们就停止，所以不用辛劳天下就得到了治理，圣人所用的就像'豶豕之牙'的道理。猪，是刚健躁动的动物，如果强行制止它的牙以防撕咬，就会辛劳费力而不能够制止；如果将它阉割，那么，牙虽然还在，但是刚健躁动之性就会自然平息。君子效法'豶豕'的道理，知道天下的邪恶不可以强力制止，于是，洞察时机，把握关键，堵塞断绝邪恶的本源，所以不需要借助严峻的刑法，而邪恶自然就会止息。比如禁止偷盗，百姓有利欲之心，见到利益就会动心，如果不知道教化他们，又被饥饿寒冷所逼迫，即使是天天施加刑法诛杀，又怎么能够战胜亿万人的利欲之心呢？圣人则知道如何制止的方法，不崇尚严刑酷法而是勤修政令教化，让百姓有农桑之业，懂得廉耻之道，如此一来，则'虽赏之不窃'。"

8.10

《解》："利西南。无所往，其来复吉。有攸往，夙吉。"[1]《传》曰："西南，坤方。坤之体，广大平易。当天下之难方解，人始离艰苦，不可复以烦苛严急治之，当济以宽大简易，乃其宜也。既解其难，而安平无事矣，是'无所往'也，则当修复治道，正纪纲，明法度，进复先代明王之治，是'来复'也，谓反正理也。自古圣王救难定乱，其始未暇遽为也，既安定，则为可久可继之治。自汉以下，乱既除，则不复有为，姑随时维持而已，故不能成善治，盖不知'来复'之义也。'有攸往，夙吉'，谓尚有当解之事，则早为之乃吉也。当解而未尽者，不早去，则将复盛；事之复生者，不早为，则将渐大。故'夙'则'吉'也。"（《周易程氏传·解》）

【注释】

〔1〕"利西南。无所往，其来复吉。有攸往，夙吉"，《周易·解》卦
　　卦辞。"夙"，早。意为：适宜于西南。无所前往，返归正道，吉
　　祥；有所前往，及早前去，可获吉祥。

【译文】

　　《解》卦卦辞说："利西南。无所往，其来复吉。有攸往，夙吉。"
《程氏传》说："西南，是坤的方向。坤的体，广大平易。当天下的危
难刚刚解除之时，人们刚开始脱离艰难困苦，不可以再用繁杂苛刻、
严厉急切的法令去治理他们，应当以宽宏大量、简单易行的政令来帮
助他们，才是适宜的。既然解除了危难，天下就平安无事了，这就
是'无攸往'。也就应当修复治理之道，规正纪纲，明确法度，进而
恢复古代明王的治理，这就是'来复'，'来复'说的是返归正理。自
古以来，圣王解救危难、平定混乱，刚开始都没有时间立即去恢复治
道，既已安定下来，就会去建设长治久安的政治。自汉代向下，混乱
既已解除，就不再有所作为，姑且随时维持罢了，所以不能够成就善
治，因为他们不知道'来复'的道理。'有攸往，夙吉'，说的是还有
应当解决的事务，早一点去解决才会吉祥。应当解除而没有彻底解除
的，不早一点除尽，就会重新兴盛起来；事情的重复发生，不早一点
处理，就会渐渐壮大。所以'夙'就会'吉'。"

8.11

　　夫有物必有则〔1〕。父止于慈，子止于孝，君止于仁，臣止于敬〔2〕。

万物庶事，莫不各有其所，得其所则安，失其所则悖。圣人所以能使天下顺治，非能为物作则也，唯止之各于其所[3]而已。(《周易程氏传·艮》)

【注释】

〔1〕"有物必有则"，语自《孟子·告子上》："《诗》曰：'天生烝民，有物有则。民之秉彝，好是懿德。'孔子曰：'为此诗者，其知道乎！故有物必有则；民之秉彝也，故好是懿德。'"

〔2〕"父止于慈"云云，语本《大学》："为人君，止于仁；为人臣，止于敬；为人子，止于孝；为人父，止于慈；与国人交，止于信。"

〔3〕"止之各于其所"，让每个事物都止于所该止的地方，亦即物各付物。

【译文】

有一个事物，必定会有一个事物的法则。做父亲的，应当止于慈爱；做儿子的，应当止于孝顺；做人君的，应当止于仁爱；做臣子的，应当止于恭敬。万事万物，无不各有各的所该止的地方，得以止于所该止的地方就能安宁，不能止于所该止的地方就会悖乱。圣人之所以能使天下得以顺利治理，不是能够为事物制定法则，只是让事物都止于所该止的地方而已。

8.12

《兑》，说而能贞，是以上顺天理，下应人心[1]，说道之至正至善者也。若夫"违道以干百姓之誉"[2]者，苟说之道，违道不顺天，干誉非

应人，苟取一时之说耳，非君子之正道。君子之道，其说于民，如天地之施，感之于心，而说服无斁[3]。(《周易程氏传·兑》)

【注释】

〔1〕"《兑》，说而能贞"云云，"说"，同"悦"，《兑》卦，意谓取悦于人而能够恪守正道，所以能够上顺应天理，下顺应人心。语本《周易·兑·彖传》："兑，说也。刚中而柔外，说以利贞。是以顺乎天而应乎人。"

〔2〕"违道以干百姓之誉"，见8.4注3。

〔3〕"无斁"，不厌倦。

【译文】

　　《兑》卦，讲的是取悦于人而能够恪守正道，所以上顺应天理，下顺应人心，乃是最正确最完善的取悦于人的方法。如果是"违道以干百姓之誉"的人，那就是苟且取悦的方式，违背正道而不顺应天理，追求虚名而不顺应人心，纵然暂且获取一时的愉悦，也不是君子的正道。君子的正道，取悦于人民，就像天地的施与，感动人心，而人民心悦诚服、不会厌倦。

8.13

　　天下之事，不进则退，无一定之理。《济》之终，不进而止矣。无常止也，衰乱至矣，盖其道已穷极也[1]。圣人至此奈何？曰："唯圣人为能通其变于未穷，不使至于极也。尧舜是也，故有终而无乱。"(《周易程氏传·既济》)

【注释】

〔1〕"济之终"云云，释《周易·既济·象传》："终止则乱，其道
穷也。"

【译文】

天下的事，不进则退，没有一成不变的道理。《既济》卦的最终，
不能前进而停止。没有永久的停止，衰亡败乱很快就会到来，因为他
的路已经走到了尽头。圣人到了这一步会怎么办？答："只有圣人能
够在没有穷极之时就适时变通，不至于走到穷极。尧舜就是这样，所
以治理有终而没有衰亡败乱。"

8.14

为民立君，所以养之也。养民之道，在爱其力。民力足则生养
遂，生养遂则教化行而风俗美，故为政以民力为重也。《春秋》，凡
用民力必书。其所兴作，不时害义，固为罪也；虽时且义必书，见
劳民为重事也。后之人君知此义，则知慎重于用民力矣。然有用民
力之大而不书者，为教之意深矣。僖公修泮宫、复閟宫，非不用民力
也，然而不书〔1〕。二者，复古兴废之大事，为国之先务，如是而用
民力，乃所当用也。人君知此义，知为政之先后轻重矣。（《河南程氏
经说·春秋传》）

【注释】

〔1〕"僖公修泮宫、复閟宫"云云，"修泮宫、复閟宫"，二事均不载

于《春秋》。《诗经·鲁颂》中有《泮水》《閟宫》两诗，记录了
这两件事，以歌颂僖公。

【译文】

为百姓设立君王，是为了养民。养民的方法，在于爱惜民力。民
力充足，生息养育就能实现；生息养育实现，教化就能得到施行而风俗
美善，所以为政以爱惜民力为要事。《春秋》中，凡是动用民力的事一
定会记录。凡君王兴造制作之事，违背农时，危害道义，固然是罪过；
即使符合时节，合乎道义，也一定会记录，以显示动用民力是重大的事
件。后世人君懂得了这个道理，就知道慎重地动用民力了。然而，也
有动用了很大的民力却没有记录的，其中的教导意义很深刻。如僖公修
建泮宫、恢复閟宫，不是不曾动用民力，然而却没有记录。因为修建泮
宫、恢复閟宫这两件事，是复古兴废的大事，是国家的首要事务，如此
动用民力，是应当动用的。人君懂得了这个道理，就知道为政的先后
和轻重了。

8.15

治身、齐家，以至平天下者[1]，治之道也；建立治纲，分正百职，
顺天时以制事，至于创制立度，尽天下之事者，治之法也。圣人治天下
之道，唯此二端而已。（《河南程氏经说·书解》）

【注释】

〔1〕"治身、齐家以至平天下者"，即《大学》修身、齐家、治国、平
　　天下。

【译文】

　　修身、齐家，以至于治国、平天下，是政治的基本原则；建立治政纲领，区分规定百官的职责，顺应天时治理事务，以至于创立制度，穷尽天下的事务，都是政治的具体方法。圣人治理天下的方法，只是这两端而已。

8.16

　　明道先生曰："先王之世以道治天下，后世只是以法把持天下。"（《河南程氏遗书》卷一）

【译文】

　　明道先生说："先代圣王之世以圣贤之道治理天下，后世只是用法制把控着天下。"

8.17

　　为政须要有纪纲文章[1]，先有司[2]，乡官读法[3]，平价[4]，谨权量[5]，皆不可阙也。人各亲其亲，然后能不独亲其亲[6]。仲弓曰："焉知贤才而举之？"子曰："举尔所知。尔所不知，人其舍诸？"[7]便见仲弓与圣人用心之大小。推此义，则一心可以丧邦，一心可以兴邦，只在公私之间尔。（《河南程氏遗书》卷十一）

【注释】

〔1〕"纪纲文章"，"纪纲"，纲领制度；"文章"，礼乐制度。

〔2〕"先有司"，先确定官吏。语自《论语·子路第十三》：仲弓为季
　　氏宰，问政，子曰："先有司，赦小过，举贤才。"曰："焉知贤
　　才而举之？"子曰："举尔所知。尔所不知，人其舍诸？"

〔3〕"乡官读法"，乡官为民众宣读法令。《周礼·地官·州长》："正
　　月之吉，各属其州之民而读法，以考其德行道义而劝之，以纠其
　　过恶而戒之。"

〔4〕"平价"，平抑物价。《周礼·地官·贾师》："凡天患，禁贵卖者，
　　使有恒贾。"

〔5〕"谨权量"，语自《论语·尧曰第二十》："谨权量，审法度，修
　　废官，四方之政行焉；兴灭国，继绝世，举逸民，天下之民归
　　心焉。"

〔6〕"人各亲其亲"云云，《礼记·礼运》："大道之行也，天下为公，选
　　贤与能，讲信修睦。故人不独亲其亲，不独子其子，使老有所终，
　　壮有所用，幼有所长，矜寡孤独废疾者，皆有所养；男有分，女有
　　归；货恶其弃于地也，不必藏于己；力恶其不出于身也，不必为己。
　　是故谋闭而不兴，盗窃乱贼而不作，故外户而不闭，是谓大同。"

〔7〕"仲弓曰"云云，见注2。

【译文】

　　为政必须要有纲领制度和礼乐制度，先确定官吏，乡官读法，平
抑物价，谨慎权衡度量，都是不可缺少的。人民各自亲爱自己的亲
人，然后就能够不仅仅亲爱自己的亲人。仲弓问："焉知贤才而举
之？"孔子说："举尔所知。尔所不知，人其舍诸？"从中便可见仲
弓与孔子用心的大小区别。扩充这其中的道理，就是一心可以使国家
败亡，一心可以使国家兴盛，只在于公心和私心之间。

8.18

治道亦有从本而言，亦有从事而言。从本而言，惟是"格君心之非"〔1〕，"正心以正朝廷，正朝廷以正百官"〔2〕；若从事而言，不救则已，若须救之，必须变。大变则大益，小变则小益。（《河南程氏遗书》卷十五）

【注释】

〔1〕"格君心之非"，"格"，正；纠正君王内心的错误。语自《孟子·离娄上》："惟大人为能格君心之非。君仁，莫不仁；君义，莫不义；君正，莫不正。一正君而国定矣。"

〔2〕"正心以正朝廷"云云，语自《汉书·董仲舒传》："故为人君者，正心以正朝廷，正朝廷以正百官，正百官以正万民，正万民以正四方。"

【译文】

治理之道也有从根本上说的，也有从行事上说的。从根本上说，只是"格君心之非"，"正心以正朝廷，正朝廷以正百官"；如果从行事上说，不救治时弊也就罢了，如果必须救治，就必须变革。大变革就有大受益，小变革就有小受益。

8.19

唐有天下，虽号治平，然亦有夷狄之风。三纲不正，无君臣、父子、夫妇，其原始于太宗也〔1〕。故其后世子弟皆不可使，君不君，臣不臣，故藩镇不宾，权臣跋扈，陵夷[2]有五代[3]之乱。汉之治过于唐，汉大纲正，唐万目举[4]。本朝大纲正，万目亦未尽举。(《河南程氏遗书》卷十八)

【注释】

〔1〕"三纲不正"云云，太宗，即李世民（599—649）。其父李渊任太原留守，李世民鼓动李渊起兵反隋，这是无君臣之道；发动宣武门事变，杀死兄弟，又逼迫李渊退位，这是无父子、兄弟之道；玄武门事变之后，娶弟遗孀等，这是无夫妇之道。

〔2〕"陵夷"，衰微，衰败。

〔3〕"五代"，指唐朝末年，相继出现了后梁、后唐、后晋、后汉和后周五个朝代，另外还有前蜀、后蜀等十个政权，史称五代十国。一时间天下混战，生灵涂炭。

〔4〕"万目举"，张伯行释曰："礼乐、政刑、制度、文为之属，谓之万目。"(《近思录集解》)

【译文】

唐朝统治天下，虽然号称治平，然而也有夷狄之风。三纲不正，没有君臣、父子、夫妇之道，源于太宗李世民。所以他的后世子孙都不能够予以重任，君不像君，臣不像臣，所以藩镇蛮横不顺，权臣飞扬跋扈，渐渐衰败而有了唐末五代乱世。汉朝的治理超过唐朝，汉朝大纲端正，唐朝万目并举。至于我大宋朝，大纲端正，然而万目也没有能够尽举。

8.20

教人者，养其善心而恶自消；治民者，导之敬让而争自息。(《河南

程氏外书》卷十一）

【译文】

　　教化世人，培养他们的善心，而后邪恶自然消除；治理民众，引导他们互敬互让，而后纷争自然平息。

8.21

　　明道先生曰：“必有《关雎》《麟趾》之意〔1〕，然后可行《周官》〔2〕之法度。”（《河南程氏外书》卷十二）

【注释】

〔1〕“《关雎》《麟趾》之意”，《关雎》《麟趾》，皆《诗经》篇名。《麟趾》，即《麟之趾》。据《毛诗传》：“《关雎》，后妃之德也。风之始也，所以风天下而正夫妇也，故用之乡人焉，用之邦国焉。”“《麟之趾》，《关雎》之应也。《关雎》之化行，则天下无犯非礼，虽衰世之公子，皆信厚，如麟趾之时也。”故知《关雎》《麟趾》，一个是教化，一个是受教。“《关雎》《麟趾》之意”，无非是一个教化而已。

〔2〕《周官》，即《周礼》。《周礼》分天、地、春、夏、秋、冬六官：天官冢宰、地官司徒、春官宗伯、夏官司马、秋官司寇，冬官司空亡佚，后世以《考工记》补之。

【译文】

　　明道先生说：“一定要有《关雎》《麟趾》中的教化之意，然后才可以施行《周官》中的法度。"

8.22

"君仁，莫不仁；君义，莫不义"[1]，天下之治乱，系乎人君仁不仁耳。离是而非则生于其心，必害于其政[2]，岂待乎作之于外哉？昔者孟子三见齐王而不言事，门人疑之，孟子曰："我先攻其邪心。"[3]心既正，然后天下之事可从而理也。夫政事之失，用人之非，知者能更之，直者能谏之。然非心存焉，则一事之失，救而正之，后之失者，将不胜救矣。"格其非心"，使无不正，非大人，其孰能之[4]？（《河南程氏外书》卷六）

【注释】

〔1〕"君仁，莫不仁；君义，莫不义"，语自《孟子·离娄上》："惟大人为能格君心之非。君仁，莫不仁；君义，莫不义；君正，莫不正。一正君而国定矣。"

〔2〕"离是而非则生于其心"云云，语本《孟子·公孙丑上》："生于其心，害于其政；发于其政，害于其事。"

〔3〕"昔者孟子三见齐王"云云，见于《荀子·大略》："孟子三见宣王不言事，门人曰：'曷为三遇齐王而不言事？'孟子曰：'我先攻其邪心。'"

〔4〕"'格其非心'，使无不正"云云，见8.18注1。

【译文】

"君仁，莫不仁；君义，莫不义"，天下的治理与混乱，取决于人君是仁还是不仁。背离了是，非就会在心中产生，也就必定会危害到他的政事，哪里要等到非心表现为外在呢？过去孟子三次见齐王而不谈政事，门人很疑惑，孟子说："我先攻其邪心。"君心正了之后，天下的事可以跟随着得到治理。政事的失误，用人的不当，明智的人能够更正，正直的人能够劝谏。然而，如果人君的非心存在着，那就会一件事的失误，尚且可以补救规正，但后面的错失，将会救不胜救。"格其非心"，使得心无有不正，除了大人，还有谁能够做得到呢？

8.23

横渠先生曰："'道千乘之国'，不及礼乐刑政，而云'节用而爱人，使民以时'〔1〕。言能如是则法行，不能如是则法不徒行〔2〕，礼乐刑政，亦制数而已耳。"（《正蒙·有司》）

【注释】

〔1〕"道千乘之国""节用而爱人，使民以时"，"道"，同"导"；"乘"，古代用四匹马拉的兵车，上立甲士三人，后随步卒七十二人。领导一个千乘的国家，节约财用，在农闲时节役使百姓。语自《论语·学而第一》：子曰："道千乘之国，敬事而信，节用而爱人，使民以时。"

〔2〕"法不徒行"，依《孟子·离娄上》："徒善不足以为政，徒法不能以自行。"则"法不徒行"，当为"徒法不行"，只有法令不能自行去实施。

【译文】

横渠先生说："'道千乘之国'，没有谈及礼乐刑政，而是说'节用而爱人，使民以时’。是说能够这样，法令就得到施行；不能这样，就成了‘徒法不行’，而礼乐刑政，就只是无用的制度条文罢了。”

8.24

法立而能守，则德可久，业可大。郑声、佞人，能使为邦者丧其所守，故放、远之[1]。(《正蒙·三十》)

【注释】

〔1〕“郑声、佞人”云云，《论语·卫灵公第十五》：颜渊问为邦，子曰：“行夏之时，乘殷之辂，服周之冕，乐则《韶》舞。放郑声，远佞人。郑声淫，佞人殆。”“淫”，过度，放纵。“殆”，危险。

【译文】

法度建立之后而能遵守，德行就可以持久，事业就可以壮大。郑国的音乐、邪佞的小人，能够使得治国的人丧失操守，所以，要禁止郑声、远离佞人。

8.25

横渠先生《答范巽之书》曰：“朝廷以道学、政术为二事，此正自古之可忧者。巽之谓孔孟可作，将推其所得而施诸天下邪？将以其所不为而强施之于天下欤？大都君相以父母天下为王道，不能推父母之心于百姓，谓之王道，可乎？所谓父母之心，非徒见于言，必须视四海之民如己之子。设使四海之内皆为己之子，则讲治之术，必不为秦汉之少恩，必不为五伯之假名[1]。巽之为朝廷言，'人不足与适，政不足与间'[2]，能使吾君爱天下之人如赤子，则治德必日新，人之进者必良士，帝王之道[3]不必改途而成，学与政不殊心而得矣。"（《横渠文集》）

【注释】

[1]"五伯之假名"，"五伯"，依《史记》，即为齐桓、宋襄、晋文、秦穆、楚庄五霸；"假名"，假借仁义之名。《孟子·公孙丑上》：孟子曰："以力假仁者，霸，霸必有大国；以德行仁者，王，王不必大。"《孟子·尽心上》：孟子曰："尧舜，性之也；汤武，身之也；五霸，假之也。久假而不归，恶知其非有也。"

[2]"人不足与适，政不足与间"，"适"，同"谪"，指责；"间"，非议。人事不值得去指责，政事不值得去批评。语自《孟子·离娄上》。

[3]"帝王之道"，即二帝三王之道。二帝，指尧、舜。三王，指禹、汤、文王。

【译文】

　　横渠先生在《答范巽之书》中说："朝廷把道学和政术当作两回事，这正是自古以来所担忧的做法。巽之你说说，如果孔孟复生，他们是将自己所体会到的推广施行于天下？还是将他们所不愿做的强行施行于天下呢？人君、宰相都将像父母一样对待天下百姓称作为王道，不能将父母关爱孩子的心推广到百姓身上去，称之为王道，可以吗？所谓父母之心，不只是表达在口头上，必须是真的视天下的百姓像自己的孩子一样。假如将天下的百姓都当作自己的孩子，那么，讲求治理的方法，一定不会像秦朝汉朝那样刻薄少恩，也一定不会像春秋五霸那样假借仁义之名。巽之你向朝廷进言，'人不足与适，政不足与间'，只要能够使得我们的君王爱天下的百姓如同赤子一般，那么治德必定会日日更新，所举荐的人一定是贤者，二帝三王之道不需要改变治理方法就可以成就，道学和政术不需要分别去做就可以全都得到。"

卷九

制度

卷九 制度

（凡二十七条）

【题解】

上卷既论治道，本卷自当论治法。道为体，法为用，体用不二，有其体，则有其用。故知，真明治道者，必有治法。治法不在别处，即在治道之中。然而，尽管如此，具体的治法还是应当一一细究得来，以应时之需，济世拯民。既然如此，本卷实为必不可少者。叶采之论，可谓有见："此卷论治法。盖治本虽立，而治具不容缺。礼乐刑政有一之未备，未足以成极治之功也。"（《近思录集解》）朱子论本卷纲目，则曰："制度。"其所谓制度，自然是统摄之言。一切治法，都当落实为制度。

研读本卷，印象至深者，莫过乎明道先生。若明道先生，则可谓明治道、有治法，且能于实践中逐一落实，绝无后世所谓"袖手空谈心性"之病。明道先生论治道，在于"得天理之正，极人伦之至"（8.2）；论治法，则面面俱到，纤悉无遗，如其论十事：师傅、六官、经界、乡党、贡士、兵役、民食、四民、山泽、分数（9.3），无一不是经国治民之要务，可谓施政纲领。其论"得贤才"（9.2），亦是考量周全，后世诚有心于教化者，仍可引而用之。而其实践，又能依序推行，卓有成效，9.6、9.19二条述之甚详。诚如邢恕所谓，"若先生，可谓通儒全才矣"。

伊川、横渠二先生则依据各自的关注点，分别提出了各自的治政要法：宗子法和井田制。

宗子法的重心在于报本，人知报本，则不忘本。故而，"管摄天下人心，收宗族，厚风俗，使人不忘本"，根本在于"立宗子法"（9.12）。伊川先生论述宗子之法，颇为详尽，其终则曰："且立宗子法，亦是天理。"（9.18）而宗子法重在报本，故而，他又陈述了祭礼，所述极细致，时至今日，依旧可以遵而行之（9.15）。

对于治法，横渠先生自然有着颇为全面的认知，如其论兵、论刑，皆能切中肯綮。而为云岩令时，"政事大抵以敦本善俗为先"（9.24）。然而，他最为关心的则是恢复井田制，"治天下不由井地，终无由得平"（9.26），故而，他"论治人先务，未始不以经界为急"。甚至在"上之未行"的情况下，决定自行试验（9.23）。至于横渠先生为何如此关心井田制，原因在于井田制最为"均平"，乃是"圣王至公无我之道"（张伯行语）。

至于濂溪、伊川二先生论乐、论教，则又皆能切中时弊。如濂溪先生指出："乐者，古以平心，今以助欲；古以宣化，今以长怨。"（9.1）而伊川先生论当时的教育，则有三弊：其一曰"月使之争"，即每个月都要考试，排名次，分高下，"殊非教养之道"，大有违于《学记》"游其志"——让学子们优游心志，从容求学。其二曰"设利诱之法"，即通过利益诱惑学子去学习。其三曰"案文责迹"，即依据文卷评价学子的学业。

概言之，则无论是濂溪、明道，还是伊川、横渠，四先生悉皆以恢复三代之治为己任，且都能落到实处。

9.1

濂溪先生曰："古圣王制礼法，修教化，三纲[1]正，九畴叙[2]，百姓太和，万物咸若[3]，乃作乐以宣八风之气[4]，以平天下之情。故乐声淡而不伤，和而不淫，入其耳，感其心，莫不淡且和焉。淡则欲心平，和则躁心释。优柔平中，德之盛也；天下化中[5]，治之至也。是谓道配天地，古之极也。后世礼法不修，刑政苛紊，纵欲败度，下民困苦。谓古乐不足听也，代变新声，妖淫愁怨，导欲增悲，不能自止。故有贼君弃父，轻生败伦，不可禁者矣。呜呼！乐者，古以平心，今以助欲；古以宣化，今以长怨。不复古礼，不变今乐，而欲至治者，远哉！"（《通书·乐上第十七》）

【注释】

〔1〕"三纲"，夫为妻纲，父为子纲，君为臣纲。

〔2〕"九畴叙"，"九畴"，《尚书·洪范》："天乃锡禹洪范九畴，彝伦攸叙。初一曰五行，次二曰敬用五事，次三曰农用八正，次四曰协用五纪，次五曰建用皇极，次六曰乂用三德，次七曰明用稽疑，次八曰念用庶征，次九曰向用五福、威用六极。""九畴"乃为《洪范》之纲领。"叙"，序。

〔3〕"若"，顺。

〔4〕"宣八风之气"，"宣"，宣导；"八风"，《说文》："风，八风也。东方曰明庶风，东南曰清明风，南方曰景风，西南曰凉风，西方曰阊阖风，西北曰不周风，北方曰广莫风，东北曰融风。"

〔5〕"天下化中"，曹端解曰："溥天之下，皆化于中道。"（《通书述解》）天下百姓受到圣王所作音乐的教化，而归于中道。

【译文】

　　濂溪先生说："古代圣王制订礼法，修明教化，三纲端正，九畴有序，百姓和谐，万物咸宜，于是制作音乐以宣导八风之气，以平和天下百姓的性情。所以乐声平淡而不哀伤，和乐而不放纵，入于百姓之耳，感动百姓之心，无不平淡而和乐。平淡则利欲之心平息，和乐则急躁之心消释。从容自得，平和中正，这是德行的盛大；

天下百姓化于中道，这是政治的极致。所以说圣王之道与天地相配，是古代治理的极致。后世礼法不修，刑法苛刻，政事紊乱，放纵欲望，败坏法度，百姓困苦不堪。号称古乐不值得去听，一代一代变换新乐，妖冶放纵，忧愁哀怨，引导欲望，增添悲情，让人们不能自已。所以有贼害君王、遗弃父亲、轻视生命、败坏伦常的事发生，无法禁止。唉！音乐，古时是用来平息人心的，今天却用来助长欲望；古时是用来宣布教化的，今天却用来增长怨恨。不恢复古时的礼制，不改变今天的音乐，想要实现天下大治，实在是太远了！"

9.2

　　明道先生言于朝曰："治天下以正风俗、得贤才为本。宜先礼命近侍、贤儒及百执事，悉心推访有德业充备、足为师表者，其次有笃志好学、材良行修者，延聘敦遣，萃于京师，俾朝夕相与讲明正学。其道必本于人伦，明乎物理[1]。其教自小学洒扫应对[2]以往，修其孝悌忠信[3]，周旋礼乐[4]。其所以诱掖[5]激励、渐摩[6]成就之道，皆有节序。其要在于择善修身，至于化成天下，自乡人而可至于圣人之道。其学行皆中于是者为成德。取材识明达、可进于善者，使日受其业。择其学明德尊者，为太学之师，次以分教天下之学。择士入学，县升之州，州宾兴[7]于太学，太学聚而教之，岁论其贤者、能者于朝。凡选士之法，皆以性行端洁、居家孝悌、有廉耻礼逊、通明学业、晓达治道者。"

（《河南程氏文集》卷一）

【注释】

〔1〕"本于人伦，明乎物理"，语本《孟子·离娄下》："舜明于庶物，

察于人伦，由仁义行，非行仁义也。"

〔2〕"小学洒扫应对"，朱子《大学章句序》："人生八岁，则自王公以下，至于庶人之子弟，皆入小学，而教之以洒扫、应对、进退之节，礼乐、射御、书数之文。"

〔3〕"修其孝悌忠信"，《论语·学而第一》：子曰："弟子入则孝，出则弟（悌），谨而信，泛爱众而亲仁。行有余力，则以学文。"

〔4〕"周旋礼乐"，《孟子·尽心下》："动容周旋中礼者，盛德之至也。"

〔5〕"诱掖"，引导扶持。

〔6〕"渐摩"，"渐"，浸润；"摩"，砥砺。

〔7〕"宾兴"，以上宾之礼选送。《周礼·地官·大司徒》："以乡三物教万民而宾兴之。"

【译文】

　　明道先生在朝廷上说："治理天下，以端正风俗、选举贤才为根本。应当先命令近侍、贤儒以及执事百官，让他们悉心访求，凡是有德行充实完备、足以为人师表的，其次有笃志好学、才质优良、品行端正的，厚礼聘请，恭敬派送，汇集到京师，让他们从早到晚相互讲论，究明正学。他们的学问必定是本于人伦，明于事理的。他们的教学从小学的洒扫应对开始，修明孝悌忠信，行为符合礼仪。他们诱导、奖励、浸润、砥砺以成就后学的方法，都有着一定的次序。关键在于教人择善修身，直至于化成天下，由普通人而可以走上圣人之道。学业、品行全都符合这些要求的就称作为成德。选取才识明达、可以入于善道的人，让他们天天在这里学习。选择那些学问通明、德行尊贵的人，作为太学的老师，次一等的则让他们分别去教授天下各地的学校。选择士子入

学，从县学升到州学，州学再推荐到太学，在太学中集中教育他
们，每年在朝廷上评价谁是贤者、谁是能者。凡是选择士子的方
法，都以品行端正、在家孝悌、有廉耻、能谦让、通明学业、晓
达治国之道为标准。"

9.3

明道先生论十事[1]：一曰师傅，二曰六官，三曰经界，四曰乡
党，五曰贡士，六曰兵役，七曰民食，八曰四民，九曰山泽，（本注：
修虞衡之职。）十曰分数。（本注：冠、昏、丧、祭、车服、器用等差。）其言
曰："无古今，无治乱，如生民之理有穷，则圣王之法可改。后世能尽
其道则大治，或用其偏则小康，此历代彰灼[2]著明之效也。苟或徒
知泥古而不能施之于今，姑欲徇名而遂废其实，此则陋儒之见，何足
以论治道哉！然傥谓今人之情皆已异于古，先王之迹不可复于今，趣
便目前，不务高远，则亦恐非大有为之论，而未足以济当今之极弊
也。"（同上条）

【注释】

〔1〕明道先生有《论十事劄子》，本条便是节录此文而得。概言之，
　　则为："十事，经国治民之事也。师傅者，教导之职，自天子至
　　于庶人，皆不可缺，所以成就德业者也；六官者，天地四时之
　　官，二帝三王以来皆有之，所以分理庶政者也；经界者，经画
　　沟涂、封植之界，乃井地之分限，制民常产之规模也；乡党者，
　　比、闾、族、党、州、乡、酂、遂联属之法，所以使民亲睦而
　　易治也；贡士者，养秀民于学校，由县而升于州，由州而宾兴

于太学，所以明人伦，化成天下者也；兵役者，寓兵于农，讲武以备不虞，而不至骄兵毒民，耗匮国力，以贻大患者也；民食者，耕三余一，耕九余三，均民田，丰积储，以备荒歉者也；四民者，士农工贾，各有常职，通财用，警游惰，重本抑末，以业其民，使衣食易给者也；山泽者，山虞泽衡，各有常禁，长养之，使可长久，以阜万物而丰财用者也；分数者，冠、昏、丧、祭、车服、器用，各有等差分别，所以辨上下、定民志，使有所检饬，莫敢僭逾者也。十事，皆国家治体之切务，故程子历陈之。欲详其利弊者，尚取全文而观之。"（张伯行《近思录集解》）

〔2〕"彰灼"，昭明，显著。

【译文】

　　明道先生列论十件事：一曰师傅，二曰六官，三曰经界，四曰乡党，五曰贡士，六曰兵役，七曰民食，八曰四民，九曰山泽，（本注：任命掌管山林川泽的官员。）十曰分数。（本注：冠、昏、丧、祭、车服、器用等的等级差别。）他说："不论古今，不论治乱，如果生养百姓的道理有行不通的时候，那么圣王的法度也可以修改。后世能够尽用圣王之道的就会取得天下大治，运用其中一部分的就能实现小康，这在历代有着昭明显著的效果。如果只知道泥古不化而不能够施行于当今之世，姑且想要追求虚名而废弃了其中的实质，这则是陋儒的看法，何足以谈论治理之道呢！然而，倘若说今天的人情全都已经与古人有所差异，先王的政绩不可能在今天重现，只追求眼前的利益，不追求高远的目标，那恐怕也不是大有作为的论调，也不足以解决当今之世的严重弊端。"

9.4

伊川先生上疏曰："三代之时，人君必有师、傅、保之官。'师，道之教训；傅，傅之德义；保，保其身体。'[1]后世作事无本，知求治而不知正君，知规过而不知养德。傅德义之道，固已疏矣；保身体之法，复无闻焉。臣以为傅德义者，在乎防见闻之非，节嗜好之过；保身体者，在乎适起居之宜，存畏慎之心。今既不设保傅之官，则此责皆在经筵，欲乞皇帝在宫中言动服食，皆使经筵官知之。有剪桐之戏[2]，则随事箴规[3]；违持养之方，则应时谏止。（本注：《遗书》云：某尝进说，欲令上于一日之中，亲贤士大夫之时多，亲宦官宫人之时少，所以涵养气质，熏陶德性。）（《河南程氏文集》卷六）

【注释】

〔1〕"师，道之教训"云云，"道"，同导。见于《汉书·贾谊传》。按《尚书·周官》："立太师、太傅、太保，兹惟三公，论道经邦，燮理阴阳。官不必备，惟其人。"

〔2〕"剪桐之戏"，《吕氏春秋·重言》：成王与唐叔虞燕居，援梧叶以为圭，而授唐叔虞曰："余以此封女。"叔虞喜，以告周公。周公以请曰："天子其封虞邪？"成王曰："余一人与虞戏也。"周公对曰："臣闻之，天子无戏言。天子言则史书之，工诵之，士称之。"于是遂封叔虞于晋。

〔3〕"箴规"，劝诫规谏。

【译文】

伊川先生上疏说："夏、商、周三代之世，人君必定会有太师、太傅、太保三种官员。'师，道之教训；傅，傅之德义；保，保其身体。'后世之人做事不明根本，知道追求政事的治理而不知道规正人君的过错，知道规正人君的过错而不知道培养人君的德性。辅佐人君德义的做法，固然已经荒废了；保养人君身体的方法，也不再听说了。我以为辅佐人君的德义，在于预防不当的见闻，节制过度的嗜好；保养人君的身体，在于适宜的日常起居，并存有畏惧谨慎的心。如今既已不设太保、太傅之官，那么这些责任就全都在于经筵官。我想请求君上您在宫中的一切言行举动衣服饮食，全都让经筵官知晓。有了剪桐之戏，就随时规劝；违背了修养之方，就及时劝谏。"（本注：《河南程氏遗书》中说：我曾经向君上进言，想要让君上在一天之中，亲近贤达士大夫的时间多一些，亲近宦官宫人的时间少一些，借此来涵养气质，熏陶德性。）

9.5

伊川先生《看详三学条制》[1]云：“旧制，公私试补，盖无虚月。学校，礼义相先之地，而月使之争，殊非教养之道。请改试为课，有所未至，则学官召而教之，更不考定高下。制尊贤堂，以延天下道德之士，及置待宾、吏师斋，立检察士人行检等法。”又云：“自元丰[2]后，设利诱之法，增国学解额[3]至五百人。来者奔凑，舍父母之养，忘骨肉之爱，往来道路，旅寓他土，人心日偷，士风日薄。今欲量留一百人，余四百人分在州郡解额窄处。自然士人各安乡土，养其孝爱之心，息其奔趋流浪之志，风俗亦当稍厚。”又云：“三舍升补之法[4]，皆案文责迹，有司之事，非庠序育材论秀之道。盖朝廷授法，必达乎下。长官守法而不得有为，是以事成于下，而下得以制其上，此后世所以不治也。或曰：‘长贰[5]得人则善矣，或非其人，不若防闲详密，可循守也。’殊不知先王制法，待人而行，未闻立不得人之法也。苟长贰非人，不知教育之道，徒守虚文密法，果足以成人才乎？”（《河南程氏文集》卷七）

【注释】

〔1〕《看详三学条制》，“看详”，审阅研究；“三学”，茅星来注：“太学、律学、武学也。”（《近思录集注》）“条制”，条例制度。

〔2〕元丰，北宋宋神宗年号，即1078—1086年。

〔3〕“解额”，古时进士举于乡，所给解状有一定的名额，称作为解额。

〔4〕“三舍升补之法”，茅星来注：“三舍，外舍、内舍、上舍也。初入学为外舍，外舍生升内舍，内舍生升上舍。凡内舍行艺与所试之等俱优者，升为上舍。上舍分三等，上等取旨命官；一优一平为中，以俟殿试；一优一否或俱平为下，以俟省试。”（《近思录集注》）

〔5〕“长贰”，即正职和副职。

【译文】

　　伊川先生在《看详三学条制》中说：“现行的旧制度，太学生员参加公试、私试以升补，大概没有空闲的月份。学校，本是培养礼义相互谦让的场所，而让他们每个月都去竞争，尤其不符合教养的道理。请将考试改为考察，有人学业没能达到目标，就请学官召集他们进行教导，不再去评定名次的高下。设置尊贤堂，以延请天下有道德的人，以及设置待宾斋、吏师斋，设立检察学子品行操守的相关制度。"又说："自元丰年间以来，太学设置了利欲诱导的方法，从各省应试到太学的名额增加到了五百人。来的人奔赴凑集于太学，他们舍弃了奉养父母，忘记了骨肉之爱，往来在道路上，旅居在他乡，人心日渐苟且，士风日益浅薄。如今想进行考量留取一百人，其余四百人则分配到名额较少的州郡学校去。这样一来，士子自然会各自安居乡土，培养他们的孝亲慈爱之心，平息他们的奔趋流浪之志，风俗也应当会变得稍微醇厚一些。"又说："三舍升补的方法，都是依据文卷考察一个人的学业，这是官府办事的方式，不是学校培育人才评选优劣的办法。大概朝廷颁布法令，必定能够下达到底层。长官守着法令而不能够有所作为，所以事情都由下属完成，而下属也就得以制约上司，这就是后世得不到治理的原因。有人说：'长官和副职用对人就好了，如果没有适合的人，还不如防范严密，让他们可以遵纪守法。'殊不知先王制定法度，等待适合的人来实行，没有听说过会制定不需要人来执行的法度。如果长官和副职所用非人，不明白教育的道理，只是死守着空洞的法令条文，真的能够成就人才吗？"

9.6

《明道先生行状》云："先生为泽州晋城[1]令，民以事至邑者，必告之以孝悌忠信，入所以事父兄，出所以事长上。度乡村远近为伍保[2]，使之力役相助，患难相恤，而奸伪无所容。凡孤茕[3]残废者，责之亲戚乡党，使无失所。行旅出于其涂者，疾病皆有所养。诸乡皆有校，暇时亲至，召父老与之语；儿童所读书，亲为正句读[4]；教者不善，则为易置；择子弟之秀者，聚而教之。乡民为社会[5]，为立科条，旌别[6]善

恶，使有劝[7]有耻。"（《河南程氏文集》卷十一）

【注释】

〔1〕泽州晋城，即今山西晋城。

〔2〕"伍保"，古时五家为伍，五伍为保。

〔3〕"孤茕"，孤独无依。

〔4〕"句读"，中国古代文章中没有标点符号，诵读时称文句中停顿的地方，语气已完的叫"句"，未完的叫"读"，由读者用圈（句号）和点（逗号）来标记。

〔5〕"社会"，指乡民自发组成的组织和社团，称某某社或某某会。

〔6〕"旌别"，识别，区别。

〔7〕"劝"，鼓励。

【译文】

《明道先生行状》中说："明道先生任泽州晋城令时，百姓们有事到城里去，先生见到他们，必定会告诉他们孝悌忠信的道理，在家如何事奉父亲和兄长，外出如何事奉上级官长。估量乡村之间的距离远近，设立伍保制度，让他们在劳力上相互帮助，有了患难相互救助，而使得奸诈之人无处容身。凡是孤独残疾的人，要求亲戚和乡亲负责，不能让他们流离失所。行旅而从境内通过的人，凡是生病了都能够有所护养。各个乡都建有学校，先生在闲暇之时会亲自到学校去，召集父老乡亲，和他们交谈；孩子们所读的书，亲自为他们订正断句；有老师不称职的，就会另行配置；选择子弟中相对优秀的，集中起来加以教导。乡民们组织社团，先生为他们设定规章制度，区别善恶，让他们都有上进心和羞耻心。"

9.7

《萃》：“王假有庙。”〔1〕《传》曰：“群生，至众也，而可一其归仰；人心，莫知其乡〔2〕也，而能致其诚敬；鬼神之不可度也，而能致其来格〔3〕。天下萃合人心、总摄众志之道非一，其至大莫过于宗庙。故王者萃天下之道，至于‘有庙’，则萃道之至也。祭祀之报，本于人心，圣人制礼以成其德耳。故豺獭能祭〔4〕，其性使然。”（《周易程氏传·萃》）

【注释】

〔1〕“王假有庙”，“假”，音“格”，至；王到庙里举行祭祀。语自《周易·萃》卦辞：“亨，王假有庙；利见大人，亨，利贞；用大牲吉，利有攸往。”“萃”，荟聚之意。

〔2〕“乡”，同“向”，方向。

〔3〕“格”，至。

〔4〕“豺獭能祭”，《礼记·月令》有曰：“东风解冻，蛰虫始振，鱼上冰，獭祭鱼，鸿雁来。”又曰：“鸿雁来宾，爵入大水为蛤，鞠有黄华，豺乃祭兽，戮禽。”

【译文】

《萃》卦卦辞说：“王假有庙。”《程氏传》说：“众生，是极多的，而能够统一他们的信仰；人心，不知道它的去向，而能够使它保持诚敬；鬼神是不可以测度的，而能够让他们降临。天下聚合人心、统摄众人心志的方法不止一种，但其中最重要的则莫过于宗庙。所以，王者荟聚天下人心的方法，至于‘有庙’，便是荟聚之道的极致了。通过祭祀回报祖先的想法，本源于人心，圣人制定祭祀之礼以成就德行。所以豺、獭能够祭祀，也是本性使然。”

9.8

古者戍役，再期[1]而还。今年春暮行，明年夏代者至，复留备秋[2]，至过十一月而归。又明年仲春遣次戍者。每秋与冬初，两番戍者，皆在疆圉[3]，乃今之防秋也。（《河南程氏经说·诗解》）

【注释】

[1]“再期”，两年。“期”，一年。

[2]“备秋”，即防备秋天遭到侵扰。秋天粮草丰盛，马肥人壮，为边疆战事多发时节。

[3]“疆圉”，边疆，边境。

【译文】

古代戍边服兵役，两年之后返回。今年春末出行，明年夏天代替的兵士到位，又被留下来参与防秋，过了十一月才回来。又，明年仲春，派遣下一拨戍边的兵士。每年的秋天与冬初，两拨戍边的兵士都在边疆，这就是如今所说的防秋。

9.9

圣人无一事不顺天时，故至日闭关[1]。（《河南程氏外书》卷三）

【注释】

〔1〕"至日闭关"，《周易·复·大象传》："雷在地中，复；先王以至日闭关，商旅不行，后不省方。"

【译文】

圣人没有一件事不顺应天时，所以在冬至这一天关闭城门。

9.10

韩信多多益办〔1〕，只是分数〔2〕明。（《河南程氏遗书》卷七）

【注释】

〔1〕"韩信多多益办"，《汉书·韩信传》：上（刘邦）尝从容与信言诸将能各有差。上问曰："如我，能将几何？"信曰："陛下不过能将十万。"上曰："如公何如？"曰："如臣，多多益办耳。"上笑曰："多多益办，何为为我禽？"信曰："陛下不能将兵，而善将将，此乃信之为陛下禽也。且陛下所谓天授，非人力也。"

〔2〕"分数"，分任职务，各守其职。语自《孙子兵法·势篇》："凡治众如治寡，分数是也。"

【译文】

韩信带兵多多益善，只是因为每个人的职责都很明确。

9.11

伊川先生曰："管辖人亦须有法，徒严不济事。今帅千人，能使千人依时及节得饭吃，只如此者，亦能有几人？尝谓军中夜惊，亚夫坚卧不起〔1〕，不起善矣，然犹夜惊何也？亦是未尽善。"（《河南程氏遗书》卷十）

【注释】

〔1〕"军中夜惊，亚夫坚卧不起"，事见《汉书·张陈王周传第十》："夜，军中惊，内相攻击扰乱，至于帐下，亚夫坚卧不起。顷之，复定。"亚夫，周亚夫，沛县人，西汉名将，以治军优良著称。

【译文】

伊川先生说："管理人也需要有方法，单单靠严厉不能成事。现今统领一千人，能够使得这一千人都能够按时吃饭并且都有饭吃，只是做到这一点，又能有几个人呢？我曾经说夜里军中有惊乱，周亚夫坚持躺着不起身，不起身是很好了，然而夜里还会有惊乱，为什么？可见周亚夫治军也是没有做到尽善。"

9.12

管摄天下人心，收宗族，厚风俗，使人不忘本，须是明谱系，收世族，立宗子法。（本注：一年有一年工夫。）（《河南程氏遗书》卷六）

【译文】

要管摄天下人心，汇聚宗族，敦厚风俗，使得人们不忘根本，必

须是修明家族谱系，汇集世族，确立宗子制度。（本注：实行一年就
会有一年的功效。）

9.13

宗子法坏，则人不自知来处，以至流转四方，往往亲未绝，不相
识。今且试以一二巨公之家行之，其术要得拘守得，须是且如唐时立庙
院，仍不得分割了祖业，使一人主之。（《河南程氏遗书》卷十五）

【译文】

宗子制度废坏，人就不知道自身从何而来，以至于迁徙各地，
往往亲缘关系还没断绝，就相互不认识了。如今，且在一两个世族
大家中试行，推行这个方法的关键在于坚守得住，必须要像唐朝那
样建立家庙，依旧不允许分割家族的祖业，从家族中选出一个人来
主持。

9.14

凡人家法，须月为一会以合族。古人有花树韦家宗会法[1]，可取
也。每有族人远来，亦一为之。吉凶嫁娶之类，更须相与为礼，使骨肉
之意常相通。骨肉日疏者，只为不相见，情不相接尔。（《河南程氏遗书》
卷一）

【注释】

〔1〕"花树韦家宗会法"，唐诗人岑参《韦员外家花树歌》："君家兄弟

不可当，列卿太史尚书郎。朝回花底常会客，花扑玉缸春酒香。"明王祎《棣鄂轩诗序》称韦氏兄弟众多，最相亲厚，悉皆显贵。曾经制定宗会法，每次在家中吃饭，众兄弟必定会聚集在花下饮酒，成了常规。

【译文】

大凡管理家族的办法，需要每个月举行一次聚会以会集族人。古人有花树韦家宗会法，可以借鉴。每当有族人从远方归来，也聚会一次。家族中有喜事丧事、婚嫁之类，更需要一起举办典礼，使得骨肉亲情时常相互贯通。骨肉之情之所以会日益疏远，只是因为经常不相见，情感不相交接罢了。

9.15

冠、昏、丧、祭，礼之大者，今人都不理会。豺獭皆知报本，今士大夫家多忽此，厚于奉养而薄于先祖，甚不可也。某尝修六礼[1]，大略家必有庙，（本注：庶人立影堂[2]。）庙必有主[3]，（本注：高祖以上既当祧[4]也。主式见《文集》。又云：今人以影祭，或一髭发不相似，则所祭已是别人，大不便。）月朔必荐新[5]，（本注：荐后方食。）时祭用仲月[6]，（本注：止于高祖。旁亲无后者，祭之别位。）冬至祭始祖，（本注：冬至，阳之始也；始祖，厥初生民之祖也。无主，于庙中正位设一位，合考妣[7]享之。）立春祭先祖，（本注：立春，生物之始也。先祖，始祖而下，高祖而上，非一人也。亦无主，设两位，分享考妣。）季秋祭祢[8]，（本注：季秋，成物之时也。）忌日迁主，祭于正寝[9]。凡事死之礼，当厚于奉生者。人家能存得此等事数件，虽幼者可使渐知礼义。（《河南程氏遗书》卷十八）

【注释】

〔1〕"六礼"，《礼记·王制》："六礼：冠、昏、丧、祭、乡、相见。"

〔2〕"影堂"，供奉祖先遗像的厅堂。

〔3〕"主"，神主，用栗木制作的祖先神位。

〔4〕"祧"，迁庙，把隔了几代的祖先神位迁到远祖庙里。只有本宗的
　　　始祖不迁，称为不祧之祖。

〔5〕"荐新"，献上新鲜的五谷瓜果之类。

〔6〕"仲月"，每个季度的第二个月。

〔7〕"考妣"，指已故的父亲和母亲。此处指男女祖先。

〔8〕"祢"，父庙。

〔9〕"正寝"，房屋的正室。

【译文】

　　冠、婚、丧、祭诸礼，是礼仪中最重要的，如今的人都不去
理会了。豺、獭都知道报答根本，现今的士大夫家却大多忽略这一
点，他们对自身的奉养很丰厚，对于祖先的祭奉却很微薄，这是很
不应当的。我曾经修订过六礼，大体说来，每个家族都要有家庙，
（本注：普通百姓也应当设立影堂。）家庙都要有祭祀的神主，（本
注：高祖以上的神主就应当迁出。神主的样式见《河南程氏文集》。
又说：现今的人用画像祭祀，如果有一根胡须一缕发丝不相像，那
所祭的就是别人了，大为不便。）每月初一必须要献祭新鲜的食品，
（本注：献过之后才能吃饭。）四时的祭祀在每个季度的第二个月，
（本注：时祭仅止于高祖。旁支亲人没有后代的，另外设位祭祀。）
冬至日祭祀始祖，（本注：冬至，是阳气始生的时候；始祖，是本族

最初的祖先。没有神主，在家庙正中的位置上设立一个神位，男女始祖合在一起祭祀。）立春日祭祀先祖，（本注：立春，是万物生长的开始。先祖，指始祖以下、高祖以上的祖先，不只是一个人。也没有神主，设两个神位，分别祭祀男女先祖。）季秋祭祀父亲，（本注：季秋，是万物成熟之时。）到了忌日，要把神主移到家中的正室进行祭祀。凡是事奉死者的礼节，应当比奉养生者丰厚。一个家庭能够保存这些事中的数件，即使是幼童，也可以让他们渐渐懂得礼义。

9.16

卜其宅兆[1]，卜其地之美恶也。地美则其神灵安，其子孙盛。然则，曷谓地之美者？土色之光润，草木之茂盛，乃其验也。而拘忌者，惑以择地之方位，决日之吉凶。甚者不以奉先为计，而专以利后为虑，尤非孝子安措之用心也。惟五患者，不得不慎：须使异日不为道路，不为城郭，不为沟池，不为贵势所夺，不为耕犁所及。（本注：一本，所谓五患者：沟渠，道路，避村落，远井、窑。）（《河南程氏文集》卷十）

【注释】

〔1〕"卜其宅兆"，占卜选择适当的墓地。语自《孝经·丧亲》："卜其宅兆而安措之。"

【译文】

占卜选择墓地，是为了卜测墓地的好坏。墓地选得好，祖先的神灵就会安宁，子孙就会繁盛。然而，如何才是好墓地呢？土色光润有泽，草木生长茂盛，就是好墓地的验证。而拘泥于忌讳的人，迷惑于选择墓地的风水方位，确定葬日的吉凶。更有甚者，不去考虑如何供奉先人，而专门考虑如何有利于后人，尤其不是孝子安葬先人该有的用心。只有五种患害，是不得不慎重考虑的：必须要使得日后一不为道路，二不为城郭，三不为沟池，四不被权贵之家夺走，五不为耕田所及。（本注：另一个版本，所说的五种患害是：不为沟渠，不为道路，避开村落，远离井和窑。）

9.17

正叔云："某家治丧，不用浮图[1]。在洛亦有一二人家化之。"（《河南程氏遗书》卷十）

【注释】

〔1〕"浮图"，即浮屠，指佛教。

【译文】

　　伊川先生说："我家治理丧事，不用佛家的法事。在洛阳也有一二户人家受到影响。"

9.18

今无宗子，故朝廷无世臣[1]。若立宗子法，则人知尊祖重本。人既重本，则朝廷之势自尊。古者子弟从父兄，今父兄从子弟，由不知本也。且如汉高祖欲下沛时，只是以帛书与沛父老，其父兄便能率子弟从之〔2〕。又如相如使蜀，亦移书责父老，然后子弟皆听其命而从之〔3〕。只有一个尊卑上下之分，然后顺从而不乱也。若无法以联属之，安可？且立宗子法，亦是天理。譬如木，必有从根直上一干，亦必有旁枝；又如水，虽远必有正源，亦必有分派处，自然之势也。然又有旁枝达而为干者，故曰"古者天子建国"〔4〕，"诸侯夺宗"〔5〕云。(《河南程氏遗书》卷十八)

【注释】

〔1〕"世臣"，历代都建有功勋的旧臣。

〔2〕"汉高祖欲下沛时"云云，《史记·高祖本纪》：秦二世元年秋，陈胜等起蕲，至陈而王，号为"张楚"。诸郡县皆多杀其长吏以应陈涉。沛令恐，欲以沛应涉。掾、主吏萧何、曹参乃曰："君为秦吏，今欲背之，率沛子弟，恐不听。愿君召诸亡在外者，可得数百人，因劫众，众不敢不听。"乃令樊哙召刘季。刘季之众已数十百人矣。于是，樊哙从刘季来。沛令后悔，恐其有变，乃闭城城守，欲诛萧、曹。萧、曹恐，逾城保刘季。刘季乃书帛射城上，谓沛父老曰："天下苦秦久矣。今父老虽为沛令守，诸侯并起，今屠沛。沛今共诛令，择子弟可立者立之，以应诸侯，则家室完。不然，父子俱屠，无为也。"父老乃率子弟共杀沛令，开城门迎刘季，欲以为沛令。

〔3〕"相如使蜀"云云，《史记·司马相如列传》："相如为郎数岁，会唐蒙使略通夜郎西僰中，发巴蜀吏卒千人，郡又多为发转漕万余人，用兴法诛其渠帅，巴蜀民大惊恐。上闻之，乃使相如责唐蒙，因喻告巴蜀民以非上意。"

〔4〕"天子建国"，语自《春秋左传·桓公二年》："故天子建国，诸侯立家，卿置侧室，大夫有贰宗，士有隶子弟，庶人工商各有分亲，皆有等衰。"

〔5〕"诸侯夺宗"，茅星来释曰："天子建国，言天子适子继世以为天子，其别子皆建之国以为诸侯，而诸侯不得祖天子，则当以兄弟之长者为宗。如周封同姓之国，凡兄弟之为诸侯者，皆以鲁为宗。至战国时，滕犹称鲁为宗国是也。夺宗者，言既为诸侯，则不得复为宗子，如夺之也。如诸侯嫡子嫡孙继世为君，则第二子以下不得祢先君，而别子为祖、继别为宗是也。此总以明'旁枝达而为干'之意。"（《近思录集注》）

【译文】

如今没有了宗子制度，所以朝廷没有世臣。如果确立了宗子制度，世人就会知道尊重祖先重视根本。世人既然重视根本，朝廷的地位自然就会尊崇起来。古时候子弟跟随在父兄之后，如今却是父兄跟随在子弟之后，这就是因为不知道根本。就像当年汉高祖想要攻下沛县时，只是把帛书射给沛县的父老，沛县的父兄就能够率领子弟们跟从高祖。又例如司马相如出使巴蜀，也是写信告谕蜀中父老，然后蜀中的子弟们就全都听从命令而跟随他。只要有一个尊卑、上下的名分，然后就可以上下顺从而不紊乱了。如果没有一套法度把世人联系起来，又怎么可以呢？况且设立宗子制度，也是遵循于天理。就像树木，一定会有一个从根直上的主干，也必定会有旁枝；又比如水，即使流得很远也必定会有一个真正的源头，也必然会有分流之处，这是自然之势。然而，也有旁枝发达而成为主干的，所以说"古者天子建国"，"诸侯夺宗"云云。

9.19

邢和叔叙明道先生事云："尧、舜、三代帝王之治，所以博大悠远，上下与天地同流[1]者，先生固已默而识之[2]。至于兴造礼乐、制度文为，下至行师用兵战阵之法，无所不讲，皆造其极。外之夷狄情状，山川道路之险易，边鄙防戍、城寨斥候[3]、控带[4]之要，靡不究知。其吏事操决，文法簿书又皆精密详练。若先生，可谓通儒全才矣。"（《河南程氏遗书》附录）

【注释】

〔1〕"上下与天地同流"，语自《孟子·尽心上》："夫君子所过者化，所存者神，上下与天地同流，岂曰小补之哉？"

〔2〕"默而识之"，默默体会。语自《论语·述而第七》：子曰："默而识之，学而不厌，诲人不倦，何有于我哉？"

〔3〕"斥候"，侦察敌情的哨兵。

〔4〕"控带"，指形势险要的环绕地带。

【译文】

邢恕叙述明道先生的事迹，说："尧、舜，以及夏、商、周三代圣王的政治，之所以博大悠远，上下与天地同流的原因，先生固然已经默默领会。至于制礼作乐、制度文章，以及行军、用兵、布阵等方法，也无不研究，全都到了极致。对外，夷狄的情状，山川道路的险易，边关防守、城寨警哨、险要地带的要害，也没有不去研究了解的。先生处理行政事务果敢决断，文书书写又全都精密翔实。像先生这样，可以说是通儒全才了。"

9.20

介甫[1]言律是八分书[2]，是他见得。（《河南程氏外书》卷十）

【注释】

〔1〕介甫，王安石（1021—1086），字介甫，抚州临川（今江西抚州）人。著名政治家、文学家。熙宁三年（1070），主持变法，史称"王安石变法"或"熙宁变法"。著有《易解》《三经新义》《临川先生文集》等。

〔2〕八分书，隶书的一种，亦称分书和分隶。传为秦代上谷散人王次仲所创，据说是割程邈隶字八分取二分，割李斯小篆二分取八分，故称八分书。

【译文】

王安石说律法就像书法的八分书，也当割去二分取其八分，这是他看得很清楚。

9.21

横渠先生曰："兵谋师律[1]，圣人不得已而用之，其术见三王方策、历代简书。惟志士仁人，为能识其远者大者，素求预备而不敢忽忘。"（《横渠文集》）

【注释】

〔1〕"兵谋师律"，用兵的谋略和行军的律令。

【译文】

横渠先生说："用兵的谋略和行军的律令，圣人是不得已才使用的。这些方法记载在夏、商、周三代圣王的典籍和历代的书册之中。只有志士仁人，才能够认识到其中的远大之处，平日里就加以防备而不敢有所轻忽遗忘。"

9.22

肉辟〔1〕于今世死刑中取之，亦足宽民之死。过此，当念其散之之久〔2〕。（同上条）

【注释】

〔1〕"肉辟"，古时墨、劓、刖、宫、大辟等肉刑的总称。

〔2〕"散之之久"，语本《论语·子张第十九》：孟氏使阳肤为士师，问于曾子，曾子曰："上失其道，民散久矣。如得其情，则哀矜而勿喜。"

【译文】

在今天的死刑之中，选取情节较轻的使用肉刑，也足以免除百姓的一些死罪。除此之外，应当念及是因为人心涣散得太久才导致犯罪的。

9.23

吕与叔撰《横渠先生行状》云："先生慨然有意三代之治，论治人先务，未始不以经界为急〔1〕。尝曰：'仁政必自经界始，贫富不均，教养无法，虽欲言治，皆苟而已。世之病难行者，未始不以亟夺富人之田为辞。然兹法之行，悦之者众，苟处之有术，期以数年，不刑一人而可复。所病者，特上之未行耳。'乃言曰：'纵不能行之天下，犹可验之一乡。'方与学者议古之法，共买田一方，画为数井，上不失公家之赋役，退以其私正经界，分宅里〔2〕，正敛法〔3〕，广储蓄，兴学校，成礼俗，救灾恤患，敦本抑末，足以推先王之遗法，明当今之可行。此皆有志未就。"（《张子全书》卷十五）

【注释】

〔1〕"未始不以经界为急"，"经界"，田地的分界。《孟子·滕文公上》："夫仁政，必自经界始。经界不正，井地不均，谷禄不平，是故暴君污吏必慢其经界。经界既正，分田制禄可坐而定也。"

〔2〕"分宅里"，《春秋穀梁传·宣公十五年》："古者三百步为里，名曰井里。井田者，九百亩。公田居一。"范宁注："出除公田八十亩，余八百二十亩，故井田之法，八家共一井，八百亩。余二十亩，家各二亩半，为庐舍。"

〔3〕"正敛法"，"敛法"，税收之法。《周礼·地官·司稼》："巡野观稼，以年之上下出敛法。"

【译文】

　　吕大临所撰《横渠先生行状》中说："先生慨然有志于恢复夏、商、周三代之治，论治理百姓的首要事务，从没有不以规正地界为急务的。他曾说：'施行仁政，一定要从规正地界开始，贫富不均衡，教养不得法，即使想要谈论治理，都只是姑且说说罢了。世间担心井田制难以施行的人，从没有不以急于夺取富人的田地（这样不当）为托辞的。然而，井田之法的施行，喜悦的人多，如果处理的方法得当，假以数年，不需要惩罚一个人，井田制就可以恢复。不能施行的症结，只不过是在上位的人没有推行罢了。'于是说：'纵然不能够施行于天下，还是可以试验于一乡的。'于是，打算与学者讨论古代井田之法，共同购买一块田地，划分为几块井田，对上向国家缴纳赋税，对内回到私田规正地界，划分住宅，规正税收，增加储蓄，兴办学校，化成风俗，赈济灾患，加强根本，抑制末端，如此便足以推行先王遗留下来的法度，说明井田制在今天也是可以实行的。这些都是横渠先生有志要做却没有做成的事。"

9.24

横渠先生为云岩[1]令，政事大抵以敦本善俗为先。每以月吉[2]具酒食，召乡人高年会县庭，亲为劝酬，使人知养老事长之义。因问民疾苦，及告所以训戒子弟之意。（同上条）

【注释】

〔1〕云岩，地名，在今陕西宜川。

〔2〕"月吉"，即月朔，初一。

【译文】

横渠先生任云岩县令时，处理政事大抵以敦厚人伦、改善民俗为首要事务。每逢初一就会置办酒食，召集各乡年长的人在县衙里聚会，亲自向他们敬酒，使百姓懂得赡养老人事奉长者的道理。借机也会询问百姓的疾苦，并告诉大家如何训诫子弟的道理。

9.25

横渠先生曰："古者有东宫，有西宫，有南宫，有北宫，异宫而同财[1]。此礼亦可行。古人虑远，目下虽似相疏，其实如此乃能久相亲。盖数十百口之家，自是饮食、衣服难为得一。又异宫乃容子得伸其私，所以'避子之私也，子不私其父，则不成为子'[2]。古之人曲尽人情，必也同宫，有叔父、伯父，则为子者何以独厚于其父？为父者又乌得而当之？父子异宫，为命士以上[3]，愈贵则愈严。故异宫犹今世有逐位[4]，非如异居也。"（《乐说》）

【注释】

〔1〕"古者有东宫"云云，语本《仪礼·丧服》："世父母、叔父母。传曰：世父、叔父何以期也？与尊者一体也。然则昆弟之子何以亦期也？旁尊也，不足以加尊焉，故报之也。父子一体也，夫妻一体也，昆弟一体也。故父子，首足也；夫妻，胖合也；昆弟，四体也，故昆弟之义无分。然而有分者，则辟子之私也。子不私其父，则不成为子。故有东宫，有西宫，有南宫，有北宫，异居而同财，有余则归之宗，不足则资之宗。世母、叔母何以亦期也？以名服也。"

〔2〕"避子之私也"云云，见注1。

〔3〕"父子异宫"云云，语本《礼记·内则》："由命士以上，父子皆异宫，昧爽而朝，慈以旨甘；日出而退，各从其事；日入而夕，慈以旨甘。""命士"，古时指受有爵命的士。

〔4〕"逐位"，依序排列位次。

【译文】

横渠先生说："古时候的家族，有东宫，有西宫，有南宫，有北宫，大家住在不同的房子里，而财产则是共有的。这个礼制今天也可以实行。古人考虑得很长远，这样分开来居住，在眼下看来虽然似乎是相互疏远了，其实这样才能够持久的相亲相爱。因为几十人乃至上百人的大家庭，饮食、衣服自然会难以统一。另外，分开居住才能容许儿子得以表达对父亲特有的孝心，所以说'避子之私也，子不私其父，则不成为子'。古时的人体察人情细致入微，如果一定要居住在同一个房子里，有叔父、伯父在，那么身为儿子又如何才能够对父亲特别尽孝呢？做父亲的又怎么能够独自享受儿子的孝心呢？父亲和儿子分开来居住，自受有爵命的士以上的人开始，地位越尊贵就越严格。所以所谓的'异宫'，就像现在兄弟们依次居住在一起，而不是分家各自独立生活。"

9.26

治天下不由井地〔1〕，终无由得平。周道〔2〕止是均平。（《经学理窟·周礼》）

【注释】

〔1〕"井地"，即井田制。《孟子·滕文公上》："方里而井，井九百亩，其中为公田，八家皆私百亩，同养公田。公事毕，然后敢治私事。"

〔2〕"周道"，周代的治理之道。

【译文】

治理天下不用井田制，终究无法达到公平。周代的治理之道只是均平罢了。

9.27

井田，卒归于封建〔1〕乃定。〔2〕（同上条）

【注释】

〔1〕"封建"，即封侯建国的分封制。

〔2〕关于本条，张伯行释曰："此见井田、封建，皆圣王至公无我之道，故二者之行，未有不相为终始者。欲行井田，必有圣明在上，普大公之道，以天下之地分封有功德之人，众建其国，以共抚其民人，使仕者皆有世禄，然后以天下之田与天下人民共之，使分耕其地，如是，则上下皆有均平之心，皆乐其制之善，而法乃可定。"（《近思录集解》）

【译文】

井田制，终究要回归到诸侯分封制才能够确定。

卷十

处事之方

卷十　处事之方

（凡六十四条）

【题解】

朱子论本卷纲目曰："君子处事之方。"叶采则贯通前二卷曰："此卷论临政处事。盖明乎治道而通乎治法，则施于有政矣。凡居官任职，事上抚下，待同列，选贤才，处事之道具焉。"自第七卷论出处之道，第八卷论治道，第九卷论治法，至本卷论临政处事，已然形成了一个闭环。至此，圣贤经世大义亦可谓完备矣。譬之行医，则出处乃是医者仁心，但有一丝机会，则不可不救治。究其根本，则在好生二字；治道则为医理，不明阴阳、不通六经、不识五脏六腑者，则不能知病因，又何以医病救人？治法则近似药方，药方虽有千万，然悉皆本于医理；临政处事则近似于诊断时的望闻问切，依据病人各自不同的病因、体质、轻重而因病施药。相较而言，医理易明，药方也不甚难知，惟临诊施药最是为难，药量少之一分则效果不达，多之一分则或杀人。故非用心至深至诚者，不能为大医，古之有云："大医精诚。"诚不妄也！同样，君子经世也是如此。治道明明白白，治法清清楚楚，只看临政处事时如何随时、随地、随状况运用，儒家之学不是空谈，务必要落到实处，乃是实学。而本卷所论者，即是实学中的实学。故而，不能不用心深究。当然，也切不可拘泥、执着。时空时刻都在变化，人世间没有完全相同的两件事，纵然表象看起来很相似，可是一旦去究其根由，就必然会发现各有各的原由。总而言之，天下没有一定之方，所以，应该将治法内化于心，在临政处事时，就像水一样自然流淌出来，遇方则方，逢圆则圆，而随需应变。正因为此，本卷论处事之方，更是注重根本。有其本，则必有其末。但得其本，不愁无末。处事的根本，依据本卷所择诸条，可以概括为五点：一曰诚意，二曰爱民，三曰正己，四曰任事，五曰识量。

一、诚意。处事以诚意为本，若无诚意，纵使不至于一事无成，恐怕大多数时候，也会成事不足败事有余。无论是君上、上司、同事，还是朋友；无论是尚未获得认可，还是已然取得信任的人，都应当以诚意相待。故而，本卷之于诚意，反复论及，重复强调，其中正面论述诚意的，便有10.1、10.2、10.3、10.16、10.35、10.42、10.46诸条，而变相论述诚意的，如尽职尽忠（10.7、10.24、10.36、10.38）、不徇私恩私情（10.9、10.10、10.13）、不着私心（10.48）、心通（10.61）等，更是俯首可拾，举目皆是。

二、爱民。从政以爱民为本，所以，自一命之士直至公卿大夫，皆当时时存不忍人之心，行不忍人之政。所以，伊川先生希望友人"以爱民为先"（10.2），明道先生说"一命之士，苟存心于爱物，于人必有所济"（10.4），胡安定先生门人则皆知"稽古爱民"（10.34）。爱民在明道先生身上展现得尤为令人心动："明道先生作县，凡坐处皆书'视民如伤'四字，常曰：'颢常愧此四字。'"

三、正己。孔子有云："苟正其身矣，于从政乎何有？不能正其身，如正人何？"（《论语·子路第十三》）所以，正人之要，在于正己。当然，正己并不是为了正人，若是为了正人而去正己，那就成了刻意而为，最终己身也不可能得正。此所谓"正己以格物"（10.59）。君子正己之后，必当正人，故而"弗绝"于小人（10.15），而"亦使小人得不陷于非义"（10.20）。

四、任事。从政自然要任事，而不可"恶多事"（10.43），且要"通世务"（10.52），能做小事（10.38），又能"当大任"（10.39），在关键时期，还要勇于担当（10.18）。笔者读到伊川先生"世事虽多，尽是人事。

人事不教人做，更责谁做？""天下事譬如一家，非我为则彼为，非甲为则乙为"，再读后人动辄言宋儒"不向躬行践履、治国为民处着力，不免有头巾腐儒之讥、空谈误国之嫌"，直是哑然无语，今日之学者，莫非都不曾读书吗？

五、识量。所谓识量，即本于见识的器量。识量不可勉强，只是见识到了，器量自然就会大。而见识又以"知道"为本，"惟知道者，量自然宏大"（10.47）。人的识量不大，"所见卑下"，也就不足以容人，而"无含容之气"。如张戬者，可谓识量阔大（10.30）。

诚意、爱民、正己、任事、识量五者，即为处事之本，论其典型，则无过乎周公其人："周公至公不私，进退以道，无利欲之蔽。其处己也，夔夔然存恭畏之心；其存诚也，荡荡焉无顾虑之意。所以虽在危疑之地，而不失其圣也。"（10.27）

至于其他，诸如"自其所明处"入手劝谏、教导（10.11），"同而能异"（10.14），重视变革（10.19），从容不迫（10.33），立身行己（10.62），"教小童，亦可取益"（10.64）等等，亦颇多警示，惟望读者细细体味，活学活用。

最后，略作一个辩解：今人喜言儒家教人愚忠，其他且不论，仅就本卷所择伊川先生之言，便可知道这是不明所以的妄论！伊川先生说："惟知竭力顺上为'忠'者，盖不知'弗损，益之'之义也。"所谓"弗损，益之"，是说"不自损其刚贞，则能益其上，乃'益之'也"，如果"惟知竭力顺上"，那就是"自损其刚贞"了，也就真的有损害了。由此可见，儒家以刚健中正为本。刚健中正，则以天理为本。身为臣子，自然应该尽忠，这是天理。然而，君主有错，臣下不可丧失刚健中正，这也是天理。所以，儒者事君，一本乎天理；儒者处事，也是一本乎天理。

10.1

伊川先生上疏曰：“夫钟，怒而击之则武，悲而击之则哀，诚意之感而入也[1]。告于人亦如是，古人所以斋戒而告君也[2]。臣前后两得进讲，未尝敢不宿斋预戒，潜思存诚，觊[3]感动于上心。若使营营[4]于职事，纷纷其思虑，待至上前，然后善其辞说，徒以颊舌感人，不亦浅乎？”（《河南程氏文集》卷六）

【注释】

〔1〕“夫钟”云云，刘向《说苑》：孔子曰：“无体之礼，敬也；无服之丧，忧也；无声之乐，欢也。不言而信，不动而威，不施而仁，志也。钟鼓之声，怒而击之则武，忧而击之则悲，喜而击之则乐。其志变，其声亦变。其志诚通乎金石，而况人乎？”

〔2〕“古人所以斋戒而告君也”，《论语·宪问第十四》：陈成子弑简公，孔子沐浴而朝，告于哀公曰：“陈恒弑其君，请讨之。”

〔3〕“觊”，希望，希图。

〔4〕“营营”，追求奔逐。

【译文】

伊川先生上疏说：“钟，愤怒的时候敲击它，声音就雄武；悲痛的时候敲击它，声音就哀伤，这是敲钟人的诚意与钟感应而融入了钟声。跟人说话也是这样，所以古人要在斋戒之后才去向君王进言。我前后两次获得进讲的机会，没有哪一次敢不在前一天认真斋戒，沉潜思虑，保持诚意，希望能够感动君上的心。如果一天到晚忙碌于职事，思虑纷纷扰扰，等来到君上面前，然后善为辞说，仅仅靠口舌打动君上，不也是很肤浅吗？"

10.2

伊川《答人示奏稿书》云："观公之意，专以畏乱为主。颐欲公以爱民为先，力言百姓饥且死，丐朝廷哀怜，因惧将为寇乱可也。不惟告君之体当如是，事势亦宜尔。公方求财以活人，祈之以仁爱，则当轻财而重民；惧之以利害，则将恃财以自保。古之时，得丘民则得天下〔1〕。后世以兵制民，以财聚众，聚财者能守，保民者为迂。惟当以诚意感动，觊其有不忍之心〔2〕而已。"（《河南程氏文集》卷九）

【注释】

〔1〕"得丘民则得天下"，"丘民"，众民；得到万民的归心，就可以得到天下。语本《孟子·尽心下》：孟子曰："民为贵，社稷次之，君为轻。是故得乎丘民而为天子，得乎天子而为诸侯，得乎诸侯而为大夫。"

〔2〕"不忍之心"，不忍别人遭受伤害的心，亦即仁爱之心，本于生生之理。语自《孟子·公孙丑上》：孟子曰："人皆有不忍人之心。先王有不忍人之心，斯有不忍人之政矣。以不忍人之心，行不忍人之政，治天下可运之掌上。所以谓'人皆有不忍人之心'者，今人乍见孺子将入于井，皆有怵惕恻隐之心，非所以内交于孺子之父母也，非所以要誉于乡党朋友也，非恶其声而然也。"

【译文】

伊川先生在《答人示奏稿书》中说："看您在奏稿中的意思，一

味以担心发生动乱为主。我则想要您以爱民为先，极力陈述百姓们都
快要饿死了，乞求朝廷的同情怜悯，因此再说明害怕饥民将沦为流寇
而作乱，这是可以的。不只是禀告君上的体例应当如此，就事势而
言，也是适宜的。您正在乞求财物以拯救百姓，以仁爱之心乞求君
上，君上就会轻视财物而重视百姓；用利害之说使他警惧，他就会依
仗财物以求自保。古时候，得到民众的归心就会得到天下。后世则用
军队制约百姓，以财物聚集民众，聚敛财物的人能够自保，保护民众
的人被视作为迂腐。只应当以诚意感动君上，希望他能够对百姓有不
忍之心而已。"

10.3

明道为邑，及民之事，多众人所谓法所拘者，然为之未尝大戾于
法，众亦不甚骇。谓之得伸其志则不可，求小补，则过今之为政者远
矣。人虽异之，不至指为狂也。至谓之狂，则大骇也。尽诚为之，不容
而后去，又何嫌乎？（同上条）

【译文】

明道先生治理地方时，涉及百姓的事，做法大多是常人所说受
法令约束而不能做的，然而他所做的从没有完全违背于法令，常人
也不会感到很惊骇。说他得以施展了抱负则是不可以的，但如果说
求一些小的补益，那就远远超过现今的为政者了。人们虽然有点诧
异，但不至于指责他为狂妄。到了被称作为狂妄的地步，那就是大
惊骇了。竭尽诚意去做，不被容许之后就选择离去，又有什么妨碍
的呢？

10.4

明道先生曰："一命之士[1]，苟存心于爱物，于人必有所济。"（《河南程氏文集》卷十一）

【注释】

[1]"一命之士"，最低级别的官员。

【译文】

明道先生说："哪怕是最低级别的官员，如果存有关爱万物的心，对于他人就一定会有所帮助。"

10.5

伊川先生曰："君子观天水违行之象，知人情有争讼之道，故凡所作事，必谋其始，绝讼端于事之始，则讼无由生矣[1]。谋始之义，广矣，若慎交结、明契券之类是也。"（《周易程氏传·讼》）

【注释】

[1]"君子观天水违行之象"云云，释《周易·讼·大象传》："天与水违行，讼；君子以作事谋始。"《讼》卦的构成为坎下乾上，坎为水，水向下流；乾为天，天往上行。一向下一向上，可谓"违行"。既然违行，必然会有所争，故而为"讼"。要避免"讼"，惟有"作事谋始"，即在事情的最初，就杜绝引发"讼"的种种因素。

【译文】

伊川先生说："君子看到天与水相背而行的意象，明白人情有导致争讼的原由，所以凡是做事，在开始时就一定会谨慎谋划，将引发争讼的隐患杜绝在事情开始之时，争讼也就没有发生的原由了。在开始时谋虑的意义，是广泛的，例如谨慎交友、契约分明之类全都是的。"

10.6

《师》之九二，为师之主[1]。恃专则失为下之道，不专则无成功之理，故得中为吉。凡师之道，威和并至则吉也。（《周易程氏传·师》）

【注释】

〔1〕"《师》之九二，为师之主"，《师》卦，象征出师，六爻中惟有九二一个阳爻，对上承应六五，故而"为师之主"。

【译文】

《师》卦的九二，是行军的主帅。独断专权就会违背身为下属的准则，不能专权行事就没有取得成功的道理，所以符合中道才能获得吉祥。凡是行军之道，威严与和顺并举，就会获得吉祥。

10.7

世儒有论鲁祀周公以天子礼乐，以为周公能为人臣不能为之功，则可用人臣不得用之礼乐，是不知人臣之道也。夫居周公之位，则为周

公之事，由其位而能为者，皆所当为也。周公乃尽其职耳。(《周易程氏传·师》)

【译文】

俗儒有评论鲁国用天子的礼乐祭祀周公的，认为周公能够建立一般臣子所不能够建立的功勋，所以可以享用一般臣子所不能够享用的礼乐，这是不明白为人臣子的道理。处于周公的位置，就应当去做周公该做的事，在他的位置上而能做的，都是他所应当做的。周公只是尽了他的职责罢了。

10.8

《大有》之九三曰："公用亨于天子，小人弗克。"[1]《传》曰："三当大有之时，居诸侯之位，有其富盛，必用亨通于天子，谓以其有为天子之有也，乃人臣之常义也。若小人处之，则专其富有以为私，不知公己奉上[2]之道，故曰'小人弗克'也。"(《周易程氏传·大有》)

【注释】

〔1〕"公用亨于天子"云云，《周易·大有》九三爻辞。《大有》卦，象征着大有所获。"亨"，享，供献。王公将自己的财富献给天子，小人则做不到。

〔2〕"公己奉上"，即认为自己所有的乃是公有的，而用来供奉天子。

【译文】

《大有》卦的九三爻辞说："公用亨于天子，小人弗克。"《程氏传》说:"九三在大有之时,居于诸侯的位置上,拥有丰盛的财富,必定会用来献给天子,认为自己所有的就是天子所有的,这就是为人臣子的常理。如果是小人处于诸侯的位置,就会独自享有财富,认为一切都是自己私有的,而不知道公己以奉上的道理,所以说'小人弗克'。"

10.9

人心所从,多所亲爱者也。常人之情,爱之则见其是,恶之则见其非[1]。故妻孥之言,虽失而多从;所憎之言,虽善为恶也。苟以亲爱而随之,则是私情所与,岂合正理? 故《随》之初九,出门而交,则"有功"也[2]。(《周易程氏传·随》)

【注释】

〔1〕"常人之情"云云,《大学》:"好而知其恶,恶而知其美者,天下鲜矣! 故谚有之曰:'人莫知其子之恶,莫知其苗之硕。'"

〔2〕"出门而交,则'有功'也",《周易·随》初九爻辞:"官有渝,贞吉;出门交有功。"

【译文】

人心所信从的,大多是自己所亲爱的人。常人之情,喜爱一个人就只看到他的优点,厌恶一个人就只看到他的缺点。所以,妻子儿女说的话,即使是错的大多也会听从;所憎恶的人说的话,即使是善的也认为是恶的。如果因为亲爱一个人而跟随他,就是掺杂了私情,又怎么会符合正理? 所以,《随》卦的初九,走出家门与人交往，就会"有功"。

10.10

《随》九五之《象》曰："'孚于嘉，吉'，位正中也。"[1]《传》曰："随以得中为善，随之所防者，过也。盖心所说[2]随，则不知其过矣。"（同上条）

【注释】

[1]"孚于嘉，吉"，《随》卦九五爻辞。"孚"，信。"嘉"，善。意为：对美善之人保持诚信，获得吉祥。"'孚于嘉，吉'，位正中也"，《周易·随》九五《小象传》。"位正中也"，是说九五的位置既正又中，阳爻位居阳位，故正；位于上卦之中，故中。

[2]"说"，同"悦"。

【译文】

《随》卦九五的《小象传》说："'孚于嘉，吉'，位正中也。"《程氏传》说："追随以符合中道为善，追随所要提防的，是过度。因为心中喜欢一个人而追随他，就不会发现自己的过度了。"

10.11

《坎》之六四曰："樽酒，簋贰，用缶，纳约自牖，终无咎[1]。"《传》曰："此言人臣以忠信善道结于君心，必自其所明处乃能入也。人心有所蔽，有所通。通者，明处也。当就其所明处而告之，求信则易也，故曰

'纳约自牖'。能如是，则虽艰险之时，终得'无咎'也。且如君心蔽于荒乐，唯其蔽也故尔，虽力诋其荒乐之非，如其不省何？必于所不蔽之事推而及之，则能悟其心矣。自古能谏其君者，未有不因其所明者也。故讦[2]直强劲者，率多取忤，而温厚明辩者，其说多行。非唯告于君者如此，为教者亦然。夫教必就人之所长，所长者，心之所明也。从其心之所明而入，然后推及其余，孟子所谓'成德''达才'[3]是也。"（《周易程氏传·习坎》）

【注释】

〔1〕"樽酒，簋贰，用缶，纳约自牖，终无咎"，《周易·坎》六四爻辞。"樽"，古代盛酒的器皿。"簋"，古代盛放食物的圆形器具。"贰"，一副。"缶"，陶罐。"牖"，窗子。一樽酒，一副簋，盛着食物，樽和簋都是陶制的，从窗子递进去，最终没有危害。这自然是一种譬喻。"樽酒，簋贰，用缶"，意味着极其质朴。"牖"是房子的采光之处，代表光明的地方。人的认知也是如此，有被遮蔽的地方，有通达的地方。通达的地方，就像是房子的"牖"。"纳约自牖"指的便是从对方通达的地方入手来交流，并且保持忠厚朴实。由此可见，《坎》卦六四爻辞讲的是一种出色的沟通技巧。

〔2〕"讦"，揭发、攻击别人的隐私或过错。

〔3〕"成德""达才"，语自《孟子·尽心上》：孟子曰："君子之所以教者五：有如时雨化之者，有成德者，有达财者，有答问者，有私淑艾者。此五者，君子之所以教也。""成德"，指成就对方德行。"达财"，培养对方才能。

【译文】

《坎》卦的六四爻辞说："樽酒，簋贰，用缶，纳约自牖，终无咎。"《程氏传》说："这是说为人臣者用忠信、善道与君上交心，一定要从他所明白的地方入手，才能深入他的内心。人心都有被遮蔽的地方，也有通达的地方。通达的地方，就是明白的地方。应当从他所明白的地方告诉他，这样求得他的信任就会很容易，所以说'纳约自牖'。能够做到这样，即使是处于艰难险阻之时，最终也会获得'无咎'。比如君上的心被纵欲玩乐所遮蔽，只是由于被遮蔽的缘故，虽然极力指责他纵欲玩乐的错误，他就是不省悟又能怎么办？必须由他没有被遮蔽的地方，推及到被遮蔽的地方，也就能够启悟他的心了。自古以来，能够劝谏君上的人，没有不是从他所明白的地方入手的。所以，直言强谏的人，大多会忤逆君上，而温厚明辩的人，他们的建议大多得以实行。不仅仅告诫君上应当如此，教育学生也是如此。教育，一定要从学生的长处入手，所谓长处，就是他心中所明白的地方。从他心中所明白的地方入手，然后推及到其他方面，这就是孟子所说的'成德'和'达才'。"

10.12

《恒》之初六曰："浚恒，贞凶[1]。"《象》曰："'浚恒'之凶，始求深也。"[2]《传》曰："初六居下，而四为正应，四以刚居高，又为二三所隔，应初之志，异乎常矣。而初乃求望之深，是知常而不知变也。世之责望故素[3]而至悔咎者，皆'浚恒'者也。"（《周易程氏传·恒》）

【注释】

〔1〕"浚恒，贞凶"，"浚"，深；"恒"，恒久。深求恒久，守持正道，

以防凶险。语自《周易·恒》初六爻辞："浚恒，贞凶，无攸利。"

〔2〕"'浚恒'之凶，始求深也"，《周易·恒》初六《小象传》。"浚恒"之凶，是因为初六开始时求之过深。

〔3〕"故素"，故交。

【译文】

《恒》卦的初六爻辞说："浚恒，贞凶。"《小象传》说："'浚恒'之凶，始求深也。"《程氏传》说："初六居于下位，而九四是它的正应，九四以阳刚位居高位，中间又隔着九二和九三，与初六相应的心意，已经异于常态。而初六对九四的期求却很深切，这就是懂得常理而不懂得权变了。世间责望故交太过而导致后悔、危害的，全都是'浚恒'的人。"

10.13

《遁》之九三曰："系遁，有疾，厉。畜臣妾，吉〔1〕。"《传》曰："系恋之私恩，怀小人女子之道也，故以畜养臣妾则吉。然君子之待小人，亦不如是也。"（《周易程氏传·遁》）

【注释】

〔1〕"系遁，有疾，厉。畜臣妾，吉"，"系"，牵系；"遁"，退避。有所系恋不能退避，有疾患，危险。若是蓄养臣仆、侍妾，可获吉祥。

【译文】

《遁》卦的九三爻辞说："系遁，有疾，厉。畜臣妾，吉。"《程氏传》说："系恋这样的个人恩惠，是关怀小人和女子的办法，所以用以蓄养臣仆、侍妾，则会获得吉祥。然而，君子对待小人，也不是这样的。"

10.14

《睽》之《象》曰："君子以同而异[1]。"《传》曰："圣贤之处世，在人理之常，莫不大同；于世俗所同者，则有时而独异。不能大同者，乱常拂理之人也；不能独异者，随俗习非之人也。要在同而能异耳。"（《周易程氏传·睽》）

【注释】

〔1〕"君子以同而异"，君子当同中有异。语自《周易·睽·大象传》："上火下泽，睽；君子以同而异。"

【译文】

《睽》卦的《大象传》说："君子以同而异。"《程氏传》说："圣贤的为人处世，在人的常理方面，没有什么大的不同；对于世俗所共同的认知，则有时候会独独不同。不能够与人的常理大体相同的，是破坏伦常、违背天理的人；不能够与世俗所共同的认知独独不同的，是随顺世俗、惯于为非的人。关键在于既能与常理相同，又能在世俗面前特立独行。"

10.15

《睽》之初九，当睽[1]之时，虽同德者相与，然小人乖异者至众，若弃绝之，不几尽天下以仇君子乎？如此则失含弘之义，致凶咎之道也，又安能化不善而使之合乎？故必"见恶人"，则"无咎"〔2〕也。古之圣王所以能化奸凶为善良、革仇敌为臣民者，由弗绝也。（同上条）

【注释】

〔1〕"睽"，乖离。

〔2〕"见恶人""无咎"，会见恶人，没有危害。语自《周易·睽》初九爻辞："悔亡；丧马，勿逐，自复；见恶人，无咎。"

【译文】

《睽》卦的初九爻，在乖离的情形下，虽然有同心同德的人相互作伴，然而，乖离的小人很多，如果放弃拒绝他们，那不几乎是让整个天下都来仇视君子了吗？这样就失去了含弘广大的意义，是导致凶险危害的做法，又怎么能够感化不善的人而让他们与自己相合呢？所以必定要"见恶人"，才会"无咎"。古时的圣王之所以能够化奸凶而为良善、变仇敌而为臣民，就是因为他们从不弃绝。

10.16

《睽》之九二〔1〕，当睽之时，君心未合，贤臣在下，竭力尽诚，期使之信合而已。至诚以感动之，尽力以扶持之，明义理以致其知，杜蔽惑以诚其意，如是宛转以求其合也。"遇"，非枉道逢迎也；"巷"，非邪僻由径也。故《象》曰："遇主于巷，未失道也〔2〕。"（同上条）

【注释】

〔1〕"《睽》之九二"，《周易·睽》九二爻辞为："遇主于巷，无咎。"
　　意为：在巷子中不期而遇君主，没有危害。

〔2〕"'遇主于巷'，未失道也"，《周易·睽》九二《小象传》。意为：
　　"遇主于巷"，没有违背为臣之道。

【译文】

　　《睽》卦的九二，在乖离的情形下，君上的心与自己的心不相合，贤臣处在下位，应当竭尽全力、恪守忠诚，以期使得君上信任而与我相合而已。用至诚感动君上，竭尽全力的扶持他，讲明义理以增加君上的认知，杜绝遮蔽和迷惑以保持君上的诚意，像这样婉转委曲以求得君上的相合。"遇"，不是违背正道刻意逢迎；"巷"，不是邪僻不正的小路。所以，《小象传》说："遇主于巷，未失道也。"

10.17

　　《损》之九二曰："弗损，益之[1]。"《传》曰："不自损其刚贞，则能益其上，乃'益之'也。若失其刚贞，而用柔说[2]，适足以损之而已。世之愚者，有虽无邪心，而惟知竭力顺上为忠者，盖不知'弗损，益之'之义也。"（《周易程氏传·损》）

【注释】

〔1〕"弗损，益之"，"损"，减损；不用自我减损，就可以增益君上。
　　语自《周易·损》九二爻辞："利贞，征凶；弗损，益之。"

〔2〕"说"，同"悦"。

【译文】

　　《损》卦的九二爻辞说："弗损，益之。"《程氏传》说："不减损自身的刚正，则能够增益君上，就是'益之'。如果是失去自己的刚正，而用柔顺去取悦君上，那恰恰会有所损害。世间愚蠢的人，有的虽然没有邪僻的用心，却只知道以竭尽全力顺从君上为忠诚，大概是不懂得'弗损，益之'的道理吧。"

10.18

　　《益》之初九曰："利用为大作，元吉，无咎[1]。"《象》曰："'元吉，无咎'，下不厚事也[2]。"《传》曰："在下者本不当处厚事。厚事，重大之事也。以为在上所任，所以当大事，必能济大事，而致'元吉'，乃为'无咎'。能致'元吉'，则在上者任之为知人，己当之为胜任。不然，则上下皆有咎也。"（《周易程氏传·益》）

【注释】

〔1〕"利用为大作，元吉，无咎"，《周易·益》卦初九爻辞。意为：利于大有作为，至为吉祥，没有危害。

〔2〕"'元吉，无咎'，下不厚事也"，《周易·益》卦初九《小象传》。意为："元吉，无咎"，在下位的人（即初九）本来不应当处理大事。

【译文】

　　《益》卦的初九爻辞说："利用为大作，元吉，无咎。"《小象传》说："'元吉，无咎'，下不厚事也。"《程氏传》说："在下位的人本不应当处理厚事。所谓厚事，就是重大的事务。因为被在上位的人所任用，所以担当了大事，必定要能成就大事，而抵达'元吉'，才能够'无咎'。能够抵达'元吉'，则在上位的人任用他为知人，自己承当起来为胜任。不然的话，则在上位的和在下位的都会有危害。"

10.19

革而无甚益，犹可悔也，况反害乎？古人所以重改作[1]也。(《周易程氏传·革》)

【注释】

〔1〕"改作"，变革。

【译文】

变革而没有什么收益，尚且值得后悔，何况是反而带来危害呢？所以古人非常重视变革。

10.20

《渐》之九三曰："利御寇[1]。"《传》曰："君子之与小人比也，自守以正。岂惟君子自完其己而已乎？亦使小人得不陷于非义。是以顺道相保，御止其恶也。"(《周易程氏传·渐》)

【注释】

〔1〕"利御寇",利于抵御贼寇。语自《周易·渐》九三爻辞:"鸿渐
于陆;夫征不复,妇孕不育,凶;利御寇。"

【译文】

《渐》卦的九三爻辞说:"利御寇。"《程氏传》说:"君子与小人
邻近,应当以正道守持自身。君子难道仅仅自我完善就可以了吗? 也
要让小人能够不陷于不义。所以顺应正道保全自身,又抵制了小人
作恶。"

10.21

《旅》之初六曰:"旅琐琐,斯其所取灾〔1〕。"《传》曰:"志卑之人,
既处旅困,鄙猥琐细,无所不至,乃其所以致悔辱、取灾咎也。"(《周易
程氏传·旅》))

【注释】

〔1〕"旅琐琐,斯其所取灾",《周易·旅》初六爻辞。"旅",行旅。"琐
琐",鄙猥琐屑。行旅途中,举动鄙猥琐屑,这是他自己招来灾患。

【译文】

《旅》卦的初六爻辞说:"旅琐琐,斯其所去灾。"《程氏传》说:
"志趣卑下的人,困在旅途之中,就会鄙猥琐屑,无所不至,这正是
他招致悔辱、自取灾祸的原因。"

10.22

在旅而过刚自高，致困灾之道也。（同上条）

【译文】

　　身在行旅途中，而过于刚强自负，是招致困厄、灾祸的原由。

10.23

　　《兑》之上六曰："引兑〔1〕。"《象》曰："未光也〔2〕。"《传》曰："说〔3〕既极矣，又引而长之。虽说之之心不已，而事理已过，实无所说。事之盛则有光辉，既极而强引之长，其无意味甚矣，岂有光也？"（《周易程氏传·兑》）

【注释】

〔1〕"引兑"，"兑"，喜悦；牵引着继续喜悦下去。《周易·兑》上六爻辞。

〔2〕"未光也"，语自《周易·兑》上六《小象传》："'上六，引兑'，未光也。"

〔3〕"说"，同"悦"。

【译文】

　　《兑》卦的上六爻辞说："引兑。"《小象传》说："未光也。"《程氏传》说："喜悦已经到了极致，又要牵引着继续下去。虽然逗人喜悦的心不曾停止，然而，就事理而言已经过度，其实没有什么值得喜悦了。事情盛大就会有光辉，到了极致还要强行牵引着继续下去，那就很是没有意味了，怎么还会有光辉呢？"

10.24

《中孚》之《象》曰："君子以议狱缓死[1]。"《传》曰："君子之于议狱，尽其忠而已；于决死，极于恻而已。天下之事，无所不尽其忠，而'议狱缓死'，最其大者也。"(《周易程氏传·中孚》)

【注释】

〔1〕"君子以议狱缓死"，君子应当审理刑狱，宽缓死刑。语自《周易·中孚·大象传》："泽上有风，中孚；君子以议狱缓死。"

【译文】

《中孚》卦的《大象传》说："君子以议狱缓死。"《程氏传》说："君子对于审理刑狱，竭尽自己的忠诚而已；对于判决死刑，极尽恻隐之心而已。天下的事务，没有一件不竭尽忠诚的，而'议狱缓死'，又是其中最重要的事。"

10.25

事有时而当过，所以从宜，然岂可甚过也？如过恭、过哀、过俭，大过则不可。所以小过，为顺乎宜也。能顺乎宜，所以"大吉"[1]。(《周易程氏传·小过》)

【注释】

〔1〕"大吉"，语自《周易·小过》卦辞："亨，利贞。可小事，不可大事。飞鸟遗其音，不宜上，宜下，大吉。"

【译文】

事情有时候应当略微过一点，是为了顺从时宜，然而怎么可以太过呢? 比如过分恭敬、过分哀伤、过分节俭，太过了都不可以。所以小过，是顺从时宜。能够顺从时宜，所以"大吉"。

10.26

防小人之道，正己为先。(同上条)

【译文】

防范小人的方法，以端正自身为先。

10.27

周公至公不私，进退以道，无利欲之蔽。其处己也，夔夔然〔1〕存恭畏之心；其存诚也，荡荡焉〔2〕无顾虑之意。所以虽在危疑之地，而不失其圣也。《诗》曰："公孙硕肤，赤舄几几〔3〕。"(《河南程氏经说·诗解》)

【注释】

〔1〕"夔夔然"，戒惧敬慎的样子。

〔2〕"荡荡"，广大，广远。

〔3〕"公孙硕肤，赤舄几几"，语自《诗经·豳风·狼跋》。"硕"，大。
"肤"，美。"赤舄"，以金为装饰的红鞋，亦称金舄，是贵族配套
衮衣礼服时穿的鞋，与平日里所穿的履不同。"几几"，鞋尖弯曲
的样子。《河南程氏遗书》卷十一："称'公孙'云者，言其积德
之厚；'赤舄几几'，盛德之容也。"

【译文】

周公大公无私，进退都遵循于道，没有利欲的蒙蔽。他立身
行己，戒惧谨慎而存敬畏之心；他心存诚意，胸怀坦荡而没有顾
虑之意。所以，虽然身处危险并遭人质疑的境地，也不失于圣人
的气度。《诗经·豳风·狼跋》中赞叹他说："公孙硕肤，赤舄
几几。"

10.28

采察求访，使臣之大务。（同上条）

【译文】

访察风土民情，寻访贤人君子，这是使臣的主要职责。

10.29

明道先生与吴师礼[1]谈介甫之学错处，谓师礼曰："为我尽达诸介
甫。我亦未敢自以为是。如有说，愿往复。此天下公理，无彼我。果能
明辨，不有益于介甫，则必有益于我。"（《河南程氏遗书》卷一）

【注释】

〔1〕吴师礼，字仲安，杭州钱塘人。

【译文】

　　明道先生与吴师礼谈论王安石学问的错误之处，对吴师礼说："请你替我完整的转达给王安石。我也不敢认为自己都是对的。如果有所辩说，我愿意反复讨论。学问，是天下的公理，没有彼此之分。果真能够辨析清楚，不能对王安石有益，也一定会对我有益。"

10.30

　　天祺在司竹，常爱用一卒长。及将代，自见其人盗笋皮，遂治之无少贷〔1〕。罪已正，待之复如初，略不介意，其德量如此。（《河南程氏遗书》卷二上）

【注释】

〔1〕"贷"，宽恕。

【译文】

　　张戬任看管竹林的官员时，喜欢用一名卒长。快要任满交接的时候，亲眼看到这个卒长偷窃竹笋皮，于是依法治罪而不稍加宽恕。治罪之后，对待他还像当初一样，张戬的德量如此宽大。

10.31

因论"口将言而嗫嚅"[1]，云："若合开口时，要他头也须开口。（本注：如荆轲于樊於期[2]。）须是'听其言也厉'[3]。"（《河南程氏遗书》卷三）

【注释】

〔1〕"口将言而嗫嚅"，"嗫嚅"，想说话又吞吞吐吐不敢说的样子。语见韩愈《送李愿归盘谷序》。

〔2〕"荆轲于樊於期"，事见《史记·刺客列传》：秦国出兵征伐四方，蚕食诸侯，并抵达了燕国的边境，燕太子丹惶恐不安，决定派荆轲入秦刺杀秦王，荆轲拟以秦国叛将樊於期的首级和燕国督亢的地图进献秦王，相机刺杀。樊於期从秦国逃亡之后，被太子丹所收留。可是，太子丹不忍心杀害樊於期，于是，荆轲私下会见樊於期，说明原由，樊於期为成全刺秦之事，自刎而亡。

〔3〕"听其言也厉"，语自《论语·子张第十九》：子夏曰："君子有三变：望之俨然，即之也温，听其言也厉。"

【译文】

因为讨论到"口将言而嗫嚅"，说："如果应当开口的时候，即使是要他的脑袋也必须要开口。（本注：就像荆轲对樊於期一样。）必须是'听其言也厉'。"

10.32

须是就事上学，《蛊》"振民育德"[1]。然有所知后，方能如此。"何

必读书，然后为学？〔2〕"（同上条）

【注释】

〔1〕"振民育德"，救济百姓，培育德行。语自《周易·蛊·大象传》："山下有风，蛊；君子以振民育德。"

〔2〕"何必读书，然后为学"，语自《论语·先进第十一》：子路使子羔为费宰，子曰："贼夫人之子。"子路曰："有民人焉，有社稷焉，何必读书，然后为学？"子曰："是故恶夫佞者。"

【译文】

必须到具体的事上去学习，《蛊》卦《大象传》中说："振民育德。"然而，要在明白一定的道理之后，才能够这样做。"何必读书，然后为学？"答案就在这里。

10.33

先生见一学者忙迫，问其故，曰："欲了几处人事。"曰："某非不欲周旋人事者，曷尝似贤急迫！"（同上条）

【译文】

伊川先生见到一位学者忙乱急迫，问他什么原因，答道："要去处理几件人事应酬。"先生说："我也不是不需要应酬人事，但何尝像你这样忙乱急迫！"

10.34

安定[1]之门人，往往知稽古爱民矣，则"于为政也何有"[2]。(《河南程氏遗书》卷四)

【注释】

〔1〕安定，即胡瑗。

〔2〕"于为政也何有"，语自《论语·雍也第六》：季康子问："仲由可使从政也与？"子曰："由也果，于从政乎何有？"曰："赐也可使从政也与？"曰："赐也达，于从政乎何有？"曰："求也可使从政也与？"曰："求也艺，于从政乎何有？"又见于《论语·子路第十三》：子曰："苟正其身矣，于从政乎何有？不能正其身，如正人何？"

【译文】

安定先生的门人，往往知道考察古代的事迹、爱护百姓，则"于为政也何有"。

10.35

门人有曰："吾与人居，视其有过而不告，则于心有所不安；告之而人不受，则奈何？"曰："与之处而不告其过，非忠也。要使诚意之交通，在于未言之前，则言出而人信矣。"又曰："责善之道[1]，要使诚有余而言不足，则于人有益，而在我者无自辱矣。"(同上条)

【注释】

〔1〕"责善之道"，"责善"，劝勉从善。《孟子·离娄下》："责善，朋友之道也。"

【译文】

有门人说："我和别人相处，看到别人的过错而不告诉他，就会觉得心中有所不安；告诉他他又不接受，该怎么办呢？"伊川先生说："与人相处，而不告诉他的过错，是对朋友不忠。在没有开口之前，就做到了诚意交往，这样指出他的过错他就会信从了。"又说："朋友责善之道，要做到诚意有余，而说话点到为止，就会对人有所帮助，而自己也不会自取其辱。"

10.36

职事不可以巧免。(《河南程氏遗书》卷七)

【译文】

职责内的事务，不可以靠投机取巧来逃避。

10.37

"居其邦，不非其大夫"〔1〕，此理最好。(《河南程氏遗书》卷六)

【注释】

〔1〕"居其邦，不非其大夫"，"非"，非议，责备。语本《孔子家

语·曲礼子夏问》："礼，居是邦，则不非其大夫。"

【译文】

"居其邦，不非其大夫"，这个道理讲得最好。

10.38

"克勤小物"〔1〕，最难。(《河南程氏遗书》卷十一)

【注释】

〔1〕"克勤小物"，"克"，能；"勤"，谨。语自《尚书·毕命》："惟公懋德，克勤小物，弼亮四世，正色率下，罔不祗师言。"

【译文】

"克勤小物"，最是难事。

10.39

欲当大任，须是笃实。(同上条)

【译文】

想担当大任，必须要敦厚务实。

10.40

凡为人言者，理胜则事明，气忿则招拂〔1〕。(同上条)

【注释】

〔1〕"怫"，通"悖"，违反，违背。

【译文】

凡是与人交流，义理充分事情就会畅晓明白，意气相争就会招致违逆反对。

10.41

居今之时，不安今之法令，非义也。若论为治，不为则已，如复为之，须于今之法度内处得其当，方为合义。若须更改而后为，则何义之有？（《河南程氏遗书》卷二上）

【译文】

处在当今之时，不遵守当今的法令，是不合道义的。如果论治理国家，不去做也就罢了，如果还要去做，必须要在今天的法度内处理得得当，才是合乎道义的。如果需要更改之后再去做，那还有什么道义呢？

10.42

今之监司[1]，多不与州县一体。监司专欲伺察，州县专欲掩蔽。不若推诚心与之共治，有所不逮，可教者教之，可督者督之。至于不听，择其甚者去一二，使足以警众可也。（同上条）

【注释】

〔1〕"监司"，负有监察之责的官吏。

【译文】

现在的监察官员，大多不与州县的官员同心协力。监察官一心想要侦查州县官员的问题，州县官员则一心想要掩盖自己的问题。不如推心置腹的与州县官员共图治理，对于有所不足的官员，可以教导的就教导他，可以督责的就督责他。至于不听从的，选择情节严重的罢免掉一两个，使得足以警示众人也就可以了。

10.43

伊川先生曰："人恶多事，或人悯之。世事虽多，尽是人事。人事不教人做，更责谁做？"（《河南程氏遗书》卷十五）

【译文】

伊川先生说："有些人厌恶事务繁多，还有人同情他。世间的事虽然很多，但都是人事。人事不让人去做，又能要求谁去做呢？"

10.44

感慨杀身者易，从容就义者难。（《河南程氏遗书》卷十一）

【译文】

因一时愤慨而舍弃生命，容易；从容不迫走向死亡，困难。

10.45

人或劝先生以加礼近贵〔1〕，先生曰："何不见责以尽礼，而责之以加礼？礼尽而已，岂有加也？"（《河南程氏遗书》卷十七）

【注释】

〔1〕"加礼"，增加礼敬，如过分恭敬、过于殷勤等。礼即是理，一旦"加礼"，行为也就不合于理了。如此之事，贤者自然不会去做。"近贵"，当指与皇帝亲近而尊贵的人。

【译文】

有人劝伊川先生对待近贵之人增加礼敬，先生说："为什么不要求我尽礼而为，而要要求我增加礼敬呢？礼，做到尽礼而已，难道还可以有所增加吗？"

10.46

或问："簿〔1〕，佐令者也。簿所欲为，令或不从，奈何？"曰："当以诚意动之。今令与簿不和，只是争私意。令是邑之长，若能以事父兄之道事之，过则归己，善则唯恐不归于令。积此诚意，岂有不动得人？"（《河南程氏遗书》卷十八）

【注释】

〔1〕"簿"，主簿。掌管文书的佐吏。宋时为县令的副职。

【译文】

有人问："主簿，是辅助县令的。主簿想要做的事，县令有时会不听从，怎么办？"伊川先生说："应当用诚意去感动他。如今县令与主簿不和，只是因为以私意相争。县令是一邑之长，主簿如果能够用事奉父兄的方法事奉他，有了过失归自己，有了善绩则归功于县令。积累这样的诚意，哪里还有不能感动的人呢？"

10.47

问："人于议论，多欲直己，无含容之气，是气不平否？"曰："固是气不平，亦是量狭。人量随识长，亦有人识高而量不长者，是识实未至也。大凡别事人都强得，惟识量不可强。今人有斗筲[1]之量，有釜斛[2]之量，有钟鼎[3]之量，有江河之量。江河之量亦大矣，然有涯，有涯亦有时而满，惟天地之量则无满。故圣人者，天地之量也。圣人之量，道也；常人之有量者，天资也。天资有量须有限，大抵六尺之躯，力量只如此，虽欲不满，不可得也。如邓艾位三公，年七十，处得甚好，及因下蜀有功，便动了[4]。谢安闻谢玄破苻坚，对客围棋，报至不喜，及归，折屐齿，强终不得也[5]。更如人大醉后益恭谨者，只益恭谨便是动了，虽与放肆者不同，其为酒所动，一也。又如贵公子，位益高，益卑谦，只卑谦便是动了，虽与骄傲者不同，其为位所动，一也。然惟知道者，量自然宏大，不勉强而成。今人有所见卑下者，无他，亦是识量不足也。"（同上条）

【注释】

〔1〕"斗筲"，"斗"，容十升；"筲"，容一斗二升。二者皆为容量很小

的容器。

〔2〕"釜斛"，"釜"，《春秋左传·昭公三年》"齐旧四量，豆、区、釜、钟。四升为豆，各自其四，以登于釜，釜十则钟"，则"釜"容六斗四升；"斛"，古为每斛十斗，南宋末年改为每斛五斗。二者皆为容量略大的容器。

〔3〕"钟鼎"，"钟"，按齐旧制，"釜十则钟"，乃为六斛四斗；"鼎"，古代炊器。"钟鼎"，当指容量较大的容器。

〔4〕"邓艾位三公"云云，邓艾，字士载，义阳棘阳人，三国时魏国将领。据《三国志·魏书·邓艾》载：邓艾在破蜀之后，"深自矜伐，谓蜀士大夫曰：'诸君赖遭某，故得有今日耳。若遇吴汉之徒，已殄灭矣。'又曰：'姜维自一时雄儿也，与某相值，故穷耳。'有识者笑之"。后因平蜀有功，封为太尉，位居三公之一。

〔5〕"谢安闻谢玄破苻坚"云云，谢玄（343—388），字幼度，谢安侄。东晋名将，淝水之战中，任前锋都督，取得了以少胜多的巨大战果。苻坚（338—385），字永固，前秦第三位国君，建元十九年（383），发起淝水之战，意图消灭东晋，结束战乱，最终遭遇大败。据《晋书·谢安列传》载：淝水之战前，谢安"指授将帅，各当其任"，后"玄等既破坚，有驿书至，安方对客围棋，看书既竟，便摄放床上，了无喜色，棋如故。客问之，徐答云：'小儿辈遂已破贼。'既罢，还内，过户限，心喜甚，不觉屐齿之折，其矫情镇物如此"。

【译文】

　　有人问："人在议论的时候，都想证明自己的观点，没有包容的气度，是不是因为心气不平？"伊川先生说："固然是心气不平，但也是器量狭小。人的器量是随着见识增长的，也有人见识高而器量不见增长的，这是因为他的见识其实并没有真的达到。大凡别的事，人都可以通过勉强得来，只有见识器量不可以勉强。如今的人，有像斗筲一样大的器量，有像釜斛一样大的器量，有像钟鼎一样大的器量，也有像江河一样大的器量。像江河一样大的器量也算是很大了，但是还有边界，有边界也就会有充满的时候。只有天地的器量，是无法充满的。所以圣人，有着与天地一样大的器量。圣人的器量，本自于生生之道；常人中有器量的，出于天资。天资所有的器量终归是有限的，大抵六尺高的身躯，力量也就这么大，虽然想要不充满，也是不可能的。比如邓艾，位居三公，年纪七十，事都处理得很好，等到因为攻下蜀国有了功劳，心也就动了。又比如谢安听说谢玄大破符坚的好消息，正在和客人下棋，战报到了也没有露出喜色，等到回去的时候，激动得屐齿都折断了，器量终究是勉强不得的。再比如有人在大醉之后，会更加恭敬谨慎，只此更加恭敬谨慎就是心动了，虽然与醉酒之后放肆的人不一样，但都为酒所动，却是一样的。又比如贵家公子，权位越高，就益发谦卑，只此益发谦卑就是心动了，虽然与权位高了骄傲的人不一样，但都为权位所动，却是一样的。只有明白了天道的人，器量自然就会宏大，不需要勉强就成就了。现今的人有见地卑陋低下的，没有别的原因，也只是因为见识器量不够。"

10.48

　　人才有意于为公，便是私心。昔有人典选[1]，其子弟系磨勘[2]，皆不为理，此乃是私心。人多言古时用直，不避嫌得，后世用此不得。自是无人，岂是无时？（本注：因言少师典举[3]、明道荐才[4]事。）（同上条）

【注释】

〔1〕"典选"，掌管选拔人才授官的事务。

〔2〕"磨勘"，唐宋官员考绩升迁的制度。唐时文武官吏由州府和百司官长考核，分九等写入考状，期满根据考绩决定升迁，并经吏部和各道观察使等复验，称"磨勘"。宋代设审官院主持此事。

〔3〕"少师典举"，二程先生的高祖父程羽，字冲远，官至尚书兵部侍郎，赠太子少师，太宗太平兴国五年（980），主持贡士考试，选拔了许多人才。

〔4〕"明道荐才"，神宗曾让明道先生举荐人才，先生不避嫌疑，推荐了数十人，而以表叔横渠先生和弟弟伊川先生为首。

【译文】

　　人一旦有意想要去为公，那就是私心。先前有人负责人才选拔，他的子弟也在考核之列，他为了避嫌，都不为他们办理，这就是私心。人多说古时候用人正直，可以不避嫌，后世这样做则不行。自然是因为后世没有正直的人，哪里是因为没有了那样的时代？（本注：因为谈到了少师主持贡试和明道先生荐举人才的事，说了上面的话。）

10.49

　　君实尝问先生云："欲除一人给事中〔1〕，谁可为者？"先生曰："初若泛论人才却可，今既如此，颐虽有其人，何可言？"君实曰："出于公口，入于光耳，又何害？"先生终不言。（《河南程氏遗书》卷十九）

【注释】

〔1〕"给事中"，茅星来注："给事中，掌封驳之官。唐宋属门下省，以有事殿中，故名。"

【译文】

　　司马光曾经问伊川先生："我想安排一个人任给事中，谁可以担任呢？"伊川先生说："像当初泛泛议论人才时，我可以说。如今既然这样，我即使有适合的人，又怎么可以说呢？"司马光说："出于你的口，进入我的耳，又有什么妨碍？"先生终究还是没说。

10.50

　　先生云："韩持国〔1〕服义最不可得。一日，颐与持国、范夷叟〔2〕泛舟于颍昌〔3〕西湖，须臾，客将〔4〕云：'有一官员上书谒大资〔5〕。'颐将为有甚急切公事，乃是求知己。颐云：'大资居位，却不求人，乃使人倒来求己，是甚道理？'夷叟云：'只为正叔太执，求荐章〔6〕，常事也。'颐云：'不然。只为曾有不求者不与，来求者与之，遂致人如此。'持国便服。"（同上条）

【注释】

〔1〕韩持国，韩维（1017—1098），字持国，颍昌（今河南许昌）人，韩亿第五子，韩绛之弟。北宋名臣。有《南阳集》传于世。

〔2〕范夷叟，范纯礼（1031—1106），字彝叟，一作夷叟，吴县人。范仲淹第三子，范纯仁之弟。北宋名臣。

〔3〕颍昌，今河南许昌。

〔4〕"客将"，负责客人往来的书吏。

〔5〕"大资"，宋代资政殿大学士的简称。

〔6〕"荐章"，推荐人才的奏章。

【译文】

伊川先生说："韩持国服膺义理最是难得。有一天，我和持国、范夷叟在颍昌西湖上泛舟，不一会，书吏前来通报说：'有一位官员上书拜谒大资。'我还以为有什么紧急的公务，原来是想求持国去了解他。我说：'大资在位置上，不去访求人才，却让他人反过来求自己，这是什么道理？'夷叟说：'只是因为你太拘泥了，向大官求举荐的表章，乃是常事。'我说：'不是这样的。只是因为曾经有不求的就不给，来求的就给，所以才导致现在的人都这样的。'持国听了，便心服了。"

10.51

先生因言："今日供职〔1〕，只第一件便做他底不得。吏人押申转运司状〔2〕，颐不曾签。国子监自系台省〔3〕，台省系朝廷官。外司有事〔4〕，合行申状，岂有台省倒申外司之理？只为从前人只计较利害，不计较事体，直得恁地。须看圣人欲正名〔5〕处，见得道'名不正'时，便至'礼乐不兴'，是自然住不得。"（同上条）

【注释】

〔1〕"供职"，当为元符三年（1100），伊川先生判西京国子监。

〔2〕"押"，押字，签字。"转运司"，官署名，亦称转运使司。转运司

的作用在于能够连接中央和地方，在地方统治中发挥控制作用。
"申状"，下级向上级陈述实情的文书。

〔3〕"国子监"，古代负责教育管理的最高机关，兼为最高学府。"台
省"，政府的中央机构。

〔4〕"外司"，中央机构以外的政府机构，包括地方政府和中央外派机
构。转运司便属于外司。

〔5〕"圣人欲正名"，《论语·子路第十三》：子路曰："卫君待子而为
政，子将奚先？"子曰："必也正名乎！"子路曰："有是哉！子
之迂也，奚其正？"子曰："野哉，由也！君子于其所不知，盖
阙如也。名不正则言不顺，言不顺则事不成，事不成则礼乐不
兴，礼乐不兴则刑罚不中，刑罚不中则民无所措手足。故君子名
之必可言也，言之必可行也。君子于其言，无所苟而已矣。"

【译文】

伊川先生因此说："现在去任职，只是这第一件事就做不成。国
子监中的官吏要把申状送到转运司去签署，我不曾送给他们签署。国
子监自当归属台省管辖，台省都是朝廷内官。外司有事，应当呈送申
状，哪有台省反过来呈送申状到外司的道理？只是因为从前的人只知
道计较利害关系，不计较事情的体统，只得就这样做了。需要看圣人
想要正名的地方，看到他说'名不正'的时候，就会导致'礼乐不
兴'，这样的事自然也就做不得。"

10.52

学者不可不通世务。天下事，譬如一家，非我为则彼为，非甲为则

乙为。(《河南程氏遗书》卷二十二下）

【译文】

学者不可以不通达世间的事务。天下的事，就像是一家的事，不是我做就是他做，不是甲做就是乙做。

10.53

"人无远虑，必有近忧"[1]，思虑当在事外。(《河南程氏外书》卷二）

【注释】

〔1〕"人无远虑，必有近忧"，语自《论语·卫灵公第十五》。

【译文】

"人无远虑，必有近忧"，思虑应当超出当前的事情之外。

10.54

圣人之责人也常缓，便见只欲事正，无显人过恶之意。(《河南程氏外书》卷七）

【译文】

圣人要求别人常常很宽缓，便可见圣人只是想要事情做得正，并没有显露别人过错的意思。

10.55

伊川先生云：“今之守令，唯‘制民之产’〔1〕一事不得为，其他在法度中甚有可为者，患人不为耳。”（《河南程氏外书》卷十二）

【注释】

〔1〕“制民之产”，规划百姓的产业。语自《孟子·梁惠王上》：“是故明君制民之产，必使仰足以事父母，俯足以畜妻子，乐岁终身饱，凶年免于死亡。”

【译文】

伊川先生说：“今天的州县守令，只有‘制民之产’这一件事没法去做，其他在法度允许的范围内有很多可以做的事，只怕他们不肯去做罢了。”

10.56

明道先生作县，凡坐处皆书“视民如伤”〔1〕四字，常曰：“颢常愧此四字。”（同上条）

【注释】

〔1〕“视民如伤”，看待百姓，好像他们受了伤害一般。语自《孟子·离娄下》：“文王视民如伤，望道而未之见。”

【译文】

明道先生做县令的时候，所有的座位旁都写着“视民如伤”四个字，他常说："我常常觉得愧对这四个字。"

10.57

伊川每见人论前辈之短，则曰："汝辈且取他长处。"（同上条）

【译文】

　　伊川先生每次见到有人议论前辈的缺点，就会说："你们且去吸取他的优点。"

10.58

　　刘安礼[1]云："王荆公执政，议法改令，言者攻之甚力。明道先生尝被旨赴中堂议事[2]，荆公方怒言者，厉色待之，先生徐曰：'天下之事，非一家私议，愿公平气以听。'荆公为之愧屈。"（《河南程氏遗书》附录）

【注释】

〔1〕刘安礼，刘立之，字安礼，河间人，二程先生门人。
〔2〕"被旨"，奉旨。"中堂"，中书省的政事堂。

【译文】

　　刘立之说："王荆公执掌朝政的时候，因为议论用新法改变旧令，上书论事的人强烈批评他。明道先生曾经奉旨到政事堂议事，荆公正因为上书论事的人发怒，脸色严厉的对待先生，先生从容的说：'天

下的事，不是一家的私事，希望您能够平心静气的听我说。’荆公为
此深感惭愧。”

10.59

刘安礼问临民，明道先生曰：“使民各得输其情。”问御吏，曰：“正
己以格物[1]。”（同上条）

【注释】

〔1〕“正己而格物”，端正自身而后规正他人。语本《孟子·尽心上》：
“有大人者，正己而物正者也。”

【译文】

刘立之问如何治理百姓，明道先生说：“让百姓都能够表达自
己的真实想法。”又问如何驭使官吏，先生说：“端正自己而后规正
他人。”

10.60

横渠先生曰：“凡人为上则易，为下则难。然不能为下，亦未能使
下，不尽其情伪[1]也。大抵使人，常在其前己尝为之，则能使人。”
（《经学理窟·义理》）

【注释】

〔1〕“情伪”，真实与虚假。

【译文】

　　横渠先生说："大凡人做上级容易，做下属则比较困难。然而不能够做好下属，也就不能够领导下属，因为不能够充分了解下属的情况。大抵要领导下属，常常是在他们之前自己就曾经做过同样的事，这样就能领导别人。"

10.61

　　《坎》"维心亨"，故"行有尚"[1]。外虽积险，苟处之"心亨"不疑，则虽难必济，而"往有功也"[2]。今水临万仞[3]之山，要下即下，无复凝滞之于前。惟知有义理而已，则复何回避？所以心通。(《横渠易说·习坎》)

【注释】

　　[1]"维心亨""行有尚"，内心亨通，行动会获得嘉尚。语自《周易·坎》卦辞："有孚，维心亨；行有尚。"

　　[2]"往有功也"，语自《周易·坎·象传》："'行有尚'，往有功也。"可见是解释"行有尚"的，之所以"行有尚"，乃是因为前往会获得功绩。

　　[3]"万仞"，"仞"，古代八尺为仞；"万仞"，乃是概指，意指山极高。

【译文】

　　《坎》卦"维心亨"，所以"行有尚"。外面虽然聚积着重重的险难，如果以"心亨"来面对而毫不怀疑，那么，即使有困难也一定能够度过，而"往有功也"。如今水流到了万仞高山的边上，要流下就流下，前面再没有凝滞不畅的状况了。只要知道有义理而已，那为何还要回避？所以内心亨通。

10.62

人所以不能行己[1]者，于其所难者则惰，其异俗者，虽易而羞缩。惟心弘，则不顾人之非笑，所趋义理耳，视天下莫能移其道。然为之，人亦未必怪，正以在己者义理不胜。惰与羞缩之病消则有长，不消则病常在，意思龌龊[2]，无由作事。在古气节之士，冒死以有为，于义未必中，然非有志概者莫能。况吾于义理已明，何为不为？（《横渠易说·大壮》）

【注释】

〔1〕"行己"，立身处世。语自《论语·公冶长第五》：子谓子产："有君子之道四焉：其行己也恭，其事上也敬，其养民也惠，其使民也义。"

〔2〕"龌龊"，器量狭小，拘于小节。

【译文】

人之所以不能够立身行事，是因为对于所感到困难的事就会怠惰，对于与世俗不同的事，即使是很容易也会羞怯畏缩。只有心量弘大的人，才会不顾别人的嘲笑，所追求的只是义理，整个天下没有什么能够改变他们的志向。然而真的去做了，人们也未必会感到奇怪，只会觉得正是因为自己的义理之心不能取胜，才会羞怯畏缩。怠惰和羞怯畏缩的毛病消除，义理之心就会增长；不能够消除，病根就会常在，心胸狭小，拘于小节，没有办法去做事。在古时候，有气节的人，冒死也要有所作为，他们的行为未必合乎道义，然而不是有节操的人是做不到的。况且我对于义理已经明白，为什么不去做呢？

10.63

《姤》初六："羸豕孚蹢躅。"[1]豕方羸时，力未能动，然至诚在于蹢躅，得伸则伸矣。如李德裕处置阉宦[2]，徒知其帖息威伏[3]，而忽于志不忘逞[4]，照察少不至，则失其几也。(《横渠易说·姤》)

【注释】

〔1〕"羸豕孚蹢躅"，"羸"，羸弱。"孚"，《横渠易说》："信也。""蹢躅"，《程氏传》："跳踯也。""语自《周易·姤》初六爻辞："系于金柅，贞吉；有攸往，见凶，羸豕孚蹢躅。"

〔2〕"李德裕处置阉宦"，张伯行释曰："按唐武宗时，李德裕为相，君臣契合，莫能间隙，宦寺皆畏服。德裕不知预防，后来继嗣之重，遂定于宦者之手，而德裕逐矣。观德裕之事，而阴柔之渐长，其当戒益明矣。盖德裕当时处置宦者，徒知其贴息畏伏，无所能为，至于小人屈于一时，志不忘逞，则此意德裕忽而不计。后来照管稍有不及处，则失其几会而为所中矣。岂不惜哉！可不惧哉！"(《近思录集解》)李德裕(787—850)，字文饶，唐代名相。

〔3〕"帖息威伏"，顺从畏伏。

〔4〕"志不忘逞"，"逞"，满足；不忘记满足自己的心愿。

【译文】

《姤》卦的初六爻辞说："羸豕孚蹢躅。"猪在羸弱的时候，力气还不能够行动，然而心里实实在在是想要躁动的，所以，到它能动的时候就会动的。就像李德裕处置宦官，只知道他们已经顺从畏伏了，而忽略了他们并没有忘记想要满足自己的心愿，一时照察不到，就丧失了消除祸患的机会。

10.64

人教小童，亦可取益。绊己不出入，一益也；授人数数[1]，己亦了此文义，二益也；对之必正衣冠、尊瞻视，三益也；常以因己而坏人之才为忧，则不敢堕[2]，四益也。（《经学理窟·义理》）

【注释】

[1]"数数"，屡屡，屡次。

[2]"堕"，同"惰"，懈怠，懒惰。

【译文】

教育小孩子，自己也可以获得收益。牵绊住自己不能外出，这是第一个收益；屡屡教授别人，自己也了解了文义，这是第二个收益；面对孩子们必定要衣冠端正、态度严肃，这是第三个收益；常常担心因为自己而毁坏了人才，所以不敢怠惰，这是第四个收益。

卷十一

教学之道

卷十一　教学之道

（凡二十一条）

【题解】

朱子论本卷纲目曰："教学之道。"叶采亦曰："此卷论教人之道。"然而，他还指出："盖君子进则推斯道以觉天下，退则明斯道以淑其徒。所谓得英才而教育之，即'新民'之事也。"（《近思录集解》）意思很显然：君子是在"进"不得之后，才不得已"退"而教学的。这层意思在茅星来这里，更是显然："前于为学之道已详，而此则教人为学之道也。盖学优而仕，固可出而见之事业，如不得已，则惟有明斯道以淑其徒而已。"（《近思录集注》）叶、茅二人有这样的体认，大概与朱子、东莱将本卷放置在"治道""治法""处事之方"诸卷之后有关，乍视之，确实有几分君子出仕不能而后迫不得已才去从事教育的意思。其实不然。这是因为他们忽略了"治道"一卷（卷八）之前的"出处之道"。君子处世，当随时代际遇。当进则进，当退则退，然而无论进退，全都以道自任，以治平为己责。故而，不从政则从教。从政与从教，乃是君子治平的两大途径。事实上，最初的政治核心，便是教育，如《礼记·学记》开篇即指出："玉不琢，不成器；人不学，不知道。是故古之王者建国君民，教学为先。"只是到了后世，政教分开，逐渐形成了以政为主、以教为辅的状况。于是，君子才有了两条路径：从政与从教。然而，不论从政，还是从教，君子往往还是以化民成俗为本，故而，历代大儒如范仲淹、王阳明等，都将教育作为政事的核心部分。且如论"治道""治法"处，也实在离不得教育。而明道、横渠二先生为令，都曾致力于教育（9.6、9.24）。故知，君子只是根据所在时空的状况，当从政即从政，当从教即从教。亦知朱子、东莱将本卷放在"处事之方"之后，并无迫不得已方才"退而明斯道以淑其徒"的意思，只是指出了君子治平的两条途径：一者，从政；二者，教学。

本卷论教学，第一条是纲领。濂溪先生指出：古之圣人立教，意义在于"俾人自易其恶，自至其中而止"，根本则在于克治禀性之偏，而归于禀性之中。这一点至关重要。人的一切不善，都是源于禀性之偏，若能救得禀性之偏，则恶自消而德自成。修身从克治禀性之偏入手，真可谓拔本塞源。

谈教育，自然离不得少儿教育。故而，本卷涉及少儿教育处颇多，其中的诸多指导，对于今日教育，无论是学校教育，还是家庭教育，都极有启发。其一，少儿教育宜早不宜迟（11.2）。要注重少儿习性的培养，所谓"少成若天性，习惯成自然"。其二，防止孩子形成偏好（11.5）。除了学习圣人之道，其余的一切都是偏好，包括"于儒者事最近"的书法。其三，教育孩子，以诚为本（11.11、11.12）。在日常的洒扫应对和说话、做事之始，都要教之以诚。其四，先教孩子"安详恭敬"（11.9、11.20）。孩童之时，易动不易静，然而，惟有有静气有恭敬之心的孩子将来才堪成大器。

若论内容，本卷在全册中算是较少的，仅仅二十一条。然而，几乎一条就是一个教育论题，就此展开，都可以写成一篇不小的论文。如其中论述教学方法，可谓涉及方方面面：一、以身作则，教化众人（11.3、11.18）。教，本便是"上所施，下所效"的意思。二、因材施教而人尽其才（11.4、11.6、11.19）。不能够做到人尽其才，便是"误人"。三、由浅入深，循序渐进（11.10、11.13、11.14、11.19）。对于学生而言，不可躐等而学；对于教育而言，同样如此，也不可躐等。四、注重意趣，使人乐学（11.8、11.16）。孔子有云："知之者不如好之者，好之者不如乐之者。"（《论语·雍也第六》）人一旦乐学，则学起来，就会像七八月间的雨水，沛然而不可御也。五、希望学者自得（11.14）。"学者须是潜心积虑，优游涵养，使之自得。"六、激发思考，不愤、悱，不启、发（11.17）。"学者须是深思之，思而不得，然后为他说便好。"七、教学当专一（11.15）。如古人十五岁入大学，四十而仕，二十多年致力于学，又如何不得成德？八、朋友之间以责善为要（11.21）。与朋友相处，"惟整理其心，使归之正"，最为有益。

当然，因为是择取四先生之言综合而成，本卷虽已涉及教育的方方面面，然而，尚欠系统。笔者以为研习本卷，当与《礼记·学记》篇互参，一则可知我国传统教育的完整体系，二则可见四先生的教育理念与古时教育诚为一以贯之。

11.1

濂溪先生曰："刚：善，为义，为直，为断，为严毅，为干固；恶，为猛，为隘，为强梁。柔：善，为慈，为顺，为巽；恶，为懦弱，为无断，为邪佞。惟中者[1]，和也，中节也，天下之达道也[2]，圣人之事也。故圣人立教，俾[3]人自易其恶，自至其中[4]而止矣。"（《通书·师第七》）

【注释】

[1] 此中所述"刚""善""中"，乃是禀性。五行之气化生万物时，会分为阴阳两大类，阳气偏重者，禀性为刚；阴气偏重者，禀性为柔。无论是刚，还是柔，都是有所偏颇的。惟有中，阴阳平衡，不偏不倚。刚、柔二者既有所偏颇，自然就会有善、恶之分，于是便有了刚善、刚恶、柔善、柔恶，再加上中，也就成了

"五性"（1.1）。

〔2〕"惟中者，和也"云云，禀性为中，则无所偏颇，故能与本性合一，所作所为，皆是率性而为，所以为"和"，为"中节"，为"天下之达道"。禀性为"中"的人，往往是生而知之的圣人。《中庸》有云："喜怒哀乐之未发，谓之中；发而皆中节，谓之和。中也者，天下之大本也；和也者，天下之达道也。"《中庸》所讲的"中"，与此处的"中"不同，所讲的乃是喜怒哀乐诸情的本体，乃是本性。此处的"中"，则是五种禀性中的一种，因为为"中"，无所偏颇，能够纯然遵循于本性（即《中庸》所谓"中"）而为，故而，所发皆为"和"——不偏不倚，无过无不及。

〔3〕"俾"，使。

〔4〕"自易其恶，自至其中"，指自己去改变不好的禀性，自行努力达到无所偏颇的中性。由此可见，濂溪先生认为禀性中偏颇的部分，是可以通过修身来逐渐克服和规正的。需要注意的是：尽管禀性中偏颇的部分可以被克除，然而，禀赋特质却是无法改变的，这是两个不同层面的问题。五行之气化生万物时，会分为阴阳两大类，禀性便是由阴阳二者的平衡度决定的，阴阳不平衡，必然会导致禀性偏颇。禀赋特质则是由所构成的五行决定的，五行各有各的特质，就会成为人的禀赋特质。例如，同是金性人，然而有偏阳的，有偏阴的，也有阴阳平衡的，偏阳偏阴，都会导致禀性有所偏颇，然而，他们的禀赋特质却全都为金。之所以要指出这一点，是为了防止有人误解濂溪先生的话，认为修身到最后，禀性都是中，那么，天下的圣人就应该是同一个样子。其实不然，圣人各各不同，各有各的风采。

【译文】

濂溪先生说："刚性，表现在善的方面，为正义，为刚直，为决断，为严毅，为干练贞固；表现在恶的方面，为凶猛，为狭隘，为强暴。柔性，表现在善的方面，为仁慈，为柔顺，为谦逊；表现在恶的方面，为懦弱，为优柔寡断，为邪佞。只有中性，体现出来都是和的，都是发而皆中节的，是通达于天下的正道，是圣人的事。所以，圣人设立教化，是要使人自行改变不好的禀性，一直达到无所偏颇的中性为止。"

11.2

伊川先生曰："古人生子，能食能言而教之[1]。大学之法，以豫为先[2]。人之幼也，知思未有所主，便当以格言至论日陈于前，虽未有知，且当薰聒[3]，使盈耳充腹，久自安习，若固有之[4]，虽以他言惑之，不能入也。若为之不豫，及乎稍长，私意偏好生于内，众口辩言铄[5]于外，欲其纯完，不可得也。"（《河南程氏文集》卷六）

【注释】

〔1〕"能食能言而教之"，《礼记·内则》："子能食食，教以右手。能言，男'唯'女'俞'。男鞶革，女鞶丝。"

〔2〕"大学之法，以豫为先"，"豫"，预防。《礼记·学记》："大学之法，禁于未发之谓豫，当其可之谓时，不陵节而施之谓孙（逊），相观而善之谓摩。此四者，教之所由兴也。"由"禁于未发"，可知所预防的，乃是邪念。在邪念尚未生发之前，就进行预防，这样一来，邪念便无从生起了。

〔3〕"薰聒"，熏陶。"聒"，喧哗、嘈杂，此处指频繁宣讲。

〔4〕"人之幼也"云云，此即"少成若天性，习惯成自然"。

〔5〕"铄"，销熔，引申为削弱、侵蚀。

【译文】

伊川先生说："古人生了孩子，在能吃饭能说话时就开始教育。大学的教育方法，以预防为先。人在幼年之时，知识和思虑还没有主见，就应当将圣人的格言至论每天都在他们面前陈说，虽然还不懂，暂且当作熏陶，让他们满耳满腹都是格言至论，时间久了自然成为习惯，就像本来就有的，即使再用其他的言辞去惑乱他，也不能够再影响他。如果没有及早预防，等到稍微长大一些，私意与偏好在内心中萌生，众人巧辩的言辞从外面不断地来侵蚀他，想要让他的内心纯正完备，也就不可能了。"

11.3

《观》之上九曰："观其生，君子无咎〔1〕。"《象》曰："'观其生'，志未平也〔2〕。"《传》曰："君子虽不在位，然以人观其德，用为仪法，故当自慎省。观其所生，常不失于君子，则人不失所望而化之矣。不可以不在于位故，安然放意，无所事也。"（《周易程氏传·观》）

【注释】

〔1〕"观其生，君子无咎"，仰望他的行为，君子没有危害。《周易·观》上九爻辞。

〔2〕"'观其生'，志未平也"，《周易·观》上九《小象传》。"平"，指

安宁无为。意为："观其生"，心意尚未可以安逸松懈。

【译文】

《观》卦的上九爻辞说："观其生，君子无咎。"《小象传》说："'观其生'，志未平也。"《程氏传》说："君子虽然不在重要的位置上，然而因为人们仰望他的德行，作为仪表的准则，所以应当自我谨慎、自我省察。仰观他的行为，时常不违背君子的标准，人们就不会感到失望而受到教化。不可以因为不在重要的位置上，就安逸放纵，无所事事。"

11.4

圣人之道如天然，与众人之识甚殊邈[1]也。门人弟子既亲炙，而后益知其高远。既若不可以及，则趋望之心怠矣，故圣人之教，常俯而就之[2]。事上临丧，不敢不勉，君子之常行；"不困于酒"[3]，尤其近也。而以己处之者，不独使夫资之下者勉思企及，而才之高者亦不敢易乎近矣。(《河南程氏粹言》卷二)

【注释】

〔1〕"邈"，遥远。

〔2〕"圣人之教，常俯而就之"，意谓圣人教导学生，常常根据学生的水平来教学。

〔3〕"事上临丧"云云，《论语·子罕第九》：子曰："出则事公卿，入则事父兄，丧事不敢不勉，不为酒困，何有于我哉？"

【译文】

圣人之道像天一样高远，与众人的见识相距非常遥远。门人弟子们既已在身边受教，而后越来越明白圣人之道的高远。如果觉得不可以做得到，向往之心就会懈怠，所以圣人教导学生，常常会根据学生的水平来教学。事奉上司、处理丧事，不敢不勉力而为，都是君子的正常行为；"不困于酒"，尤其浅近。而用自己处理这些事的方法来教导学生，不但使得资质低下的人努力想着要去做到，而材质出众的人也不敢由于浅近而轻视这些事。

11.5

明道先生说："忧子弟之轻俊[1]者，只教以经学念书，不得令作文字。子弟凡百玩好皆夺志。至于书札[2]，于儒者事最近，然一向好着，亦自丧志。如王、虞、颜、柳辈[3]，诚为好人则有之，曾见有善书者知道否？平生精力一用于此，非惟徒废时日，于道便有妨处，足知丧志也。"（《河南程氏遗书》卷一）

【注释】

〔1〕"轻俊"，飘逸潇洒。

〔2〕"书札"，书法。

〔3〕"王、虞、颜、柳辈"，即王羲之、虞世南、颜真卿、柳公权，皆为著名书法家。

【译文】

明道先生说："担心子弟中那些才智轻俊的，只应当教他们学习儒家经典，不得让他们去写诗作文。对于子弟们来说，凡是各种爱好都会夺走他们的志向。至于书法，最为接近儒家，然而一味的喜好，也会丧失学习圣人之道的志向。比如王羲之、虞世南、颜真卿、柳公权等人，说他们确实是好人则可以，可是谁曾见过擅长书法的人明白圣人之道呢? 将毕生的精力全都用在这上面，不但白白浪费了时间，对于学习圣人之道也有很多妨碍，足以知道它会令人丧失志向。"

11.6

胡安定在湖州，置治道斋，学者有欲明治道者，讲之于中，如治民、治兵、水利、算数之类。尝言刘彝[1]善治水利，后累为政，皆兴水利有功。(《河南程氏遗书》卷二上)

【注释】

[1] 刘彝(1022—1091)，字执中，福州闽县人，胡瑗门人。

【译文】

胡安定公主持湖州州学时，曾经设置治道斋，学生中有想学习治理之道的，就在其中为他们讲授，如治民、治兵、水利、算数之类。安定公曾经说刘彝善于治理水利，后来刘彝累次从政，都因兴修水利而有功绩。

11.7

凡立言，欲涵蓄意思，不使知德者厌、无德者惑。(同上条)

【译文】

　　凡是著书立说，要蕴含着深刻的意味，不让有德的人厌恶、无德的人迷惑。

11.8

　　教人未见意趣，必不乐学。欲且教之歌舞，如古《诗》三百篇，皆古人作之。如《关雎》之类，正家之始，故用之乡人，用之邦国[1]，日使人闻之。此等诗，其言简奥，今人未易晓。别欲作诗，略言教童子洒扫应对事长之节，令朝夕歌之，似当有助。（同上条）

【注释】

〔1〕"如《关雎》之类"云云，《诗序》："《关雎》，后妃之德也。风之始也，所以风天下而正夫妇也，故用之乡人焉，用之邦国焉。"

【译文】

　　教育学生，如果没有让学生感受到趣味，就一定不会乐于学习。想要暂先教他们歌舞，比如《诗经》三百篇，全都是古人所作。如《关雎》之类，是端正家庭的开始，所以，用在乡人之间，用在国家，每天都让人听到。这样的诗，言辞简洁深奥，现今的人不容易明晓。我想要另外写一些诗歌，简略说明教育孩子们洒扫应对、事奉长辈的礼节，让他们朝夕歌诵，似乎可以有所帮助。

11.9

子厚以礼教学者最善[1]，使学者先有所据守。(同上条)

【注释】

〔1〕"子厚以礼教学者最善"，子厚，即横渠先生；"以礼教学者"，本自于孔子。孔子反复强调"不学礼，无以立""不知礼，无以立"，所以，无论是教育学生，还是教育自己的儿子，全都以礼为先。如颜子曾喟然叹曰："夫子循循然善诱人，博我以文，约我以礼，欲罢不能。"(《论语·子罕第九》)而颜子问仁，子曰："克己复礼为仁。一日克己复礼，天下归仁焉。为仁由己，而由人乎哉？"颜子请问其目，则曰："非礼勿视，非礼勿听，非礼勿言，非礼勿动。"(《论语·颜渊第十二》)而一日，孔子独立在庭院中，伯鱼(即孔鲤，孔子之子)"趋而过庭"，孔子问他："学礼乎？"对曰："未也。"孔子说："不学礼，无以立。"伯鱼于是"退而学礼"(《论语·季氏第十六》)。

【译文】

子厚用礼来教导学生的方法最好，可以使学生一开始就有个据守。

11.10

语学者以所见未到之理，不惟所闻不深彻，久将理低看了。(《河南程氏遗书》卷三)

【译文】

　　跟学生们讲他们的见识还未能达到的道理，不但他们听了之后不能透彻理解，时间一久，还会将道理看得低了。

11.11

　　舞、射，便见人诚。古之教人，莫非使之成己。自洒扫应对上，便可到圣人事[1]。(《河南程氏遗书》卷五)

【注释】

〔1〕"自洒扫应对上，便可到圣人事"，圣人之事，无非是诚。若是能在洒扫应对之时，保持至诚，便是做到了圣人的事。伊川先生有云："洒扫应对，便是形而上者，理无大小故也。"(《二程集》)

【译文】

　　舞蹈、射箭，就能看出一个人的诚意。古时候圣贤教导学生，无非是让他们成就自己。从洒扫应对这些事上，就可以做到圣人的事。

11.12

　　自"幼子常视无诳"[1]以上，便是教以圣人事。(《河南程氏遗书》卷六)

【注释】

〔1〕"幼子常视无诳"，语本《礼记·曲礼上》："幼子常视毋诳。""视"，同"示"。"诳"，欺骗。对于小孩子，常常示意他不要欺骗。

【译文】

从"幼子常视无诳"开始，就是在用圣人的事教导孩子。

11.13

"先传""后倦"〔1〕，君子教人有序。先传以小者近者，而后教以大者远者。非是先传以近小，而后不教以远大也。（《河南程氏遗书》卷八）

【注释】

〔1〕"先传""后倦"，《论语·子张第十九》：子游曰："子夏之门人小子，当洒扫应对进退，则可矣。抑末也。本之则无，如之何？"子夏闻之，曰："噫！言游过矣！君子之道，孰先传焉？孰后倦焉？譬诸草木，区以别矣。君子之道，岂可诬也？有始有卒者，其惟圣人乎！""先传"之意易明，"后倦"之意难通。诸多学者越说越远，如有人解"倦"为"竭力"，"后倦"成了"后竭力"。又如有人解为"指因倦而后传，甚至不传了"。其实，朱子早已解说清楚："倦，如'诲人不倦'之倦。区，犹类也。言君子之道，非以其末为先而传之，非以其本为后而倦教。但学者所至，自有浅深，如草木之有大小，其类固有别矣。若不量其浅深，不

问其生熟，而概以高且远者强而语之，则是诬之而已。君子之道，岂可如此？若夫始终本末一以贯之，则惟圣人为然，岂可责之门人小子乎？"（《四书章句集注》）由此可知，则所谓"后倦"，即放在后面而厌倦去教。子夏的话是针对子游的，意思是：我不以末（即洒扫应对）为先而先行传授，也不是以本（圣人之道）为后而厌倦去传授，我只是根据学生的状况而进行适合的教导。——教学的次序正隐含在其中。

【译文】

"先传""后倦"，君子教人有着一定的次序。先传以微小的浅近的，而后再教以博大的高远的。不是先传以浅近的微小的，而后就不教授高远的博大的了。

11.14

伊川先生曰："说书必非古意[1]，转使人薄。学者须是潜心积虑，优游涵养，使之自得。今一日说尽，只是教得薄。至如汉时说'下帷讲诵'[2]，犹未必说书。"（《河南程氏遗书》卷十五）

【注释】

[1]"说书必非古意"，"说书"，讲说书中的文意；"古意"，前人的意思。意谓讲说书中的文意，这个教学方法一定不符合前人的意思。前人的意思应当是让学者"潜心积虑，优游涵养"而自得之。

[2]"下帷讲诵"，乃董仲舒事。见《史记·儒林列传》："董仲舒，广

川人。以治《春秋》，孝景时为博士。下帷讲诵，弟子传以久次相受业，或莫见其面，盖三年董仲舒不观于舍园，其精如此。"

【译文】

伊川先生说："讲说书中的文意，这个方法一定不符合前人的意思，反而使得学生浅薄。学者必须是潜心研究深思熟虑，从容悠闲涵养其中，使得自身有真切的体会。如今一天就将文意说尽，只是把道理教得太浅薄了。至于汉代所说的'下帷讲诵'，也未必是讲说书中的文意而已。"

11.15

古者八岁入小学，十五入大学[1]，择其才可教者聚之，不肖者复之农亩。盖士农不易业，既入学则不治农，然后士农判。在学之养，若士大夫之子，则不虑无养；虽庶人之子，既入学则亦必有养。古之士者，自十五入学，至四十方仕[2]，中间自有二十五年学，又无利可趋，则所志可知，须去趋善，便自此成德。后之人，自童稚间已有汲汲趋利之意，何由得向善？故古人必使四十而仕，然后志定。只营衣食却无害，惟利禄之诱最害人。（本注：人有养，便方定志于学。）（同上条）

【注释】

〔1〕"古者八岁入小学，十五入大学"，朱子《大学章句序》："人生八岁，则自王公以下，至于庶人之子弟，皆入小学，而教之以洒扫、应对、进退之节，礼乐、射御、书数之文。及其十有五年，则自天子之元子、众子，以至公、卿、大夫、元士之适子，与凡

民之俊秀，皆入大学，而教之以穷理、正心、修己、治人之道。此又学校之教、大小之节所以分也。"

〔2〕"至四十方仕"，语本《礼记·曲礼上》："人生十年曰幼，学；二十曰弱，冠；三十曰壮，有室；四十曰强，而仕。"

【译文】

古时候，孩子们八岁进入小学，十五岁进入大学，选择才质值得教育的聚集起来教育他们，不能成器的就让他们回到田间务农。因为士子和农民不能交换职业，既已入学就不再务农，这样一来，士子和农民就分别开来了。在学校中的供养，如果是士大夫的孩子，则不必担心没有供养；即使是平民的孩子，既已入学也必定会有所供养。古时候的士子，自十五岁进入大学，到了四十岁才出仕，中间有二十五年在学习，又没有利益可以去追求，志向也就可以知晓，必须去追求至善，自然会因此而成就德行。后世的人，从孩童之时就已经有了急切追逐利益的想法，又如何能够让他们趋向于善？所以，古人必须到四十岁才出仕，然后志向坚定。只是谋求衣食却也没有什么危害，惟有功名利禄的诱惑最是害人。（本注：人有了供养，才可以坚定心志在学习上。）

11.16

天下有多少才，只为道不明于天下，故不得有所成就。且古者"兴于《诗》，立于礼，成于乐"〔1〕，如今人怎生会得？古人于《诗》，如今人歌曲一般，虽闾巷童稚，皆习闻其说而晓其义，故能兴起于《诗》。后世老师宿儒〔2〕，尚不能晓其义，怎生责得学者？是不得"兴于《诗》"也。古礼既废，人伦不明，以至治家皆无法度，是不得"立于礼"也。古人有歌咏以养其性情，声音以养其耳目，舞蹈以养其血脉，今皆无之，是不得"成于乐"也。古之成材也易，今之成材也难。（《河南程氏遗书》卷十八）

【注释】

〔1〕"兴于《诗》，立于礼，成于乐"，兴起于《诗》，立身于礼，成就于乐。语自《论语·泰伯第八》。

〔2〕"宿儒"，指学问深厚、修养高超的儒家读书人。

【译文】

　　天下有多少人才，只是因为圣人之道不能够昌明于天下，所以不能够有所成就。且如古人"兴于《诗》，立于礼，成于乐"，现今的人怎么能够做得到呢？古人对于《诗经》，就像现在人唱的歌曲一样，即使是巷子里的孩童们，也全都熟闻其中的文句而明晓其中的意义，所以能够"兴于《诗》"。后世的老师和宿儒，尚且不能够明晓其中的意义，又怎么能够去要求学生呢？所以不能够"兴于《诗》"了。古代的礼制既已废弃，人伦关系混乱，以至于治家全都没有法度，所以不能够"立于礼"了。古人有歌咏来养育他们的性情，有音乐来养育他们的耳目，有舞蹈来养育他们的血脉，如今这一切都没有了，所以不能够"成于乐"了。古代的人成才很容易，今天的人成才却很难。

11.17

　　孔子教人，"不愤不启，不悱不发"〔1〕。盖不待愤、悱而发，则知之不固；待愤、悱而后发，则沛然〔2〕矣。学者须是深思之，思而不得，然后为他说便好。初学者须是且为他说，不然，非独他不晓，亦止人好

问之心也。（同上条）

【注释】

〔1〕"不愤不启，不悱不发"，"愤"，心求通而未得，"启"，开导；
"悱"，口欲言而未能，"发"，启发。不到他努力探求而求不得的
时候，就不去开导他；不到他极力想说而说不出来的时候，就不
去启发他。语自《论语·述而第七》：子曰："不愤不启，不悱不
发，举一隅不以三隅反，则不复也。"

〔2〕"沛然"，充盛的样子。

【译文】

　　孔子教育学生，"不愤不启，不悱不发"。因为不等到愤、悱的时
候就启发他们，就会体会得不牢固；等待愤、悱之后再去启发他们，
就会沛然而发。学者必须是深入思考，深思之后还不能理解，然后再
为他解说才好。但是，初学者是需要暂且为他解说的，不然的话，不
但他不明白，也会阻碍他好学求问的心。

11.18

　　横渠先生曰："'恭敬、撙节、退让以明礼'〔1〕，仁之至也，爱道之极
也。己不勉明，则人无从倡，道无从弘，教无从成矣。"（《正蒙·至当》）

【注释】

〔1〕"恭敬、撙节、退让以明礼"，"撙"，节制；态度恭敬、做事节
制、对人谦让来彰明礼义。语自《礼记·曲礼上》："道德仁义，

非礼不成；教训正俗，非礼不备；分争辨讼，非礼不决；君臣、上下、父子、兄弟，非礼不定；宦学事师，非礼不亲；班朝治军，莅官行法，非礼威严不行；祷祠祭祀，供给鬼神，非礼不诚不庄。是以君子恭敬、撙节、退让以明礼。"

【译文】

横渠先生说："'恭敬、撙节、退让以明礼'，就是仁的极致，就是爱人之道的极致。自己不努力的去彰明礼，众人就无法得到倡导，道就无法得以弘扬，教化也就无法得以成功。"

11.19

《学记》曰："进而不顾其安，使人不由其诚，教人不尽其材。"[1]人未安之，又进之；未喻之，又告之，徒使人生此节目。不尽材，不顾安，不由诚，皆是施之妄也。教人至难，必尽人之材，乃不误人。观可及处，然后告之。圣人之明，直若庖丁之解牛，皆知其隙，刃投余地，无全牛矣[2]。人之才足以有为，但以其不由于诚，则不尽其才。若曰勉率而为之，则岂有由诚哉？（《横渠语录》）

【注释】

〔1〕"进而不顾其安"云云，意谓教学只管进度而不管学生是否掌握，对待学生不是本于诚意，教育学生不能够做到人尽其才。

〔2〕"庖丁之解牛"云云，《庄子·养生主》：庖丁为文惠君解牛，手之所触，肩之所倚，足之所履，膝之所踦，砉然向然，奏刀騞然，莫不中音，合于桑林之舞，乃中经首之会。文惠君曰："嘻！善哉！

技盖至此乎？"庖丁释刀曰："臣之所好者，道也，进乎技矣。始臣之解牛之时，所见无非牛者。三年之后，未尝见全牛也。方今之时，臣以神遇而不以目视，官知止而神欲行。依乎天理，批大郤，道大窾，因其固然。技经肯綮之未尝，而况大軱乎？良庖岁更刀，割也；族庖月更刀，折也。今臣之刀十九年矣，所解数千牛矣，而刀刃若新发于硎。彼节者有间，而刀刃者无厚。以无厚入有间，恢恢乎其于游刃必有余地矣，是以十九年而刀刃若新发于硎。"

【译文】

《学记》中说："进而不顾其安，使人不由其诚，教人不尽其材。"学生们还没有掌握所学的内容，又开始讲授新的内容；还没有明白所学的道理，又告诉他们新的道理，徒然让学生们生出诸多的麻烦。不能穷尽学生的才质，不管学生有没有掌握，不从诚意出发，全都是盲目的教学。教育学生极其困难，必须要做到人尽其才，才算是不耽误学生。观察他所可以抵达的地步，然后告诉他。圣人的明智，就像庖丁解牛，全都知道空隙在哪里，刀刃在有余地的地方游走，眼中没有一头完整的牛。人的才质足以有所作为，但是因为老师不是本于诚意，就不能够充分发挥他的才质。如果说老师只是勉强草率地去教学，又怎么会有本于诚意的呢？

11.20

古之小儿便能敬事。长者与之提携，则两手奉长者之手。问之，掩口而对[1]。盖稍不敬事，便不忠信。故教小儿，且先安详恭敬。（同上条）

【注释】

〔1〕"长者与之提携"云云，语本《礼记·曲礼上》："童子不衣裘、
裳。立必正方，不倾听。长者与之提携，则两手奉长者之手。
负、剑、辟咡诏之，则掩口而对。"

【译文】

　　古时候的小孩子就能够恭敬事奉长者。长者和他牵着手走路，他
就两只手握住长者的手。问他话，他就掩着嘴来回答。因为稍有一点
不恭敬事奉，就是不忠信。所以教育小孩子，首先要教他安详恭敬。

11.21

　　孟子曰："人不足与适也，政不足与间也，唯大人为能格君心之
非。"〔1〕非惟君心，至于朋游学者之际，彼虽议论异同，未欲深较，惟
整理其心，使归之正，岂小补哉！（同上条）

【注释】

〔1〕"人不足与适也"云云，语自《孟子·离娄上》。

【译文】

　　孟子说："人不足与适也，政不足与间也，唯大人为能格君心之
非。"不单单是君王的心，即使是一起游学的学友之间，他们虽然有
议论和自己不同，也不要深入计较，只是纠正他们的心，使得他们归
于正道，这难道是小的补益吗！

卷十二

改过及人心疵病

卷十二　改过及人心疵病

（凡三十三条）

【题解】

　　朱子论本卷纲目曰："改过及人心疵病。"叶采则曰："此卷论戒慎之道。修己治人，当存警省之意，不然则私欲易萌，善日消而恶日积矣。"（《近思录集解》）很显然，两者的陈述角度略有不同，朱子是如实陈述，本卷确实讲述了改过及人心的种种疵病。叶采则从反躬的角度，指出本卷所述无论是改过，还是人心的种种疵病，究其本质，全都是警示，是我们所需要"戒慎"的对象。笔者以为这一个角度，更为适合读者。

　　在研读本卷时，学人们往往会将本卷与第五卷（改过迁善，克己复礼）相对应，甚或认为有所重复。其实不然，依据《近思录》的整体结构，第一、二卷乃是纲领，一论道体，一论为学，二者都具备统摄性。第三卷至第五卷，则是修己事，含致知、存养、克治。第六卷至第十一卷，则是安人事，含齐家、出处、治道、治法、处事及教学。而本卷乃是顺着安人层面而来的。可见本卷与第五卷应当有着不同之处：第五卷注重的是修，克治是为了修身；本卷所注重的则是戒，戒慎是为了防止走偏，无论是过，还是不及，抑或是反复，都是走偏的表现。所以，本卷更加注重对处事过程之中的种种过失的提撕。这一点，其实茅星来也已看出个大概："此与第五卷相似而实不同。盖第五卷就其当省察克治者言之，此则就人之不能省察克治者，而摘其疵病以深警而痛戒焉，则其意愈深而语愈加切矣。"（《近思录集注》）"摘其疵病以深警而痛戒"，确实是本卷的根本。然而，其所谓"就人之不能省察克治者"，以及"其意愈深而语愈加切"诸言，则纯属一己之见，不可依据。

一个人，只要还没有成圣，纵然是大贤，也还是会有过有不及。而儒者的修身乃是一辈子的事，从没有一劳永逸的顿悟之说，务必是活到老、学到老、修到老的，但有丝毫的松懈，便是有丝毫的与道相违。所以，儒者的一生都需要保持警戒。本卷的意义正在于此。

本卷所提示的应当戒慎的疾病颇多，其中大多为我们日常所易犯乃至常犯的，值得我们细细体味，而将之存于心间，在待人接物时时时自我警示。如不可讳疾忌医（12.1），不可失道（12.2），不可沉湎于享乐（12.3、12.4、12.5、12.11、12.12、12.13），不可乖离孤立（12.7），不可窃位（12.8），不可谋求私利（12.9），不可执着一隅（12.10），不可自任太过（12.14），不可轻忽小节（12.15），不可有私欲（12.16、12.20、12.21），不可有机巧心、计较心（12.22、12.24），不可有私意（12.26），不可听郑卫一类的音乐（12.32）、不做乡原（12.33）等等。事实上，人所戒慎的疾病成千上万，本卷所列只不过是一些典型而已，至于其他，则在于学者自行体察，自去警戒。惟有如此，方才不负朱子、东莱编辑本卷之用心。

最后，笔者拟就不可沉湎于享乐再略作陈述，本卷对这一点作了较为翔实的陈述：其一，不可"耽恋"快乐，因为"人君至危亡""以豫为多"。其二，居安当思危（12.5），因为危险就潜伏在安乐的背后。其三，不可"以悦而动"（12.11、12.12、12.13）。因悦而动者，无有"不失正者"，结局只能是"凶而无所利"。对于享乐，我想诸位应该有了一些别样的体味。

12.1

濂溪先生曰："仲由喜闻过[1]，令名[2]无穷焉。今人有过，不

喜人规，如护疾而忌医，宁灭其身而无悟也。噫！"（《通书·过第二十六》）

【注释】

〔1〕"仲由喜闻过"，仲由，即子路。《孟子·公孙丑上》：孟子曰："子路，人告之以有过，则喜。"

〔2〕"令名"，美名。

【译文】

濂溪先生说："子路喜欢听到别人指出他的过错，所以美名流传久远。现今的人有了过错，不喜欢别人规劝，就像护着身上的病而忌讳医治，宁愿灭身也不醒悟。唉！"

12.2

伊川先生曰："德善日积，则福禄日臻[1]。德逾于禄，则虽盛而非满。自古隆盛，未有不失道而丧败者也。"（《周易程氏传·泰》）

【注释】

〔1〕"臻"，至。

【译文】

伊川先生说："德善一天天的累积，福禄就会一天天的到来。德善超过福禄，那么，福禄虽然丰盛也不至于过满。自古以来的隆盛之家，没有不因为违背道义而衰败的。"

12.3

　　人之于豫乐，心说之，故迟迟，遂至于耽恋不能已也。《豫》之六二，以中正自守，其介如石，其去之速，不俟终日，故贞正而吉也[1]。处豫不可安且久也，久则溺矣。如二，可谓见几而作[2]者也。盖中正，故其守坚，而能辨之早、去之速也。（《周易程氏传·豫》）

【注释】

〔1〕"《豫》之六二"云云，"介"，耿介。释《周易·豫》六二爻辞："介于石，不终日，贞吉。"

〔2〕"见几而作"，语自《周易·系辞下》：子曰："知几，其神乎！君子上交不谄，下交不渎，其知几乎！几者，动之微，吉之先见者也。君子见几而作，不俟终日。《易》曰：'介于石，不终日，贞吉。'介如石焉，宁用终日？断可识矣！君子知微知彰，知柔知刚，万夫之望。"

【译文】

　　人对于欢乐，心中喜欢，所以迟迟不肯舍弃，以至于沉湎其中而不能自已。《豫》卦的六二，以中正自守，耿介如石，迅速地离去，而不需要等过了这一天，所以贞固中正而吉祥。处于快乐的状态，不可以长久安处，时间久了就会沉溺在其中。像六二，可以说是见几而作了。因为六二中正，所以守持坚固，而能够辨别得早、离去得迅速。

12.4

　　人君致危亡之道非一，而以豫为多。（同上条）

【译文】

　　人君招致危亡的原因有许多，而大多是由于沉湎于快乐。

12.5

　　圣人为戒，必于方盛之时。方其盛而不知戒，故狃[1]安富则骄侈生，乐舒肆则纲纪坏，忘祸乱则衅孽[2]萌，是以浸淫[3]不知乱之至也。（《周易程氏传·临》）

【注释】

〔1〕"狃"，习以为常而不重视。

〔2〕"衅孽"，争端祸害。

〔3〕"浸淫"，浸染，濡染。

【译文】

　　圣人作出告诫，必定会在正当兴盛的时候。正当兴盛的时候而不知道戒备，故而，习惯于安乐富贵就会导致骄横奢侈，享乐于舒适放肆就会导致纲纪败坏，忘记祸害败乱就会萌生争端祸害，就此浸染在其中而不知道败乱就要到来。

12.6

　　《复》之六三，以阴躁处动之极[1]，复之频数而不能固者也[2]。复贵安固，频复频失，不安于复也。复善而屡失，危之道也。圣人开迁善之道，与其复，而危其屡失，故云"厉，无咎"。不可以频失而戒其复也，频失则为危，屡复何咎？过在失而不在复也。（本注：刘质夫[3]曰："频复不已，遂至迷复。"）（《周易程氏传·复》）

【注释】

〔1〕"《复》之六三"云云，六三阴爻，位于阳位（三位），所以为阴而躁动之象。《复》卦下卦为震，震象征着动，六三为下卦震的最上一爻，所以，为"动之极"。

〔2〕"复之频数"云云，释《周易·复》六三爻辞："频复，厉，无咎。"

〔3〕刘质夫，刘绚（1045—1087），字质夫，祖籍常山（今属浙江），二程先生门人。

【译文】

　　《复》卦的六三爻，以阴躁之性处于动的极点，是频繁的返复而不能够固守的人。返复贵在于安稳坚固，频繁的返复又频繁的违失，是不能安定于返复。返复于善而又屡屡违失，是招致危险的做法。圣人指出迁善改过的方法，赞许返复，但又指出屡屡违失是危险的，所以说"厉，无咎"。不可以因为频繁的违失而不许他返复，频繁违失会陷入危险，但屡屡返复又有什么错呢？过错在于违失，而不在于返复。（本注：刘绚说："频繁的返复不已，就会导致迷失而不再返复。"）

12.7

　　睽极则怫戾[1]而难合，刚极则躁暴而不详，明极则过察而多疑。《睽》之上九[2]，有六三之正应，实不孤，而其才性如此，自睽孤也。

如人虽有亲党，而多自疑猜，妄生乖离，虽处骨肉亲党之间，而常孤独也。(《周易程氏传·睽》)

【注释】

〔1〕"咈戾"，违逆。

〔2〕"《睽》之上九"，《周易·睽》上九爻辞："睽孤。见豕负涂，载鬼一车，先张之弧，后说之弧；匪寇，婚媾；往，遇雨则吉。""睽孤"，因为乖离而孤立无应。

【译文】

乖离到了极致就会违逆而难以相合，刚健到了极致就会暴躁而不安祥，明察到了极致就会过分审察而多疑。《睽》卦的上九，有六三跟它正应，其实并不孤立，而它的才性就是这样，自我乖离孤立起来。就像一个人，虽然有亲人朋友，而自己多疑猜忌，无端地导致乖离，虽然处于至亲骨肉亲人朋友之间，也时常是孤独的。

12.8

《解》之六三曰："负且乘，致寇至，贞吝。"〔1〕《传》曰："小人而窃盛位，虽勉为正事，而气质卑下，本非在上之物，终可吝也。""若能大正则如何？"曰："大正非阴柔所能也，若能之，则是化为君子矣。"(《周易程氏传·解》)

【注释】

〔1〕"负且乘，致寇至，贞吝"，背负着重物而乘坐大车，招致贼

寇前来，守持正固以防遗憾。《周易·解》六三爻辞。《周易·系辞下》：子曰："作《易》者，其知盗乎？《易》曰：'负且乘，致寇至。'负也者，小人之事也。乘也者，君子之器也。小人而乘君子之器，盗思夺之矣；上慢下暴，盗思伐之矣。慢藏诲盗，冶容诲淫。《易》曰：'负且乘，致寇至。'盗之招也。"

【译文】

《解》卦的六三爻辞说："负且乘，致寇至，贞吝。"《程氏传》说："小人而窃居高位，即使他努力地去做正事，而气质卑下，本不是在上位的人，终归会有危害。"有人会问："如果他能够光大正直，又会如何呢？"答："光大正直不是阴柔的六三所能够做到的，如果能够做得到，那就是变化气质而成为君子了。"

12.9

《益》之上九曰："莫益之，或击之[1]。"《传》曰："理者，天下之至公；利者，众人所同欲。苟公其心，不失其正理，则与众同利，无侵于人，人亦欲与之。若切于好利，蔽于自私，求自益以损于人，则人亦与之力争，故莫肯益之，而有击夺之者矣。"(《周易程氏传·益》)

【注释】

〔1〕"莫益之，或击之"，没有人增益他，却有人攻击他。语自《周易·益》上九爻辞："莫益之，或击之；立心勿恒，凶。"

【译文】

　　《益》卦的上九爻辞说："莫益之，或击之。"《程氏传》说："理，是天下最为大公无私的；利，是众人所共同追求的。如果能够心怀公平，不违背正理，那就可以与众人共同获取利益，而不会侵害别人，别人也愿意给予他。如果是急切的谋取利益，被一己的自私所遮蔽，只求自己受益而损害别人的利益，那么，人们也就会奋力与他竞争，所以没有人肯增益他，而会有人来攻击夺取他。"

12.10

　　《艮》之九三曰："艮其限，列其夤，厉薰心[1]。"《传》曰："夫止道，贵乎得宜，行止不能以时，而定于一，其坚强如此，则处世乖戾，与物睽绝，其危甚矣。人之固止一隅，而举世莫与宜者，则艰蹇[2]忿畏焚挠其中，岂有安裕之理？'厉薰心'，谓不安之势薰烁[3]其中也。"（《周易程氏传·艮》）

【注释】

〔1〕"艮其限，列其夤，厉薰心"，《周易·艮》九三爻辞。"限"，界限，即人体的上下交界处，即腰部。"列"，通"裂"。"夤"，夹脊肉。"薰"，薰灼。抑止腰部的扭动，以至于夹脊肉开裂，危险像烈火一样薰灼着心。

〔2〕"艰蹇"，艰难。

〔3〕"薰烁"，薰灼，薰烤。

【译文】

　　《艮》卦的九三爻辞说："艮其限，列其夤，厉薰心。"《程氏传》说："关于止的道理，贵在于符合时宜，行动和停止不能够符合时宜，而执定于一点，像这样坚强，处世就会不合情理，而与外物乖离断绝，危险就会很严重了。人如果固执于一点，整个世间也就没有人可以与他相合了，如此一来，艰难愤怒畏惧就会焚烧扰乱着他的心，又怎么会有安乐宽裕的道理？'厉薰心'，说的是不安宁的形势薰灼着他的心。"

12.11

大率以说[1]而动，安有不失正者。(《周易程氏传·归妹》)

【注释】

[1]"说"，同"悦"。

【译文】

凡是因为愉悦而采取行动的，怎么会有不违背正道的。

12.12

男女有尊卑之序，夫妇有倡随之理，此常理也。苟徇情肆欲，唯说是动，男牵欲而失其刚，妇狃说而忘其顺，则凶而无所利矣。(同上条)

【译文】

男女之间有尊卑次序，夫妇之间有夫唱妇随的道理，这是恒常不变的道理。如果顺从私情放纵欲望，只是为了愉悦而行动，男子就会被情欲牵动而丧失刚健之性，女子就会沉溺愉悦而忘记柔顺之性，那就会有凶险而没有任何利益。

12.13

虽舜之圣，且畏巧言令色[1]。说之惑人，易入而可惧也如此。（《周易程氏传·兑》）

【注释】

[1]"虽舜之圣，且畏巧言令色"，语本《尚书·皋陶谟》：禹曰："吁！咸若时，惟帝（即舜）其难之。知人则哲，能官人；安民则惠，黎民怀之。能哲而惠，何忧乎驩兜？何迁乎有苗？何畏乎巧言令色孔壬？""巧言令色"，花言巧语，假装和善，以取悦别人。又见于《论语·学而第一》：子曰："巧言令色，鲜矣仁！"

【译文】

即使像舜这样的圣人，尚且畏惧巧言令色。取悦迷惑人，就是这样容易进入人心而值得畏惧。

12.14

治水，天下之大任也，非其至公之心，能舍己从人，尽天下之议，则不能成其功，岂方命圮族[1]者所能乎？鲧[2]虽九年而功弗成，然其所治，固非他人所及也。惟其功有叙，故其自任益强，咈戾圮类益甚，公议隔而人心离矣，是其恶益显，而功卒不可成也。（《河南程氏经说·书解》）

【注释】

〔1〕"方命圯族"，"方"，放；"圯"，毁。违背命令、毁害同族。语自《尚书·尧典》：帝曰："咨！四岳，汤汤洪水方割，荡荡怀山襄陵，浩浩滔天，下民其咨。有能俾乂？"佥曰："於！鲧哉！"帝曰："吁！咈哉！方命圯族。"

〔2〕鲧，禹之父。曾奉尧之命治水，九年未平，为舜"殛于羽山"（《尚书·舜典》）。

【译文】

治理洪水，是天下的重任，若不具有大公无私的心，能够舍己从人，充分采纳天下人的建议，那就不能够获得成功，又怎么会是违背命令、毁害同族的人所能够做到的？鲧虽然治水九年而没有成功，然而他所做的，固然不是其他人所能赶得上的。只是因为他的功劳值得称述，所以他自任益发刚强，违背命令、毁害同族的事就更加严重，公议隔绝而人心背离，是以他的罪恶日益暴露，最终也不可能取得成功了。

12.15

君子"敬以直内"〔1〕，微生高所枉虽小，而害则大〔2〕。（《河南程氏经说·论语解》）

【注释】

〔1〕"敬以直内"，保持恭敬使得内心正直。语自《周易·坤·

文言》。

〔2〕"微生高所枉虽小"云云，《论语·公冶长第五》：子曰："孰谓微
　　生高直？或乞醯焉，乞诸其邻而与之。""醯"，醋。别人找微生高
　　讨点醋，他自家没有，到邻居家讨来一点给别人。其一，没有就
　　是没有，不承认没有，这就是不"直"；其二，自家没有，还到邻
　　居家去讨来再给别人，这就是刻意要塑造一个好的形象。这就是
　　不诚，就是伪！所以，伊川先生说他"所枉虽小，而害则大"。

【译文】

君子"敬以直内"，微生高所枉为的虽然是件小事，但危害却很大。

12.16

人有欲则无刚[1]，刚则不屈于欲。（同上条）

【注释】

〔1〕"人有欲则无刚"，《论语·公冶长第五》：子曰："吾未见刚者。"
　　或对曰："申枨。"子曰："枨也欲，焉得刚？"

【译文】

人有欲望就不可能刚正，刚正的人则不会屈服于欲望。

12.17

人之过也，各于其类[1]。君子常失于厚，小人常失于薄；君子过于

爱，小人伤于忍。（同上条）

【注释】

〔1〕"人之过也，各于其类"，语本《论语·里仁第四》：子曰："人之
过也，各于其党。观过，斯知仁矣。"

【译文】

人的过失，各有其类。君子常常因为宽厚而有过失，小人常常因
为刻薄而有过失；君子因为慈爱而有过失，小人因为残忍而伤生。

12.18

明道先生曰："富贵骄人，固不善；学问骄人，害亦不细。"（《河南程
氏遗书》卷一）

【译文】

明道先生说："仗着富贵傲视别人，固然不好；仗着学问傲视别
人，危害也不小。"

12.19

人以料事为明，便骎骎[1]入"逆诈""亿不信"[2]去也。（同上条）

【注释】

〔1〕"骎骎"，形容马跑得很快的样子。表示急切。

〔2〕"逆诈"，事先预料别人欺诈。"亿不信"，臆测别人不诚实。《论语·宪问第十四》：子曰："不逆诈，不亿不信，抑亦先觉者，是贤乎！"

【译文】

人们都将能够预料未来的事视作为明智，于是就急急的进入"逆诈""亿不信"中去了。

12.20

人于外物奉身者，事事要好，只有自家一个身与心却不要好。苟得外面物好时，却不知道自家身与心却已先不好了也。（同上条）

【译文】

人们对于奉养身体的外物，样样都要好，只有自己的一个身和心却不要好。等到外面的事物都好时，却不知道自己的身和心却已经先不好了。

12.21

人于天理昏者，是只为嗜欲乱着他。庄子言"其嗜欲深者，其天机浅"〔1〕，此言却最是。（《河南程氏遗书》卷二上）

【注释】

〔1〕"其嗜欲深者，其天机浅"，语自《庄子·大宗师》。

【译文】

人对于天理昏迷不明，只是因为嗜欲惑乱着他。庄子说"其嗜欲深者，其天机浅"，这句话却说得最是正确。

12.22

伊川先生曰："阅机事之久，机心必生。盖方其阅时，心必喜。既喜，则如种下种子。"（《河南程氏遗书》卷三）

【译文】

伊川先生说："经历机巧的事久了之后，机巧心就必定会生起。因为他在经历时，心中必定会喜悦。心中既然喜悦，就像种下了一粒种子。"

12.23

疑病者，未有事至时，先有疑端在心；周罗〔1〕事者，先有周事之端在心。皆病也。（同上条）

【注释】

〔1〕"周罗"，包揽。

【译文】

有疑心病的人，没有事情发生时，就先有个猜疑的念头在心里；爱包揽事的人，也是先有个包揽事的念头在心里。这都是病。

12.24

较事大小，其弊为枉尺直寻[1]之病。（同上条）

【注释】

〔1〕"枉尺直寻"，弯曲时只有一尺而伸直后却有八尺。比喻在小的方面让步，以求在大的方面获得更大的利益。语本《孟子·滕文公下》：陈代曰："不见诸侯，宜若小然。今一见之，大则以王，小则以霸。且《志》曰：'枉尺而直寻。'宜若可为也。"

【译文】

计较事情的利益大小，这个弊端就是"枉尺直寻"的毛病。

12.25

小人、小丈夫，不合小了，他本不是恶。（《河南程氏遗书》卷六）

【译文】

小人、小丈夫，不应该去小看他们，他们本来不是恶人。

12.26

虽公天下事，若用私意为之，便是私。（《河南程氏遗书》卷五）

【译文】

即使是天下大公的事，如果用私意去做，也就是私。

12.27

做官夺人志。(《河南程氏遗书》卷十五)

【译文】

做官会夺走人的志向。

12.28

骄是气盈，吝是气歉。人若吝时，于财上亦不足，于事上亦不足，凡百事皆不足，必有歉歉[1]之色也。(《河南程氏遗书》卷十八)

【注释】

〔1〕"歉歉"，不满足的样子。

【译文】

骄傲是气过满，吝啬是气不足。人如果吝啬时，在财力上也不足，在做事上也不足，凡所有事上都会显得不足，一定会表现出不满足的样子。

12.29

未知道者如醉人，方其醉时，无所不至；及其醒也，莫不愧耻。人之未知学者，自视以为无阙；及既知学，反思前日所为，则骇且惧矣。（同上条）

【译文】

不懂得圣人之道的人就像喝醉酒的人一样，在他醉的时候，什么事都干得出来；等到酒醒之后，没有不感到惭愧羞耻的。人在不知道学习的时候，自认为没有什么缺点；等到他知道学习之后，反思从前的所作所为，就会感到害怕和恐惧了。

12.30

邢七云："一日三点检。"明道先生曰："可哀也哉！其余时理会甚事？盖仿'三省'[1]之说错了。可见不曾用功。"又多逐人面上说一般话，明道责之，邢曰："无可说。"明道曰："无可说，便不得不说[2]。"（《河南程氏遗书》卷十二）

【注释】

〔1〕"三省"，《论语·学而第一》：曾子曰："吾日三省吾身：为人谋而不忠乎？与朋友交而不信乎？传不习乎？"据曾子之言，很显然，"三省"是指每天从三个方面进行自省，而邢恕则学成了三次检点。所以，明道先生说他"仿'三省'之说错了"。

〔2〕"无可说，便不得不说"，邢恕说"无可说"，可见他并没有认识到自己的错误，所以明道先生希望他坦诚的说一说。

【译文】

邢恕说："一天三次检点自己。"明道先生说："真是可哀啊！其余的时间又在理会什么事？大概是模仿曾子'三省'的说法而模仿错了，可见不曾真实下过功夫。"邢恕又经常在人面前说一通客套话，明道先生责备他，他说："我无话可说。"明道先生说："无话可说，就不得不说一说。"

12.31

横渠先生曰："学者舍礼义，则饱食终日，无所猷为[1]，与下民一致，所事不逾衣食之间、燕游之乐尔。"（《正蒙·中正》）

【注释】

〔1〕"饱食终日，无所猷为"，"猷"，谋划。语本《论语·阳货第十七》：子曰："饱食终日，无所用心，难矣哉！不有博弈者乎？为之，犹贤乎已！"

【译文】

横渠先生说："学者舍弃了礼义，就会整天吃得饱饱的，而无所事事，与普通的百姓一般，所做的事不过是追求穿得好、吃得好以及宴饮玩乐罢了。"

12.32

郑卫之音悲哀[1]，令人意思留连，又生怠惰之意，从而致骄淫之心。虽珍玩奇货，其始感人也，亦不如是切，从而生无限嗜好，故孔子曰'必放之'〔2〕。亦是圣人经历过，但圣人能不为物所移耳。(《礼乐说》)

【注释】

〔1〕"郑卫之音悲哀"，《礼记·乐记》："郑、卫之音，乱世之音也，比于慢矣。"

〔2〕"孔子曰'必放之'"，《论语·卫灵公第十五》：颜渊问为邦，子曰："行夏之时，乘殷之辂，服周之冕，乐则《韶》舞。放郑声，远佞人。郑声淫，佞人殆。"

【译文】

郑、卫之地的音乐哀怨动人，令人听了之后心生留恋，又会产生懈怠懒散的情绪，从而导致骄奢淫逸之心。即使是奇珍异宝，最初迷惑人，也没有这样深切，从而生出无限的嗜好，所以孔子说必须要禁止郑、卫之地的音乐。圣人也是亲身经历过，只是圣人能够不为之所动罢了。

12.33

孟子言"反经"〔1〕，特于乡原〔2〕之后者〔3〕，以乡原大者不先立〔4〕，心中初无主，惟是左右看，顺人情，不欲违，一生如此。(《孟子说》)

【注释】

〔1〕"反经"，返归常道。

〔2〕"乡原"，即乡愿。《论语·阳货第十七》：子曰："乡原，德之贼也。"朱子注："盖其同流合污以媚于世，故在乡人之中，独以愿称。"

〔3〕"孟子言'反经'"云云，《孟子·尽心下》：万子曰："一乡皆称原人焉，无所往而不为原人，孔子以为'德之贼'，何哉？"曰："非之无举也，刺之无刺也，同乎流俗，合乎污世，居之似忠信，行之似廉洁，众皆悦之，自以为是，而不可与入尧舜之道，故曰'德之贼'也。孔子曰：'恶似而非者，恶莠，恐其乱苗也；恶佞，恐其乱义也；恶利口，恐其乱信也；恶郑声，恐其乱乐也；恶紫，恐其乱朱也；恶乡原，恐其乱德也。'君子反经而已矣。经正，则庶民兴；庶民兴，斯无邪慝矣。"

〔4〕"大者不先立"，《孟子·告子上》："耳目之官不思，而蔽于物。物交物，则引之而已矣。心之官则思，思则得之，不思则不得也。此天之所与我者，先立乎其大者，则其小者弗能夺也，此为大人而已矣。"横渠先生的意思是乡原没有"先立乎其大"，大本未立，心中自然没有主宰，"惟是左右看，顺人情，不欲违"，一生如此。

【译文】

孟子讲"反经"，特意放在乡原之后，是因为乡原没有先立乎其大，心中没有个主宰，只是左看看右看看，随顺人情世故，不想违背任何一个人，一辈子都这样。

卷十三

异端之学

卷十三　异端之学

（凡十四条）

【题解】

朱子论本卷纲目曰："异端之学。"可知本卷皆是讨论异端之学的。之所以要编订本卷，叶采作了解说："此卷辨异端。盖君子之学虽已至，然异端之辨尤不可以不明。苟于此有毫厘之未辨，则贻害于人心者甚矣。"由此可知，学者若不能明晓异端之学的弊病，往往就会为异端之学所诱惑，而沦陷其中，就此不明正学。而所谓异端之学，则又以佛学为主。本卷条目极少，仅仅十四条，然而，其中驳斥佛学的，竟有十条之多。这固然与唐宋之际禅宗兴盛而"儒门淡薄，收拾不住，皆归释氏"的状况有关，也与四先生的深刻见地有关。濂溪、明道、伊川、横渠四先生悉皆以道自任，并且都有过出入佛老的经历，故而深知佛教之弊，而不得不有所议论。当然，亦因为此，诸先生也遭到了后世好佛之人的极力批判。而儒佛之争，自此也断断续续延续了近千年。时至今日，儒佛二者也还在暗地里较劲，种种争论仍在暗流涌动。当然，这是好事。学问只有在争论中才会得以完善。试想一下，倘若没有宋明儒者对佛教"毁人伦"的批评，又怎么会有晚清民国期间兴起的"人间佛教"？所以，对于本卷，笔者以为无论是学佛者，还是习儒者，都应当平心易气，细细研读，但能如此，必当有所收益。

平心而论，本卷所择辟佛诸言，大多能切中佛教要害。而对于立志习儒的人而言，则以伊川先生的这段话最为稳妥：

"释氏之说，若欲穷其说而去取之，则其说未能穷，固已化而为佛矣。只且于迹上考之，其设教如是，则其心果如何？固难为取其心不取其迹，有是心则有是迹。王通言心迹之判，便是乱说。故不若且于迹上断定不与圣人合。其言有合处，则吾道固已有；有不合者，固所不取。如是立定，却省易。"（13.9）

13.1

明道先生曰："杨、墨之害，甚于申、韩[1]；佛、老之害，甚于杨、墨。杨氏'为我'疑于仁[2]，墨氏'兼爱'疑于义[3]。申、韩则浅陋易见，故孟子只辟杨、墨，为其惑世之甚也。佛、老其言近理，又非杨、墨之比，此所以为害尤甚。杨、墨之害，亦经孟子辟之，所以廓如[4]也。"（《河南程氏遗书》卷十三）

【注释】

〔1〕申、韩，指申不害（前385—前337）、韩非子（约前280—前233），皆为先秦法家的代表人物。申不害，郑国京邑（今荥阳襄城）人。申不害以"术"著称，曾相韩十五年，帮助韩昭侯推行法治，史称"终申子之身，国治兵强，无侵韩者"（《史记》），有《申子》传于世。韩非子，韩国新郑人。韩非子集商鞅之"法"、申不害之"术"、慎到之"势"于一身，为先秦法家的集大成者。著有《孤愤》《五蠹》等，今有《韩非子》一书传于世。

〔2〕"杨氏'为我'疑于仁"，杨朱提倡"为我"，"拔一毛而利天下，不为也"，此论乍一看，似好生，故而"疑于仁"，却不知"仁"之为"好生"，无内外之分，无物我之别，岂能为了好生，而一心"为我"？

〔3〕"墨翟'兼爱'疑于义"，墨翟提倡"兼爱"，"摩顶放踵利天下，

为之"，此举乍一看，似至公，故而"疑于义"，却不知"义"本于天理，本于生生之道，只是当为而为，不当为则不为，又何须强调一个"兼"字？强调一个"兼"字，已涉刻意，乃是所谓的观点和主张，却不是天理的自然体现，与"义"真可谓天壤之别。

〔4〕"廓如"，澄清的样子。

【译文】

明道先生说："杨朱、墨翟的危害，比申不害、韩非严重；佛教、道家的危害，又比杨朱、墨翟严重。杨朱主张'为我'，疑似于仁；墨翟主张'兼爱'，疑似于义。申不害、韩非的学说则比较浅陋，容易看出问题，所以孟子只是驳斥杨朱、墨翟，因为他们迷惑世人更为严重。佛教、道家的言论接近于义理，又不是杨朱、墨翟的学说所可以相比的，所以产生的危害尤其严重。杨朱、墨翟的危害，也是经过孟子的驳斥，所以才澄清了。"

13.2

伊川先生曰："儒者潜心正道，不容有差，其始甚微，其终则不可救〔1〕。如'师也过，商也不及'〔2〕，于圣人中道，师只是过于厚些，商只是不及些。然而厚则渐至于'兼爱'，不及则便至于'为我'。其过不及同出于儒者，其末遂至杨、墨。至如杨、墨，亦未至于无父无君，孟子推之便至于此〔3〕，盖其差必至于是也。"（《河南程氏遗书》卷十七）

【注释】

〔1〕"其始甚微，其终则不可救"，即"差之毫厘，谬以千里"。

〔2〕"师也过，商也不及"，师，颛孙师，即子张；商，卜商，即子夏。
语自《论语·先进第十一》：子贡问："师与商也孰贤？"子曰：
"师也过，商也不及。"曰："然则师愈与？"子曰："过犹不及。"

〔3〕"至如杨、墨"云云，《孟子·滕文公下》："杨氏'为我'，是无
君也；墨氏'兼爱'，是无父也。无父无君，是禽兽也。"

【译文】

伊川先生说："儒者潜心研习正道，不容许有所偏差，开始偏差
很小，发展到最后就会不可补救了。如'师也过，商也不及'，对于
圣人的中正之道，子张只是过于厚了一点，子夏只是略微差了一点。
然而，厚就会渐渐发展到'兼爱'，不及就会渐渐发展到'为我'。过
和不及都出于儒者，可是末流就会发展到杨朱、墨翟。至于杨朱、墨
翟，也没有达到无父无君的程度，孟子加以推衍就到了这个程度，因
为他们的偏差发展到最后一定会到这个地步。"

13.3

明道先生曰："道之外无物，物之外无道〔1〕，是天地之间，无适而非
道也。即父子而父子在所亲，即君臣而君臣在所严，以至为夫妇、为长
幼、为朋友，无所为而非道，此道所以不可须臾离也〔2〕。然则毁人伦、
去四大者〔3〕，其分于道也远矣。故'君子之于天下也，无适也，无莫
也，义之与比'〔4〕，若有适有莫，则于道为有间，非天地之全也。彼释
氏之学，于'敬以直内'则有之矣，'义以方外'〔5〕则未之有也，故滞
固者入于枯槁〔6〕，疏通者归于恣肆〔7〕，此佛之教所以为隘也。吾道则不
然，'率性'〔8〕而已。斯理也，圣人于《易》备言之。"（本注：又曰："佛

有一个觉之理，可以'敬以直内'矣，然无'义以方外'。其'直内'者，要之其本亦不是。")（《河南程氏遗书》卷四、卷二上）

【注释】

〔1〕"道之外无物，物之外无道"，天地间的万物都本于生生之道而生，所以说"道之外无物"；生生之道不在别处，就体现在天地间的万物之上，所以说"物之外无道"。

〔2〕"此道所以不可须臾离也"，《中庸》："道也者，不可须臾离也，可离非道也。"

〔3〕"毁人伦、去四大"，"四大"，指地、水、火、风。佛教认为世间一切有形物质，都是由四大和合而成。佛教出家修行，放弃人伦，故为"毁人伦"；佛教认为一切有形者，皆为虚妄幻想，都要放下，故为"去四大"。

〔4〕"君子之于天下也，无适也，无莫也，义之与比"，"适"，指向；"无适也，无莫也"，没有一定要怎么样的，也没有一定不要怎么样的，亦即"无可无不可"；"义之与比"，一切都从义而为，亦即"惟义是从"。语自《论语·里仁第四》。

〔5〕"敬以直内，义以方外"，意为：保持恭敬使得内心正直，恪守道义使得言行端方。语自《周易·坤·文言》。

〔6〕"滞固者入于枯槁"，指沉湎于定的禅宗行人，专事于静坐苦修，如木石一般。这在禅宗也是病，俗称枯木禅。

〔7〕"疏通者归于恣肆"，指呵佛骂祖的禅宗行人，略开些小慧，便自比于佛，无所忌惮。这在禅宗同样是病，亦即所谓狂禅。

〔8〕"率性"，遵循于性。《中庸》："天命之谓性，率性之谓道，修道之谓教。"

【译文】

明道先生说："道之外没有物，物之外也没有道，所以天地之间，无处不是道的体现。就父子而言，父子之道就在于亲爱；就君臣而言，君臣之道就在于严敬；以至于在夫妇、在长幼、在朋友，没有任何一件事不是道的体现，这就是道之所以片刻也不可以离开的原因。那么，毁害人伦、摆脱四大，距离道也就很远了。所以'君子之于天下也，无适也，无莫也，义之与比'，如果一定要怎样、一定不要怎样，那就与道有了间限，不是天地之道的完全体现。佛家的学问，对于'敬以直内'，也算是有了；对于'义以方外'，那就没有了。所以拘泥固执的人就陷入了苦修，疏狂放达的人就流于恣意放肆，这就是佛教之所以狭隘的原由。吾儒之道则不这样，只是一个'率性'而已。这个道理，圣人在《周易》中说得已经很详尽了。"（本注：又说："佛教有一个觉悟的道理，可以说是'敬以直内'了，然而没有'义以方外'。他们所说的'直内'，概要而言，根本也不对。"）

13.4

释氏本怖死生为利[1]，岂是公道？唯务上达而无下学[2]，然则其上达处，岂有是也？元不相连属，但有间断，非道也[3]。孟子曰："尽其心者，知其性也。"[4]彼所谓"识心见性"[5]是也，若"存心养性"[6]一段事，则无矣。彼固曰出家独善[7]，便于道体自不足。或曰："释氏地狱之类，皆是为下根之人设此，怖令为善。"先生曰："至诚贯天地，人尚有不化。岂有立伪教而人可化乎？"（《河南程氏遗书》卷十三）

【注释】

〔1〕"释氏本怖死生为利"，佛教修行最初的发心是要了脱生死，还是以个体为根本的，讲求的是一己的解脱，所以称之为"利"。

〔2〕"唯务上达而无下学"，指佛教只教人解脱，而脱离世间伦常。儒家则注重"下学而上达"，形而上之道就体现在形而下之器上，所以，通过世间平实的学问，就可以上通于道。

〔3〕"元不相连属"云云，意谓向上通达与平实的学问不相联系，只要有间断，那就违背了道。因为无论是形而上，还是形而下，天地间的一切，无一不是道的体现。如果将形而上与形而下割裂开来，将向上通达与平实的学问割裂开来，那就自然是违背了道。

〔4〕"孟子曰"云云，语自《孟子·尽心下》：孟子曰："尽其心者，知其性也；知其性，则知天矣。存其心，养其性，所以事天也；夭寿不贰，修身以俟之，所以立命也。""尽其心者，知其性也"，意为完全穷尽了自己的心，就知道了自己的本性。

〔5〕"识心见性"，亦即佛家所常说的"明心见性"。明心是指体明眼、耳、鼻、舌、身、意六识背后的那个心体。六识是随缘而生而灭的，然而，六识背后的那个心体却是不生不灭的，体证到这个不生不灭的心体，便是明心。果真明心，也就可以见性了。见性所见的性，其实就是心体所本有的性，佛家通常将之称作为空性，因为它乃是"本自清净、本不生灭、本自具足、本无动摇"的，然而，它又不是顽空，而是"能生万法"的（引号中皆六祖大师惠能语）。《楞严经》中有"七处征心""十番见性"部分，对于明心见性的讲述极为完备，有兴趣者可以参考。

〔6〕"存心养性"，存养心性。

〔7〕"出家独善"，"独善"，《孟子·尽心上》："古之人，得志，泽加于民；不得志，修身见于世。穷则独善其身，达则兼善天下。"孟子所谓"独善"，乃是就时命而言的（时命的意义，详见卷七题解部分），是"修身俟命"的"独善"。而"出家独善"，则初心便是为了寻求一己解脱，与外在的时势无关，是无论如何都要"独善"的。

【译文】

佛教本是因为怖畏生死而设教的，追求的是了脱生死的利益，又怎么会是公道呢？只求向上通达而没有平实的学问作为基础，那么，他们向上所到达的地方，又怎么会是对的呢？向上通达和平实的学问不相联系，只要有间断，就是违背了道。孟子说："尽其心者，知其性也。"也就是佛家所说的明心见性，可是存养心性这一段工夫，他们就没有了。他们固然会说出家是为了独善其身，可这样一来，对于道体自然就会有不足之处。有人说："佛教所讲的地狱之类，全都是为下等根性的人设立的，让他们感到恐怖而去行善。"明道先生说："圣人至诚贯通天地，还有不能够被感化的人。怎么会有设立伪教而能够教化世人的呢？"

13.5

学者于释氏之说，直须如淫声美色以远之，不尔，则骎骎然入于其中矣。颜渊问为邦，孔子既告之以二帝三王之事，而复戒以"放郑声，远佞人"，曰："郑声淫，佞人殆。"〔1〕彼佞人者，是他一边佞耳，然而于己则危，只是能使人移，故危也。至于禹之言曰："何畏乎巧言令色?"〔2〕"巧言令色",直消言畏,只是须着如此戒慎,犹恐不免。释氏之学,更不消言常戒,到自家自信后,便不能乱得。(《河南程氏遗书》卷二上)

【注释】

〔1〕"颜渊问为邦"云云,《论语·卫灵公第十五》:颜渊问为邦,子曰:"行夏之时,乘殷之辂,服周之冕,乐则《韶》舞。放郑声,远佞人。郑声淫,佞人殆。""二帝三王",即尧、舜、禹、汤、文王。

〔2〕"至于禹之言曰"云云,《尚书·皋陶谟》:禹曰:"吁!咸若时,惟帝(即舜)其难之。知人则哲,能官人;安民则惠,黎民怀之。能哲而惠,何忧乎驩兜?何迁乎有苗?何畏乎巧言令色孔壬?""巧言令色",花言巧语,假装和善,以取悦别人。

【译文】

学者对于佛教的学说,必须是像对待淫声、美色一样远远的避开,不然的话,就会迅速的陷入其中。颜子问治理国家,孔子既已告诉他尧舜二帝、夏商周三王的事,而又告诫他要"放郑声,远佞人",说:"郑声淫,佞人殆。"奸佞的人,只是他在那一边奸佞,然而对于自己却有危害,只是因为能够使人受到影响,所以有危害。至于禹所说的:"何畏乎巧言令色?""巧言令色",必须要说畏惧,只是必须要像这样戒慎,还害怕不能避免它的影响。佛教的学说,则不需要说始终保持戒惧,到了对自家的学说自信之后,也就不能够再扰乱我们了。

13.6

所以谓万物一体者,皆有此理,只为从那里来〔1〕。"生生之谓易"〔2〕,

生则一时生，皆具此理。人则能推，物则气昏推不得，不可道他物不与有也〔3〕。人只为自私，将自家躯壳上头起意，故看得道理小了他底。放这身来，都在万物中一例看，大小大快活。释氏以不知此，去他身上起意思，奈何那身不得，故却厌恶，要得去尽根尘〔4〕。为心源不定，故要得如枯木死灰。然没此理，要有此理，除是死也。释氏其实是爱身，放不得，故说许多。譬如负贩之虫〔5〕，已载不起，犹自更取物在身。又如抱石投河，以其重愈沉，终不道放下石头，惟嫌重也。〔6〕（同上条）

【注释】

〔1〕"只为从那里来"，"那里"指道体，万物皆本于道体而生。

〔2〕"生生之谓易"，生生不息就是易。语自《周易·系辞上》。

〔3〕"人则能推"云云，意谓天地间的万物（包括人），全都是本于道体而生，道体所涵有的生生之气，化生为万物的身形；道体所涵有的生生之理，则转化为万物的本性。然而，万物之中，只有人类是由五行的秀气所化生，气禀清明，所以能够去推求，而体认到本性，就此上通天道。其他万物则气禀浑浊，而不能够推求，所以只能随着他们的身形去起念去生活。但是，却不能说其他万物没有本性。

〔4〕"根尘"，即六根和六尘。六根即眼、耳、鼻、舌、身、意。六根有六识，六识的对象便是六尘，亦即色、声、香、味、触、法。

〔5〕"负贩之虫"，"贩"，同"版"；即蝜蝂。柳宗元《蝜蝂传》："蝜蝂者，善负之小虫也。行遇物，辄持取。"

〔6〕"负贩之虫""抱石投河"，皆喻佛教"爱身"，而不愿意"放这身来，都在万物中一例看"。乍一看，似与佛教"去四大"相矛盾。其实不然，佛教之所以要"去四大"，正是因为执着于四大之身。

如果把四大之身放平，与万物一般看待，任其生，任其灭，我只
是履道而为，又何必要"去四大"呢？

【译文】

之所以说万物一体，是说万物皆具天理，只因为都是从那里来
的。"生生之谓易"，生则万物一时皆生，全都具足这一个理。人则能
够推求，物则因为气禀浑浊而不能够推求，却不可以说其他事物没有
这一个理。人只是因为自私，从自家的躯壳上去生起念想，所以将那
天理看得小了。如果放开这一个躯壳，放在万物中同等的来看待，是
何等的快活。佛教因为不知道这一点，去在那身体上生起念想，又拿
那身体没有办法，所以就厌恶身体，要去尽那六根、六尘。又因为自
己的心不安定，所以要像那枯木死灰一般。然而没有这个道理，要是
有这个道理，除非是死。佛教其实是爱惜这个身体，放不下，所以说
了许多话。就像那负版之虫，已经负载不起，还要取更多的东西放在
身上。又像抱着石头渡河，因为石头重而越往下沉，终究不说把石头
放下，只是嫌弃石头太重了。

13.7

人有语导气[1]者，问先生曰："君亦有术乎？"曰："吾尝'夏葛而冬
裘，饥食而渴饮'[2]，'节嗜欲，定心气'[3]，如斯而已矣。"（《河南程氏
遗书》卷四）

【注释】

〔1〕"导气"，当为道家养生之术，导引气息，以使气脉保持通畅，而

延年益寿。

〔2〕"夏葛而冬裘"句，语出韩愈《原道》："夏葛而冬裘，渴饮而饥
食，其事虽殊，其所以为智一也。"

〔3〕"节嗜欲，定心气"，语出《礼记·月令》："君子齐（斋）戒，处
必掩身，毋躁；止声色，毋或进；薄滋味，毋致和；节耆（嗜）
欲，定心气。"

【译文】

有一个谈论道家导引术的人，问明道先生："你也有养生之方
吗？"明道先生答道："我曾经'夏葛而冬裘，饥食而渴饮''节嗜
欲，定心气'，如此而已。"

13.8

佛氏不识阴阳、昼夜、死生、古今，安得谓形而上者与圣人同乎？
（《河南程氏遗书》卷十四）

【译文】

佛教不懂得阴阳、昼夜、死生、古今的道理，怎么能够说他们所
认为的形而上者与圣人是相同的呢？

13.9

释氏之说，若欲穷其说而去取之，则其说未能穷，固已化而为佛
矣。只且于迹上考之，其设教如是，则其心果如何？固难为取其心不取

其迹，有是心则有是迹。王通言心迹之判[1]，便是乱说。故不若且于迹上断定不与圣人合。其言有合处，则吾道固已有；有不合者，固所不取。如是立定，却省易。（《河南程氏遗书》卷十五）

【注释】

〔1〕"王通言心迹之判"，《中说·问易》：魏徵曰："圣人有忧乎？"子曰："天下皆忧，吾独得不忧乎？"问疑，子曰："天下皆疑，吾独得不疑乎？"徵退，子谓董常曰："乐天知命，吾何忧？穷理尽性，吾何疑？"常曰："非告徵也，子亦二言乎？"子曰："徵所问者，迹也；吾告汝者，心也。心迹之判久矣，吾独得不二言乎！"常曰："心迹固殊乎？"子曰："自汝观之则殊也，而适造者不知其殊也，各云当而已矣，则夫二未违一也。"

【译文】

佛教的学说，如果想要穷尽其学说之后再去取舍的话，那就会对他们的学说还没有能够穷尽，就已经转化为佛教徒了。只需要在行迹上去考察它，他们这样来设教，那他们的用心果真是怎样的呢？固然很难只取他们的用心而不取他们的行迹，有什么样的用心就有什么样的行迹。王通说用心和行迹有别，就是乱说。所以不如暂且就从他们的行迹上来断定，是否与圣人相吻合。他们所说的与圣人有相合的地方，那么吾儒之道本来就有；如果不相合的地方，固然是圣人所不认取的。这样立定脚跟，却也简单省事。

13.10

问："神仙之说有诸？"曰："若说白日飞升[1]之类，则无；若言居山林间，保形炼气，以延年益寿，则有之。譬如一炉火，置之风中则易过，置之密室则难过，有此理也。"又问："扬子言：'圣人不师仙，厥术异也。'〔2〕圣人能为此等事否？"曰："此是天地间一贼，若非窃造化之机〔3〕，安能延年？使圣人肯为，周、孔为之矣。"（《河南程氏遗书》卷十八）

【注释】

〔1〕"白日飞升"，道家修炼，最终有形神飞举之说，意谓得道成仙而去。葛洪《抱朴子内篇·论仙》："上士举形升虚，谓之天仙。"

〔2〕"圣人不师仙"句，见于扬雄《法言·君子》。意为：圣人不师法仙人，因为道路不同。

〔3〕"窃造化之机"，人的天命本于道体而有，生命是天命的一部分，也是本于道体。而因为每一个生命体的诞生，都有其独特的造化机缘，所以，各有各的生命。圣贤则"夭寿不贰，修身以俟之"而已。而那些渴望延年益寿之人（主要是道教中人），在洞察天地造化之后，往往会盗窃其他生物的生机，用以延续自己的生命，所以说"窃造化之机"。

【译文】

有人问："关于神仙的说法，到底有没有？"伊川先生答道："如果说白日飞升之类，那是没有的；如果说居住在山林之间，保养身形，修炼元气，从而延年益寿，那是有的。就好像一盆炉火，放在风中就容易燃灭，放在不通风的密室内就很难燃灭，是有这个道理的。"又问："扬雄曾说：'圣人不师仙，厥术异也。'圣人能够做到这些事吗？"伊川先生答道："这是天地间的一个盗贼，如果不是盗窃了造化之机，又怎么能够延年益寿呢？假如圣人愿意做的话，周公、孔子就已经做了。"

13.11

谢显道历举佛说与吾儒同处，问伊川先生，先生曰："恁地同处虽多，只是本领不是，一齐差却。"（《河南程氏外书》卷十二）

【译文】

　　谢良佐列举了佛教说法与吾儒之道相同的地方，向伊川先生请教，先生说："任他相同的地方虽然很多，只是根本不对，就一齐全错了。"

13.12

横渠先生曰："释氏妄意天性，而不知范围之用[1]，反以六根之微因缘天地[2]。明不能尽，则诬天地日月为幻妄。蔽其用于一身之小，溺其志于虚空之大，此所以语大语小，流遁[3]失中。其过于大也，尘芥六合[4]；其蔽于小也，梦幻人世[5]。谓之穷理，可乎？不知穷理，而谓之尽性，可乎？谓之无不知，可乎？尘芥六合，谓天地为有穷也；梦幻人世，明不能究其所从也。"（《正蒙·大心》）

【注释】

〔1〕"范围之用"，"范围"，韩康伯注："拟范天地而周备其理也。"（《王弼集校释》）语本《周易·系辞上》："范围天地之化而不过，曲成万物而不遗，通乎昼夜之道而知，故神无方而《易》无体。"

〔2〕"以六根之微因缘天地"，即以眼、耳、鼻、舌、身、意六根之识来

认知天地，于是天地间的一切都成了随缘而生又随缘而灭的尘境。

〔3〕"流遁"，闪烁其词。

〔4〕"尘芥六合"，"六合"，指天地；即把天地纳入一粒芥子之中。《维摩诘经·不思议品》："诸佛菩萨有解脱名不可思议，若菩萨住是解脱者，以须弥之高广纳芥子中，无所增减，须弥山王本相如故，而四天王、忉利诸天，不觉不知己之所入，唯应度者，乃见须弥入芥子中，是名不可思议解脱法门。"

〔5〕"梦幻人世"，《金刚经》有云："一切有为法，如梦幻泡影，如露亦如电，应作如是观。"

【译文】

横渠先生说："佛家对天性妄加臆测，而不懂得效法天地之道的功用，反而以微小的六根为天地间万物生灭的原由。而六根的聪明不能够穷尽万物，就诬陷天地日月是幻妄之象。他们的功用遮蔽于一身的微小，他们的心志沉溺于虚空的阔大，这就是他们之所以说大说小，闪烁其词违背中道的原因。他们在大的方面的过失，认为一粒微尘或芥子可以包含六合；他们在小的方面的遮蔽，认为人间只是一场梦幻。说他们穷究了事物的理，可以吗？不知道穷究事物之理，而说他们穷尽了本性，可以吗？说他们无所不知，可以吗？微尘或芥子可以包含六合，是说天地是有穷尽的了；认为人间是梦幻，是因为他们的聪明不能够探究人间是从何而来的。"

13.13

《大易》不言有无〔1〕，言有无，诸子之陋也。（《正蒙·大易》）

【注释】

〔1〕"《大易》不言有无"，指《周易》不讲有和无，《周易》讲的是
幽和明，如"仰以观于天文，俯以察于地理，是故知幽明之故"
（《周易·系辞上》）。幽并不等同于无，只不过是隐微难见而已。

【译文】

《周易》不讲有与无，讲有与无，是诸子的浅陋之处。

13.14

浮图明鬼，谓有识〔1〕之死，受生循环，遂厌苦求免，可谓知鬼
乎？以人生为妄见，可谓知人乎？天人一物，辄生取舍，可谓知天乎？
孔孟所谓天，彼所谓道，惑者指"游魂为变"〔2〕为轮回，未之思也。大
学当先知天德〔3〕，知天德，则知圣人、知鬼神。今浮图剧论要归，必
谓死生流转，非得道不免，谓之悟道，可乎？（本注：悟则有义有命，均死
生，一天人，推知昼夜，通阴阳，体之无二。）自其说炽传〔4〕中国，儒者未容
窥圣学门墙，已为引取，沦胥〔5〕其间，指为大道，乃其俗达之天下，致
善恶、知愚、男女、臧获，人人著信。使英才间气，生则溺耳目恬习〔6〕
之事，长则师世儒崇尚之言，遂冥然被驱，因谓圣人可不修而至，大道
可不学而知。故未识圣人心，已谓不必求其迹；未见君子志，已谓不必
事其文。此人伦所以不察，庶物所以不明〔7〕，治所以忽，德所以乱。异
言满耳，上无礼以防其伪，下无学以稽其弊。自古诐淫邪遁之辞〔8〕，翕
然〔9〕并兴，一出于佛氏之门者已五百年。向非独立不惧、精一自信、有
大过人之才，何以正立其间，与之较是非、计得失哉？（《正蒙·乾称》）

【注释】

〔1〕"有识"，即有情众生，亦即包含人在内一切有生命的生物。

〔2〕"游魂为变"，《周易·系辞上》："精气为物，游魂为变，是故知鬼神之情状。""精气为物"，讲的是五行之气凝合而化生万物，也就是神。神者，伸也，代表了生命的伸展。"游魂为变"，讲的是万物重又散为生生之气，也就是鬼。鬼者，归也，代表了生命的回归。横渠先生有云："太虚不能无气，气不能不聚而为万物，万物不能不散而为太虚。"（《正蒙·太和》）讲的正是这一层意思。然而，"精气为物，游魂为变"与佛教所讲的轮回（受生循环）是有着本质差别的，因为万物重又散为气时，是散归于道体所涵有的生生之气，然后再分阴分阳而生五行之气，五行之气在时空因缘下再重新聚合，化生万物。这其中，前一物与后一物并无必然的联系，而宇宙也就此得以生生不息。佛教所讲的轮回则为前世与今生是同一个主体，是定向的。这一点，《楞严经》中"七趣"部分也讲得非常清楚。所以，两者有着本质性的差别。

〔3〕"天德"，即本于道体所涵有的生生之理的性德，也就是生生之德。

〔4〕"炽传"，广泛传播。

〔5〕"沦胥"，沦陷、沦丧。

〔6〕"恬习"，安然习惯于。

〔7〕"人伦所以不察，庶物所以不明"，《孟子·离娄下》："舜明于庶物，察于人伦，由仁义行，非行仁义也。"

〔8〕"诐、淫、邪、遁之辞"，即偏颇的、过度的、邪僻的、闪躲的言辞。《孟子·公孙丑上》："诐辞知其所蔽，淫辞知其所陷，邪辞知其所离，遁辞知其所穷。"

〔9〕"翕然"，一致。

【译文】

　　佛教谈论鬼，说有情众生死了之后，会循环不断的投胎受生，于是心生厌恶而寻求能够免除轮回之苦，可以说是懂得鬼了吗？认为人生是虚妄之见，可以说是懂得人了吗？天与人本是同一个事物，却在其中妄生取舍，可以说是懂得天了吗？孔子、孟子所说的天，他们称作为道。迷惑的人认为"游魂为变"即是轮回，这是未加思考的说法。大学应当首先教导学生明白天德，明了了天德，也就明白了圣人、明白了鬼神。如今佛教议论的关键，一定要说生死流转，不能得道就不能避免，说这样就是悟道，可以吗？（本注：觉悟则有道义有天命，生死一如，天人合一，推知昼夜，通达阴阳，体认到它们本都是一体的。）自从佛教的学说盛传于中国之后，儒者尚未来得及窥到圣人之学的门墙，就已经被吸引，沦陷在其中，把佛教的学说指认为大道。佛教的风俗风行天下，以至于无论善恶、智愚、男女、臧获，人人都归依信仰。即使有英雄豪杰，一出生就耳濡目染安然习惯于佛教之事，长大之后又学习到世俗儒者崇尚佛教的言论，于是就糊里糊涂地被驱赶到佛教中去，因此说可以不修身就能够成就圣人，可以不学习就能够领悟大道。所以，还没有体认到圣人的心，就已经说不需要去探求圣人的行迹；还没有认识到君子的志向，就已经说不需要学习君子的文字。这就是导致人伦不能体察、万物不能明晓、治理疏忽、德行混乱的原因。异端之言盈耳，在上者没有法度防止它的虚伪，在下者没有学问考察它的弊端。自古以来，偏颇的、过度的、邪僻的、闪躲的言辞，一时间全都兴起，全都出自佛教之门，已经五百年了。如果不是独立不惧、精一自信、有大过人之处的人才，何以能够正立在其中，而与佛教计较是非、争论得失呢？

卷十四

圣贤气象

卷十四　圣贤气象

（凡二十六条）

【题解】

朱子论本卷纲目曰："圣贤气象。"叶采则于其中梳理出一条道统来，颇有见地：

"卷十四观圣贤。此卷论圣贤相传之统，而诸子附焉。断自唐虞尧、舜、禹、汤、文、武、周公，道统相传，至于孔子。孔子传之颜、曾，曾子传之子思，子思传之孟子，遂无传焉。于是楚有荀卿，汉有毛苌、董仲舒、扬雄、诸葛亮，隋有王通，唐有韩愈，虽未能传斯道之统，然其立言立事有补于世教，皆所当考也。逮于本朝，人文再辟，则周子唱之，二程子、张子推广之，而圣学复明，道统复续，故备著之。"（《近思录集解》）

诚如叶采所说，朱子、东莱二先生在编辑本卷之时，确有陈述儒家道统的意愿。且所涉人物几乎按照时代先后次序逐次出场，如首条论尧、舜、禹、汤、文王、武王，次条论孔子、颜子、孟子，再次论曾子，又次论子思、孟子，最后则逐次论濂溪、明道、伊川、横渠四先生。一贯而下，脉络分明。然而，这其中尚有几点值得玩味：

一者，道统之中，有圣贤之别。自尧、舜至孟子，皆可谓为圣人。二帝三王及武王自不必说，孔子至圣先师，亦是世所公认，而颜子、曾子、子思、孟子，后世亦纷纷奉为圣人，颜子为复圣，曾子为宗圣，子思为述圣，孟子为亚圣。而濂溪、明道、伊川、横渠四先生则为贤人。

二者，圣人与圣人有分别，贤人与贤人亦有分别。圣人如尧、舜便是"性之"，便是"生而知之"；汤、武则是"反之"，则是"学而能之"（14.1）。而孔子为"元气"，为"无所不包"，为"天地"，为"无迹"，为"明快人"；颜子则为"春生"，为"自然之和气"，为"和风庆云"，为"微有迹"，为"尽岂弟"；孟子则"并秋杀尽见"，为"露其材"，为"泰山岩岩之气象"，为"其迹著"，为"尽雄辩"（14.2）。总之，圣人各有各的风采，各有各的面貌。贤人也是如此，如濂溪先生"胸中洒落，如光风霁月"（14.16、14.18）；明道先生则"纯粹如精金，温润如良玉"（14.17）；本卷于伊川先生所涉甚少，惟"程门立雪"一事，可见其师道尊严（14.22）；横渠先生则"志道精思"（14.26）。

三者，道统之外所涉诸人，或可划归为儒家学统之列。惟其中亦有分别，若毛苌、董仲舒，可谓无疵，一传《诗经》，一传《春秋》，大有功于儒门（14.7、14.8）。若诸葛亮、韩愈，可谓豪杰之士，毁誉参半（14.10、14.11、14.12、14.14、14.15）。若荀子、扬雄，则过大于功，皆为大本未曾得立之人（14.5、14.6、14.8、14.9）。究其实，则划归于儒家，都有几分勉强。文中子则亦可有可无，或有"格言"，为"荀、扬不到处"（14.13）。

研读本卷，常令笔者想起伊川先生的一段话："心通乎道，然后能辨是非，如持权衡以较轻重，孟子所谓'知言'是也。"（3.1）本卷中所择诸条，诚可谓如此，于诸圣人、诸贤人、诸子之论，有理有据，丝丝入扣，毫发不爽。

本卷所论诸贤，又以明道先生最为翔实，多达六条，横渠先生次之，濂溪先生又次，至于伊川先生，则仅为半条。此中有一因缘，略述于此，伊川先生曾为明道先生撰有《行状》，到了晚年，他曾说："我昔状明道先生之行，我之道盖与明道同，异时欲知我者，求之于此文可也。"（《河南程氏遗书》附录）故于伊川先生气象，我们于《明道先生行状》一文（14.17）亦可想见。

　　最后，笔者拟就最后一条略作铺陈。本卷的最后一条，其实便是全册《近思录》的最后一条。从这一条上，笔者真的是读到了朱子、东莱二先生的良苦用心。这一条乃是横渠先生对二程先生的赞叹：

　　"二程从十四五时，便脱然欲学圣人。"（14.26）

　　就本卷而言，本卷论圣贤气象，既已了解了诸多圣贤的气象，是否应当以圣人为志？就全书而言，自道体、为学论起，儒学修己安人之学已然全部得以展示，然则，我们又岂可不以圣人为志？故而，笔者私下认为这最后一条，诚为本卷乃至全书的点睛之笔。

　　本书中有伊川先生的一段话，笔者十数年前读到，颇受震撼。今日读来依旧震撼，时不时想来，也是胸中惕然，心神不禁为之一凝，而不敢再有半分的懈怠。现抄录于下，愿与诸位共勉：

　　"莫说道将第一等让与别人，且做第二等。才如此说，便是自弃。虽与'不能居仁由义'者差等不同，其自小一也。言学便以道为志，言人便以圣为志。"（2.59）

14.1

　　明道先生曰："尧与舜更无优劣，及至汤、武便别。孟子言'性之''反之'[1]，自古无人如此说，只孟子分别出来，便知得尧、舜是生而知之，汤、武是学而能之[2]。文王之德则似尧、舜，禹之德则似汤、武。要之皆是圣人。"（《河南程氏遗书》卷二上）

【注释】

　　〔1〕"性之""反之"，《孟子·尽心上》：孟子曰："尧、舜，性之也；

　　　汤、武，身之也；五霸，假之也。"又《孟子·尽心下》：孟子

　　　曰："尧、舜，性者也；汤、武，反之也。动容周旋中礼，盛德

　　　之至也。"

〔2〕"生而知之""学而能之"，《论语·季氏第十六》：孔子曰："生而

　　　知之者，上也；学而知之者，次也；困而学之，又其次也；困而

　　　不学，民斯为下矣。"

【译文】

　　明道先生说："尧和舜没有优劣之别，及至汤、武便有分别。孟
子说'性之''反之'，自古以来，没有人这样说过，只有孟子分别了
出来，便知道了尧、舜是生而知之，汤、武则是学而能之。文王的德
行近似于尧、舜，大禹的德行则近似于汤、武。总之，全都是圣人。"

14.2

　　仲尼，元气也〔1〕；颜子，春生也〔2〕；孟子，并秋杀尽见〔3〕。仲尼
无所不包〔4〕；颜子示"不违如愚"之学于后世〔5〕，有自然之和气，不言
而化者也；孟子则露其材，盖亦时然而已。仲尼，天地也〔6〕；颜子，和
风庆云也；孟子，泰山岩岩之气象也〔7〕。观其言，皆可见之矣。仲尼无
迹〔8〕，颜子微有迹，孟子其迹著。孔子尽是明快人，颜子尽岂弟〔9〕，孟
子尽雄辩〔10〕。（《河南程氏遗书》卷五）

【注释】

〔1〕"仲尼，元气也"，仲尼，孔子，字仲尼。孔子，就像天地间的元

　　　气一样。元气，即是太极，偏重于道体所涵有的生生之气而言，

其实即是道体。"仲尼，元气也"，意谓孔子就像道体一样，是一切生生之德的本源。

〔2〕"颜子，春生也"，颜子，就像春天的生机，纯是仁意流淌。

〔3〕"孟子，并秋杀尽见"，孟子不但有生机，还有萧杀之气，生杀之机尽现。

〔4〕"仲尼无所不包"，亦即"孔子之谓集大成"："伯夷，圣之清者也；伊尹，圣之任者也；柳下惠，圣之和者也；孔子，圣之时者也。孔子之谓集大成。集大成也者，金声而玉振之也。金声也者，始条理也；玉振之也者，终条理也。始条理者，智之事也；终条理者，圣之事也。"（《孟子·万章下》）

〔5〕"颜子示'不违如愚'之学于后世"，《论语·为政第二》：子曰："吾与回言终日，不违如愚。退而省其私，亦足以发，回也不愚。"所谓"不违如愚"之学，即"默而识之"之学。

〔6〕"仲尼，天地也"，意谓孔子兼天地之德，《周易·乾·大象传》："天行健，君子以自强不息。"《周易·坤·大象传》："地势坤，君子以厚德载物。""自强不息"与"厚德载物"，于孔子一人之身兼而备之。

〔7〕"孟子，泰山之岩岩气象也"，"岩岩"，高耸；孟子，有着泰山一样巍然耸立的气象。孟子"善养吾浩然之气"，浩然之气"至大至刚"，故而，具有"泰山之岩岩气象"。

〔8〕"仲尼无迹"，意谓孔子晚年已经进入化境，已经成为圣人："可欲之谓善，有诸己之谓信，充实之谓美，充实而有光辉之谓大，大而化之之谓圣，圣而不可知之之谓神。"（《孟子·尽心下》）此中"神"乃是对"圣"的描述，而不是说"神"比"圣"更高一筹。到此境地，则"所过者化，所存者神，上下与天地同流"

（《孟子·尽心上》），而不着痕迹。孔子晚年自述"七十而从心所欲不逾矩"（《论语·为政第二》），也有这一层意思。

〔9〕"岂弟"，即"恺悌"，和乐平易。

〔10〕"孟子尽雄辩"，孟子距杨、墨，贬纵横，斥农家，辩告子，在外人看来，似乎甚是"好辩"，然而，孟子并不认为自己"好辩"："予岂好辩哉？予不得已也。……圣王不作，诸侯放恣，处士横议，杨朱、墨翟之言盈天下。天下之言不归杨，则归墨。杨氏为我，是无君也；墨氏兼爱，是无父也。无父无君，是禽兽也。公明仪曰：'庖有肥肉，厩有肥马；民有饥色，野有饿莩，此率兽而食人也。'杨、墨之道不息，孔子之道不著，是邪说诬民，充塞仁义也。仁义充塞，则率兽食人，人将相食。吾为此惧，闲先王之道，距杨、墨，放淫辞，邪说者不得作。作于其心，害于其事；作于其事，害于其政。圣人复起，不易吾言矣。"孟子还将"距杨、墨"的举动自比于大禹治水、周公兼夷狄驱猛兽，以及孔子作《春秋》："昔者禹抑洪水而天下平，周公兼夷狄、驱猛兽而百姓宁，孔子成《春秋》而乱臣贼子惧。《诗》云：'戎狄是膺，荆舒是惩，则莫我敢承。'无父无君，是周公所膺也。我亦欲正人心，息邪说，距诐行，放淫辞，以承三圣者。岂好辩哉？予不得已也。能言距杨、墨者，圣人之徒也。"（《孟子·滕文公下》），此处明道先生称孟子为"雄辩"，则既明示了孟子不是"好辩"，又明示了孟子之辩极其有力，于世有大补，可以直承三圣。

【译文】

　　孔子，就像天地间的元气；颜子，就像春天的生机；孟子，就像春天的生机与秋天的萧杀之气同时呈现。孔子集大成者，无所不包；颜子为后世学人展示了"不违如愚"的学问，有自然的和谐气象，不需要言说就可以教化他人；孟子则显露出自己的才气，也是因为时代的促使罢了。孔子，就像天地；颜子，就像温煦的风祥瑞的云；孟子，则有着泰山一样巍然耸立的气象。阅读他们的言辞，就都可以看出来。孔子不着痕迹，颜子稍微有些痕迹，孟子的痕迹则比较显著。孔子全然是一个明快的人，颜子尽是和乐平易，孟子则尽是雄辩。

14.3

曾子传圣人学，其德后来不可测，安知其不至圣人？如言"吾得正而毙"[1]，且休理会文字，只看他气象极好，被他所见处大。后人虽有好言语，只被气象卑，终不类道。（《河南程氏遗书》卷十五）

【注释】

[1]"吾得正而毙"，《礼记·檀弓上》：曾子寝疾，病。乐正子春坐于床下，曾元、曾申坐于足，童子隅坐而执烛。童子曰："华而睆，大夫之箦与？"子春曰："止！"曾子闻之，瞿然曰："呼？"曰："华而睆，大夫之箦与？"曾子曰："然。斯季孙之赐也，我未之能易也。元，起易箦。"曾元曰："夫子之病革矣，不可以变，幸而至于旦，请敬易之。"曾子曰："尔之爱我也，不如彼。君子之爱人也以德，细人之爱人也以姑息。吾何求哉？吾得正而毙焉，斯已矣。"举扶而易之，反席未安而没。

【译文】

曾子传承圣人之学，他的德行到了后来不可测量，又怎么知道他没有达到圣人的境界呢？如他说"吾得正而毙"，且不要去理会文字的意思，只要看他的气象就特别好，他所看到的是大处。后人虽然有一些好的言语，只是因为气象卑下，终究不同于圣人之道。

14.4

传经为难。如圣人之后才百年，传之已差[1]。圣人之学，若非子思[2]、孟子，则几乎息矣。道何尝息？只是人不由之。"道非亡也，幽、厉不由也。"[3]（《河南程氏遗书》卷十七）

【注释】

[1]"传经为难"云云，《韩非子·显学》："自孔子之死也，有子张之儒，有子思之儒，有颜氏之儒，有孟氏之儒，有漆雕氏之儒，有仲良氏之儒，有孙氏之儒，有乐正氏之儒。……儒分为八……而皆自谓真孔。"

[2]子思，孔伋（前483—前402），字子思，孔子之孙，《中庸》的作者。受教于曾子，再传为孟子，后世学人将子思、孟子之学合称为"思孟学派"。

[3]"道非亡也，幽、厉不由也"，语自《汉书·董仲舒传》："夫周道衰于幽、厉，非道亡也，幽、厉不由也。"

【译文】

传承经义是很难的。例如孔子之后才过百年，传承就已经出现了差错。孔子之学，如果不是子思、孟子，几乎就要熄灭了。道何尝会熄灭呢？只是因为人不遵循于道罢了。"道非亡也，幽、厉不由也。"

14.5

荀卿[1]才高，其过多；扬雄才短，其过少。(《河南程氏遗书》卷十八)

【注释】

〔1〕荀卿，即荀子（约前313—前238），名况，字卿，战国末期儒者。因为主张"性恶"论，常被后世儒者划归为边缘性的人物，不列在道统之内。有《荀子》一书传于世。

【译文】

荀子才识高远，敢为异说，所以过错较多；扬雄才识短浅，模仿圣贤，所以过错较少。

14.6

荀子极偏驳，只一句"性恶"[1]，大本已失；扬子虽少过，然已自不识性[2]，更说甚道？(《河南程氏遗书》卷十九)

【注释】

〔1〕"只一句'性恶'"云云，《荀子·性恶篇》："人之性恶，其善者伪也。今人之性，生而有好利焉，顺是，故争夺生而辞

让亡焉；生而有疾恶焉，顺是，故残贼生而忠信亡焉；生而有耳目之欲，有好声色焉，顺是，故淫乱生而礼义文理亡焉。然则从人之性，顺人之情，必出于争夺，合于犯分乱理而归于暴。”很显然，荀子之所谓“性”，完全就是本于自我的欲望，乃是私欲，连禀性都谈不上。无论是“好利”“疾恶”，还是“耳目之欲”，都是源于个体的自我意识。若无自我意识，何来的“好利”？何来的“疾恶”？又何来的“耳目之欲”？荀子只是从表象入手，便妄下结论，真所谓“才高”而“过多”。可叹后世学人，动辄将荀子“性恶”论与孟子“性善”论相提并论，实不知两者所论根本不在同一个层面，全无可比性。

〔2〕“然已自不识性”，扬雄《法言·修身》：“人之性也，善恶混。修其善则为善人，修其恶则为恶人。气也者，所以适善恶之马也与？”与荀子一般，扬雄论性，也是依据表象来立论的。如此者，皆因不明天地造化之理所致。若明天地造化之理，自然就会知道人的本性本于道体所涵有的生生之理，又如何还会有“性恶”之论？又如何还会有“性善恶混”之论呢？其实，后世论性，不外乎“性无善无不善”“性可以为善，可以为不善”“有性善，有性不善”三大类而已，而孟子早已对此作过辩解。为了让读者对性有一个更深刻的认识，现抄录于此：

公都子曰：“告子曰：‘性无善无不善也。’或曰：‘性可以为善，可以为不善。是故文、武兴，则民好善；幽、厉兴，则民好暴。’或曰：‘有性善，有性不善。是故以尧为君而有象；以瞽瞍为父而有舜；以纣为兄之子，且以为君，而有微子启、王子比干。’今曰‘性善’，然则彼皆非与？”孟子曰：“乃若其情，则可以为善矣，乃所谓善也。若夫为不善，非才之罪也。恻隐之心，人皆有之；羞恶之心，人皆有之；恭敬之心，人皆有之；是非之心，人皆有之。恻隐之心，仁也；羞恶之心，义也；恭敬之心，礼也；是非之心，智也。仁、义、礼、智，非由外铄我也，我固有之也，弗思耳矣。故曰：'求则得之，舍则失之。'或相倍蓰而无算者，不能尽其才者也。《诗》曰：'天生烝民，有物有则。民之秉彝，好是懿德。'孔子曰：'为此诗者，其知道乎！故有物必有则；民之秉彝也，故好是懿德。'"（《孟子·告子上》）

【译文】

荀子的学说极为偏颇驳杂，只是一句"性恶"，已经将大本丢失了；扬雄虽然过错较少，然而他既已不明白本性，还谈论什么道呢？

14.7

董仲舒曰："正其义，不谋其利；明其道，不计其功。"〔1〕此董子所以度越诸子。（《河南程氏遗书》卷二十五）

【注释】

〔1〕"正其义，不谋其利"二句，见 2.40 注 2。

【译文】

董仲舒说："正其义，不谋其利；明其道，不计其功。"这就是董子超越于其他人的原因。

14.8

汉儒如毛苌[1]、董仲舒，最得圣贤之意，然见道不甚分明。下此即至扬雄，规模又窄狭矣。（《河南程氏遗书》卷一）

【注释】

〔1〕毛苌，西汉时人，传《诗经》，如今通行本《诗经》，即由毛亨、毛苌注释，故又称《毛诗》。《河南程氏遗书》卷二十四："西汉儒者，有风度，惟董仲舒、毛苌、杨雄，苌解经虽未必皆当，然味其言，大概然耳。"

【译文】

汉代的儒者如毛苌、董仲舒，最能理解圣贤的意思，但是对圣贤之道体会得不够分明。他们之下，也就到了扬雄，规模又显得狭隘了。

14.9

林希[1]谓扬雄为禄隐[2]。扬雄，后人只为见他著书，便须要做他是，怎生做得是[3]？（《河南程氏遗书》卷十九）

【注释】

〔1〕林希，字子中，长乐人，王安石婿。

〔2〕"禄隐"，食俸禄的隐士。

〔3〕"须要做他是"云云，"做他是"，即去肯定他。扬雄失身事奉王
　　莽，大节已亏，又如何能够肯定得了？

【译文】

　　林希说扬雄是个食俸禄的隐士。扬雄，后世的人只是因为看到他
写了书，就一定要去肯定他，又怎么能够肯定得了呢？

14.10

　　孔明[1]有王佐之心，道则未尽。王者，如天地之无私心焉，行一不义
而得天下不为[2]，孔明必求有成，而取刘璋。圣人宁无成耳，此不可为也。
若刘表子琮将为曹公所并，取而兴刘氏可也。（《河南程氏遗书》卷二十四）

【注释】

〔1〕孔明，即诸葛亮。
〔2〕"行一不义而得天下不为"，《孟子·公孙丑上》："行一不义，杀
　　一不辜而得天下，皆不为也。"

【译文】

　　诸葛亮有辅助君王成就王道的心，只是对于圣人之道还没有完
全理解。王者，如同天地一样，没有任何一点私心，做一件不合道
义的事而能够得到天下，也是不会去做的，诸葛亮却必要追求成功，
而去攻取刘璋。圣人则宁愿不成功，这样的事也是不可以去做的。
像刘表之子刘琮将要被曹操所吞并，夺取他的地盘复兴刘氏汉室则
是可以的。

14.11

诸葛武侯有儒者气象。(《河南程氏遗书》卷十八)

【译文】

诸葛亮有儒者的气象。

14.12

孔明庶几礼乐。(《河南程氏遗书》卷二十四)

【译文】

诸葛亮差不多可以复兴礼乐。

14.13

文中子[1]本是一隐君子。世人往往得其议论，附会成书，其间极有格言，荀、扬道不到处。(《河南程氏遗书》卷十九)

【注释】

〔1〕文中子，即王通。

【译文】

王通本来是一个隐居的君子。世人每每记下他的议论，经过附会而成了书，其中有些很精辟的格言，是荀子、扬雄说不出的。

14.14

韩愈亦近世豪杰之士，如《原道》中言语虽有病，然自孟子而后，能将许大见识寻求者，才见此人。至如断曰："孟氏醇乎醇[1]。"又曰："荀与扬，择焉而不精，语焉而不详[2]。"若不是他见得，岂千余年后便能断得如此分明？（《河南程氏遗书》卷一）

【注释】

[1]"孟氏醇乎醇"，孟氏，指孟子；孟子的学问是醇而又醇的。

[2]"荀与扬"云云，荀，即荀子；扬，即扬雄。荀子和扬雄的学问，选择得不够精审，阐述得不够详尽。

【译文】

韩愈也是近世的豪杰之士，如《原道》一文中，语言虽然有些毛病，然而，从孟子之后，能够有这么大见识去探求的人，才见到他一个。至于他论断道："孟氏醇乎醇。"又说："荀与扬，择焉而不精，语焉而不详。"如果不是他确实认识到，又怎么能够在千余年之后判断得如此分明呢？

14.15

学本是修德，有德然后有言[1]。退之却倒学了，因学文，日求所未至，遂有所得。如曰："轲之死，不得其传[2]。"似此言语，非是蹈袭前人，又非凿空撰得出，必有所见。若无所见，不知言所传者何事。（《河南程氏遗书》卷十八）

【注释】

〔1〕"有德然后有言"，《论语·宪问第十四》：子曰："有德者必有言，有言者不必有德。仁者必有勇，勇者不必有仁。"

〔2〕"轲之死，不得其传"，轲，孟子名轲。孟子死后，圣人之学就断了，没有传承下来。依照伊川先生的说法，则在一千四百年之后，圣人之学重新由明道先生所传续："周公没，圣人之道不行；孟轲死，圣人之学不传。道不行，百世无善治；学不传，千载无真儒。无善治，士犹得以明夫善治之道，以淑诸人，以传诸后；无真儒，天下贸贸焉莫知所之，人欲肆而天理灭矣。先生生乎千四百年之后，得不传之学于遗经，以兴起斯文为己任。辨异端，辟邪说，使圣人之道焕然复明于世。盖自孟子之后，一人而已。"（《明道先生墓表》，转引自熊赐履《学统》）

【译文】

为学原本是为了修养德行，有了德行之后就会有言语。韩愈却倒过来学了，因为学文，每天都去探求所没有达到的地方，于是有了收获。如他说："轲之死，不得其传。"像这样的言语，不是因袭前人的说法，又不是凭空可以杜撰出来的，必定是他真的有所认识。如果没有认识，就不知道说所传的是什么了。

14.16

周茂叔胸中洒落[1]，如光风霁月[2]，其为政精密严恕，务尽道理。

（潘兴嗣《濂溪先生墓志铭》）

【注释】

〔1〕"洒落"，洒脱自在，不拘束。

〔2〕"光风霁月"，雨过天晴明朗洁净的景象，形容人胸怀坦荡、光明
磊落。

【译文】

周敦颐胸中洒落，就像光风霁月一般，处理政事精细周密、严格
宽恕，务必要完全符合道理。

14.17

伊川先生撰《明道先生行状》曰："先生资禀既异，而充养有道。纯
粹如精金，温润如良玉〔1〕。宽而有制〔2〕，和而不流〔3〕。忠诚贯于金
石〔4〕，孝悌通于神明〔5〕。视其色，其接物也，如春阳之温；听其言，其
入人也，如时雨之润〔6〕。胸怀洞然，彻视无间。测其蕴，则浩乎若沧溟
之无际；极其德，美言盖不足以形容。先生行己，内主于敬，而行之以
恕，见善若出诸己〔7〕，不欲弗施于人〔8〕。居广居而行大道〔9〕，言有物
而动有常〔10〕。先生为学，自十五六时，闻汝南周茂叔论道，遂厌科举之
业，慨然有求道之志。未知其要，泛滥于诸家，出入于老、释者几十年，
返求诸六经而后得之。明于庶物，察于人伦〔11〕。知尽性至命，必本于孝
弟〔12〕；穷神知化〔13〕，由通于礼乐。辨异端似是之非，开百代未明之惑。
秦汉而下，未有臻斯理也。谓孟子没而圣学不传，以兴起斯文〔14〕为己
任。其言曰：'道之不明，异端害之也。昔之害近而易知，今之害深而

难辨。昔之惑人也，乘其迷暗；今之入人也，因其高明。自谓之穷神知化，而不足以开物成务[15]；言为无不周遍，实则外于伦理；穷深极微，而不可以入尧舜之道。天下之学，非浅陋固滞，则必入于此。自道之不明也，邪诞妖异之说竞起，涂[16]生民之耳目，溺天下于污浊。虽高才明智，胶于见闻，醉生梦死，不自觉也。是皆正路之榛芜[17]，圣门之蔽塞，辟之而后可以入道[18]。'先生进将觉斯人，退将明之书，不幸早世，皆未及也。其辨析精微，稍见于世者，学者之所传耳。先生之门，学者多矣。先生之言，平易易知，贤愚皆获其益，如群饮于河，各充其量。先生教人，自致知至于知止，诚意至于平天下[19]，洒扫应对至于穷理尽性，循循有序。病世之学者舍近而趋远，处下而窥高，所以轻自大而卒无得也。先生接物，辨而不间，感而能通[20]，教人而人易从，怒人而人不怨，贤愚善恶，咸得其心。狡伪者献其诚，暴慢者致其恭，闻风者诚服，觌德者心醉。虽小人以趋向之异，顾于利害，时见排斥，退而省其私，未有不以先生为君子也。先生为政，治恶以宽，处烦而裕。当法令繁密之际，未尝从众为应文逃责之事。人皆病于拘碍，而先生处之绰然[21]；众忧以为甚难，而先生为之沛然。虽当仓卒，不动声色。方监司竞为严急之时，其待先生率皆宽厚，设施之际，有所赖焉。先生所为纲条法度，人可效而为也。至其道之而从，动之而和[22]，不求物而物应，未施信而民信，则人不可及也。"（《河南程氏文集》卷十一）

【注释】

〔1〕"温润如良玉"，语本《诗经·秦风·小戎》："言念君子，温其如玉。"

〔2〕"宽而有制"，语出《尚书·君陈》："宽而有制，从容以和。"

〔3〕"和而不流"，语出《中庸》："故君子和而不流，强哉矫！"

〔4〕"忠诚贯于金石"，"贯"，穿；忠诚可以贯穿金石。王充《论

衡·感虚篇》："精诚所至，金石为开。"

〔5〕"孝悌通于神明"，语本《孝经·感应章》："孝悌之至，通于神明，光于四海，无所不通。"

〔6〕"其入人也，如时雨之润"，语本《孟子·尽心上》：孟子曰："君子之所以教者五，有如时雨化之者，有成德者，有达财者，有答问者，有私淑艾者。此五者，君子之所以教也。"

〔7〕"见善若出诸己"，语本《孟子·公孙丑上》："舜有大焉，善与人同，舍己从人，乐取于人以为善。自耕稼、陶、渔以至为帝，无非取于人者。取诸人以为善，是与人为善者也。故君子莫大乎与人为善。"

〔8〕"不欲弗施于人"，语本《论语·卫灵公》：子贡问曰："有一言而可以终身行之者乎？"子曰："其恕乎！己所不欲，勿施于人。"

〔9〕"居广居而行大道"，"广居"，指仁；"行大道"，指合义。"居广居而行大道"，其实即是居仁由义。语本《孟子·滕文公下》："居天下之广居，立天下之正位，行天下之大道。得志，与民由之；不得志，独行其道。富贵不能淫，贫贱不能移，威武不能屈，此之谓大丈夫。"

〔10〕"言有物而动有常"，语本《周易·家人·大象传》："风自火出，家人；君子以言有物而行有恒。"

〔11〕"明于庶物，察于人伦"，语自《孟子·离娄下》。

〔12〕"尽性至命，必本于孝悌"，穷尽本性，履行天命，必定要以笃行孝悌为根本。参6.11。

〔13〕"穷神知化"，穷极神妙，通晓变化。语自《周易·系辞下》。

〔14〕"斯文"，即圣人之学。《论语·子罕第五》：子畏于匡，曰："文王既没，文不在兹乎？天之将丧斯文也，后死者不得与于斯文

也；天之未丧斯文也，匡人其如予何？”

〔15〕“开物成务”，了解事物之理，成就各种事业。语自《周易·系辞上》。

〔16〕“涂”，堵塞。

〔17〕“蓁芜”，荒芜，杂草丛生。

〔18〕“辟之而后可以入道”，明道先生辟异端，与孟子真可谓如出一辙。见 14.2 注 10。

〔19〕“自致知至于知止”云云，语本《大学》：“大学之道，在明明德，在亲民，在止于至善。知止而后有定，定而后能静，静而后能安，安而后能虑，虑而后能得。物有本末，事有终始，知所先后，则近道矣。古之欲明明德于天下者，先治其国；欲治其国者，先齐其家；欲齐其家者，先修其身；欲修其身者，先正其心；欲正其心者，先诚其意；欲诚其意者，先致其知；致知在格物。物格而后知至，知至而后意诚，意诚而后心正，心正而后身修，身修而后家齐，家齐而后国治，国治而后天下平。”

〔20〕“感而能通”，语本《周易·系辞上》：“易，无思也，无为也。寂然不动，感而遂通天下之故。”

〔21〕“绰然”，宽裕从容的样子。

〔22〕“道之而从，动之而和”，“道”，同“导”。领导众人，众人就跟从；鼓舞众人，众人就响应。语本《论语·子张第十九》：“夫子之得邦家者，所谓立之斯立，道之斯行，绥之斯来，动之斯和。其生也荣，其死也哀。如之何其可及也？”

【译文】

伊川先生撰《明道先生行状》说：“先生天赋禀异，而充实涵养得法。他的德行，纯粹得就像精金；他的性情，温润得就像美玉。他待人宽容而有原则，与人和睦相处而不流于世俗。忠诚之志可以贯穿金石，孝悌之行可以上达神明。观看他的容貌，他待人接物，就像春天温煦的阳光；倾听他的言语，深入人心，就像及时雨的滋润。他的胸怀开阔，洞彻一切没有间隔。测量他的意蕴，则浩瀚得像沧海一样无有边际；穷究他的德行，任何优美的言语都不足以形容。先生立身行事，内心保持恭敬，而以宽恕对待他人，见到别人的善行就像出于自身一样，自己所不想要的从不施加给他人。安居在广阔的居所而笃行圣贤之道，说话有依据而动静有规则。先生的为学，自十五六岁时，在汝南听闻濂溪先生谈论圣人之道，于是厌倦科举之业，慨然有了探求圣贤之道的志向。可并没有把握圣人之道的要领，于是博览各家学说，出入道家、佛家近十年，最后返求于六经而领悟圣人之道。他明晓众物之理，洞察人伦关系。知道穷尽本性，履行天命，必须要以孝悌为根本；而穷极神妙，通晓变化，则在于通达礼乐。他辨别异端之学的似是而非，揭示历经百代未能解答的困惑。自秦汉以来，从没有人认识到这个道理。他说自孟子去世之后，圣人之学便不得传承，所以他以振兴圣人之学为己任。他曾说：'圣人之道之所以不明于世，是因为异端之学的妨害。过去异端之学的妨害浅近而容易知晓，现今异端之学的妨害深远而难以辨别。过去异端之学诱惑世人，是趁着人的愚昧；现今异端之学侵入人心，却是顺应人的高明。异端之学自称穷神知化，而不足以开物成务；自称无所不包，实质却出于伦理之外；自称穷深极微，而不可以进入尧舜之道。天下的学问，如果不是浅陋而固执的，就必定会陷入其中。自从圣人之道不能够明于世间，种种邪恶怪诞妖异之说竞相而起，堵塞了百姓的耳目，将天下陷溺于污浊之中。即使是才高智明的人，拘泥于见闻，醉生梦死，深陷其中而不自觉。这一切都是正路上的荒草，遮蔽圣学之门的障碍，只有完全辟除之后，才可以进入圣人之道。'先生得到任用将要用圣人之道启发世人，退居将要著书阐明圣人之道，不幸早早逝世，都没有来得及去做。他辨析精微的学问，稍稍得以为世间所知的，是出于学生的传播。先生的门下，学生很多。先生说的话，平易近人容易理解，无论是贤达还是愚笨，都可以获得收益，就像众人到河里饮水，个个都能得以满足。先生教导学生，从致知直到知止，从诚意直到平天下，从洒扫应对直到穷理尽性，循循善诱，井然有序。先生对于世间学者舍弃浅近而趋求高远，学问低下却窥探高深，以致于轻狂自大而最终毫无所获的情况深感忧心。先生待人接物，辨别是非而不隔绝别人，感应外物而能通达。先生教人而人易于跟从，对人发怒而人不怨恨，贤达、愚笨、善良、邪恶的人，都能够了解他们的心思。狡猾虚伪的人在他面前会奉献真诚，暴虐傲慢的人在他面前会表现出恭敬，听闻到他风范的人都会心悦诚服，看到他德行的人都会心醉倾服。即使是小人，因为追求不同，只顾自己的利害，时常遭到他的训斥，可是退回去自己反省时，也没有不认为先生是君子的。先生治理政事，以宽恕之心惩治恶行，面对繁杂的事务而能宽裕从容。在朝廷法令繁琐密集之时，从不曾跟随众人一起去做应付公文逃避责任的事。众人都为法令的过度约束而烦恼时，先生却能够宽裕处置；众人感到困难而担忧时，先生处理起来却绰绰有余。即使是面对仓促的状况，先生也不动声色，从容淡定。当监司们竞相严厉的伺察官员时，他们对先生却都很宽厚，处理事务的时候还经常有赖于先生。先生所制定的纲纪条文法度，是人人都可以效法而做到的。至于他引导众人而众人就跟从，鼓舞众人而众人就响应，不求于外物而外物自然相应，未曾施信于人民而人民自然信服，那就是别人所做不到的了。"

14.18

明道先生曰："周茂叔窗前草不除去，问之，云：'与自家意思一般。'"（本注：子厚观驴鸣，亦谓如此。）(《河南程氏遗书》卷三)

【译文】

明道先生说："周敦颐窗前的草不除去，问他为什么，他说：'与自家的意思是一样的。'"（本注：横渠先生听驴叫，也是这样说。）

14.19

张子厚闻生皇子，喜甚；见饿殍者，食便不美。（同上条）

【译文】

横渠先生听说皇子出生了，非常高兴；见到饿死的人，吃饭就没有味道。

14.20

伯淳尝与子厚在兴国寺讲论终日，而曰："不知旧日曾有甚人于此处讲此事？"(《河南程氏遗书》卷二上)

【译文】

明道先生曾经与横渠先生在兴国寺讨论了一整天，而后说："不知道从前是否曾有什么人也在这里讨论这样的事？"

14.21

谢显道云："明道先生坐如泥塑人，接人则浑是一团和气。"（《河南程氏外书》卷十二）

【译文】

谢良佐说："明道先生静坐时像一尊泥塑的人，待人接物时则全然是一团和气。"

14.22

侯师圣[1]云："朱公掞[2]见明道于汝，归，谓人曰：'光庭在春风中坐了一个月。'游、杨初见伊川，伊川瞑目而坐，二子侍立，既觉，顾谓曰：'贤辈尚在此乎？日既晚，且休矣。'及出门，门外之雪深一尺。"[3]（同上条）

【注释】

〔1〕侯师圣，侯仲良，字师圣，华阴人，二程先生表弟，初学于伊川先生，后访濂溪先生，有得。著有《论语说》等。

〔2〕朱公掞，朱光庭（1037—1094），字公掞，河南偃师人，二程先生弟子。

〔3〕本条即成语如沐春风和程门立雪的由来。

【译文】

侯仲良说："朱公掞到汝州去拜见明道先生，回来之后，对人说：

'我在春风中坐了一个月。'游酢、杨时最初去拜见伊川先生时，伊川先生正在闭目静坐，两人站着等候。伊川先生静坐之后，看着两人说：'你们还在这里啊？天已经晚了，先回去休息吧。'两人出门时，门外的积雪已经有一尺深。"

14.23

刘安礼云："明道先生德性充完，粹和之气，盎于面背[1]，乐易多恕，终日怡悦。立之从先生三十年，未尝见其忿厉之容。"(《河南程氏遗书》附录)

【注释】

[1] "盎于面背"，《孟子·尽心上》："君子所性，仁、义、礼、智根于心。其生色也，睟然见于面，盎于背，施于四体，四体不言而喻。"

【译文】

刘立之说："明道先生德性充实完美，纯粹平和的气象，洋溢在整个身体上，和乐平易，待人宽恕，整天都是怡然喜悦的样子。我跟从先生三十年，从未曾见过先生忿怒的脸色。"

14.24

吕与叔撰《明道先生哀词》云："先生负特立[1]之才，知大学[2]之要，博闻强识，躬行力究，察伦明物[3]，极其所止[4]，涣然心释，洞见道体[5]。其造于约[6]也，虽事变之感不一，知应以是心而不穷；虽天下之理至众，知反之吾身而自足[7]。其致于一[8]也，异端并立而不能移，圣人复起而不与易[9]。其养之成也，和气充浃，见于声容，然望之崇深，不可慢也[10]；遇事优为，从容不迫，然诚心恳恻，弗之措也。其自任之重也，宁学圣人而未至，不欲以一善成名；宁以一物不被泽为己病，不欲以一时之利为己功。其自信之笃也，吾志可行，不苟洁其去就；吾义所安，虽小官有所不屑[11]。"（《河南程氏遗书》附录）

【注释】

〔1〕"特立"，挺立。指与众不同，卓尔不群。

〔2〕"大学"，成就大人的学问，亦即圣人之学。

〔3〕"察伦明物"，即"察于人伦，明于庶物"，见本卷第17条。

〔4〕"所止"，所当止之处，亦即《大学》所谓"止于至善"。

〔5〕"道体"，亦即宇宙本体，宇宙间的万物都本于道体而生。"洞见道体"，即学达天人，用现在的话来说便是通达于宇宙和人生。

〔6〕"造于约"，《孟子·离娄下》：孟子曰："博学而详说之，将以反说约也。"

〔7〕"虽天下之理至众，知反之吾身而自足"，即1.33条所谓"'近取诸身'，百理皆具"。

〔8〕"致于一"，"一"，指天人一贯，意谓明道先生的学问达到了天人一贯之境。

〔9〕"圣人复起而不与易"，《孟子·滕文公下》："作于其心，害于其事；作于其事，害于其政。圣人复起，不易吾言矣。"

〔10〕"望之崇深，不可慢也"，《论语·尧曰第二十》："君子正其衣冠，尊其瞻视，俨然人望而畏之，斯不亦威而不猛乎？"

〔11〕据张习孔,"不屑"下,疑有一"辞"字。

【译文】

吕大临撰《明道先生哀词》说:"先生负有卓尔不群的才华,知晓圣人之学的要领,博学于文强记于心,亲身实践努力探究,详察人伦究明物理,透彻了解人之为人所当止的地方,心中涣然冰释,洞察了宇宙本体。他的学问返归于简约,虽然事物变化所导致的感知不一样,都知道用心去应对而无有穷尽;虽然天下的事理很多,都知道反求于自身而本自具足。他的学问达到了天人一贯,与异端之学并行也不能影响他,圣人再生也不会有所修改。他涵养有成,平和之气充盈浃洽,体现在声音和容貌上,然而看上去又显得崇高深厚,不可以轻慢相待;他遇事时悠然自得,从容不迫,然而他的用心诚恳深切,绝不放弃。他自任以圣人之道,宁肯学习圣人而没有达到,也不想凭借一项善行而成名;宁肯将一个事物没有受到恩泽视作为自己的过错,也不想把一时的功利当作自己的功劳。他自信笃实,只要志向可以推行,就不会故作高洁选择离开;只要道义能够实行,即便是小官也愿意去担任。"

14.25

吕与叔《横渠先生行状》云:"康定〔1〕用兵时,先生年十八,慨然以功名自许,上书谒范文正公〔2〕。公知其远器,欲成就之,乃责之曰:'儒者自有名教〔3〕,何事于兵?'因劝读《中庸》。先生读其书,虽爱之,犹以为未足,于是又访诸释、老之书,累年尽究其说,知无所得,反而求之六经。嘉祐〔4〕初,见程伯淳、正叔于京师,共语道学之要,先生涣然[5]，自信曰：'吾道自足，何事旁求！'于是，尽弃异学，淳如[6]也。（本注：尹彦明云："横渠昔在京师，坐虎皮说《周易》，听从甚众。一夕，二程先生至，论《易》。次日，横渠撤去虎皮，曰：'吾平日为诸公说者皆乱道。有二程近到，深明《易》道，吾所弗及，汝辈可师之。'"）晚自崇文移疾[7]，西归横渠，终日危坐一室，左右简编，俯而读，仰而思，有得则识之。或中夜起坐，取烛以书，其志道精思，未始须臾息，亦未尝须臾忘也。学者有问，多告以知礼成性[8]、变化气质[9]之道，学必如圣人而后已。闻者莫不动心有进。尝谓门人曰：'吾学既得于心，则修其辞[10]；命辞无差，然后断事；断事无失，吾乃沛然。精义入神[11]者，豫而已矣。'先生气质刚毅，德盛貌严，然与人居，久而日亲。其治家接物，大要正己以感人，人未之信，反躬自治[12]，不以语人。虽有未谕，安行而无悔。故识与不识，闻风而畏，非其义也，不敢以一毫及之。"（吕大临《横渠先生行状》）

【注释】

〔1〕康定，北宋仁宗年号，1040—1041 年。

〔2〕范文正公，范仲淹（989—1052），字希文，苏州吴县人，谥号文正，世称范文正公。文正公于有宋一代政治、文学、道学乃至士风，皆有重大影响和引导作用，被朱子赞为"天地间气，第一流人物"。其后人辑有《范仲淹全集》行于世。

〔3〕"名教"，即儒学。儒学注重正名，正名本于天理，名不正，则天理不明，世事混乱。《论语·子路第十三》：子路曰："卫君待子而为政，子将奚先？"子曰："必也正名乎！"子路曰："有是哉！子之迂也，奚其正？"子曰："野哉，由也！君子于其所不知，盖阙如也。名不正则言不顺，言不顺则事不成，事不成则礼

乐不兴，礼乐不兴则刑罚不中，刑罚不中则民无所措手足。故君子名之必可言也，言之必可行也。君子于其言，无所苟而已矣。"

〔4〕嘉祐，北宋仁宗年号，1056—1064年。

〔5〕"涣然"，指疑惑消除的样子。

〔6〕"淳如"，纯粹，纯正。

〔7〕"晚自崇文移疾"，神宗熙宁二年（1069），横渠先生被召，除崇文院校书，因与王安石议政不合，不久便西归横渠。

〔8〕"知礼成性"，即遵循礼义而为，等到养成习性之后，自然与本性相合。

〔9〕"变化气质"，通过学习来变换自身的气质。据2.100条"为学大益，在自求变化气质"，则知横渠先生所谓"变化气质之道"，乃是当学者自行去寻求气质的变化时，必定会对他的治学产生很大的促进作用。

〔10〕"吾学既得于心，则修其辞"，修饰言辞，是为了更好的表达内心的真实体悟。《周易·乾·文言》："忠信，所以进德也；修辞立其诚，所以居业也。"

〔11〕"精义入神"，精于义理到了神妙之境。语自《周易·系辞下》。

〔12〕"大要正己以感人"云云，《孟子·离娄上》：孟子曰："爱人不亲，反其仁；治人不治，反其智；礼人不答，反其敬。行有不得者，皆反求诸己，其身正而天下归之。"

【译文】

　　吕大临撰《横渠先生行状》中说："仁宗康定年间与西夏作战的时候，先生十八岁，慨然以成就功名自期，上书拜谒范文正公。范公一见，知道他有着远大的器度，想要成就他，于是责备他说：'儒者自有名教，何事于兵？'因而劝他去读《中庸》。先生读了《中庸》之后，虽然很喜欢，仍然感到不满足，于是又访求佛、道二家的书，读了多年，穷究了二家的学说，知道没有什么收获，于是又反过来到六经中去寻求。嘉祐初年，先生在京师与明道、伊川二先生相见，一起讨论道学的要旨，先生的疑惑消除了，自信的说：'吾道自足，何事旁求！'于是，完全放弃异端之学，进入了纯粹的状态。（本注：尹焞说："横渠先生昔日在京师，坐在虎皮椅子上讲说《周易》，听的人很多。一天傍晚，二程先生到来，横渠先生与他们讨论《易经》。次日，横渠先生撤去虎皮椅子，对众人说：'我平日里跟诸位所说的，全都是乱说的。最近来了二程兄弟，他们深明《周易》之道，是我所不及的，你们可以向他们学习。'"）先生晚年因病从崇文院离职，西归横渠镇。整天端坐在一个房间内，左右放着书籍，俯首而读，仰首而思，有所体悟就记下来。时常半夜坐起身来，点上蜡烛接着去写。先生笃志于道精于思考，从未曾有片刻的停息，也从未曾有片刻的忘记。学生们有所问，大多告诉他们知礼成性、变化气质的学习方法，学习一定要达到像圣人一样才可以停止，听闻的人无不触动而有所进步。他曾经对门人说：'我学习时内心有所体悟，就修饰言辞来表达；言辞没有问题之后，就用来断事；断事没有失误，我才会感到内心充盛。精于义理到达神妙之境，在于预先准备而已。'先生气质刚毅，德行充盛，容貌严肃，然而与人相处，时间久了就会一天天亲近。先生治家待物，大体是规正自己以感动他人，他人没有相信他时，就反过来要求自身，不要求别人。虽然有没有明白的，也安心实行而无怨无悔。所以，无论是认识还是不认识的人，听闻他的风范都心生敬畏，不合于道义的事，一丝一毫也不敢施加到他身上去。"

14.26

横渠先生曰:"二程从十四五时，便锐然欲学圣人。"(《经学理窟·学大原上》)

【译文】

横渠先生说:"二程兄弟从十四五岁时，就立志锐意要学做圣人。"

参考书目

《近思录专辑（1—11册）》，严佐之、戴扬本、刘永翔主编，华东师范大学出版社

《近思录》，（宋）朱熹、吕祖谦编，（宋）叶采、（清）茅星来等注，程水龙整理，上海古籍出版社

《近思录详注集评》，陈荣捷著，重庆出版社

《近思录集说》，管赞程集说，杜海军、杜昭校点，上海古籍出版社

《朱子近思录》，（宋）朱熹、吕祖谦编，严佐之导读，上海古籍出版社

《近思录》，（宋）朱熹、吕祖谦编，杨浩译注，中华书局

《近思录》，（宋）朱熹、吕祖谦编，查德洪注译，中州古籍出版社

《近思录》，（宋）朱熹、吕祖谦编，斯彦莉译注，中华书局

《近思录》，（宋）朱熹、吕祖谦编，杨祖汉、许惠敏译注，中信出版社

《〈近思录〉文献丛考》，严佐之、顾宏义主编，上海古籍出版社

《毛诗注疏》，（汉）毛亨传，郑玄笺，（唐）孔颖达疏，（唐）陆德明音释，朱杰人、李慧玲整理，上海古籍出版社

《毛诗传笺通释》，（清）马瑞辰撰，陈金生点校，中华书局

《诗经原始》，（清）方玉润撰，李先耕点校，中华书局

《诗经注析》，程俊英、蒋见元著，中华书局

《诗经蠡诂》，黄淬伯著，中华书局

《诗经直解》，陈子展著，复旦大学出版社

《尚书正义》，（汉）孔安国传，（唐）孔颖达正义，黄怀信整理，上海古籍出版社

《尚书今古文注疏》，（清）孙星衍撰，陈抗、盛冬铃点校，中华书局

《尚书校释译论》，顾颉刚、刘起釪著，中华书局

《仪礼注疏》，（汉）郑玄注，（唐）贾公彦疏，王辉整理，上海古籍出版社

《周礼注疏》，（汉）郑玄注，（唐）贾公彦疏，彭林整理，上海古籍出版社

《周礼正义》，（清）孙诒让撰，王文锦、陈玉霞点校，中华书局

《礼记正义》，（汉）郑玄注，（唐）孔颖达正义，吕友仁整理，上海古籍出版社

《礼记集解》，（清）孙希旦撰，沈啸寰、王星贤点校，中华书局

《礼书通故》，（清）黄以周撰，王文锦点校，中华书局

《周易程氏传》，（宋）程颐撰，王孝鱼点校，中华书局

《周易集解纂疏》，（清）李道平撰，潘雨廷点校，中华书局

《周易义疏》，邓秉元著，上海古籍出版社

《周易全解》，金景芳、吕绍纲著，上海古籍出版社

《周易译注》，黄寿祺、张善文译注，上海古籍出版社

《春秋公羊传注疏》，（汉）何休解诂，（唐）徐彦疏，刁小龙整理，上海古籍出版社

《春秋左传诂》，（清）洪亮吉撰，李解民点校，中华书局

《穀梁古义疏》，（清）廖平撰，郜积意点校，中华书局

《春秋学史》，赵伯雄著，山东教育出版社

《孝经注疏》，（唐）李隆基注，（宋）邢昺疏，金良年整理，上海古

籍出版社

《孝经郑注疏》，（清）皮锡瑞撰，吴仰湘点校，中华书局

《孝经集注述疏》，（清）简朝亮撰，周春健校注，华东师范大学出版社

《论语后案》，（清）黄式三撰，张涅、韩岚点校，凤凰出版社

《论语正义》，（清）刘宝楠撰，高流水点校，中华书局

《论语集释》，程树德撰，程俊英、蒋见元点校，中华书局

《论语辑释》，陈大齐著，周春健校订，华夏出版社

《论语新解》，钱穆著，生活·读书·新知三联书店

《论语译注》，杨伯峻译注，中华书局

《论语新注新译》，杨逢彬著，北京大学出版社

《论语本解》，孙钦善著，生活·读书·新知三联书店

《论语讲析》，周志文著，北京出版社

《孟子正义》，（清）焦循撰，沈文倬点校，中华书局

《孟子待解录》，陈大齐撰，赵林校注，华东师范大学出版社

《孟子译注》，杨伯峻译注，中华书局

《孟子新注新译》，杨逢彬著，北京大学出版社

《孟子章句讲疏》，邓秉元著，华东师范大学出版社

《大学释义》，邵逝夫著，北京联合出版公司

《中庸释义》，邵逝夫著，北京联合出版公司

《四书章句集注》，（宋）朱熹撰，中华书局

《松阳讲义：陆陇其讲四书》，（清）陆陇其撰，周军、彭善德、彭忠德校注，华夏出版社

《四书改错》，（清）毛奇龄著，胡春丽点校，华东师范大学出版社

《四书大义》，唐文治著，上海人民出版社

《经传释词》，（清）王引之撰，李花蕾校点，上海古籍出版社

《经义述闻》，（清）王引之撰，虞思徵、马涛、徐炜君校点，上海古籍出版社

《说文解字注》，（汉）许慎撰，（清）段玉裁注，许惟贤整理，凤凰出版社

《王力古汉语字典》，中华书局

《曾子辑校》，王永辉、高尚举辑校，中华书局

《荀子集解》，（清）王先谦撰，沈啸寰、王星贤点校，中华书局

《老子道德经注校释》，（魏）王弼注，楼宇烈校释，中华书局

《老子校释》，朱谦之撰，中华书局

《庄子补正》，刘文典撰，赵锋、诸伟奇点校，中华书局

《列子集释》，杨伯峻撰，中华书局

《尸子疏证》，（清）汪继培辑，魏代富疏证，凤凰出版社

《墨子间诂》，（清）孙诒让撰，孙启治点校，中华书局

《太玄集注》，（汉）扬雄撰，（宋）司马光集注，刘韶军点校，中华书局

《法言义疏》，汪荣宝撰，陈仲夫点校，中华书局

《孔子家语疏证》，（清）陈士珂辑，崔涛点校，凤凰出版社

《颜氏家训》，（北齐）颜之推著，邵逝夫、马克译注，上海古籍出版社

《文中子中说》，（隋）王通著，（宋）阮逸注，秦跃宇点校，凤凰出版社

《王弼集校释》，楼宇烈校释，中华书局

《韩昌黎文集校注》，（唐）韩愈著，马其昶校注，马茂元整理，上海古籍出版社

《范仲淹全集》，（清）范能濬编集，薛正兴校点，凤凰出版社

《周敦颐集》，陈克明点校，中华书局

《太极图说》，（宋）周敦颐撰，朱熹解，张旭辉导读，黄山书社

《邵雍全集》，郭彧、于天宝点校，上海古籍出版社

《张子全书》，（宋）张载著，林乐昌编校，西北大学出版社

《张载集》，章锡琛点校，中华书局

《正蒙》，（宋）张载撰，（清）王夫之注，邵逝夫导读，黄山书社

《二程集》，王孝鱼点校，中华书局

《程伊川年谱》，姚名达著，知识产权出版社

《胡宏集》，吴仁华点校，中华书局

《张栻集》，杨世文点校，中华书局

《论语解 孟子说》，（宋）张栻撰，邵逝夫导读，黄山书社

《朱子全书》，朱杰人、严佐之、刘永翔主编，上海古籍出版社、安徽教育出版社

《〈朱子全书〉外编》，朱杰人、严佐之、刘永翔主编，华东师范大学出版社

《〈朱子语类〉汇校》，（宋）黄士毅编，徐时仪、杨艳汇校，上海古籍出版社

《朱熹师友门人往还书札汇编》，顾宏义撰，上海古籍出版社

《朱熹年谱》，（清）王懋竑撰，何忠礼点校，中华书局

《朱熹》，陈荣捷著，东方出版中心

《朱子大传》，束景南著，复旦大学出版社

《吕祖谦全集》，黄灵庚、吴战垒主编，浙江古籍出版社

《吕祖谦年谱》，杜海军著，中华书局

《陈亮集》，中华书局

《陆九渊集》，钟哲点校，中华书局

《杨简全集》，董平校点，浙江大学出版社

《困学纪闻》，（宋）王应麟著，（清）翁元圻等注，栾保群、田松青、吕宗力校点，上海古籍出版社

《曹端集》，王秉伦点校，中华书局

《读书录 读书后录》，（明）薛瑄撰，孙浦桓点校，凤凰出版社

《陈献章全集》，黎业明编校，上海古籍出版社

《王阳明全集》，吴光、钱明、董平、姚延福编校，上海古籍出版社

《传习录注疏》，（明）王阳明撰，邓艾民注，上海古籍出版社

《传习录》，（明）王阳明撰，黎业明译注，上海古籍出版社

《关学编》，（明）冯从吾撰，陈俊民、徐兴海点校，中华书局

《黄道周集》，翟奎凤、郑晨寅、蔡杰整理，中华书局

《刘宗周全集》，吴光主编，浙江古籍出版社

《船山全书》，船山全书编辑委员会编，岳麓书社

《黄宗羲全集》，吴光执行主编，浙江古籍出版社

《朱轼全集》，彭林主编，复旦大学出版社

《曾国藩全集》，中华书局

《唐文治性理学论著集》，上海古籍出版社

《马一浮全集》，吴光主编，浙江古籍出版社

《新唯识论》，熊十力著，上海古籍出版社、上海书店出版社

《人心与人生》，梁漱溟著，上海人民出版社

《儒家修身之门径——〈礼记·大学篇〉伍严两家解说》，梁漱溟编

著，商务印书馆

《从陆象山到刘蕺山》，牟宗三著，吉林出版集团有限责任公司

《心体与性体》，牟宗三著，吉林出版集团有限责任公司

《五行原论》，杨儒宾著，上海古籍出版社

《新经学（第一—六辑）》，邓秉元主编，上海人民出版社

《原学（第一辑）》，刘海滨、邵逝夫主编，复旦大学出版社